Sorrel Wilby ist eine preisgekrönte australische Abenteurerin und Bestsellerautorin und als Fotografin, Journalistin und Fernsehmoderatorin tätig. Sie hat Japan, Korea und China mit dem Fahrrad durchquert und die schneebedeckten Gipfel Afrikas bestiegen. Für ihre erste große Trekking-Tour – 3000 km durch Tibet – erhielt sie den Australian Geographic »Award for Excellence«. Seitdem ist sie Himalaja-Fan und begeisterte auch ihren Mann Chris Ciantar, einen australischen Kameramann, mit dem zusammen sie das hier geschilderte Abenteuertrekking meisterte. Sorrel Wilby lebt heute mit Mann und Sohn in New South Wales.

SORREL WILBY

IN HÖCHSTEN HÖHEN

**Die erste Durchwanderung der
gesamten Himalajagebirgskette**

Aus dem Englischen von
Irmela Erckenbrecht

NATIONAL
GEOGRAPHIC

FREDERKING & THALER

Die Deutsche Bibliothek – CIP-Einheitsaufnahme
Ein Titeldatensatz für die Publikation ist bei
Der Deutschen Bibliothek erhältlich.

NATIONAL GEOGRAPHIC ADVENTURE PRESS
Reisen · Menschen · Abenteuer
Die Taschenbuch-Reihe von
National Geographic und Frederking & Thaler

2. Auflage Oktober 2005
Deutsche Erstausgabe © 2005 Frederking & Thaler Verlag GmbH, München
Dieses Werk wurde vermittelt durch die Literarische Agentur
Thomas Schluck GmbH, 30827 Garbsen.
© 1992 Sorrel Wilby, published by Arrangement with Sorrel Wilby
C/O SELWA ANTHONY MANAGEMENT AGENCY,
P.O. BOX 714, 2007 BROADWAY (NSW), AUSTRALIA
Titel der Originalausgabe: Across the Top
erschienen bei Pan Macmillan Australia Pty Limited
Alle Rechte vorbehalten

Aus dem Englischen von Irmela Erckenbrecht
Text: Sorrel Wilby
Titelfoto oben: Bruno Baumann, München
Fotos: Burkhard Luther, Frankfurt am Main
Lektorat: Gudrun Honke, Bochum
Umschlaggestaltung: Dorkenwald Grafik-Design, München
Herstellung: Caroline Sieveking, München
Druck und Bindung: Clausen & Bosse, Leck
Printed in Germany

ISBN 3-89405-240-6
www.frederking-thaler.de

Das Papier wurde aus chlorfrei gebleichtem Zellstoff hergestellt.

Für Chris,
der sich in die Berge wagte,
hoch hinauf, wo die Adler fliegen.
Für Chris, der lernte,
weiter aufzusteigen als jene.

Inhalt

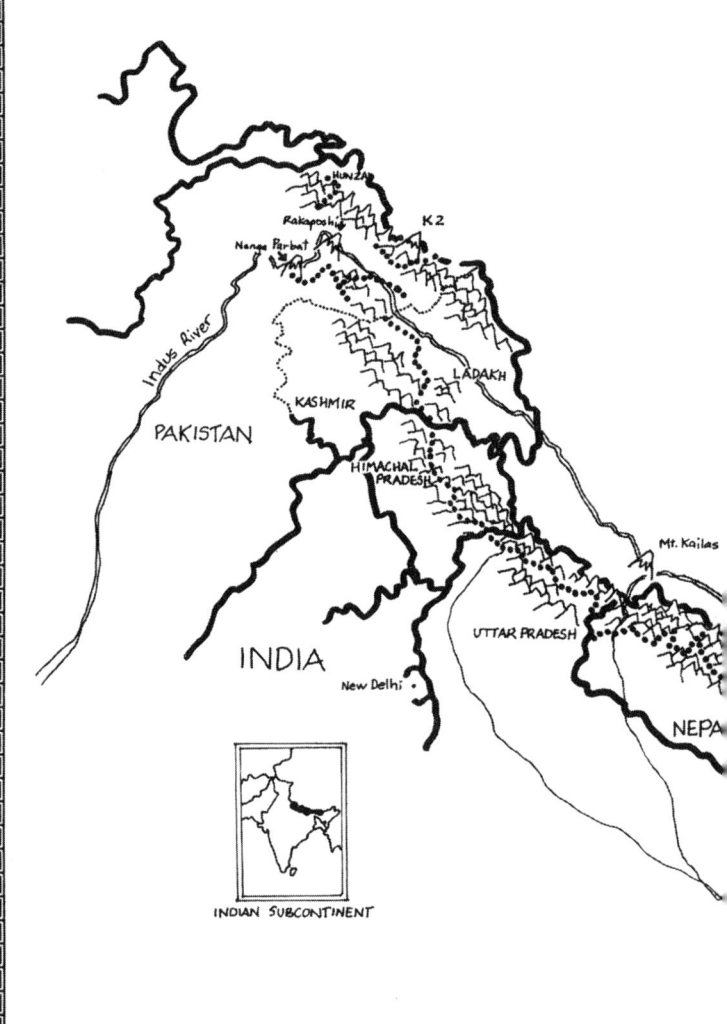

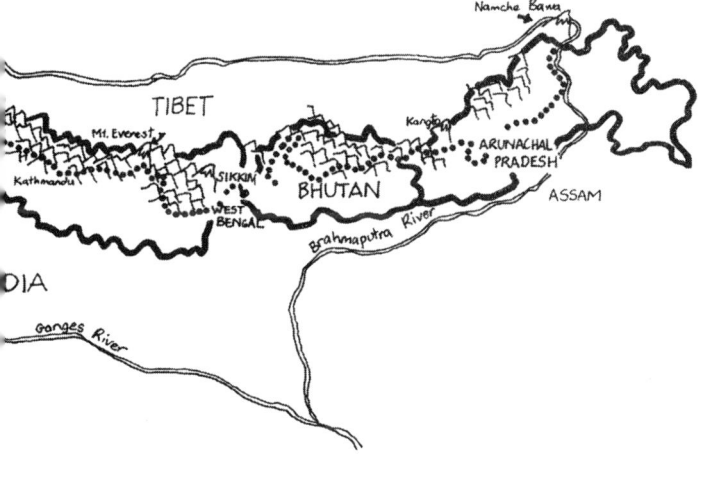

Kommt her zum Rand.
Wir könnten fallen.
Kommt her zum Rand.
Es ist zu hoch.
KOMMT HER ZUM RAND!
Und sie kamen.
Und er stieß sie.
Und sie flogen.

CHRISTOPHER LOGUE ÜBER
GUILLAUME APOLLINAIRE

Geleitwort

Meine Frau Sorrel gehört zu den wenigen Menschen, die immer genau das tun, was sie sagen – manchmal ist das geradezu unheimlich.

Ich erinnere mich noch gut daran, wie mich kurz vor unserer Hochzeit ihre Mutter anrief, um mich zu warnen. Ehe ich wüsste, wie mir geschah, hätte Sorrel mich um die halbe Welt geschleppt, meinte sie. Unter diesen Umständen nähme sie es mir nicht krumm, wenn ich es mir mit der Heirat noch einmal überlegen würde. Vier Monate später überredete Sorrel mich zu einer dreiwöchigen Trekkingtour nach Nepal – und schon gab es kein Entrinnen mehr.

Ein Jahr später hatte ich meinen Job gekündigt, unsere Sachen waren in einem Lagerschuppen untergebracht, wir saßen im Flughafen von Sydney und schlürften Sekt mit Freunden und Sponsoren. Ich hatte keine Ahnung, worauf ich mich einließ, stellte mir vor, Sorrel und ich würden ein wenig wandern, uns die Berge anschauen und ein paar beeindruckende Fotos machen.

Wie sehr man sich irren kann!

Die ersten Wochen in Nordpakistan – bei Temperaturen, die auf unserem Thermometer nicht mehr verzeichnet waren, mit Muskeln, die bei jedem Schritt vor Schmerz aufschrien, und gerade genug Wasser, um halbwegs am Leben zu bleiben – waren ein böser Schlag ins Gesicht. Während Schweiß und überflüssige Pfunde an mir heruntertrieften, war ich viel zu sehr damit beschäftigt, auf das Gelände unter meinen Füßen zu achten, als dass ich irgendetwas um mich herum gesehen hätte, vom Fotografieren ganz zu schweigen. Doch Sorrel war da und ließ nicht locker, bis ich endlich aufschaute und mir klar wurde, was ich bis dahin verpasst hatte. Und bald hatte auch ich alle Schmerzen und Beschwernisse vergessen. Angesteckt von Sorrels grenzenloser Begeisterung, war ich von unserem großen Abenteuer ebenso gefesselt wie sie.

Als ich ihr Buch las, kam es mir so vor, als würde ich die ganze Expedition noch einmal durchleben. Auf bewundernswerte Weise fängt Sorrel darin alles ein, was wir empfunden haben – die Glücksmomente ebenso wie die Schmerzen –, als wir eins der wildesten, schönsten und gefährlichsten Gebirge der Welt durchquerten. Das Buch hat mich fasziniert, und ich hoffe, es wird euch genauso gehen.

Chris Ciantar
November 1992

Prolog

Chris' Hände waren kalt und feucht, sein Puls raste. Wie die restlichen Passagiere in der angeschlagenen Fokker bangte er um sein Leben.

Noch immer würgend, tauchte ich aus den Tiefen meiner Spucktüte auf und spähte durch das winzige, verschmierte Bullauge. Wir kehrten um. Der Himmel verschwand, und die Berge reckten uns ihre Gipfel wie die Gewehrläufe eines riesigen Exekutionskommandos entgegen. Einer von nur zwei Motoren war ausgefallen, nur einen Meter vor meinem Gesicht lief Öl aus, quoll über den Flügel und versprühte im Wind.

Der Pilot löste sich von der steilen Eiswand und warf das ächzende Flugzeug über einen schroffen, unheimlich nahen Bergkamm. Drei bärtige Moslems fielen im Gang auf die Knie. Das Gesicht nach Mekka, unterwarfen sie sich dem Willen Allahs. Wir würden sterben. Die Fenster füllten sich mit blendend weißem Licht, und über den allgemeinen Aufschrei erhob sich ein dünnes, ängstliches Schluchzen. Ein urzeitlicher Wehruf. Ein hilfloses Wimmern. Das war ich.

Minuten krochen dahin wie Stunden. Ich zwang mich, wieder hinauszuschauen. Wir waren gerade knapp an einer tiefen, bogenförmigen Eiswand vorbeigeflogen. Eine endlose Wildnis aus Geröll, Schnee und Felsen – die Bergeinöde des Nanga Parbat – erstreckte sich unter uns. Wir zählten die Sekunden und waren doch schon seit anderthalb Stunden in der Luft. Eine Ewigkeit. Irgendwo tief unter uns, unter dem Schnee begraben, lagen 44 Tote in einem unbekannten Grab, eingesargt in die zerschellten Trümmer einer baugleichen Maschine. Acht Monate waren vergangen, seitdem das

Flugzeug verschwunden war, und alle Versuche, die Absturzstelle zu finden, waren fehlgeschlagen. Kein tröstlicher Gedanke.

Plötzlich erschien der Pilot in der Kabine. Ein sadistisches Grinsen auf dem Gesicht, schritt er den Gang herunter. Er wollte die Passagiere beruhigen, doch sein Anblick verstärkte ihre Angst. Es muss an seinen Augen gelegen haben, die irgendwie dämonisch wirkten.

Als er bei mir und Chris anlangte, leuchteten sie auf – mit dem Leben zweier verängstigter Ausländer zu spielen war eine besondere Genugtuung. Außerdem bot es ihm eine willkommene Gelegenheit, sein Englisch auszuprobieren.

»Aus welchem schönen Land kommen Sie?«, fragte er höflich. Ich brachte nicht mehr als ein einsilbiges Grunzen hervor. Er versuchte es noch einmal. »Hätten Sie die Güte, mir zu sagen, wohin Sie unterwegs sind?«

Chris starrte ihn ungläubig an. »Nein – aber ich würde Ihnen gern sagen, wohin Sie unterwegs sein sollten!«

Ich räusperte mich, nahm meine ganze Kraft zusammen und fügte hinzu: »Hören Sie, wir würden ja gern mit Ihnen plaudern, aber sollten Sie nicht schleunigst ins Cockpit zurück?«

Der Pilot lachte und verwies auf die Tugenden seines Kopiloten. Chris konnte sich weitere bissige Kommentare nicht verkneifen. Endlich verstand der Pilot unsere Botschaft und verschwand wieder im Cockpit.

Schließlich verloren die Berge an Schroffheit. Chris lockerte den Griff um meine Hand, seine Knöchel nahmen wieder Farbe an. Graue Flüsse, wirbelnd und tosend wie wilde Schlangengruben, bahnten sich ihren Weg durch die letzten kargen Gebirgsausläufer und ergossen sich in die vertrauten Ebenen rund um Islamabad, die moderne Hauptstadt Pakistans. Es war unser dritter Versuch, per Flugzeug in den Norden des Landes zu gelangen, und mit Sicherheit würde es unser letzter sein. Beim ersten Mal hatte das freundlich

lächelnde Bodenpersonal unseren Flug nach achtstündiger Wartezeit »aus technischen Gründen« abgesagt. Beim zweiten Mal musste der Pilot kurz vor Gilgit wegen schlechten Wetters umkehren.
Beim dritten Mal durchlitten wir den Albtraum aller Flugpassagiere –
Motorversagen. Gilgit war schon in Sicht, als der Propeller auf-
hörte, sich zu drehen. In Anbetracht der Umstände und der äußerst
kurzen Landebahn im gebirgigen Gelände wollte der Pilot das Risiko einer Bruchlandung nicht eingehen, drehte ein U und schickte
seinen flügellahmen Vogel zurück in den Süden.

Schließlich schwankte die Stewardess aus dem Cockpit, um stolpernd nach dem Mikrofon zu greifen. Zuerst in ihrer Muttersprache
Urdu, der Amtssprache Pakistans, dann Chris und mir zuliebe auch
auf Englisch teilte sie uns mit: »Inschallah – Wenn Allah will, werden wir in Kürze auf dem Flughafen Rawalpindi landen.« Und ohne
jedes Gespür für die Ironie ihrer Worte fuhr sie fort: »Wir hoffen,
es hat Ihnen bei uns an Bord gefallen. Vielen Dank, dass Sie mit
Pakistan International Airlines geflogen sind.«

»Alles in Ordnung, Liebes«, sagte Chris so ruhig er konnte. »Ich
kann schon die Landebahn sehen. Diesmal ist auch die Feuerwehr da.«

Die Räder berührten den Boden, und durch meine tränenver-
schleierten Augen sah ich sechs besorgte Pakistani auf dem Asphalt
stehen. Sie trugen rote Eimer mit der Aufschrift »FIRE!«. Die Eimer
waren mit Sand gefüllt.

Alles in allem wohl nicht das, was man einen gelungenen Start
unserer Expedition nennen könnte …

Unterwegs nach Gilgit

Entgegen landläufiger Vorstellung beginnen Expeditionen ebenso wie die meisten Urlaubsreisen nicht in Flugzeugen. Ihren Anfang nehmen sie vielmehr an ganz alltäglichen Orten, in Küchen, Schlafzimmern, Bädern oder Gartenlauben. Sie kommen unerwartet, wie plötzliche Erdstöße, wenn man gerade duscht, im Verkehrsstau steht oder im Wartezimmer eines Arztes ein Heft von *National Geographic* durchblättert. Sie kommen leise, wie Träume, die sich festsetzen und nicht wieder verschwinden wollen.

Die erste australische Expedition quer über die ganze Länge des Himalaja erblickte an einem Mac-Computer das Licht der Welt. Am Anfang stand ein ehrgeiziges Filmprojekt über eine Reise, die viele verschiedene Aspekte des Himalaja zu einem spektakulären Bildteppich verknüpfen sollte. Mit Flößen, Skiern, Elefanten, Flugzeugen, Autos und Eisenbahnen sollten mein Mann Chris, unsere Mitreisende Jenni und ich den Himalaja bereisen, um in einer zwölfteiligen Serie seinen Zauber in jedes Wohnzimmer Australiens zu tragen. Für uns sollte es die einmalige Gelegenheit sein, unsere Liebe zu diesem Teil der Welt mit vielen anderen Menschen zu teilen. Wir wollten ihnen die höchsten Berge, die tiefsten Schluchten und die wildesten Flüsse der Erde zeigen, wollten sie mitnehmen in die Höhlen heiliger Männer, in die Thronsäle sagenumwobener Könige, in die windzerzausten Zelte wilder Nomaden. Das Reisen war für uns längst zu einer Lebenseinstellung geworden, war weitaus mehr als eine bloße Freizeitbeschäftigung – und auch diese Erfahrung wollten wir weitergeben.

Doch dann fröstelte es im ökonomischen Klima Australiens. Es war Mitte 1989, und die Experten sagten eine lange, kalte Rezession voraus. Die Fernsehindustrie war leider mit am schwersten betroffen, und niemand hatte mehr Geld, um in unseren Traum zu investieren. Wir waren sehr enttäuscht. Jenni ging wieder an die Uni, Chris zog als Kameramann mit dem »Bush Tucker Man« in die Wüste, und ich kehrte ans Reißbrett zurück.

Eine Zeit lang wartete ich noch auf ein günstigeres Klima. Ich entwickelte Filmkonzepte, die sich ein wenig näher am Zuhause verwirklichen ließen, schrieb und illustrierte ein weiteres Kinderbuch und sprach zweimal im Monat in der »Bert Newton Show« über das Reisen. Ich wischte Staub, kochte und braute kannenweise starken Kaffee. Gegen November entwirrten sich die künstlichen Fäden meines städtischen Kokons. Ich brauchte ein weiteres Abenteuer, eine Herausforderung – ich brauchte meinen geliebten Himalaja.

Der Traum war nicht gestorben, er hatte bloß eine andere Form angenommen.

Innerhalb einer Woche war aus dem Film ein Buch und aus der Reise eine Trekkingtour geworden. Gleiche Kulisse, anderer Schwerpunkt. Auf der Suche nach ungelösten Aufgaben im Himalaja stellte ich erstaunt fest, dass niemand jemals die gesamte Länge des Himalaja – vom Nanga Parbat in Pakistan bis zum Namche Barwa an der Grenze zwischen Tibet und dem hohen Norden des indischen Grenzstaats Arunachal Pradesh – begangen hat.

Der Grund dafür lag wohl nicht in der Sache selbst, sondern in der politischen Lage. Lässt man Tibet, das im Grunde jenseits des eigentlichen Himalaja liegt, einmal außer Acht, erstreckt sich die große, halbkreisförmige Gebirgskette vom Indus zum Brahmaputra über vier Länder: eine Islamische Republik, zwei Königreiche (hinduistisch das eine, buddhistisch das andere) und sechs indische Bundesstaaten. Jedes dieser Länder hat seine eigenen Einreisebestimmungen und Aufenthaltsbeschränkungen. Das reichte aus, um die meisten Abenteurer abzuschrecken. Immerhin hatte ein neuseeländisches Team 1981 zum ersten Mal an der bürokratischen Büchse der Pandora gerüttelt und die Chance gehabt, zwei Drittel der Strecke – vom Kanchenjunga in Sikkim bis zum K2 im Karakorum – zu bereisen. Zwei Briten trekkten später auf einer ähnlichen Route; ihnen folgte eine Frau mit einem Hund. Mitte der 1980er-Jahre lockerten die bhutanischen Behörden ihre Haltung gegenüber ausländischen Touristen und gaben einem amerikanischen Paar Gelegenheit, die Strecke um Bhutan zu erweitern.

Wenn man Inder war, änderte das die Situation vollkommen. Ein noch größerer Vorteil war es, wenn man zufällig den bewaffneten Truppen angehörte. Ein vierköpfiges Team der indischen Armee hatte es geschafft, den ganzen Weg von Gelling an der indisch-tibetischen Grenze bis zum Karakorum-Pass im indischen Teil Kaschmirs zurückzulegen. Erst als es nach Pakistan ging, zogen sie den Kürzeren. Jammu Kaschmir ist seit der indisch-pakistanischen Teilung von 1947 heftig umkämpft, da beide Länder Anspruch auf das Gebiet erheben. Zwar wurde gemeinsam eine Demarkationslinie festgesetzt, doch war es keine freundschaftliche Einigung. Kaschmir ist bis heute ein Zankapfel zwischen beiden Ländern, und das indische Team hatte nicht die geringste Chance, seinen Durchquerungsversuch mit den fehlenden paar hundert Kilometern zu vervollständigen. Keine der ausländischen Expeditionen hatte sich bis dahin dem pakistanisch besetzten Gebiet nähern können, sodass der indische Versuch bisher der erfolgreichste war. Zwar hatten die Inder ihr letztes Ziel nicht erreicht. Doch mit der Unterstützung ihres Verteidigungsministeriums waren sie auf indischem Gebiet auf unglaublichen Routen vorgestoßen und hatten sich dabei auf größtmöglicher Höhe bewegt, waren ganz dicht an die Grenze gekommen.

Allein die Anträge zu stellen konnte Monate dauern; bis dann die Genehmigungen eintrafen, konnten Jahre vergehen. Bei Pakistan und Nepal sowie den indischen Bundesstaaten Jammu Kaschmir, Himachal, Uttar Pradesh, Sikkim und West Bengal mochte es ja noch angehen, aber auch dort würde der Papierkrieg mehr Zeit brauchen, als uns lieb war. Bhutan war eine harte, aber nicht unmögliche zu knackende Nuss. Als Hauptproblem würde sich wohl Arunachal Pradesh erweisen.

Seit der Unabhängigkeit Indiens im Jahre 1947 hatte nur eine Hand voll Ausländer Zutritt zu diesem abgelegenen Gebiet geschützter Völker am östlichen Ende des Himalaja bekommen, darunter nicht ein einziger Trekker, sondern ausschließlich Naturwissenschaftler, Ethnologen oder Staatsgäste, und ihr Bewegungsradius hatte sich auf ausgewählte Orte und Gebiete beschränkt. Es würde nicht einfach werden und wahrscheinlich bis zum Ende offen bleiben, ob es uns überhaupt gelänge. Alles in allem erschien es uns besser, unsere Tour am westlichen Ende des Himalaja zu beginnen. So blieb uns mehr Zeit, die schwierigeren Genehmigungen für das östliche Ende einzuholen.

Doch all diese Schwierigkeiten schreckten mich nicht. Im Gegenteil, für mich erhöhten sie nur den Reiz. Dabei dachte ich nicht daran, Geschichte zu schreiben. Was mich begeisterte, war die Chance, das schrecklich lähmende Wort *unmöglich* ein für allemal aus den Annalen zu tilgen.

Chris, dessen Vorstellung von Abenteuer sich zu jener Zeit auf ein zweiwöchiges Gastspiel im Club Med Tahiti beschränkte, hatte ohne jedes Zögern zugestimmt, mich zu begleiten. Im April 1989 war er mit mir auf dem beliebten Rundweg um die Annapurna-Gipfel in Zentralnepal getrekkt und hatte rasch gemerkt, dass Übernachtungen in Hilton Hotels und Strandurlaub in Clubanlagen nicht den einzigen Weg zum Reiseglück darstellten. Es gab andere Möglichkeiten, sich am Leben zu berauschen – in den hohen Bergen bot allein die Natur dazu reichlich Gelegenheit.

Mitte November skizzierte ich einen ersten Plan, entwarf das Logo für die Expedition, druckte Briefpapier und rief den ersten von vielen möglichen Sponsoren an. Die Reaktionen waren mehr als ermutigend. Gegen Ende des Monats hatten wir die Unterstützung von John Boyd von Thai Airways, Wanderkleidung, Zelte, Schlaf- und Rucksäcke von Macpac Wilderness, genug Wanderstiefel für den ganzen Weg von Hi-Tec und Objektive sowie sonstiges Kamerazubehör von meinem langjährigen Sponsor Olympus.

Chris war nach Weihnachten mit einem Film beschäftigt, die Hauptlast der Organisation lag deshalb bei mir. Ich schrieb Briefe an alle zuständigen Regierungsbehörden und Ministerien in Indien, Pakistan, Nepal und Bhutan. Ich legte ein äußerst professionell wirkendes Dokument über unser Projekt bei, einen Brief unseres Schirmherrn Bob Hawke und Details der Route, der wir mit unserer Expedition folgen wollten. Bei der Feinabstimmung der Route stützte ich mich auf die Hilfe zahlreicher Freunde und Bekannter, die ich auf früheren Expeditionen und Trekkingtouren im Himalaja kennen gelernt hatte. Ich suchte meine Literaturagentin auf, die sofort erkannte, dass unser Plan nicht nur genug Potenzial für ein Buch, sondern gleich für zwei Bücher barg: einen Bericht über den Verlauf der Expedition und einen Bildband mit Fotos von Menschen und Landschaften im Himalaja. Sogleich handelte sie mit Pan Macmillan einen Vertrag über die Rechte aus.

Ich versuchte zu schätzen, wie lange die einzelnen Abschnitte der Reise dauern würden, stellte unter Berücksichtigung der Jahreszeiten einen Zeitplan auf und legte ein Abreisedatum fest: den 26. Mai 1990. Einfach mitten in den Bergen Ländergrenzen zu überschreiten war undenkbar, deshalb musste ich nach Möglichkeiten suchen, wo wir jeweils vor der Grenze zum nächsten *road head* (dem Ende einer befahrbaren Straße und Beginn eines Fußpfads) zurückkehren, uns um unsere Visa kümmern und nach den jeweils gültigen

Bestimmungen in das Nachbarland einreisen konnten. In den meisten Fällen könnten wir einfach dort weitergehen, wo wir aufgehört hatten – auf der anderen Seite eines Flusses, eines Bergkamms oder eines schmalen Bergsträßchens. Alle zwei Monate müssten wir entweder zum australischen Hochkommissariat in New Delhi oder zur Botschaft in Kathmandu zurückkehren, um unsere belichteten Filme auf sicherem Wege nach Australien zu schicken.

Viele der Gegenden, die wir zu durchqueren hofften, waren so abgelegen, dass man sich dort kaum mit frischen Lebensmitteln versorgen konnte. Wir müssten alles tragen, was wir brauchten, müssten getrocknete Nahrungsmittel besorgen und uns überlegen, wie sie sich am besten verstauen ließen. Ich stellte einen Ernährungsplan aus lauter leichtgewichtigen Lebensmitteln zusammen und schrieb an diverse Nahrungsmittelhersteller. Es dauerte nicht lange, bis eine wahre Flut aus Nudeln, Tütensuppen, Müslis, Fruchtriegeln und Vitamintabletten an unsere Türschwelle schwappte. Die Reaktion war überwältigend. Wie viele Jahre hatte ich mir anhören müssen: »Was soll uns das bringen?« »Und was ist, wenn Sie es nicht schaffen? Sie sind ja bloß eine Frau.« Jetzt, wo ich mir in der Welt der Expeditionen einen gewissen Namen gemacht hatte, glaubten die Leute an mich. Sie gaben ihre negative Haltung auf und fanden plötzlich Gefallen daran, den Funken der Abenteuerlust weiter anzufachen, anstatt ihn wütend auszutreten. Sich an die Verwirklichung eines Traums zu machen, das Abenteuer um des Abenteuers willen zu suchen, eine Herausforderung anzunehmen und sie offen anzugehen – all das erschien jetzt lohnenswert. Mochte ich auch immer noch nicht in ihr Schema passen, aus der Schublade »Nicht ernst zu nehmen!« hatte ich mich herausgestrampelt.

Im Februar erhielten wir Nachricht aus Pakistan und Nepal. Nazir Sabir – der Freund eines Freundes und der zweite Pakistani, der je den K2, den zweithöchsten Gipfel der Erde, bestiegen hat –

hatte angeboten, uns bei der Logistik und der Beschaffung der Papiere für die erste Etappe zu helfen. Alles, was wir tun müssten, sei, ein Touristenvisum zu beantragen, um den Rest würde er sich kümmern, sobald wir in Islamabad angekommen wären.

Ein sehr lieber Freund in Kathmandu, Kunga Sherpa, stellte in Aussicht, uns ein fünf Monate gültiges Visum mit unbeschränkter Bewegungsfreiheit in Nepal zu besorgen. Der einzige Haken dabei sei, dass wir per Flugzeug in das Königreich einreisen müssten. Das Genehmigungsverfahren für ein solches Visum könne nirgendwo sonst durchlaufen werden als in Kathmandu selbst. Das hieß, wir mussten neue Pläne ausarbeiten, müssten von der indisch-nepalischen Grenze nach Delhi zurückkehren, nach Kathmandu fliegen, um die Genehmigung zu bekommen, und dann von der anderen Seite wieder an die Grenze fahren, um unsere Tour fortzusetzen.

Die einzige Nachricht, die wir aus Neu-Delhi bekommen hatten, stammte vom ehemaligen Präsidenten der Indian Mountaineering Foundation. H. C. Sarin hatte dort 29 Jahre lang das Sagen gehabt, und seiner Meinung nach war es reine Zeitverschwendung, überhaupt einen Antrag auf Einreise nach Arunachal zu stellen. Ja, er müsse uns dringend davon abraten, schrieb er, es könne unsere Chancen in Jammu Kaschmir, Himachal und Uttar Pradesh gefährden. Das war eine Schwierigkeit, aber sie erschien uns nicht unüberwindbar. Wir hatten viel Zeit und noch mehr Entschlossenheit auf unserer Seite. Wenn wir nur fest daran glaubten, dachte ich, würde es uns auch gelingen. Die Tür war noch fest verschlossen, doch wenn wir erst einmal den richtigen Schlüssel gefunden hatten, würde auch sie sich für uns öffnen. Wir hatten grünes Licht für die erste Etappe, und wenn wir warteten, bis alle anderen Genehmigungen eingetrudelt waren, kamen wir womöglich gar nicht los.

In der hektischen Planungs- und Vorbereitungsphase steckten wir zudem noch bis über beide Ohren in einem zweiten zeitraubenden Projekt. Um einen Beitrag über Krokodile für die Bert Newton Show aufzupeppen, hatte ich einen originellen Krokodilhut mit Schnappmaul am Faden entworfen. Gemeinsam mit Jenni und ihrem Mann Christian bastelten Chris und ich noch etwas am Design, warfen all unsere Ersparnisse zusammen und ließen für die 1990 in Sydney stattfindende Royal Easter Show 10.000 solcher Croc Tops herstellen. Sie sahen toll aus. Das Problem war nur, dass wir es uns nicht leisten konnten, die verschiedenen Teile gleich in der Fabrik zusammensetzen zu lassen. Unsere Wohnung verwandelte sich deshalb vorübergehend in eine Fertigungshalle, und all unsere Freunde und Verwandten – ach, wo wären wir bloß ohne sie?

10.000 Croc Tops zusammenzubauen war ungefähr das Anstrengendste, was wir in unserem Leben bis dahin gemacht hatten. Sie zu verkaufen erwies sich allerdings als noch anstrengender. Ich könnte ein Buch darüber schreiben, aber es genügt wohl, wenn ich sage: Sollte ich jemals wieder vorschlagen, 10.000 Exemplare von irgendetwas herzustellen, würden mein Mann, meine Freunde und meine Verwandten mich sofort einweisen lassen. Immerhin, wir hatten es versucht, und wir hatten Erfolg gehabt (wenn auch keinen besonders spektakulären). Belassen wir es dabei, und wecken wir keine schlafenden Krokodile mehr.

Jedenfalls konnte man damals unsere Wohnung kaum betreten. Alle Zimmer waren bis zur Decke mit Krokodilhüten und Expeditionsartikeln voll gestopft – und wir hatten eine Wohnung mit ziemlich hohen Decken! Wir mussten häufig essen gehen, weil wir in der Küche nicht bis zum Herd vordringen konnten und außerdem sowieso keine Zeit zum Kochen hatten. Mitten in diesem Chaos musste ich für drei Wochen nach Indien fliegen, um mit Seiner Heiligkeit dem Dalai Lama ein Satelliten-Interview zu führen. Es war eine der außergewöhnlichsten, bewegendsten Erfahrungen meines Lebens, und sein Segen für den Erfolg und die Sicherheit unserer

Expedition galt uns als ein wahres Zeichen des Himmels. Was hätten wir uns mehr wünschen können?

Nun ... um ehrlich zu sein ... vor allem Geld. Das Budget unserer Expedition betrug einen Bruchteil dessen, was für die Fernsehserie eingeplant war, aber es war ähnlich schwer zu bekommen. Aus März wurde April, aus April wurde Mai, und selbst ich begann mir langsam Sorgen zu machen. Wir verschickten die ersten Pakete mit Ausrüstung und Vorräten, räumten unsere Wohnung, brachten unsere Sachen in einen Lagerschuppen und fuhren in den Süden, um ein Überlebenstraining zu absolvieren. Christine Maher, meine gute Freundin und Managerin, schickte uns einen Scheck über 2000 Dollar und rief alle Nummern in ihrem dicken Adressbuch an, um weiteres Geld zu sammeln. Am Ende der Woche meldete sie sich mit der fantastischen Nachricht, Peter Joseph, einer ihrer Bekannten, habe zugesagt, uns mit 5000 Dollar zu unterstützen! Er war ein wahrer Philanthrop und hatte ein besonderes Faible für Abenteurer. Er hatte Kay Cottee geholfen, um die Welt zu segeln, jetzt wollte er uns helfen, den Himalaja zu durchqueren. Als einzige Gegenleistung musste ich ihm versprechen, in der Schule seiner beiden Töchter von unserer Expedition zu berichten. Wenn es uns gelänge, auch nur ein Schulkind zu größeren Höhen zu inspirieren, würde er das Geld als gut angelegt betrachten. Das klang fast zu schön, um wahr zu sein.

Mit unserem Vorschuss von Pan Macmillan hatten wir schließlich das Geld für mindestens die Hälfte der Strecke beisammen. Wir mussten einfach daran glauben, dass der Rest rechtzeitig zusammenkam, dann würde es auch wahr werden. Mag diese Philosophie auch noch so naiv klingen, im Stich gelassen hat sie mich bisher noch nie. Nicht dass ich mich blind auf sie verlassen hätte – im Gegenteil, vorsichtshalber hatte ich diverse Ersatzpläne parat. Aber ich wusste: Das Schicksal hat ohnehin immer das letzte Wort.

Wenn etwas geschehen soll, wird es geschehen, auch wenn alles dagegen spricht. Bisher war alles glatt verlaufen. Wieso sollten wir jetzt nicht auch noch genug Geld und unsere Visa bekommen?

Der Countdown begann. Unsere mit Nadelstichen übersäten Arme nahmen die letzten Tollwutimpfungen auf. Auf unseren Hinterbacken schwollen dicke blaue Flecken vom Gammaglobulin. Wir posierten für die Presse, schulterten unsere Rucksäcke und kämpften uns von Sektglas zu Sektglas zum Flughafen vor. Endlich waren wir unterwegs. Zwar hatte die Expedition in unseren Köpfen schon längst begonnen, jetzt aber trat sie endlich in die entscheidende zweite Phase ein. Ob wir aufgeregt waren? Vielleicht, aber das vorherrschende Gefühl war Erleichterung.

Ich musste auf dem Weg noch auf einem Kongress in Hongkong sprechen (für den Besessenen gibt es keine Rast). Chris flog deshalb mit der Hälfte unseres Gepäcks schon einmal allein nach Kathmandu, um dort gemeinsam mit Kunga noch ein paar Unebenheiten im nepalischen Teil unseres Expeditionsplans zu glätten, und flog dann wieder in Richtung Süden, um sich in Bangkok mit mir zu treffen. Am folgenden Tag erreichten wir Neu-Delhi und verstauten den Rest unserer Sachen in »Depot zwei« – der Wohnung unseres Freundes John Zubrzycki.

John ist Informationsattaché beim australischen Hochkommissariat in Delhi und einer der wunderbarsten Menschen, die es auf diesem Planeten gibt. Ein moderner Geist in einem Körper, der direkt aus der Renaissance zu stammen scheint, ein fleischgewordener David des Michelangelo. Einfach fantastisch. Wir hatten uns im März anlässlich des Interviews mit dem Dalai Lama kennen gelernt, und nach nur 30 Sekunden hatten wir herausgefunden, dass wir verwandte Seelen sind. In den folgenden Wochen, die wir meist wartend vor den Büros verschiedener Beamten verbrachten, deren Zustimmung wir brauchten, um den Satelliten und die Filmausrüstung einzuführen, waren wir gute Freunde geworden. Um unserer Expedition zum Erfolg zu verhelfen, hatte John uns nicht nur sein Büro und seinen Briefkasten, sondern auch sein Heim und sein Herz geöffnet. Er begleitete uns auf allen Wegen, koordinierte die Reisepläne, trieb bummelnde Beamte an, stellte uns Leuten vor, die im Labyrinth der Bürokratie für Abkürzungen sorgen oder wertvolle Informationen über einzelne Orte auf unserer Route weitergeben konnten, verschickte und empfing unsere Post und unsere Filme und bot uns fern der Unbilden des indischen Himalaja zwischen den verschiedenen Etappen unserer Reise eine sichere Zuflucht an. Ohne ihn hätten wir die Expedition niemals verwirklichen können.

Am 3. Juni erreichten wir Islamabad. Nazir, »unser Mann in Pakistan«, quartierte uns im Flashman's Hotel im nahen Rawalpindi ein und schickte unsere erste Kiste mit Vorräten per Flugzeug nach Skardu, der einzigen größeren Ortschaft, die auf unserer Route lag. Am fünften Tag bekamen wir die entscheidende Genehmigung, und 24 Stunden später unternahmen wir den ersten Versuch, nach Gilgit zu gelangen. Wir schafften es nur bis zur Abflughalle. Während wir in der stickigen Hitze warteten, kamen wir mit dem jungen PR-Manager des Flughafens ins Gespräch. Pakistan, erzählte er uns selbstbewusst, halte drei wichtige Weltrekorde: »Wir haben den größten Mann der Welt, wir sind das Land mit dem größten Frauenmangel, und unsere Fluggesellschaft, die PIA, hält den Weltrekord an Flugzeugentführungen.« Er warf sich stolz in die Brust. »Von unseren Maschinen sind mehr entführt worden als von jeder anderen Fluglinie der Welt.« Dabei vergaß er zu erwähnen, dass die PIA auch die heruntergekommenste Flotte der Welt besaß, über das unzugänglichste Gebirge der Welt flog und die gefährlichsten Landepisten der Welt ansteuerte.

All das sollten wir jedoch schon am nächsten Nachmittag selbst erfahren.

Jetzt gab es nichts mehr zu überlegen. Wir brauchten keine Münze zu werfen und keine Vorzeichen zu deuten. Wir würden das Schicksal nicht noch einmal herausfordern, indem wir eine Fokker 27 der PIA bestiegen. Wir bekamen eine Entschädigung für unsere Flugtickets und reservierten zwei Plätze im nächsten Bus nach Norden. Auf den pakistanischen Straßen – vor allem auf dem sagenumwobenen Karakorum Highway – zu reisen war keine wirklich risikofreie Alternative, aber die einzige, die uns zur Verfügung stand. 25.000 Menschen lassen Jahr für Jahr auf Pakistans Straßen ihr Leben, und die Wahrscheinlichkeit, dass wir in den nächsten 24 Stunden Teil dieser Statistik wurden, war höher, als uns lieb sein konnte.

Immerhin gelang es uns, Plätze in der ersten Reihe zu ergattern, und wir konnten die Aussicht genießen, bis die schmale Straße sich in die Berge zu schlängeln begann. Bei jeder unübersichtlichen Kurve lagen die Chancen für einen Frontalzusammenstoß unserer Einschätzung nach bei 50 zu 50. Es war wie eine Kombination aus Achterbahn und Autoskooter.

Trotz der Angst, die er Reisenden einflößt, ist der Karakorum Highway eine echte Meisterleistung der Ingenieurskunst. In eines der zerklüftetsten Gebiete Asien eingeschnitten, hängt er manchmal zart wie ein Spinnennetz hoch über dem mächtigen Indus, durchschneidet dann wieder dicke Felsen und lässt prägnante Landschaftsformen amputiert zurück. Dicke Wurzeln ragen wie zuckende, bloßgelegte Nerven von den durchtrennten Klippen. Eine ganze Armee von insgesamt 24.000 Experten, Ingenieuren, Technikern und Arbeitern brauchte fast 20 Jahre, um diese Straße zu bauen, die Islamabad mit dem nur 800 Kilometer entfernten Kashgar in China verbindet und deren Fertigstellung von Lawinen, Erdrutschen und Steinschlägen immer wieder behindert wurde. 1978 konnte sie dann endlich eröffnet werden, doch wie viele Bergstraßen im Himalaja stellt sie Pakistan vor ein dauerndes Instandhaltungsproblem. Die Straße offen zu halten ist fast so schwer, wie sie zu bauen.

Doch an diesem Tag war das Glück mit an Bord unseres Busses, nichts fiel auf uns oder blockierte unseren Weg. In den ersten 16 Stunden der langen, 18-stündigen Reise machten wir überhaupt nur zweimal Halt – einmal, um zu Allah zu beten, und ein anderes Mal, um zwei völlig unbekümmerten Eseln mitten in einem dicht bevölkerten Basar beim Kopulieren zuzusehen.

Beim ersten Blick auf den Mount Rakaposhi überlief mich eine Gänsehaut. Ich hatte fest geschlafen, als der Fahrer den Bus eine Stunde vor Gilgit in einem ausgetrockneten Flussbett festfuhr und ich von dem erschreckenden Geräusch völliger Stille erwachte. Ich dachte, wir hätten einen Unfall gehabt und um mich herum wären alle in ihren Sitzen umgekommen, aber die Leute waren bloß in einen tiefen, lautlosen Schlaf versunken. Es muss an der Höhe gelegen haben. Ich streckte mich und versetzte Chris einen Rippenstoß. Gemeinsam kletterten wir aus dem Bus, um zu sehen, was passiert war.

Wir waren auf dem Mond gelandet.

Ich weiß nicht, wie der Fahrer es geschafft hatte, aber irgendwie hatte er den Bus ins Weltall gesteuert. Wir waren jenseits der Sterne, sahen direkt hinauf in ein endloses schwarzes Loch. Eine vierte, dann eine fünfte Dimension eröffnete sich, übersät mit unzähligen glitzernden Diamanten. Ein Licht, das viel zu stark war, um vom Mond zu stammen, fiel aus dem Abgrund auf uns und die karge, leblose Landschaft um uns herum. Rakaposhi, die Königin des Schnees, herrschte in einer unheimlichen Umkehrung von Schwarz und Weiß über ihr Land, erhob sich über uns wie ein perfektes, durchsichtiges Fotonegativ. Fünf, fast sechs Kilometer ragte sie aus dem kahlen Tal. Ein Anblick, der uns nicht wieder losließ.

Ein unhörbarer Wind wirbelte den Sand zu seidenen Fäden auf, die wie Geister auf einem Fuß über das trockene Flussbett tanzten.

Weit und breit war nichts. Nur Steine und unendlicher Raum. Eine Stunde vor Sonnenaufgang brüllte ganz in der Ferne ein einsamer Muezzin den Gebetsruf vom Minarett seiner Dorfmoschee. Seine Stimme klang hart, trocken, unnachgiebig – hypnotisiert und hypnotisierend zugleich. Es war die Stimme Pakistans.

Bei Tagesanbruch erreichten wir Gilgit. In der Nacht waren wir am Nanga Parbat vorbeigefahren, dem westlichen Tor zum Himalaja. Die eigentliche Expedition würde dort beginnen. Bis dahin stand uns aber noch eine kleine Aufwärmübung bevor. Nach dem wochenlangen Chaos vor unserer Abreise aus Australien war es um unsere körperliche Verfassung nicht sonderlich gut bestellt. Wir hatten Gewicht zugelegt, uns an all den köstlichen Dingen satt gegessen, die wir bald nicht mehr bekommen sollten, und für ein ausgleichendes Training im Fitnessstudio kaum Zeit gefunden. Ein kurzer Abstecher ins Hunza-Tal würde die schlaffen Beinmuskeln rasch auf Vordermann bringen und uns beide wieder an das Leben aus dem Rucksack gewöhnen. Die meisten Ausrüstungsgegenstände, die wir geschenkt bekommen hatten, trugen noch ihre Etiketten; auch mit der neuen Fotoausrüstung, dem Kocher und dem Zelt mussten wir uns vertraut machen, ehe wir die eigentliche Expedition starteten.

Außerdem kam es uns widersinnig vor, nach Nordpakistan zu reisen und uns eines der bemerkenswertesten Hochgebirge der Welt – den Karakorum – entgehen zu lassen. Zudem hatten wir die Genehmigung, uns Concordia anzuschauen, einen einzigartigen, östlich vom Hunza-Tal gelegenen, nach dem Zusammenfluss mehrerer Gletscher benannten Ort im Karakorum. Vier der 14 Achttausender auf dieser Erde standen dort in einem Radius von 24 Kilometern zusammen. Wir hatten Bücher darüber gelesen und viele Bilder gesehen, und nach allem, was wir gehört hatten, musste Concordia als Traumziel eines jeden Bergsteigers gelten.

Die restlichen 112 Kilometer nach Karimabad legten wir per Kleintransporter am Ufer des Hunza-Flusses zurück. Die Einheimischen behaupteten, der Fluss führe Goldstaub mit, und führten ihre sagenumwobene Langlebigkeit darauf zurück. Jahrelang hatten Wissenschaftler aus aller Welt versucht, die überdurchschnittlich hohe Anzahl von Hundertjährigen im Hunza-Tal zu erklären, bis sich herausstellte, dass ihr Geheimnis nicht mit irgendwelchen Lebenseinstellungen oder -elixieren, sondern nur mit ihrer sprachlichen Entwicklung zusammenhing. Die Bewohner des Hunza-Tals kannten keine Schriftsprache, und folglich existierten auch keine schriftlichen Aufzeichnungen, die ihre Angaben hätten beweisen können. Natürlich hatte keiner von ihnen absichtlich gelogen. Für sie waren Zeiträume bloß etwas anderes, als es unser vom gregorianischen Kalender diktiertes Zeitverständnis sich vorstellen konnte.

Das Hunza-Tal war wunderschön – eine schimmernde Perle in einer harten Austernschale. Zu beiden Seiten des breiten, grauen Flussbetts erhoben sich uneinnehmbare steinerne Festungen in den Himmel. Zur Linken reckten weiße Berge ihre nackten, zerklüfteten Kämme gegen den azurblauen Himmel. Vor ihren dunklen, undurchdringlichen Schluchten thronte Baltit, das verfallene Schloss der Hunza-Könige. Direkt darunter lag Karimabad. In der fahlen grau-gelben Umgebung wirkte der Ort unglaublich grün. Pappeln, die vor der hoch aufragenden Bergkulisse so klein wie Streichhölzer aussahen, säumten sattgrüne Felder und Obstgärten, in denen Aprikosen und Maulbeeren reiften. Aus der Ferne schienen die in Terrassen angelegten Hunza-Dörfer über das breite Flussbett dahinzuschweben wie exotische Zauberteppiche. Den Blick zur Rechten beherrschte Rakaposhi, in der letzten halben Stunde des Tageslichts von einem goldenen Umhang gekrönt.

Der Kurztrip ins Hunza-Tal war ungefähr so vorgesehen: ein Tag in Karimabad, eine kleine Wanderung auf der Straße nach Gulmit, ein kurzer Trek am Burit-See vorbei zum Passu-Gletscher, ein eintägiger Ausflug zum Pattun Das (einem 4000 Meter hohen Bergkamm mit Ausblick auf den Batura-Gletscher), eine Stippvisite im Dorf Passu und anschließend die Rückfahrt an den Flüssen Hunza, Gilgit und Indus entlang bis zur Brücke von Rakhiot, dem Ausgangspunkt für die Wanderung zum Nanga Parbat. Zug um Zug und logisch wie ein Schachspiel durchgeplant.

In Wirklichkeit ging das Spiel ganz anders aus. Ehe überhaupt der erste Zug getan war, hieß es schon schachmatt: Gleich am ersten Morgen erwachte ich mit heftigem Brechdurchfall.

Entweder waren die Aprikosen schuld oder die wilden Diskussionen, die wir uns am Abend vorher mit zwei Studenten aus Lahore, der alten Hauptstadt des Punjab, geliefert hatten. Trotz ihrer Jugend und ihrer guten Ausbildung war ihre Einstellung gegenüber Frauen so archaisch wie die alten Forts und Mogul-Wälle ihrer Heimatstadt. Noch seien sie nicht verheiratet, sagten sie, doch wenn sie es einmal wären, müssten ihre Frauen nach der *parda* (wörtl. »Vorhang«, »Schleier«, Prinzip der Trennung von Männern und Frauen außerhalb der Familie) leben. Einer der pickeligen Bubis beharrte sogar darauf, seine zukünftige Frau dürfe das Haus überhaupt nicht verlassen. Der andere konnte sich immerhin vorstellen, dass sie unter bestimmten Umständen – zum Einkaufen und Erledigen von Besorgungen – außer Haus gehen dürfte, wenn auch nur völlig verschleiert. Beide waren brave und gesunde Abkömmlinge der Mittelklasse. Mit wildem, blutdürstigem Blick vertrauten sie uns ihren größten Wunsch an: Präsidentin Bhutto zu töten. Schließlich sei sie eine Frau. Könne man sich eine größere Beleidigung gegen Allah, Mohammed, den Koran – ja, den gesamten Islam – vorstellen als eine Frau an der Spitze ihres geliebten muslimischen Heimatlandes?

Im Hunza-Tal ebenso wie in anderen ländlichen Gebieten Pakistans wird die *parda* nicht praktiziert. Die Frauen müssen ihre

Häuser verlassen, um den Männern bei der schweren Feldarbeit zu helfen. Anders als ihre orthodoxeren Glaubensbrüder hängen die Bewohner des Hunza-Tals außerdem der nachsichtigeren Sekte der Ismailiten an, die sich unter der religiösen Führung des Aga Khan für die Schulbildung von Frauen einsetzt und sogar das Trinken von Wein erlaubt. Doch auch die Welt der Ismailiten wird allein von Männern beherrscht – und das sollte wohl ausreichen, um jeder Frau den Magen zu verderben.

Ich fühlte mich miserabel, war aber entschlossen, mich im Zeitplan nicht zurückwerfen zu lassen. Schweigend folgte ich Chris durch die Terrassenfelder von Karimabad, bis wir in der Nähe des Sino-Pakistan-Memorials (eines den hunderten von Todesopfern beim Bau der Straße gewidmeten Marmordenkmals) auf den Karakorum Highway stießen. Eine Gruppe Schweizer Bergsteiger war damit beschäftigt, Dutzende von Fässern und Seilrollen auf einen in der Nähe parkenden Traktor zu laden. Ein paar alte Männer mit Gesichtern wie getrocknete Aprikosen und langen Modigliani-Nasen saßen im Schatten einer Weide und strichen sich über ihre orange gefärbten Bärte. Es war neun Uhr morgens und bereits 30 Grad heiß, doch keiner von ihnen hatte den wollenen *pattu* ausgezogen. Die cremefarbenen Baskenmützen mit den aufgerollten Krempen schienen ebenso untrennbar mit ihnen verwachsen wie die tief in ihre Stirnen eingekerbten Falten.

Chris grüßte die Schweizer und wünschte ihnen viel Glück. Sie waren auf dem Weg zu einem der unzähligen bisher sowohl unbestiegenen als auch namenlosen Gipfel im Karakorum. Wir überquerten den Hunza-Fluss und wanderten auf der mit Jeeps befahrbaren Straße in Richtung Gulmit.

Eine Stunde später tat uns alles weh. Nach drei weiteren Stunden litten wir schiere Qualen. Am Ende des Nachmittags hätten wir, genug Energie vorausgesetzt, freiwillig unser eigenes Grab geschaufelt. Ich fragte mich, was mich je in den Himalaja hatte treiben können, und der arme Chris fragte sich wohl, wie er sich je mit mir hatte einlassen können. Unsere jeweils 30 Kilogramm schweren Rucksäcke verwandelten sich in Blei, unsere Beine in reinstes Gummi. Es gab keine Flüsse oder Quellen am Wegesrand, und nur ein lebensmüder Steinbock hätte versucht, in die Schlucht unter uns hinabzuklettern. Unsere Zungen waren trocken und unsere Kehlen so verdorrt wie die Steinwüste, in der wir uns befanden. Mit letzter Kraft erreichten wir Ayeenabad, ein kleines Dorf, 28 Kilometer von der Kreuzung an der Hunza-Brücke entfernt. Es lag in einer kleinen Ausbuchtung des Tals über dem Fluss wie die Dörfer rund um Karimabad, nur mit dem Unterschied, dass die ebene Fläche, auf der es über dem Ufer schwebte, eher an einen Fußabtreter als an einen großen Zauberteppich erinnerte. Erschöpft ließen wir uns am Wegrand fallen.

Nach einer kurzen Verschnaufpause ging Chris auf den unterhalb der Straße gelegenen Feldern auf einen dünnen Jungen mit riesigem kahlem Kopf zu, der seinen Bruder in einer Karre spazieren fuhr. Mit unserem Urdu-Taschenwörterbuch und einer Kombination von Stepptanzschritten und Fechtsportsprüngen versuchte er dem Jungen klar zu machen, dass wir gern unser Zelt in einer Ecke eines abgeernteten Feldes seiner Familie aufstellen würden. Der Junge kratzte sich an seinem großen Kopf und lief zu einem Steinhaus mit Flachdach. Die Karre mit seinem kleinen Bruder ließ er einfach stehen.

Eine halbe Stunde verstrich, bis ich genug Kraft hatte, meine Glieder zu regen. Der Vater des Jungen kam mit einer Kanne Tee, zwei Porzellantassen und einem großen Stück frischem *panir*, einem an Ricotta erinnernden Weichkäse, aus seinem Haus. Dankbar für seine Gabe, aßen und tranken wir begierig alles auf. Durch seine Gastfreundschaft nahm dieser schwere, heiße Tag ein gutes Ende.

Wir bauten das Zelt auf und fielen in einen tiefen, zufriedenen Schlaf.

Am nächsten Morgen ging es Chris furchtbar schlecht. Sein Gesicht war krebsrot von der sengenden Sonne, und er stand kurz vorm Delirium. Wahrscheinlich ein Sonnenstich. Ich packte unsere Rucksäcke zusammen und schleppte sie und Chris an die Straße. Bloß gut, dass die eigentliche Expedition noch nicht begonnen hatte. Unter diesen Umständen hatten wir keine Skrupel, einen Wagen anzuhalten. Lag der Nanga Parbat erst einmal hinter uns, würde das sicherlich anders sein.

Eine Stunde verstrich, bis neben uns eine Staubwolke aufwirbelte und eine englische Familie anhielt. Das Ehepaar arbeitete im Lager für afghanische Flüchtlinge in Peshawar. Chris kletterte auf die Ladefläche des Jeeps und klemmte sich zwischen die Rucksäcke und die beiden Kinder. Es waren nur etwa zehn Kilometer bis Gulmit, und ich beschloss, zu Fuß zu gehen. Ich fühlte mich wieder fit und konnte das Training gut gebrauchen.

Als ich ein paar Stunden später in Gulmit eintraf, fand ich den schon sehr viel besser aussehenden Chris im Foyer der Silk Route Lodge. Das Hotel war nichts Besonderes, aber die Umgebung war außergewöhnlich. Das Fenster unseres Zimmers bildete den Rahmen für einen sagenhaften Blick auf die Kathedrale von Passu. Halb gotisch, halb Gaudi, stand sie am Ende des Hunza-Tales. Schwer zu glauben, dass es kein Bauwerk, sondern ein Bergkegel war.

Um den Drogenhandel zwischen Pakistan und China einzudämmen, hatte die Regierung den Khunjerab-Pass gesperrt. Man konnte auf dem Karakorum Highway nicht mehr hinüber nach Kashgar fahren, deshalb kamen auch nur noch selten Touristen nach Gulmit. Die meisten machten schon in Karimabad kehrt. Der Hoteldirektor bot an, uns für die Wanderung nach Pattun Das einen Träger zu besorgen. Wir seien die ersten Trekker der Saison, da dürfte es kein Problem sein, jemanden zu finden, der uns zum Gletscher führen könnte.

Bei Sonnenaufgang klopfte es an unsere Tür. Ghulam Razier stand vor uns, zum Aufbruch bereit. Er war fast 60, so klein und o-beinig wie Charlie Chaplin, und selbst der berühmte Schnurrbart fehlte nicht. Er sprach kein Wort Englisch, aber wir mussten ohnehin etwas Urdu lernen, also machte uns das nichts aus. Wie sich herausstellte, waren alle jungen Träger in Gulmit von einer japanischen Reiseleiterin vereinnahmt worden, die einige Stunden später mit ihrer Gruppe eintreffen sollte. Die Japaner wollten auf der gleichen Route nach Pattun Das wie wir, deshalb waren wir froh, dass wir so früh aufbrachen. Zumindest könnten wir uns den besten Zeltplatz aussuchen.

Wir teilten das Gepäck auf – pro Person 20 Kilo, die uns nach den 30 am Vortag federleicht vorkamen. Ghulam verstaute seinen Teil in einem Stoffsack, den er an einem selbst fabrizierten Holzgestell festzurrte. In den Reiseführern wird der Abstecher nach Pattun Das und zurück als sechstägiger Trek beschrieben. Wir boten Ghulam ein gutes Trinkgeld an, falls wir es in vier Tagen schafften – drei Tage Aufstieg, ein Tag Abstieg. Er verfiel sofort in einen zügigen Laufschritt.

Wir folgten ihm erst durch die schmale Schlucht zwischen den Klippen hinter Gulmit, dann den steilen Pfad hinauf in Richtung Burit. Das Gerücht von der Langlebigkeit mochte sich nicht bestätigt haben, nach Ghulams Energie zu urteilen, könnte es sich für die Hunza aber durchaus lohnen, bei den nächsten Olympischen Spielen als eigene Nation anzutreten.

Wir hielten am Rasthaus in der Nähe des Sees, um eine Tasse Tee zu trinken. Bob Dylans »Lay Lady Lay« drang durch die flimmernde Hitze und wirkte auf uns ebenso fremdartig wie der kleine, fest in seine Felsenkammer eingeschlossene See. Ghulam schnitt die Dornen vom Ast einer wilden Rose und schenkte ihn mir als Wanderstab. Als ich mein Gewicht darauf stützte, erwies sich der Stock als ebenso biegsam wie Ghulams Beine, aber er hatte es gut gemeint.

Wir tranken unseren Tee aus und gingen weiter am See entlang zum Dorf Burit. Auf den Feldern zwischen den Pappelreihen wuchs üppiger Senf. Von locker aufgeschichteten Steinmauern durchzogen, bildeten sie eine farbenprächtige Oase aus Grün und Gelb. Ghulam führte uns in ein niedriges, fensterloses Haus, das einer seiner sieben Töchter gehörte.

Die fehlende Belüftung hatte einen doppelten Effekt: Im Winter ließ sich das kleine, aus Lehm und Stein erbaute Haus gegen den bitterkalten Wind vollkommen abschotten, im Sommer blieb die sengende Hitze ausgesperrt. Die kühle Dunkelheit war besser als jede Klimaanlage. In den meisten Bergdörfern der Welt haben die Häuser steile Dächer gegen den Schnee und den Regen. Im westlichen Himalaja und im Karakorum sind die Dächer flach. Auf vier dicken Holzsäulen ruhend, verleihen sie den kleinen, stickigen Häusern ein zusätzliches Stockwerk, auf dem man Früchte zum Trocknen auslegen, Brennholz lagern und sich an den seltenen Tagen, an denen das Wetter weder zu heiß noch zu kalt ist, im Freien zusammensetzen kann. Im Winter muss Schnee geschippt werden, aber der Regen ist in diesem Teil des Hochgebirges kein ernst zu nehmendes Problem; die Regenmenge ist kaum der Rede wert. Der Monsun zieht von Ost nach West über die Berge und büßt auf dem Weg viel von seiner Kraft ein. Wenn er nach Ladakh, Nordpakistan und Tibet kommt, haben sich die Wolken längst abgeregnet.

Die Idylle in Burit – die herrliche Lage, die dicken Früchte an den Obstbäumen, das auf den Feldern reifende Getreide, die rundlichen, aus einer schlichten Wiege neben dem Herd sich reckenden Säuglingsärmchen – empfanden wir als durchaus trügerisch. Kämen wir im Winter zurück, böte sich ein ganz anderes Bild, kalt und hart wie die Geröllhänge der Berge. Die Erde ist im Winter so gut wie tot. Das Wasser friert in den Bewässerungskanälen und steinernen Vorratsbecken. Ghulams Tochter muss die Ernte des Sommers rationieren und sich jeden Tag darüber den Kopf zerbrechen, wie sie den mageren Vorrat an Getreide und Trockenfrüchten bis zum Ende der kalten Jahreszeit streckt. Schafft sie es nicht, ist dies nach den Gesetzen der Hunza ein ausreichender Grund für eine Ehescheidung. Noch schlimmer: Ihre Kinder müssten Hunger leiden.

Wir saßen auf einem kniehohen, mit Säcken bedeckten Podest. Außer der Wiege waren keine Möbel zu sehen. Die Erhöhung zog sich ganz um den Raum. Außer an der Seite mit der eingelassenen Feuerstelle war sie zum Schlafen breit genug. Wir tranken warmen salzigen Tee, und Ghulam wiegte seine vier Wochen alte Enkelin Yasmin auf dem Arm. Durch ein winziges Loch in der Decke fiel ein Lichtstrahl auf das Gesicht der Kleinen, erstaunt riss sie die kohlrabenschwarzen Augen auf, und ihre kirschroten Lippen formten ein perfektes, überraschtes »O«. Ghulams Augen glitzerten tränenfeucht vor Stolz. Die kleine Yasmin rührte sein Herz.

Am Nachmittag kletterten wir auf einem Bergkamm, von dem aus man auf den Passu-Gletscher sah. Der Pfad führte durch endloses Geröll, um sich auf dem breiten Fluss aus Eis immer wieder zu verlieren. Wir bestaunten den daneben verlaufenden Kanal – einen Graben aus von Hand verlegten Steinen und Schieferplatten –, der Burit vom höher gelegenen Teil des Gletschers frisches Wasser brachte. Wenn der von kühnen Ingenieuren erbaute Karakorum Highway als achtes Weltwunder bezeichnet wurde, musste dieser Kanal hier als neuntes gelten.

Die Kathedrale von Passu erhob sich jetzt riesig über uns, und wir machten Halt, um sie noch einmal ausgiebig zu bewundern, ehe wir uns nach Nordwesten wandten und das imposante Gewirr ihrer Turmspitzen hinter uns ließen. Der Pfad war jetzt kaum noch einen halben Meter breit. Ein breiter Erdrutsch hatte sich über den Geröllhang geschoben. Düstere Wolken erschienen aus dem Nichts und verloren ein paar dicke Regentropfen. Langsam und vorsichtig kletterten wir zum Gletscher hinunter und stellten unser Zelt auf einen schmalen Grasstreifen am Rande der Seitenmoräne.

Anderthalb Stunden später kamen die japanischen Trekker ins Camp. Der Regen hatte ihre Sachen aufgeweicht und ihre Begeisterung gedämpft. Sie wirkten klamm und niedergedrückt. Einer ihrer vielen Träger, ein blendend aussehender Hunza namens Hanbek, kam zu uns und stellte sich vor. Er sprach Englisch und bot an, uns bei der Überquerung des Gletschers am nächsten Tag zu helfen. Anders als Ghulam hatte er in dieser Saison schon eine Überquerung hinter sich. Die Route wandelte sich ständig, weil der Gletscher zwar unmerklich, aber doch beharrlich in Bewegung war. Gefrorene Wasserwellen brachen sich und stürzten herab, neue Gletscherspalten taten sich auf, andere wurden von schwankenden Eissäulen überbrückt oder füllten sich mit loser Moräne.

In der Hoffnung auf besseres Wetter schoben wir die Überquerung bis elf Uhr hinaus. Von wegen knochentrockener Himalajasommer! Die ganze Nacht über hatte es geregnet, und es tropfte immer noch. Das kahle Gletschereis war glitschig wie eine Eisrennbahn. Wir folgten Hanbek, der die Japaner in der Obhut seiner Kollegen zurückgelassen hatte, und betraten die Furcht einflößende, zu Eis erstarrte See.

Wir waren winzige Schiffe, von stürmischen Wogen willenlos umhergeworfen, mal in tiefe Furchen hinabgerissen, dann wieder auf gefrorene Wellenkämme hinaufgespült. Mehrmals schlitterten wir hart am Rand tiefer Gletscherspalten, vorm Hineinfallen mehr von der Vorsehung als von eigener Umsicht gerettet. Für Chris war es die erste Gletscherüberquerung. Mit großer Treffsicherheit hatten wir uns gleich eine der schwersten ausgewählt.

Zwei Stunden später waren wir zitternd und erleichtert am anderen Ufer gelandet. Hanbek und die anderen wollten auf der Seitenmoräne campieren, wir dagegen beschlossen, nach Pattun Das weiterzuklettern. Falls die Wolken aufrissen, hätten wir die Chance auf einen fantastischen Sonnenuntergang.

Auf dem 4000 Meter hoch gelegenen Kamm zwischen Passu- und Batura-Gletscher war es bitterkalt. Das Thermometer zeigte minus fünf Grad, der eisige Wind ließ es sehr viel kälter erscheinen. Er wehte direkt von den frostigen, unseren Panoramablick säumenden Gipfeln. Es kam uns vor, als stünden wir inmitten eines riesigen Amphitheaters. Zu beiden Seiten schauten wir über 1000 Meter hinab in die gletscherbedeckten Orchestergräben. Das Parkett teilten sich unzählige von Gletschern geformte Bergkuppen, dahinter thronten schroff und kilometerweit aufragend die oberen Ränge.

Vor diesem Hintergrund schrumpfte der Batura-Gletscher merklich zusammen. Der 56 Kilometer lange und drei Kilometer breite Eisfluss sah aus wie eine vierspurige, sich durch ein von Bulldozern geglättetes Tal schlängelnde Autobahn. Es begann zu schneien, und bei dem scharfen Wind kostete es viel Mühe, unser Zelt aufzubauen. Chris hatte schreckliche Kopfschmerzen, ich war völlig erledigt, und selbst Ghulam zitterte vor Kälte. Die Eingänge zu den Sommerhütten der Hirten waren durch Eisblöcke versperrt, und der winzige Hochgebirgssee war gefroren. Nicht zu glauben, dass wir erst gestern vor Hitze kaum hatten atmen können.

Am nächsten Morgen war das Wetter noch schlechter. Nur selten trafen einmal ein paar Sonnenstrahlen auf die jungfräulichen Bergflanken. Meist drückte sich der Himmel schwer und grau auf die Gipfel. Wir packten unsere Sachen und zogen weiter.

Als wir wieder zum Camp der Japaner herunterkamen, tanzten Hanbek und seine Freunde zu einem wilden Geklapper metallener Kochtöpfe und Bratpfannen. Ghulam wollte, dass wir uns den Rest des Tages ausruhten. Ohne den Schutz einer größeren Gruppe – oder des erfahrenen Hanbek – wollte er das Labyrinth des Passu nicht mit uns durchqueren. Nur allzu gern warfen wir unsere Rucksäcke ab und schlossen uns auf Hanbeks Aufforderung hin seiner tanzenden Truppe an. Die unwirsche japanische Reiseleiterin aber hielt gar nichts davon; sie hatte die Einheimischen dafür bezahlt, für ihre Kunden zu tanzen, Leute wie wir hatten da ihrer Meinung nach nichts zu suchen. Wie sie es gewünscht hatte, wurden wir, wenn auch widerstrebend, zur Seite geschoben. Hanbek und seinen Kollegen war das so unangenehm, dass sie zu tanzen aufhörten und sich bedrückt auf den umliegenden Felsbrocken niederließen. Die Japaner, die dachten, die Show sei zu Ende, zogen weiter in Richtung Pattun Das. Sobald sie außer Sichtweite waren, ging der Tanz weiter. Hanbek zog Chris und mich in die Mitte des Kreises, und wir tanzten, bis wir uns nicht mehr auf den Beinen halten konnten.

In der Nacht sah ich hinauf in den pechschwarzen, nur noch leicht bewölkten, immer stärker aufklarenden Himmel. Ich fragte mich, welcher Planet es war, der ganz besonders hell im Dunkeln glänzte. Ich zeigte ihn Hanbek, der lauthals lachte.

»Das ist kein Planet, kleiner Steinbock!«, nannte er mich bei dem Spitznamen, den er mir tags zuvor auf dem Gletscher gegeben hatte. »Das ist ein Hirtenfeuer!«

Ich konnte es nicht glauben. Das Licht war direkt über uns.

Bei unserer Rückkehr nach Passu lief alles nach Plan. Nur wir selbst waren viel erschöpfter, als wir uns das je hätten träumen lassen. Ich machte mir Sorgen, weil Chris schon bei vergleichsweise harmlosen 4000 Metern Symptome der Höhenkrankheit zeigte, und wir beide hatten ernüchtert einsehen müssen, dass unsere Rucksäcke zu schwer waren, sodass wir nicht umhin kamen, auf Dauer einen Träger zu engagieren. Wir hatten zu wenige Fotos gemacht, und ich hatte nur ein paar Zeilen in mein Tagebuch geschrieben.

Den ganzen Tag in den Bergen unterwegs zu sein reichte mir vollkommen. Ich hatte nicht genug Energie, gleichzeitig auch noch an die Arbeit zu denken.

Wie hatten wir uns bloß so viele Aufgaben auf einmal aufbürden können? Dabei war es noch nicht einmal richtig losgegangen! Ich sah Chris an ... Chris sah zurück. Etwas, das an Hass grenzte, lag in unseren Blicken. Diese Expedition könnte in ein Ehedrama münden. Wir mochten sie überleben. Doch würde das auch für unsere Beziehung gelten?

Heißer als die Hölle

Wir brauchten fast zwei Tage mit dem Bus zur Rakhiot-Brücke, dem eigentlichen Ausgangspunkt unserer Expedition. Hanbek hatte uns vor den Leuten, aber nicht vor der Hitze gewarnt. Schwer zu sagen, was uns den härteren Schlag versetzte – mit beiden sollten wir jedoch gleich nach unserer Ankunft Bekanntschaft schließen. Ein offenbar geistig behindertes Kind mit Segelohren begrüßte uns, indem es uns mit einem uralten Vorderlader seines Vaters nicht allzu freundlich zuwinkte. Die Sonne setzte mit einem linken, dann einem rechten Haken und einem Schwindel erregenden Schlag zwischen die Augen nach. Wir fühlten uns völlig ausgeknockt. Die an der Brücke über den Indus, die diesem gottverlassenen Ort seinen Namen gab, stationierten Polizisten hockten in ihrer notdürftig zusammengezimmerten Hütte und zeigten an uns ebenso wenig Interesse wie wir an ihnen. Wir nahmen im einzigen anderen Gebäude Zuflucht, das weit und breit zu sehen war: dem Shangri-La-Hotel.

Nicht nur, dass der Name nicht passte, auch die Architektur war seltsam fehl am Platz. Mit der knallroten chinesischen Pagode wirkte das Haus am grauen Flussufer wie eine blutende Wunde. Im Schatten des Vordachs hing ein Thermometer. Es stand auf 50 Grad.

Innen war es vielleicht zwei Grad kälter, aber extrem stickig. Offenbar versuchte Nordpakistans führende Hotelkette, ihre Niederlassung in Rakhiot aus steuerlichen Gründen als Verlustgeschäft laufen zu lassen. In ein Haus, in dem es heißer war als in der Hölle, ohne Strom, ohne Klimaanlage und ohne Kühlschrank, würden sich bestimmt nicht viele Touristen verirren. Wir verstauten unser Gepäck in der uns zugewiesenen Sauna mit zwei Betten, trugen uns in das fast leere Gästebuch ein und flüchteten wieder ins Freie, um wenigstens halbwegs Luft schnappen zu können.

Muluck, der einzige Vertreter des Hotelpersonals, der überhaupt zu sehen war, brachte uns die Speisekarte und zwei lauwarme Flaschen Limonade. Selbst die Bläschen hatten sich bei der Hitze verflüchtigt. Er setzte sich zu uns und erzählte uns die Geschichte seines Lebens. Dem Erzählort angemessen, stellte sie sich als schwülheiß und vollkommen niederschmetternd dar.

Als junger, recht attraktiver Mann hatte Muluck bei seinen reichen, aufgeklärten Eltern ein angenehmes Leben geführt. Zumindest gaben sie sich aufgeklärt – bis Muluck eines Tages eine Nichtmuslimin kennen lernte und heiratete. Sie war aber nicht bloß ungläubig, sondern auch Deutsche. Und als ob das nicht gereicht hätte, war sie auch noch heroinabhängig. Der arme Muluck wurde gefühlsmäßig völlig ausgesogen und um jeden Penny betrogen, den er besaß. Als nach der Schließung des Khunjerab-Passes in Islamabad der Nachschub ausblieb, hatte die Frau Muluck und ihren einjährigen Sohn verlassen. Derzeit hütete Mulucks Mutter das Kind, während er versuchte, fern der Heimat ein paar Rupien zu verdienen und die ganze unglückliche Geschichte zu vergessen. Mit beidem schien er bisher nicht sonderlich großen Erfolg gehabt zu haben.

Um sein Einkommen aufzubessern und sich von seinem Kummer abzulenken, bot Muluck – der uns bereits das Zimmer gezeigt, unsere Bestellung aufgenommen, unser Essen gekocht und unsere Betten gemacht hatte – an, uns nach Fairy Meadow, dem Basislager am Nanga Parbat, zu führen. Nicht dass wir den Weg nicht auch allein gefunden hätten – Bauarbeiter waren gerade dabei, ihn zu einer Straße auszubauen –, er sagte, es ginge ihm um unsere Sicherheit. Fremde seien ein lohnendes Ziel dreister Banditenbanden, auch die ansonsten teilnahmslos auf ihren Feldbetten im Schatten liegenden

Polizisten würden davor warnen, die bekannte Route zum Nanga Parbat zu benutzen. Wer sich nicht davon abbringen lasse, solle wenigstens einen ortskundigen Aufpasser mitnehmen. Er sei dafür bestens geeignet. »Wenn Sie abgereist sind, habe ich hier sowieso nichts zu tun. Niemand sonst wäre so verrückt, zu dieser Jahreszeit in diesem Hotel abzusteigen.« Das hatte gesessen.

Am nächsten Morgen um sechs wartete Muluck vor dem Hotel auf uns. Er trug ein schwarzes, eng anliegendes, bis zur Taille offenes Hemd, schwarze Stoffhosen, weiße Socken und cremefarbene Lederhalbschuhe. Er sah aus wie Ken auf dem Weg zu einem gemeinsamen Discoabend mit seiner Freundin Barbie. In seiner Schultertasche hatte er nicht mehr dabei als ein schmuddeliges Handtuch und einen Kamm. Es gelang uns, ihm klar zu machen, dass ihm die richtige Ausrüstung fehlte, und er verschwand über die Brücke, um einen erfahreneren Führer für uns zu suchen. Eine Stunde später kehrte er mit Ghulam zwei zurück. Offensichtlich hier ein beliebter Name.

Ghulam zwei wollte höchstens acht Kilo tragen und verlangte pro Tag 250 Rupien. Wir überredeten ihn, zehn Kilo zu übernehmen, und handelten ihn auf 150 Rupien herunter. Von da an hatten wir keine Chance, noch irgendein Wort dazwischenzubringen, denn er redete wie ein Wasserfall. Nonstop. Sein Mund stand niemals still. Den ganzen Weg, die ganze verdammte Straße hinauf. Er redete und redete und redete.

Es war glühend heiß. Und während wir bergauf wanderten, stiegen auch die Temperaturen. Es gab weder Schatten noch Wasser. Irgendwann reichte ich Ghulam zwei meine Wasserflasche. Ich dachte, seine Kehle müsse von dem vielen Geplapper völlig ausgedorrt sein. Er nahm einen Schluck, spuckte ihn aus und leerte die wertvolle Flasche – unsere letzte! – in den Staub. »Viel zu warm«, beschwerte er sich. Ungläubig starrten Chris und ich uns an.

Die Hotelkette Shangri-La unterstützte den Bau der Straße. Als wir unsere Expedition beendeten, wurden die ersten Gäste zu einem neuen, ebenso fehlgeplanten Hotel in Fairy Meadow kutschiert. Als wir dort waren, führte der befahrbare Teil des Wegs nur bis Jhal, zufällig der Ort, an dem wir die Nacht verbringen wollten.

Jhal und sein Nachbardorf Tatto lagen in einem herrlichen, mit Kiefern bewachsenen Tal. Viele Bäume waren bereits dem enormen Brennholzbedarf zum Opfer gefallen, bald schon würden weitere Bäume der Straße und dem Hotelneubau weichen. Die große Nachfrage nach Holz zum Bauen, Kochen und Heizen ist im nordpakistanischen Bergland zu einem Problem geworden. Der Zustrom von Regierungsbeamten und Soldaten führte zum Raubbau an den natürlichen Ressourcen. Der Tourismus – vor allem der unkontrollierte – könnte ihr Ende bedeuten. Wir waren uns der Wirkung, die wir auf die Umwelt hatten, vollkommen bewusst. In den abgeholzten Bergen des nepalischen Himalaja hatten wir genug Verwüstung durch Erosion, Erdrutsche und verschlammte Flüsse gesehen. Zwar waren wir nur zu zweit, doch gerade in Umweltfragen kommt es auf jeden Einzelnen an. Um den Schaden, den wir während unseres 18 Monate dauernden Aufenthalts anrichteten, möglichst gering zu halten, hatten wir unseren eigenen Brennstoff und Kocher dabei. Um die Berge nicht zu verschmutzen, verzichteten wir auf Toilettenpapier und nahmen Wasser, Blätter oder kleine Steine. Über 90 Prozent unserer Lebensmittelverpackungen ließen sich verbrennen. Lagerfeuer kamen für uns nicht in Frage; wenn uns abends kalt wurde, zogen wir einfach eine weitere Schicht Kleidung über und verkrochen uns in unsere Schlafsäcke. All das waren einfache Maßnahmen, mit denen sich aber schon eine ganze Menge bewirken ließ.

Hinter den kieferbedeckten Hängen, die das v-förmige Tal begrenzten, lag der Nanga Parbat, der »nackte Berg« – der Beginn des Himalaja. Er schien zum Greifen nahe. In seiner Alleinlage war er der größte Berg, den wir je gesehen hatten – nicht der höchste, aber sicherlich der ausladendste. Der Legende nach war er die Heimstatt der Feenkönigin. Bewacht von zwei Riesenfröschen und 100 Kilometer langen Schneeschlangen, residierte sie dort oben in einem Eispalast. Ob man die Geschichte nun glaubte oder nicht, der Berg hatte etwas Märchenhaftes, und das galt auch für Fairy Meadow selbst, das wir am nächsten Tag erreichten.

Kurz nach neun Uhr morgens kam die erste sanft geneigte Sommerweide in Sicht. Es war mein Geburtstag, deshalb durfte ich den Zeltplatz auswählen. Den großartigsten Blick hatte man vom Rand der Weide; von dort aus konnte man den Berg, das Dorf und die üppig grünen Weiden darunter sehen, und wenn man sich zurück zum Indus wandte, kamen die endlosen Gipfel und Kämme des Karakorum in Sicht.

Auf einen Stock gestützt, kam der Eigentümer der Weide zu uns herüber. Mit einem langen, ledrigen Finger fuhr er die Umrisse seines Unterkiefers nach. Sein weißer Bart mit der orangefarbenen Spitze baumelte an ihm herunter wie ein angeklebter Faschingsbart. Er habe nichts dagegen, wenn wir auf seiner Weide campierten, ließ er uns durch den schwatzhaften Ghulam ausrichten. Wenn es uns im Zelt zu heiß würde, könnten wir aber gern auch auf der Holzveranda der Hirtenhütte schlafen.

Obgleich wir alles versuchten, wir wurden Ghulam einfach nicht los. Jede höfliche Andeutung war bei ihm ohnehin völlig verschwendet. Dickfellig ließ er sich wie ein Wachhund am Eingang unseres Zeltes nieder und redete und redete und redete. Hätte er etwas zu sagen gehabt, wäre es noch halbwegs erträglich gewesen, aber er plapperte bloß belangloses Zeug vor sich hin. Schließlich verlangte er mehr Geld, weil er den ganzen Tag vor unserem Zelt ausharren wollte. Er sagte, das sei seine »Pflicht«. Fremde vor plündernden Einheimischen zu schützen sei schwere Arbeit. Der einzige

Schutz, nach dem wir uns sehnten, war der vor ihm. Nach einer Weile schlief er im Sonnenschein ein. Chris und ich nutzten unsere Chance und liefen heimlich davon.

Frauen jäteten die Felder, in staubige Schals eingehüllt, ihre Säuglinge auf dem Rücken. Die verheirateten Frauen trugen eine prachtvolle Kopfbedeckung aus Stoff, die vom Haaransatz bis zu den Schulterblättern fiel und mit Knöpfen, Halbkuppeln aus dünnem Blattsilber und kleinen Perlmuttscheiben besetzt war. Dazu trugen sie bunte Halsreifen, die an den farbenfrohen Schmuck der Afrikanerinnen erinnerten.

Größere Kinder hüteten kleinere Kinder und gelegentlich auch Schafe, Ziegen und Esel. Ihre rotwangigen Gesichter grinsten schelmisch und verschmitzt. Sonnenstrahlen tanzten auf den Steinen, Gräsern und Blumen zu ihren Füßen, und langsam gab der Himmel den Blick auf den Berggipfel frei. Fedrige Schneefelder verströmten ein gleißendes, heiliges Licht. Eine Lawine löste sich, und der nachfolgende Donner erschütterte den Himmel.

Trotz seiner Schönheit war der Nanga Parbat ein gefährlicher Berg. Lange bevor ihn ein Mensch bestieg, hatte er bereits Todesopfer gefordert. In der Mitte des 19. Jahrhunderts rauschte ein riesiger Erdrutsch in den Indus und staute das Flusswasser. Als der Gerölldamm brach, ergoss sich eine gewaltige Flutwelle in die Ebene und riss eine ganze Sikh-Armee mit sich fort.

Ehe der Gipfel 1953 endlich bezwungen werden konnte, hatten vier Expeditionen insgesamt 22 Menschenleben gefordert. Seitdem sind weitere 30 Menschen am Gipfel umgekommen. Die Zahl der Toten und Gescheiterten ist weit höher als die der Erfolgreichen. Den Nanga Parbat herauszufordern ist für Bergsteiger wie russisches Roulette.

Der Weg zurück nach Rakhiot war eine Reise in die Hölle. Die nackten Felswände zu beiden Seiten des Indus hielten die Hitze wie ein Backofen. Bei fast 55 Grad wurden wir gnadenlos gar gebrutzelt. Unsere Lippen schlugen Blasen, unsere Zungen schwollen an, auf unserer Haut blubberte es wie auf der Kruste eines Schweinebratens, und unsere Gehirne waren schlaff wie warmes Rührei. Ach, der Himalaja! Ein Extrem jagte das andere. Wir steckten entweder in einem Tiefkühlschrank oder in einem Heißluftofen. Und unsere Stimmung schwebte entweder hoch oben bei den Gipfeln oder stürzte tief in emotionale Gletscherspalten. Hier gab es kein Mittelmaß, keine Gleichförmigkeit. Und vor uns noch 6450 Kilometer!

Von Rakhiot wanderten wir am Astore-Fluss entlang und hofften auf weitere atemberaubende Blicke auf das Nanga-Parbat-Massiv. Wir fühlten uns einigermaßen fit, doch die sengende Sonne kannte keine Gnade. Chris brannte darauf, seine zusammenfaltbare Angel auszuprobieren, also ließen wir unser Gepäck in Astore stehen und stiegen zum Rama auf, einem kleinen Gletschersee, in dem es von Forellen nur so wimmeln sollte.

Der Pfad führte zunächst an mehreren Dörfern vorbei, dann verschwand er in einem schattigen Kiefernwald. In der Ferne hörten wir ein wahres Trommelfeuer von Axtschlägen, später kam uns eine mit der Ausbeute des Holzschlags beladene Eselskarawane entgegen. An der nächsten Haarnadelkurve versuchten drei kleine Jungen, einen gestürzten Esel wieder auf die Beine zu bringen; unter der enormen Last war er zusammengebrochen wie ein platter Reifen. Jedes Mal, wenn sie ihn mit der Peitsche zum Aufstehen gebracht hatten, schwankte er und fiel wieder hin. Das grobe Brennholz grub sich in sein Fleisch. Sein an ein rostiges Scharnier erinnerndes Brüllen ließ die süße Luft sauer werden. Noch lange, nachdem wir den Wald hinter uns gelassen hatten, hallten seine qualvollen Schreie in unseren Köpfen wider.

Auf die Kiefern folgten prächtige grüne Weiden, die wiederum grauen Stein- und Geröllflächen wichen, auf denen der Schnee des letzten Winters trotz der Hitze nicht schmelzen wollte. An ihrem Ende lag der See. Hätten wir die Karte etwas genauer studiert, wäre uns klar geworden, dass der Nanga Parbat von dort aus gar nicht zu sehen war. Eine hohe Wand aus Fels und Eis erhob sich hinter dem Gletschersee und verbarg den riesigen Berg vor unseren Blicken.

Chris warf seine Angel aus, ich schützte meine Augen mit einem Arm vor der Sonne und versuchte zu schlafen. Ein Dutzend Jungen kamen von den Steinhütten am anderen Ende des Sees, um Chris gute Ratschläge zu geben, aber die Fische waren zu träge, um anzubeißen. Er gab es auf und setzte sich zu den Kindern, um sein Urdu aufzupolieren.

An einem nach Zitrone schmeckenden Strunk kauend, den die Kinder uns geschenkt hatten, wanderten wir ins Dorf Astore zurück. Der örtliche Tierarzt (noch ein Ghulam!), ein passionierter Hühnerzüchter, hatte versprochen, uns bei der Suche nach einem Träger zu helfen. Schließlich stellte er uns einen zierlichen, sanftäugigen Mann mit nackten Füßen in uralten Plastikschuhen und dem herzlichsten Lächeln vor, das wir in Pakistan zu sehen bekamen. Was ihm an Statur und ordentlichem Schuhwerk fehlte, machte er durch seine Einstellung wett. Abbas wollte in erster Linie Freund sein und in zweiter Linie Träger – uns war das natürlich recht. Er würde uns nicht nur helfen, sicher nach Chilam zu kommen, sondern auch dafür sorgen, dass wir lachend und glücklichen Herzens dort ankamen. Nun schien es endlich bergauf zu gehen!

Die Gegend um Astore und Chilam fiel eigentlich in die Sperrzone, in die man nur in Ausnahmefällen einreisen durfte, doch da uns in Astore niemand nach unserer Genehmigung fragte, fand auch niemand heraus, dass wir gar keine hatten. Näher als in Chilam am Rande der Deosai-Ebene würden wir der Grenze zwischen Pakistan und Indien kaum kommen. Wir hatten uns mehrere Monate lang um die Genehmigung bemüht, uns der schwer bewachten

Grenze bis auf fünf Kilometer nähern zu dürfen, doch unsere Briefe hatten nur tiefes Misstrauen erregt. Zugegeben, mit seinem zotteligen Vollbart sah Chris damals wie ein Terrorist aus, aber Spione? Wir? Das sollte wohl ein Witz sein!

In Islamabad versuchte Nazir in unserem Auftrag noch immer, von der Regierung eine Genehmigung für einen Ort namens Marol zu erlangen. Marol lag auf der pakistanischen Seite der Grenze am Ufer des Indus, nur wenige Kilometer stromaufwärts von Kargil entfernt, dem Ort, an dem wir den langen indischen Teil unserer Expedition beginnen wollten. Wenn Nazir Erfolg hatte, wollte er uns durch einen Mann namens Shah Jehan in Skardu Nachricht zukommen lassen. Skardu lag auf der anderen Seite der Deosai-Ebene, und Shah Jehan war der Mann, an den Nazir vorher unsere Lebensmittelvorräte geschickt hatte.

Um nach Skardu zu kommen, mussten wir uns erst einmal wieder ziemlich weit von der Grenze entfernen und einen riesigen, zickzackförmigen Umweg machen. Es war frustrierend, nicht einfach auf geradem Wege über den pakistanischen Teil des Himalaja trekken zu können; in eine Karte gezeichnet, erinnerte unsere Route eher an die aufgescheuchten Hühner unseres Tierarztes als an eine sorgfältig geplante Expedition. Wir trösteten uns mit der Tatsache, dass wir auch ohne Erlaubnis für Marol zumindest in Chilam der Grenze ziemlich nahe kommen würden. Näher jedenfalls als alle anderen Trekker, die dem Kamm des Himalaja gefolgt waren. Den meisten hatte es genügt, den Baltoro-Gletscher im Herzen des Karakorum zu überqueren – eine akzeptable Alternative angesichts der Unnachgiebigkeit der pakistanischen Regierung, wenn es um ihren Teil des eigentlichen Himalaja ging.

Von Astore aus zogen wir einem Staubsturm hinterher. Die einzige Route nach Chilam folgte dem Astore-Fluss und seinem Nebenfluss, dem Das Khirim Gah. Erst vor kurzem hatte die Regierung den Fußweg zu einer Art Straße ausgebaut. Überall im Himalaja begegnete uns die gleiche Situation – völlig ausreichende Fußwege verwandelten sich in schlecht gebaute und noch schlechter instand gehaltene Straßen, die von den Einheimischen kaum benutzt wurden. Unter dem Vorwand, die Bergbevölkerung aus ihrer kümmerlichen Isolation zu holen und ihnen den Fortschritt des Flachlands zu bringen, ebneten die Regierungen den Weg zu deren Ausbeutung. Die ernüchternde Wirklichkeit war, dass die meisten Regierungen sich für die Bergbewohner und ihre Heimat allein im Hinblick auf deren strategisch-militärische Bedeutung und wertvolle Rohstoffe interessierten. Außer mit Mineralien und mit Holz ließ sich aber noch mit einem anderen Phänomen Geld verdienen: mit dem Tourismus. Fremde bezahlten ein Vermögen dafür, die Berge des Himalaja zu sehen oder zu besteigen, und wenn man Straßen hatte, konnten immer mehr von ihnen immer mehr Geld ausgeben. Wen kümmerte es da schon, dass der Straßenbau Erosion, Erdrutsche und eine beschleunigte Abholzung der Berge mit sich brachte – auch wenn die Touristen wegen der intakten Bergwelt gekommen waren. Wen kümmerte es schon, dass die einheimischen Kulturen durch den hektischen Eifer, sie ins 21. Jahrhundert zu katapultieren, bis zur Unkenntlichkeit entstellt und verwässert wurden – auch wenn die Touristen eigentlich gekommen waren, um diese einzigartigen Kulturen in Augenschein zu nehmen und von ihnen zu lernen. Nach dem Geldverdienen die Sintflut.

Junge Männer und Jungen waren in kleinen Grüppchen auf der Straße unterwegs zur Schule. Die Frauen und Mädchen arbeiteten schon auf den Feldern und in den wasserbetriebenen Mahlhütten über dem Bach, wo sie frisches Mehl mahlten. Als wir vorbeikamen, bedeckten sie rasch ihre Gesichter mit Schleiern und blickten in die andere Richtung. Ein Spatzenschwarm zwitscherte und hüpfte so aufgeregt umher wie eine kaufwütige Meute Schnäppchenjäger beim Schlussverkauf. Ich roch Aprikosen und Eselschweiß, Staub und Diesel. Ich spürte die Sonne, faserig wie Jute und sengend heiß.

Wir kamen langsam voran, pro Tag vielleicht zehn oder fünfzehn Kilometer. Es war einfach zu heiß, und Chris und ich hatten mit unserer Unerfahrenheit und Ungeduld noch immer ebenso zu kämpfen wie mit Sonnenstich, Übelkeit und Heerscharen von Amöben, die für Magenbeschwerden und Durchfall sorgten.

Wir erreichten Chilam am 26. Juni. Pferde tollten auf den grünen, sumpfigen Weiden am Flussufer und verloren dabei die letzten Reste ihres nussbraunen Winterfells. Esel und *dzo* (eine Kreuzung zwischen Yak und Kuh) grasten überall im Tal verstreut und ruhten sich von den anstrengenden Vorrats- und Munitionstransporten zu den nahen Grenzlagern aus. Chilam war im wahrsten Sinne des Wortes eine Grenzstadt. Überall wurden gerade Tiere mit Lasten bepackt oder abgeladen. An den Straßenrändern wurden kistenweise chinesische Socken und Plastikschuhe, rosafarbene tibetische Salzkristalle, Tee, Kleider, Stoffe und verbeulte, aber offenbar noch funktionsfähige Tretnähmaschinen angeboten. Männer mit antiquierten Handwaagen wogen ihre Käufe ab und handelten mit den Eselsbesitzern. In den hölzernen Hauseingängen feilschten die Händler mit gerissenen Kaufleuten. Jeder war da, um etwas zu kaufen oder zu verkaufen – oder um etwas zu transportieren, das gekauft oder verkauft worden war.

In der Mitte des Marktfleckens stand das Vorratslager der an der Demarkationslinie stationierten Truppen. Es war etwa halb so groß wie ein Fußballfeld und mit Konservendosen, Reissäcken und Blechkanistern mit Kerosin voll gestopft. Und Kartoffeln. Bergen von Kartoffeln. Ein Mann in einem rosafarbenen Pyjama schlich an uns heran, spähte vorsichtig um sich, neigte sich dann zu Chris und flüsterte ihm zu: »Ich bin ein Spion.« Noch ehe wir erwidern konnten: »Ach, wirklich?«, war er schon verschwunden.

Über einem Laden an der Hauptstraße fand Abbas ein kleines Zimmer, in dem wir uns ausruhen und auf ihn warten konnten. Als er sich vergewissert hatte, dass wir alles hatten, was wir brauchten, ging er in den Ort, um sich bei den Einheimischen nach der Deosai-Ebene zu erkundigen. Die Nachrichten, die er am Abend mit nach Hause brachte, waren alles andere als gut. Wie wir es auch schon verschiedentlich auf dem Weg von Astore nach Chilam gehört hatten, war es noch zu früh im Jahr, um das Hochplateau sicher passieren zu können. Die Schneeschmelze hatte eingesetzt, und niemand im Ort würde beim Überqueren der angeschwollenen Flüsse das eigene Leben oder das seiner Pferde riskieren. Abbas kannte den Weg über die Hochebene nicht und hatte auch keine große Lust aufs Schwimmen. Der Ratschlag der Ortskundigen lautete, 26 Kilometer bis zum Dorf Gudai zurückzugehen und dann zu versuchen, Skardu über den 5030 Meter hohen Alam-Pir-Pass zu erreichen. Zwar konnte niemand garantieren, dass wir es auf diese Weise schafften, von allen wurde es jedoch als die sicherere Möglichkeit angesehen.

Ich wollte nicht so schnell aufgeben und bestand darauf, dass wir nach Sherkulai auf die Deosai-Ebene hinaufwanderten, um uns einmal selbst dort umzuschauen. Eigentlich war der Tag frei und zum Ausruhen vorgesehen, und Chris war ziemlich sauer darüber, dass wir schon wieder durch die Berge kraxelten. Er wollte aber auch nicht zurückbleiben und riskieren, dass ich ihn einen Feigling nannte, also kam er mit, um uns gleich beiden gründlich die Laune zu verderben.

Was die Planung unserer Route betraf, sah es ziemlich düster aus, doch war das nichts im Vergleich dazu, wie es um unsere Beziehung bestellt war. Offenbar hatte ich erwartet, dass Chris sich beim Trekkingleben auf Anhieb gleich so wohl fühlte wie ein Fisch im Wasser. Stattdessen hatte ich es mit einem Fisch auf dem Trockenen zu tun. Die meiste Zeit litt er und fühlte sich alles andere als wohl, und so oft er auch sagte, es sei nicht meine Schuld, ich verstand es doch als Vorwurf. In seinen Augen führte ich mich wie eine brutale Naziaufseherin auf: »Immer rauf auf den nächsten Berg!« »Gar nicht erst vom Schmerz verweichlichen lassen!« »Bloß nicht zu viele Pausen einlegen!« In seinen Albträumen stolzierte ich im Stechschritt mit Lederstiefeln, Uniform und Reitpeitsche durch die Bergwildnis und schrie: »Keine Müdigkeit vorschützen!« »Ich werd euch Beine machen!« »Los, los! Auf, auf!« Dabei sehnte er sich nur danach, sich hinlegen und in Ruhe sterben zu dürfen. Aber ich ließ ihn nicht.

Ich war ein echtes Biest. Verdammt, man bezahlte mir ein Vermögen dafür, andere Leute zu motivieren, und dieser undankbare Kerl bekam es umsonst und wollte lieber sterben! Dieses Weichei! Ich hätte ihn mit Fernsehzeitschrift und Fernbedienung auf seiner weichen Couch in Sydney zurücklassen und mir per Annonce einen anderen Trekkingpartner suchen sollen. Ich hätte hunderte von Zuschriften bekommen, und das wusste er. Niemand hatte je gesagt, es würde einfach werden. Doch dann fiel mir ein ... Wahrscheinlich hatte ich auch nie erwähnt, dass es so hart werden könnte.

Der arme Chris. Ich hatte so wenig Mitleid mit ihm. Wenn ihm übel wurde, hielt ich das für einen Trick, und wenn er mich umarmte, dachte ich, er wolle sich verabschieden. Ich war die wandelnde Paranoia. (»Ich bin nicht paranoid. Hör endlich auf, mir ein schlechtes Gewissen einzureden.« »Ich habe kein schlechtes Gewissen. Hör endlich auf, mir eine Paranoia einzureden.«) So, wie es aussah, konnte es gut sein, dass Chris jeden Augenblick das Handtuch warf. Und mich gleich hinterher. Wir waren beide ein Bild des Jammers. Und wir trekkten im Kreis.

Sherkulai am Rande der Hochebene in den Deosai-Bergen bestand aus drei Siedlungen. Die unterste überblickte das Tal des Chilam-Flusses, die oberste markierte den Beginn der 4000 Meter hoch gelegenen, zwischen den weichen, grünen Armen der Deosai-Berge straff gespannten Ebene. Oberhalb von Sherkulai drei gab es keine menschliche Siedlung mehr, nur noch Murmeltiere und ab und zu einen grasenden Yak. Und Bäche, von denen die Einheimischen meinten, dass sie zu dieser Jahreszeit nur unter großen Gefahren überquert werden könnten. Am Rand der Ebene stand eine kleine Kieferngemeinde. Sie strömte einen berauschenden Weihrauchduft aus und sang Kirchenlieder zu der Orgel des Winds. Die Felsklippen dahinter trugen ein mit goldenem Licht besticktes Schneeornat. Abbas wollte wissen, an welche Religion wir glaubten. Wir deuteten lächelnd auf die Bäume.

Der Weg zurück nach Gudai war nicht schlecht. Männer kamen aus den Häusern, um uns wie alte Bekannte zu begrüßen, und sogar die Frauen wagten es inzwischen, von ihren schattigen Hauseingängen aus jede unserer Bewegungen zu beobachten. Wir waren keine Fremden mehr. Trotzdem flohen sie, wenn sich unsere Blicke trafen, wie verängstigte Kaninchen in ihren Bau zurück. Ein Dorfältester hielt mit einem Stock eine Horde hockeybegeisterter Kinder zurück. Die Kunde von unseren Heldentaten auf dem staubigen Sportplatz in Khirim, wo wir mit selbst gebastelten Schlägern und einem aus Kiefernholz geschnitzten Ball Hockey gespielt hatten, hatte sich im Tal verbreitet wie ein Lauffeuer. Überall fand sich eine Hand voll Jungs, die unsere zweiköpfige Mannschaft herausfordern wollten.

Zurück in Gudai, hörten wir von allen Seiten unweigerlich: »Wir haben es euch ja gesagt.« So früh im Jahr ging man einfach nicht über die Deosai-Ebene. Man führte uns in ein leer stehendes Regierungsbüro, in dem zwei Feldbetten aufgeschlagen waren. Sie wollten nichts davon hören, dass wir die Nacht in unserem Zelt verbrachten. Man fragte uns, ob wir Huhn zum Abendessen wollten, und ein angehender Tierarzt, der mit dem Hühnerzüchter in Astor zusammenarbeitete, wurde ausgeschickt, um ein geeignetes

Exemplar zu holen. Im Nachhinein denke ich, es war ziemlich naiv zu glauben, das Huhn würde in einer mit Alufolie ausgekleideten Pappschachtel »zum Mitnehmen« fix und fertig zubereitet zu uns kommen. Es kam natürlich genau wie wir zu Fuß hier oben an. Die Do-it-yourself-Version von »Essen auf Rädern« – so ungefähr der schnellste Weg, aus Fleischessern überzeugte Vegetarier zu machen.

Abbas erklärte sich bereit, uns bis Bubind zu begleiten und dort jemanden zu suchen, der uns über den Alam-Pir-Pass führen könnte. Er war froh über die Aussicht, die Verantwortung abzugeben. Auf dem ganzen Weg durch den Wald bis ins Bubind-Tal sang er fröhlich vor sich hin.

Als wir höher stiegen, wurde der Baumbestand dünner. Bubind thronte hoch über dem Fluss, die bewässerten, terrassierten Felder zogen sich bis zum Ufer hinunter. Die Häuser des Dorfs standen so dicht zusammengedrängt, dass sie aus der Ferne eher wie eine aus dem Grün ragende Felsnase aussahen. Es gab keinen Platz, an dem wir unser Zelt hätten aufstellen können, außer auf dem Weg mitten im Dorf; jeder Zentimeter Land war kultiviert. Die Leute versammelten sich auf den flachen Dächern, von denen man den Weg überblicken konnte, und sahen Chris und mir zu, wie wir unser Zelt aufstellten, unsere Sachen sauber klopften, schrieben, ausruhten und lasen. Vier volle Stunden lang hielt sie der Anblick gefesselt.

Einmal ging Chris fort, um Wasser zu holen. Sofort nutzte eine Gruppe von Frauen seine Abwesenheit, um sich das Ganze etwas genauer anzuschauen. Sie krabbelten ins Innere des Zelts, befühlten lachend alles, was sich darin befand – darunter auch meine Brüste. Man wird ja wohl mal nachprüfen dürfen. Ja, du bist eine von uns. Egal woher wir kommen, auf der ganzen Welt sind wir gleich, nicht wahr? Einfach erstaunlich! Sie schlugen sich auf die Schenkel vor Lachen. Dann setzten sie sich hin und sahen zu, wie ich das Abendessen zubereitete.

Sie waren erstaunt, dass es Lebensmittel in Packungen gab und einen Herd, der sich zusammenklappen und in einem Rucksack verstauen ließ. Als ich unsere Schlafsäcke aus den Hüllen zog, hatte dies den gleichen Effekt, als hätte ich ein Kaninchen aus einem Zylinder gezaubert. Als Chris zurückkam, trollten sie sich wieder. Sie hatten sich mutig genug gezeigt.

Schließlich kehrte auch Abbas zurück, und diesmal brachte er gute Nachrichten mit. Zwar sei seit Jahren niemand mehr aus dem Dorf über den Alam-Pir-Pass gestiegen, aber zwei Männer Mitte 30 seien bereit, es gemeinsam mit uns zu versuchen. Die Dorfbewohner wollten nicht bloß einen Mann mitschicken, da es für ihn auf dem Heimweg ziemlich einsam werden könnte. Sie waren damit einverstanden, sich den Lohn, den wir Abbas bezahlten, zu teilen, und jeder von ihnen würde jeweils die Hälfte des Gepäcks tragen. Es dauerte fast zwei Stunden, bis wir das alles mit Hilfe unseres Urdu-Wörterbuchs und zahlreichen pantomimischen Einlagen verstanden hatten. Als endlich alles geklärt war, stand die kollektive Erleichterung aller Beteiligten fast greifbar im Raum. Die beiden Männer, die sich bis dahin an den Händen gehalten hatten, gingen auf Chris zu und umarmten ihn. Es würde fünf Tage dauern, Skardu zu erreichen, mindestens zehn Tage würden die beiden also unterwegs sein. Ihre Namen zu behalten, fiel uns nicht schwer. Der erste hieß Ali Mohammed, der zweite – natürlich! – Ghulam. Ich begann mich zu fragen, ob die Muslime nicht doch Humor besaßen. Das Ganze wirkte auf mich allmählich wie eine pakistanische Version des alten Bruce-Witzes von Monty Python.

Wir frühstückten auf dem Dach des Hauses von Alis Eltern, hockten schwitzend auf einer dicken Steppdecke in der Morgensonne. Dann spielten wir noch eine Weile mit den Kindern, während unsere beiden Bubind-Boys ihre Sachen zusammenpackten. Mrs. Mohammed backte ein Dutzend *roti* – fette, ungesäuerte Brote, die so groß sind wie ein kleiner Pfannkuchen, aber doppelt so viel wiegen wie ein Ziegelstein. Weil sie es besonders gut mit uns meinte, packte sie auch noch einen Klumpen von der streng nach Schwefel riechenden Ziegenbutter ein, den sie in ein ledriges Stück sonnengetrockneten Magen wickelte – eine umweltfreundliche Alternative zu jeder Plastikverpackung. Als Ghulam Nummer vier endlich auch noch sein Funkgerät gefunden hatte, machten wir uns auf den Weg.

Wir folgten einem hoch über dem Bubind-Fluss verlaufenden Pfad, bogen dann mit einem seiner Zuflüsse vom Bubind-Tal ab und kletterten auf Felsen und Geröll bis zu einer Höhe von etwa 4000 Metern bergan. Auf einer herrlichen Bergwiese zelteten wir und sahen einer Murmeltierfamilie zu, die sich im vollen Nachmittagslicht sonnte und putzte. Chris ging es so gut, dass er die Höhe nicht einmal zu bemerken schien. Er machte Kopfstand, schlug ein Rad und erzählte eine Stunde lang ungehörige Witze, als wollte er unwiderlegbar beweisen, dass er sich endlich akklimatisiert hatte. Der Abend breitete ein Tigerfell aus rosa Wolken über dem Himmel aus. Ferne Blitze kündeten von einem herannahenden Gewitter. Zum Glück umkreiste es uns nur, ohne uns direkt zu treffen, hinterließ am Morgenhimmel aber ein trostloses Grau.

Gegen halb sechs waren wir wieder auf dem Weg. Langsam und beständig kletterten wir bergan. Nach einer Stunde erreichten wir die Spitze eines Bergkamms, die wir für die Passhöhe hielten. Aber nein, dahinter lag eine weiße Ebene mit einem großen, an drei Seiten von einer unglaublich steilen Wand aus Geröll, Eis und Schnee eingeschlossenen weißen Krater. Wir folgten den Bubind-Boys quer über das Schneefeld. Alle paar Sekunden brach einer von uns durch die bröckelige Eiskruste und sank bis zu den Knien ein. Es war harte Arbeit, und als es wärmer wurde, wurde es noch schwerer, voranzukommen. Wir mussten uns beeilen, sonst hätten wir den Rest womöglich noch schwimmen müssen.

Wir brauchten Stunden, um das Schneefeld zu überqueren. Plötzlich standen wir unter einer nackten Klippe aus Felsbrocken und Geröll. Die Bubind-Boys zeigten nach oben. Wir lachten. »Das können die nicht ernst meinen«, spöttelte ich. Aber sie meinten es ernst. Sie hatten beide starke Kopfschmerzen und waren nicht zu Scherzen aufgelegt. Auf allen vieren begannen sie, an dem Geröll emporzuklettern.

Jeder Stein war locker. Ganz gleich, wie vorsichtig man sein Gewicht verteilte, ein wenig kam man immer ins Rutschen. Je höher wir kamen, desto geringer wurde der Spielraum für Fehler. Ein Ausrutscher, und man war Geschichte.

Das Beste hatten die Götter jedoch bis zuletzt für uns aufgespart. Eine 20 Meter breite, 55 Grad steile, bogenförmige Wand. Sie schien nur auf einen schlecht platzierten Fuß zu warten, der das Ganze zum Einstürzen brachte. Es war zehn Uhr morgens. Trotz der Wolkendecke betrug die Temperatur in 5000 Metern Höhe 50 Grad Celsius. Selbst in T-Shirts schwitzten wir gewaltig. Der an der Wand klebende Schnee war feucht und weich. Ich verfluchte die Tatsache, dass wir kein Seil hatten, und begann zu klettern.

Wir wateten bis zu den Knien in Puderzucker. Ich versuchte, für Chris und die Jungs, die keine Stöcke hatten, festgetretene Spuren zu hinterlassen. Jeder einzelne Schritt war gefährlich, der letzte aber war Grauen erregend. Das Herz klopfte mir bis zum Halse. Nichts und niemand war da, um mich aufzufangen, wenn ich es nicht mit einem Schwung über die Lawinenrinne schaffte und aufrecht auf der kleinen Felskante auf der anderen Seite zu stehen kam. Für unsere Expedition hatten wir nur eine Regel aufgestellt: Über Flüsse ging Chris voraus, über Schnee Sorrel. Leider war es zu spät, den Vorstand einzuberufen und eine Änderung zu beantragen, und je länger ich zögerte, desto bröseliger wurde die Schneedüne unter mir. Sie zerrann wie Sand. Ich schloss die Augen und sprang.

Tatsächlich kam ich mit dem linken Fuß auf dem Felsvorsprung an. So breit war die Lawinenrinne nun also doch nicht gewesen. Das Problem war nur ... na ja ... mein rechter Fuß war irgendwie auf der anderen Seite geblieben. Wie peinlich. Meine Version eines Spagatsprungs à la Nurejew kann kein hübscher Anblick gewesen sein.

Aber da hing ich nun, alle viere von mir gestreckt, mitten in der Gefahrenzone, den Rücken zur Wand, den Rumpf verdreht, Augen und Mund vor Angst weit aufgerissen. Verzweifelt kramte ich in meinem Gedächtnis nach einem Kraftausdruck, der dieser Situation angemessen sein könnte. »Gottverdammte Scheiße!«, war alles, was mir einfallen wollte.

Irgendwie schaffte es Ali Mohammed, sich über mich hinweg auf die schmale Felskante voranzukämpfen. Ich war kurz davor aufzugeben, meine Beine schmerzten und wurden von dem langen Verharren in einer Position allmählich zu Gummi. Mein Kopf, die Schultern und mein Rucksack waren fast vollständig von dem Schnee bedeckt, den Ali beim Klettern von der Wand gelöst hatte. Er beugte sich vor und umfasste mein Handgelenk. Meine Beine gaben nach, und ich sackte nach unten. An Alis Arm schwingend, ruderte ich wie wild mit den Beinen, bis meine Füße endlich Halt fanden und ich zu ihm auf die schmale Kante klettern konnte.

Chris kam als Letzter. Seine Hand als Ankereisen nutzend, krallte er sich, so gut es ging, in der feuchten Schneewand fest. Jeder seiner Schritte löste eine kleine Lawine aus, die seine Spuren verwischte. Beide Hände vor die Augen geschlagen, saß ich da und spähte ängstlich durch meine Finger. Es war furchtbar auszuhalten, dass ich ihm nicht helfen konnte. Endlich kam Chris in Reichweite des Stocks, dem Ali ihm entgegenstreckte, und Ali konnte ihn zu uns herüberziehen.

Um zur eigentlichen Passhöhe – einer unscheinbaren Spalte im gezackten Bergkamm – zu gelangen, mussten wir noch einige andere Kletterstrecken hinter uns bringen, doch nach dem Martyrium an der Lawinenrinne war das vergleichsweise einfach. Bald waren wir oben, erfüllt von Hochstimmung angesichts des atemberaubenden Blicks über die Deosai-Berge, aber auch von Panik angesichts des noch vor uns liegenden Abstiegs. Er war schwieriger als der Aufstieg und außerdem unvergleichlich steiler. Eingekeilt zwischen riesigen Gesteinsbrocken drängten wir uns auf einer Felskante zusammen, schlangen die Arme um die Knie, aßen Schokolade und schauten auf die Schneefelder, gefrorenen Seen und endlosen Wellen weiß bedeckter Bergkämme hinunter. 15 Minuten verstrichen, ehe wir den Mut aufbrachten, mit dem Abstieg zu beginnen.

Chris tauchte tief in den Schnee ein. Den Oberkörper zum Hang zurückgelehnt, um das Gleichgewicht nicht zu verlieren, machte er riesige Schritte. Wir anderen folgten ihm. Wichtig war nur, dass man rechtzeitig bremste, ehe man am steilen Ende des Schneefelds angekommen war. Hatte man das Schlimmste hinter sich, konnte man in die Hocke gehen und eine Glissade versuchen. Wir führten uns auf wie Kinder auf einer riesigen Rutsche, hatten aber ganz bestimmt doppelt so viel Spaß dabei.

Am Fuß des Alam Pir lag ein eisbedeckter See. Ihn zu umwandern erwies sich für unsere müden Beine als echte Kraftprobe. Um einander helfen zu können, blieben wir dicht beisammen. Bei jedem dritten oder vierten Schritt versank einer von uns bis zu den Hüften im lockeren Schnee. Ali und Ghulam schluckten Paracetamol, als gäbe es kein Morgen mehr, vergingen vor Selbstmitleid und wünschten, sie hätten sich niemals freiwillig zu diesem Horrortrip gemeldet. Es müsste doch einfachere Möglichkeiten geben, vier Dollar am Tag zu verdienen. Wir munterten sie auf, indem wir versprachen, ihnen zusätzlich so viel Geld zu geben, dass sie mit dem Bus oder Jeep von Skardu nach Astore zurückfahren konnten und nicht noch einmal den Weg über den verräterischen Pass nehmen mussten. Ihre Kopfschmerzen legten sich, sobald wir den Schnee hinter uns ließen und auf das Hochlager der ersten Hirten trafen. Als wir die Steinhütten von Larshing erreichten, war ihr breites Lächeln wieder da und alle Qual vergessen.

Ein barscher, alter, nach Schweiß und wilden Kräutern riechender Mann lief auf uns zu, um eine Zigarette abzustauben. Sein Wollmantel war schwarz vor Rauch und Dreck, seine Haut erinnerte an einen Brotlaib, der jahrelang im Ofen gebacken hatte. Er klagte über Magenschmerzen und bat uns um ein Medikament. Alles, was wir ihm bedenkenlos anbieten konnten, war der Ratschlag, nach Skardu zum Arzt zu gehen. Wir waren für die Diagnose von Krankheiten nicht ausgebildet und wollten dem Mann weder ein Placebo geben noch ihn davon abhalten, sich von einem Fachmann untersuchen zu lassen. Um unsere Träger kümmerten wir uns, weil wir für sie die Verantwortung hatten; jedem Hinz und Ghulam Medikamente zu geben war nicht unsere Sache. Das mag herzlos klingen, doch im Himalaja haben schon viel zu viele Menschen das Vertrauen in ihre eigenen, uralten Heilmittel und die von der Regierung oder verschiedenen Hilfsorganisationen eingerichteten Krankenhäuser verloren und sehen Trekker als wandernde Apotheken an. Und viel zu viele Trekker gefallen sich in der Rolle der weißen Retter, die mit großem Mitleid, aber äußerst geringem Fachverstand Pillen an die Bevölkerung verteilen.

Inzwischen befanden wir uns im von Pakistan besetzten Baltistan und zogen den Oberlauf des Shigarthang-Flusses hinauf. Wir sahen Jungen, die mit bloßen Händen die Forellen im eisigen Wasser fingen, und alte Männer, die in den kühlen, dunklen Eingängen ihrer Häuser hockten und ihre *huka*-Wasserpfeifen rauchten. Berge aus Dung warteten darauf, auf die Felder ausgebracht zu werden, silberne Wasserfälle glitten wie dicke, vom Gletschereis wohlgenährte Schlangen über kalte Felsplatten.

Wir ließen die Deosai-Berge hinter uns und folgten weiter dem Shigarthan, sahen Dörfer mit Mauern aus geflochtenen Weiden, Obstgärten mit Aprikosen und Maulbeerbäumen. Der Weizen stand hoch und wirkte spröde und trocken, Tag für Tag aufs Neue vom erbarmungslosen Bannstrahl der Sonne getroffen. Die Frauen waren hässlich, hatten hässliche Babys und hässliche Kröpfe – das Ergebnis unzureichender Jodzufuhr und mangelnder Aufklärung. Sie waren gastfreundlich, kannten aber kein Lächeln. Es war ein Wunder, dass es überhaupt Kinder gab, welche die vielen unter der Dreckkruste ihrer halbnackten Körper lauernden Krankheiten überlebten; eines von vieren würde das fünfte Lebensjahr nicht erreichen.

An mehreren Stellen brach sich der Fluss an unsichtbaren Felsnasen, spie Wasser wie Lava aus den Tiefen eines Vulkans. An anderen Stellen war das Wasser vollkommen ruhig und bildete mit seinen friedlichen Becken und üppigen Ufern ein absolut paradiesisches Bild.

Schließlich erreichten wir Katchura, ein 32 Kilometer nordwestlich von Skardu gelegenes Städtchen mit einem weiteren von der Hotelkette Shangri-La gestifteten Denkmal für den schlechten Geschmack. Diesmal standen die rot gedeckten Chalets und reich verzierten Gartenlauben rund um eine verunglückte DC-3, die man aus den Tiefen des Katchura-Sees geborgen und in eine Flitterwochen-Suite umgebaut hatte. (Eine ganz neue Dimension des Recycling, nicht wahr?) Aber im Ernst, in dem Wrack herrschte eine Gemütlichkeit wie in einem Campingwagen – Abheben ohne Anschnallen, Hochzeitsnacht im Cockpit und Höhenflug zu ebener Erde inklusive. Für nur 3300 Rupien (250 Dollar) pro Nacht ein Hit bei Klaustrophobikern und Neureichen.

Leider war das Hotel voll ausgebucht. Dickleibige Politiker und aufgebrezelte Collegestudentinnen spazierten um den großen, künstlichen See. Geschäftsmänner in weißer Tenniskluft spielten

Badminton, und mehrere moderne Kleinfamilien, deren Mitglieder (trotz der Hitze!) am gleichen Windjackenmodell zu erkennen waren, posierten für Fotos neben der Pagode. Junge Paare hielten Händchen, was für Pakistan schon sehr gewagt war. Und überall standen Verbotsschilder: *Rasen betreten verboten. Obst pflücken verboten. Blumen berühren verboten. Tiere füttern verboten* und *Willkommen im Himmel auf Erden – Bitte genießen Sie die Natur.* Wir schlürften eine warme Limonade und zogen weiter, um auf der anderen Seeseite einen Platz für unser Zelt zu suchen. Dort saßen wir und lästerten genüsslich über das Hotel und seine Gäste, bis schließlich die Sonne unterging.

Am nächsten Nachmittag kamen wir nach Skardu. Von der langen Strecke auf dem glatten Bitumen schmerzten uns die Füße. Die Bubind-Boys waren erleichtert, dass wir es geschafft hatten. Chris und ich waren in absoluter Hochstimmung. Wir hatten den ersten, kritischen Monat hinter uns. Körperlich, emotional und mental konnten wir uns von der Gefahrenliste streichen. Nach all den Widrigkeiten, Sorgen und Frustrationen begann sich auch unsere Ehe wieder zu erholen. Unsere Expedition war endlich in Fahrt gekommen – heute Skardu, morgen die ganze Welt! Oh, Mann, wie gut es einem gehen kann, wenn man sich fit fühlt!

Wir kontaktierten Shah Jehan, Nazirs besten Freund, über das PIA-Büro an der Hauptstraße. Shah Jehan war ein kleiner, kräftiger Mann mit strahlend blauen Augen. Er war Mitte 30 und trug den traditionellen *schalwar-kamis* – sackartige Hosen und ein langes, fließendes Hemd. Sein gepflegter, rabenschwarzer Bart setzte hoch auf seinen Wangen an; von dem unteren Teil seines Gesichts und von seinem Hals war nichts zu sehen. Er trug den Kopf hoch und das Kinn vorgestreckt. Das sollte nicht arrogant wirken, im Gegenteil – weil er so klein war, hätte er sonst den meisten Menschen beim Sprechen auf den Bauchnabel geschaut. Mit einem breiten Lächeln stellte er sich uns vor: »Hi. Ich bin Shah Jehan – die Legende.« Wir mussten lachen.

Dabei war dieser Beiname weiß Gott nicht aus der Luft gegriffen. Shah Jehan genoss die Gesellschaft von Fremden, die zum Bergsteigen in den Karakorum kamen. In der internationalen Bergsteigerelite gab es nur wenige, die er nicht persönlich kannte. Er war die Seele von Skardu, allzeit bereit, einen guten Rat zu geben, Hilfe zu leisten, gemeinsam zum Essen zu gehen und jeden noch so erschöpften Wanderer mit Dichtung und Wahrheit aus den Annalen der Bergsteigerei zum Lachen zu bringen. Über jede Expedition, die sich jemals zum Baltoro hinaufgewagt hatte, wusste er etwas zu berichten; an einer beachtlichen Anzahl hatte er als Verbindungsmann für das Team sogar selbst teilgenommen.

Er führte uns in das nach dem zweithöchsten Gipfel der Erde benannte K2-Hotel am östlichen Ende der Stadt, von dem aus man das breite, graue Indus-Tal überblickte. Jeder Trekker, der auf sich hielt, logierte im K2-Hotel. Wo sonst konnte man den neuesten Bergsteigerklatsch aufschnappen, den eigenen Idolen begegnen, die aktuellen Informationen über das Wetter und die Bedingungen auf den verschiedensten Routen bekommen, Träger engagieren sowie den Transport von Team und Ausrüstung organisieren?

Selbstverständlich ließ der Pförtner niemanden ohne Karabinerhaken und Bollé-Brille herein. Vor allem aber bestimmte die Zahl der fehlenden Finger und Zehen die Herzlichkeit an der Rezeption. Die angesehensten Bergsteiger bekamen sogar einen Schlüssel zum Telefon des Hoteldirektors – und wenn das Wählen für die Leute mit den erfrorenen Fingern ein Problem war, kam ihnen ein Angestellter gern zu Hilfe. Shah Jehan war es zu verdanken, dass wir als normale Trekker ohne fehlende Gliedmaßen ein Zimmer bekamen.

In Pakistan war Feiertag, außer dem PIA-Büro und dem Hotel war alles geschlossen. Chris und ich hockten im Garten im Innenhof und verschlangen gierig die Briefe von zu Hause, die Nazir uns nachgeschickt hatte. Hinter uns liefen muskelbepackte Männer geschäftig hin und her und verstauten Lebensmittel und Kletterutensilien in riesige Plastikfässer. Ihre Kleider trugen mehr Aufkleber als ein Samsonite-Koffer; sie waren wandelnde Reklametafeln für Filmgesellschaften, Bekleidungsfirmen, Zelthersteller, Lebensmittelmarken und Banken aus der ganzen Welt. Sie redeten in unzähligen Sprachen und gaben sich mit niemandem ab, dem nicht ein Höhenmesser um den Hals baumelte. Um nicht für Hotelangestellte oder – Gott bewahre! – für Touristen gehalten zu werden, trugen sie ihre riesigen, im Dunkeln leuchtenden Kletterstiefel auch noch als Hauspantoffeln.

Die Wände des Aufenthaltsraums waren mit Postkarten, Autogrammen, Fotos und Memorabilia jeder einzelnen Expedition gespickt, die nach 1983 in den Karakorum und den pakistanischen Teil des Himalaja aufgebrochen war. Mindestens ein Drittel der gesunden, kräftigen Gesichter, die uns von diesen Wänden entgegenschauten, kannte ich mit Namen, und die Hälfte von ihnen lebte nicht mehr. Die Fotos kündeten von Erfolg und Tragödie. Viele zogen in die Berge, nicht alle kehrten wieder ins Tal zurück.

Abends aß Shah Jehan mit uns und erzählte, Hollywood sei auf dem Weg in den Karakorum, eine Filmgesellschaft habe die Rechte von Jim Currans *K2 – Triumph und Tragödie* gekauft. Currans Buch beschreibt das düsterste Kapitel in der Geschichte des K2, in dem eine seltene Verkettung abstruser Ereignisse und unvorhersehbarer Wetterumschwünge auf dem zweithöchsten Berg der Welt 13 Menschenleben forderte. Berühmte britische, italienische, polnische, österreichische und französische Bergsteiger stürzten in die Tiefe, wurden von Lawinen begraben, starben an Entkräftung oder an der Höhenkrankheit. Um dem Film ein Happy End zu geben, wollte man die eigentliche Geschichte mit Szenen der erfolgreichen amerikanischen Expedition aus dem Jahre 1985 mischen. Über die mögliche Kritik der Puristen machte Shah Jehan sich weniger Sorgen (den größten Teil des Films hatte man ohnehin bereits in den kanadischen Rockys gedreht). Ihn beschäftigte das Honorar, das man ihm angeboten hatte, wenn er sich dem Filmteam als Verbindungsmann zur Verfügung stellte. Der Betrag hatte mehr Ziffern als seine Telefonnummer! Wir witzelten über die Heerschar von Trägern, die jeder einzelne Filmstar benötigen würde, um sich die gewünschte Anzahl Perrier-Kisten in den Baltoro tragen zu lassen. Vielleicht würde der eine oder andere ja auch nach dem Sauerstoff in Flaschen süchtig. Ach, wie gern hätten wir bei diesem Spektakel im August Mäuschen gespielt!

Ins K2-Hotel hereinzukommen war nicht einfach gewesen. Fast ebenso schwierig war es jedoch, am nächsten Morgen wieder herauszukommen. Hunderte Arbeit suchender Träger drängten sich vor dem Tor, reckten ihre Ausweise durch das Gitter und hofften darauf, von dem stämmigen belgischen Bergführer auf der anderen Seite ausgewählt zu werden. Wir verbrachten den Tag gemeinsam mit Shah Jehan und einigen seiner Freunde beim Angeln am Satpury-See und fuhren dann hinunter, um den Sonnenuntergang über dem Indus zu betrachten.

Die Quelle des Indus, des »Vaters des Wassers«, lag nahe des heiligen, von Buddhisten und Hindus gleichermaßen verehrten Berges Kailash in Tibet. (Sein tibetischer Name ist Khang Rinpoche – »Schneeberg«.) Von dort aus floss der Indus westlich durch Ladakh. In endlosen Schlaufen wand er sich um die gezackten Kalksteinberge Baltistans und schnitt sich in tiefe Granitschluchten ein, bis er sich in Skardu wieder offen zeigte und seine Größe verdoppelte. Der Jeep sank bis zu den Achsen im Sand ein. Wir kletterten auf eine Düne, um den Indus zum letzten Lied des Abendlichts tanzen zu sehen.

Blaue und rosafarbene Flecken spiegelten sich auf dem wirbelnden Wasser. Die Schatten der hoch vor dem roten Licht aufragenden Pappeln trieben dunkle Pfeile in die pfirsichfarbenen Flanken der Sandberge, die allmählich zu bluten begannen, erst rot, dann lila und zuletzt eher bläulich. Tropfen für Tropfen ergossen sie ihre Lebenskraft in das Wasser und verschmolzen mit der Dunkelheit. Warme Luft strich über meine Haut, sprach zu mir von Karawanen, beladen mit kostbarer Seide, von duftenden Gewürzen, Gold- und Silberschätzen. Die kahlen Berge schimmerten wie poliertes Kupfer. Die Nacht kroch heran und umfing uns mit ihren kalten Armen.

Unser Antrag auf eine Besuchsgenehmigung für Marol war ohne Antwort geblieben. Da die Sicherheitskontrollen in dieser Gegend ziemlich streng waren, hatten wir wenig Chancen, noch ein wenig näher an die Demarkationslinie heranzukommen. Also fassten wir einen neuen Plan.

Wenn es schon nicht erlaubt war, die Demarkationslinie zu überqueren, wollten wir wenigstens parallel zu ihr trekken – wenn auch in einiger Entfernung. Ohne festes Ziel erschien das allerdings sinnlos. Ich wollte den Shyok-Fluss sehen, und Chris sehnte sich nach großen, schneebedeckten Bergen. Wir studierten die Karte und beschlossen, am Indus und am Shyok nach Khapalu und anschließend am Hushe-Fluss bis zum Fuß der Masherbrum-Berge zu trekken. Wenn wir einen Teil unserer Ausrüstung im K2-Hotel ließen, könnten wir auf einen Träger verzichten. Falls wir zufällig doch noch eine Genehmigung für Marol bekommen sollten, könnten wir ein Stück zurückwandern und uns am Zusammenfluss von Indus und Shyok mit Shah Jehan treffen. Er könnte uns die Papiere und notwendigen Vorräte bringen. Und wenn es nicht klappen sollte, würden wir mit einem Truck oder Jeep nach Skardu zurückfahren und die Niederlage so würdevoll wie möglich akzeptieren.

An dem Morgen, als wir in Skardu aufbrachen, war Chris wieder einmal in einer seiner verträumten Stimmungen. Mit jemandem zu wandern, dessen innere Verfassung die Klarheit eines Bildes von Marc Chagall ausstrahlt, kann eine interessante Erfahrung sein, ist aber meist eher verdammt frustrierend. Chris wirkt wie im Nebel, ist in seinen Tagträumen vollkommen gefangen. Mir kommt es so vor, als würde er dann nur noch in seinem Kopf leben. Er sagt ja selbst öfter über sich: »Ich bin nicht von dieser Welt.«

»Planet Erde ruft Chris! Planet Erde ruft Chris! Hören Sie mich?« (Manchmal funktionierte das.) »Planet Erde hat Redebedarf, Chris. Over.« Noch immer keine Reaktion. Ich setzte mich auf einen Stein und begann zu weinen. Ich wollte über Religion sprechen, über soziale Ungerechtigkeit und das Leben nach dem Trekking, am allerdringendsten aber über Sex.

In letzter Zeit hatte es davon nicht gerade viel gegeben. Entweder war es zu heiß, oder wir waren zu verschwitzt, zu müde, zu dreckig oder gedanklich zu sehr mit den vor uns liegenden Herausforderungen beschäftigt gewesen. Früher einmal hatten wir zu den Paaren gehört, die ständig Händchen hielten und sich aneinander schmiegten. Hier in Pakistan jedoch hatten wir die allgemeinen Regeln zu achten und sicheren Abstand zu wahren. Aber der Abstand wuchs und war selbst nachts in der Abgeschiedenheit unseres eigenen Zelts zu spüren. Ich wollte darüber reden, wollte bestätigt bekommen, dass es nur an der Hitze, dem Trekking, der Angst und an nichts anderem lag – an nichts Grundsätzlichem, womöglich tiefer Angesiedeltem.

Chris blieb sofort stehen und umarmte mich. Wir redeten stundenlang. Wir versuchten herauszufinden, was mit uns geschah, und dieses neue Verständnis half mir zu akzeptieren, dass unser Sexualleben vorerst auf Sparflamme köchelte. Wenn der Topf jedoch erst einmal wieder Feuer fing – ich konnte für nichts garantieren!

Die Temperatur stieg weiter an. Wieder einmal stand uns ein quälend heißer Tag bevor. Auf unserer Karte waren Quellen und Bäche eingezeichnet, doch sie war 25 Jahre alt und hoffnungslos ungenau. Weit und breit war weder Schatten noch Wasser zu sehen, und der Weg hinunter zum Indus wäre selbstmörderisch gewesen. Schlimmer noch, am gegenüberliegenden Ufer reihte sich Obstgarten an Obstgarten, jeder einzelne von einem kristallklaren Wasserfall gespeist, der aus einer Felsspalte der dahinter liegenden Berge sprudelte. Üppige Terrassen, mit goldfarbenem Weizen wie festliche Tafeln gedeckt, umgaben die Dörfer mit ihren eng aneinander gedrängten Häusern. Ein herrlicher Anblick, wenn auch für uns verdammt demoralisierend.

Gegen Mittag kletterten wir auf eine Felskante und hockten uns in den Schatten eines überhängenden Felsens. Der einsame Schrei eines Muezzins hallte an den Klippen wider, ein verzweifeltes, unheimliches Geräusch. Trotz 45 Grad Celsius bekam ich eine Gänsehaut.

Zum x-ten Mal bei der letzten Reserve angekommen, wurde uns fünf Kilometer vor dem Dorf Gol der Tod durch Verdursten erspart. Im glühend heißen Dunst erschien ein Trupp Straßenarbeiter vor uns wie eine Fata Morgana in der Wüste. Zwei 44 Gallonen fassende Teertrommeln mit lauwarmem Wasser bildeten die Oase. Wir setzten unsere Rucksäcke ab und tranken. Es schmeckte eklig, aber es löschte den Durst.

Gol schimmerte wie ein Smaragd auf der kargen Decke des Landes, ein prächtiger Edelstein, gehalten von grauen Falten aus Felsen und Geröll. Nur ein wahrhaft kundiger Juwelier hatte den scheinbar wertlosen, unauffälligen Stein mit so großer Geduld schleifen und polieren können, bis seine ganze Schönheit zum Vorschein kam. Seine Facetten bestanden aus unzähligen kleinen Feldern, die aus dem unfruchtbaren Gletscher-Schwemmsand herausgehackt, mit

Dung versehen, mit Wasser zum Leben erweckt worden waren. Und jedes dieser Felder war so kostbar wie das Ganze. Es dauerte Jahre, so ein Dorf zu bauen, und endlose Fürsorge und Pflege, um es am Blühen zu erhalten.

Alte chinesische Urkunden nennen Baltistan, das einmal zu Ladakh gehörte, das »Tibet der Aprikosen«. In den Tälern von Indus und Shyok war der Grund dafür leicht einzusehen. Von morgens bis abends labten wir uns an den Früchten und flüchteten von der heißen, staubigen Straße in den Schatten der Obstgärten. Der süße Duft der reifen Früchte nahm der drückenden Glut die Spitze und rief Erinnerungen an den Sommer wach. Dann hatte ich offenbar aber doch zu viel gegessen, mir wurde schlecht und von den Folgen ganz schwach. In Shagari – auf halber Strecke zwischen Skardu und Khapalu – gingen wir zu einem Arzt, der unseren Blutdruck maß, eine Diagnose traf und eine Behandlung vorschlug. »Kommen Sie mit mir«, sagte er fast geifernd. »Ich lege Ihnen eine Infusion, und Sie können sich zwei, drei Tage ausruhen. Ich mache ein paar Untersuchungen.« Wir hatten wohl eher mit »Nehmen Sie zwei Aspirin, und rufen Sie mich morgen wieder an« gerechnet. Wenn er »Untersuchungen« sagte, klang das in unseren Ohren wie »Experimente«. Wir handelten ihn auf zwei Reihen unheimlich aussehender, in Folie eingeschweißter Tabletten herunter und flohen, so schnell wir konnten, aus seiner Praxis.

Wir schliefen in Obstgärten, unter den Sternen oder in Häusern, die neuen Freunden gehörten. In den ersten beiden Tagen, die wir auf der Straße unterwegs waren, kam kein einziges Fahrzeug an uns vorbei. Am dritten allerdings gerieten wir in das staubige Kielwasser eines Lkw-Konvois. Es waren die reinsten Kunstgalerien auf Rädern mit farbenfrohen, gerahmten Bildern von Vögeln, Blumen und Landschaften, wie man sie sonst nur von Schokoladenschachteln kennt. Die Fahrer und ihre Begleiter hopsten und ruckelten wie

Handpuppen in den grellbunten, gepolsterten Kasperletheatern ihrer Fahrerkabinen. Unglaublicherweise hielt jeder Einzelne an und fragte, ob er uns mitnehmen solle. Sie fuhren im Auftrag der pakistanischen Armee und transportierten Soldaten. Die uniformierten Jungs waren noch ganz grün hinter den Ohren, fuchtelten mit ihren Bajonetten, schwenkten ihre Gewehre und riefen uns zu: »*Salam! Salam alaikum!* Friede! Friede sei mit euch!« Sie waren auf dem Weg zu dem wohl einsamsten, kältesten und sinnlosesten militärischen Außenposten der Welt auf dem Siachen-Gletscher.

Pakistan verwendete 30 Prozent seines Bruttosozialprodukts für Militärausgaben. Indien gab – offiziell jedenfalls – dafür weit weniger aus. Doch beide Länder vergeudeten jährlich Millionen von Dollar und hunderte von Menschenleben, nur um zu beiden Seiten des Gletschers im umstrittenen Kaschmirgebiet ihre Stellungen zu halten. Dabei ging es um eine Gegend, die praktisch unbewohnbar war und in Wahrheit auch wenig strategischen Wert besaß. Die jungen Männern kamen auch nicht durch Gewehrkugeln ums Leben, sie starben an Unterkühlung und an den durch die ungewohnte Höhe hervorgerufenen Ödemen. Die widrigen Bedingungen nagten auch an der Ausrüstung und führten in beiden Armeen zu unglaublichen Instandhaltungskosten. Die eigentliche Ironie lag jedoch in der Tatsache, dass der Siachen gar nicht die Hintertür war, für die er gehalten wurde. In Wirklichkeit war er eine Sackgasse. Wer über den Siachen-Gletscher angreifen wollte, musste zuerst den gefährlichen Conway Saddle überwinden, mit 6250 Metern das höchste Schlachtfeld der Menschheitsgeschichte. Dafür würde man Weltklasse-Bergsteiger brauchen. Die Rekruten, die man wie Ölsardinen in die an uns vorbeifahrenden Lkws gequetscht hatte, schienen dafür ungefähr so geeignet wie wir zum Fliegen. Chris winkte zurück und rief: »*Walaikum a Salam!* Friede sei auch mit euch!« Wir konnten nur hoffen, dass sich dieser Wunsch erfüllte.

Das Shyok-Tal führte steil nach oben. Vor der völligen Verwüstung bewahrten es die grünen Dörfer, Inseln des Lebens und der Fruchtbarkeit, die auf den angeschwemmten Erdfächern zwischen den felsigen Schluchten schwammen. Die Ernte war in vollem Gange, überall lagen riesige Weizenhaufen an den Straßen und auf den Hausdächern. Eine mehreren Dörfern gemeinsam gehörende Dreschmaschine stand untätig in Bara und wartete auf ein Ersatzteil, das erst aus Pindi herbeigeschafft werden musste. Die Frauen und Mädchen arbeiteten den ganzen Tag auf den Feldern, während die Männer im Schatten der Weiden saßen und über Politik diskutierten und die Jungen mit Dynamit Fische aus dem Fluss holten. Eine echte Kindheit hatten die Mädchen nicht; mit zwölf oder dreizehn wurden sie verheiratet und bekamen bald eigene Kinder. Viele der Balti-Männer hatten mehr als eine Ehefrau, aber wir sahen sie nie mit einer von ihnen zusammen. Waren Chris und ich in einem Haus zu Gast, waren nur die Männer zugegen. Die Frauen bereiteten uns köstliche Mahlzeiten, servierten sie aber nie und aßen auch nicht mit uns.

Den traurigsten Anblick im Tal bildeten die Kretins. Es gab schrecklich viele. Schuld an dem Zwergwuchs und den zahlreichen anderen Missbildungen war der im Himalaja endemische Jodmangel. Gelände und Klima machen es der Regierung unmöglich, Jodsalz aus dem Süden heraufzutransportieren und an die Bevölkerung zu verteilen – der größte Teil des Jods verdunstete, ehe es genutzt werden konnte. Das in dieser Gegend bevorzugte Steinsalz aus den Salzpfannen Tibets im Norden ließ sich aus logistischen und technischen Gründen nicht mit Jod anreichern. Jedenfalls schien am Shyok-Ufer fast jeder dritte Mensch geistig zurückgeblieben, gehörlos, zwergwüchsig oder mit einem riesigen Kropf geschlagen zu sein, manchmal auch mit allen diesen Behinderungen zusammen.

Einige Kilometer vor Khapalu legte der Shyok seinen Schleier der Traurigkeit ab. Die Welt war plötzlich nicht mehr grau, sondern von einem wundersamen Licht erfüllt. Der Fluss lachte, und eine Million Diamanten bildeten Grübchen in seinen samtenen Wangen. Er atmete voller Leben, frei von *parda*, frei von Schmerz.

Der 5000 Meter hohe Kanchinokla-Kamm erhob sich direkt aus dem Wasser, dahinter ragte ein gewaltiger versteinerter Kieferknochen aus einer prähistorischen Brust. Seine Säbelzähne nagten am Himmel. Weiße Sehnen aus Schnee steckten zwischen seinen gezackten, brüchigen Backenzähnen.

Wir quartierten uns im Ganshe-Hotel ein, einer kleinen Hütte am anderen Ende von Khapalu mit Blick auf den Fluss und das riesige Fossil. Eine Gruppe belgischer Touristen mit einer exotischen Kollektion bunter Schokoriegel hockte Briefe schreibend im kühlen Schatten der Veranda. Wir unterhielten uns mit zwei verrückten, kahl geschorenen Franzosen – Oliver und Jean-Pierre. Auch sie wollten nach Hushe, dem letzten Dorf vor dem Masherbrum-Kamm; doch Oliver war überzeugt, er könne den Shyok zu Fuß überqueren und so der wackeligen Floßfahrt entgehen. Den größten Teil des Nachmittags verbrachte er damit, den ausgetrockneten Rand des Flussbetts abzulaufen und nach einem möglichen Weg ans andere Ufer zu suchen. An mehreren Stellen watete er ein Stück weit hinein, aber die Strömung war schnell und trügerisch und das Wasser tiefer als angenommen. Schließlich gab er auf, kam ins Hotel zurück und half Jean-Pierre und uns, einen Riesenhaufen Bratkartoffeln mit *puri* (in Öl gebackenem Fladenbrot) zu vertilgen.

In den guten alten Zeiten, ehe Mohammed den Lkw erfunden hatte, wurden die in dieser Gegend eingesetzten Flöße oder *zak* von aufgeblasenen Ballons aus Ziegenhaut über Wasser gehalten. Den Schläuchen aus Lkw-Reifen, die jetzt dazu herhalten mussten, mangelte es an Exotik, aber sie erfüllten ihren Zweck. Meistens.

Die *zak wallah* (Der Begriff wallah ist in der gesamten Himalaja-region geläufig und bezeichnet jemanden, der etwas mit etwas macht. Ein *zak wallah* ist »ein Mann, der ein *zak* steuert«, ein *chai wallah* »ein Mann, der den Tee kocht«, ein *hotel wallah* »ein Mann, der ein Hotel betreibt« usw.) wohnten in Sailing, dem Dorf auf dem Khapalu gegenüberliegenden Ufer, und die erste Überquerung war für neun Uhr morgens angesetzt. Wegen der Strömung konnten die *zak wallah* unmöglich vorher sagen, wo sie ihr Floß abstoßen und wo es anlegen würde, also verteilten wir uns alle vier an der Straße entlang und hielten Ausschau.

Um kurz nach halb neun erschienen vier kleine schwarze Gestalten auf der anderen Seite und zogen das *zak* zum Ufer. Es dauerte eine Ewigkeit, bis sie den besten Ablegeort gefunden hatten. Zwei blieben am Ufer zurück, und zwei stakten das Floß in unsere Richtung. Eine Weile lang tanzte es auf dem Wasser wie ein Korken, dann schoss es davon wie ein Blatt auf einer Stromschnelle, endlich hakte es sich an einem Felshaufen unterhalb der Straße fest. Die Stangen waren nicht zum Steuern, sondern nur zum Abstoßen da. War das Floß einmal auf dem Fluss, lag sein Schicksal in den Händen Allahs.

Wenn man eine gut 20.000 Dollar teure Fotoausrüstung bei sich trägt, können kleine Ereignisse wie die Überquerung eines Flusses oder einer steilen Felswand zu einer Nervenzerreißprobe werden. Sorge überdeckt jede mögliche Begeisterung, und ein weiteres graues Haar wird geboren. Mein Kopf zeugt von einem Leben in Angst und Panik; am Ende dieser Expedition würde ich mit meinen schlohweißen Strähnen Indira Gandhi den Rang ablaufen. Mit einem Blick auf meinen Kopf schätzte Chris das Ausmaß meiner gegenwärtigen Besorgnis ab. »Alles in Ordnung, Liebling«, tröstete er mich. »Du kannst allen sagen, du hättest dir Strähnchen färben lassen und teuer dafür bezahlt.«

Das *zak* bestand aus 28 armdünnen, in Abständen von einem halben Meter mit sechs Querstreben vertäuten Stangen. Als wir unser Gepäck verladen hatten und an Bord geklettert waren, tauchten die Reifenschläuche komplett unter. Ehe wir noch vorschlagen konnten, vielleicht doch eher zweimal zu fahren, stießen die *zak wallah* ihr Gefährt auch schon vom Ufer ab und stakten in Richtung Strömung. Es gab kein Zurück.

Das Floß schien mit gleichmäßiger Geschwindigkeit über den Fluss zu treiben. Erst als wir einen Kilometer flussabwärts das gegenüberliegende Ufer rammten, bekamen wir eine Vorstellung davon, wie schnell wir gefahren waren. Das Gepäck schoss nach vorn, und wir gerieten aus dem Gleichgewicht. Wir bezahlten die freundlichen *zak wallah* für die Überfahrt und dankten ihnen für das aufregende Erlebnis. Dann suchten wir nach einem Weg durch das weiße, steinige Flussbett. Da wir nasse Füße unbedingt vermeiden wollten, irrten wir eine Stunde lang im Zickzack zwischen den zahllosen Wasserbecken und schmalen Kanälen umher, die der Shyok dort hinterlassen hatte. Als wir endlich nach Sailing kamen, stolperte ich am Rand einer unschuldigen Pfütze am Wegrand und fiel in ein verstecktes Wasserloch. Von der Taille abwärts war ich pitschnass. Ist das nicht typisch? Chris lachte schadenfroh. Er wich dem Loch gerade noch rechtzeitig aus, fand sich aber kurz darauf auf einer kleinen, von Bewässerungskanälen umgebenen Insel wieder. Erst zögerte er, dann machte er sich zum Sprung bereit, verfehlte aber sein Ziel. Bis zu den Knien steckte er in schwarzem, triefendem Schlamm. Natürlich fand ich das nun meinerseits wahnsinnig komisch.

Oliver und Jean-Pierre hatten sich nicht um nasse Stiefel geschert und einen direkteren Weg vom Shyok zu seinem Zufluss, dem Hushe, gewählt. Sie waren uns Meilen voraus und schon am Eingang des Tals zu sehen.

Und was für ein Tal das war! Ein nicht mehr genutzter Fahrweg führte uns um die Flanke des Kanchinokla direkt über die Mündung des Hushe. Die Talsohle war vollständig eben und weiß, mindestens zwei, vielleicht auch drei Kilometer breit und nur durch die schmutzigen Finger des Gletscherflusses geteilt. Große Felskuppeln erhoben sich gleich neben dem Bett des Hushe. Das ganze Tal wirkte so schlicht und schön wie ein riesiger japanischer Zen-Garten – bis auf die Tatsache, dass es nicht so sorgfältig geharkt war. Ein dichtes Band aus scheckigem Grün und Gelb folgte dem Lauf des Shyok unterhalb der Geröllhänge bis zum Fuß der Masherbrum-Berge.

Der versteinerte Kiefer, den ich von Khapalu aus gesehen hatte, war nur einer von vielen. Die Bergkämme hinter Hushe, die den Blick auf den gefürchteten Siachen-Gletscher versperrten, waren ein Friedhof unzähliger Mammuts. Überall sah man ihre verblichenen Rückenwirbel, gebrochenen Rippen und aufragenden Elfenbeinstoßzähne.

Die rohe, urwüchsige Seele des Karakorum vollständig in Worten einzufangen ist schlicht unmöglich. Sie ist viel zu einzigartig und vielgestaltig, um durch die Sprache auf eine Dimension festgelegt zu werden. Vielleicht ist das auch der Grund dafür, warum die Balti – anders als ihre Nachbarn im Himalaja – so wenigen ihrer Berge Namen gegeben haben. Für sie sind die Berge einfach nur »Schneegipfel« oder noch vager »Quellen der Winterwinde«.

Auch was die Sommerwinde betraf, tat der Masherbrum sein Bestes. Als wir am Abend das Dorf Kande erreichten, hatte sich ein echter Sturm zusammengebraut. Ein Dutzend Kinder raste aus den Feldern auf uns zu, eines schrie lauter als das nächste, um unsere Aufmerksamkeit zu gewinnen. Sie waren als Spione von ihren Eltern ausgeschickt worden, die sich ein zusätzliches Einkommen damit verdienten, Trekkern ein Essen und einen Schlafplatz neben dem Herd anzubieten. In Kande gab es kein Hotel, und zelten kam nicht in Frage – jeder Zentimeter ebene Fläche rund um das Dorf wurde für den Anbau gebraucht.

Chris bückte sich, um einem Kind aufzuhelfen, das in dem Durcheinander zu Boden gestoßen worden war. Der Junge lag auf dem Rücken und strampelte wie ein Käfer, weil er nicht aus eigener Kraft wieder auf die Beine kam. Tränen quollen aus seinen Augen. Die anderen Kinder lachten. Er war vielleicht acht oder neun Jahre alt und völlig verwachsen. Der Zorn und die Scham in seinem Blick sprachen Bände. Offenbar war er es gewohnt, als Zielscheibe ihres Spottes zu dienen. Er war die Missgeburt, war das Kind, an dem alles anders war, von den auseinander stehenden Füßen bis zu dem buckligen Rücken und den kleinen, verkrümmten Händen. Mit aller Kraft versuchte er, gegen die Tränen anzukämpfen. Ich wuschelte sein Haar und nahm seine Hand. Seine gebogenen Finger schlangen sich um meine, und er drückte sich fest an meine Seite. Die Tränen waren versiegt, und seine Augen glühten vor Stolz. Die anderen Kinder schrien und brüllten, wir drei aber gingen weiter.

Er führte uns zum letzten Haus des Dorfes, das seinem großen, gesunden Bruder gehörte. Wir ließen uns auf die Veranda des Holzhäuschens fallen, und unser kleiner Freund humpelte in das Haus seiner Eltern zurück. Er hatte die Beute herangeschleift, nun war es Sache des großen Bruders, sie zu erlegen. Dieser weltläufige junge Mann mit seiner aus dem Fundus einer Expedition stammenden Daunenjacke und Sonnenbrille hatte nichts Schüchternes oder Naives. Er verlangte 100 Rupien pro Nase. Es dauerte eine Weile, bis wir ihn auf die üblichen zehn Rupien heruntergehandelt hatten und wir unsere Matten und Schlafsäcke in seiner Vorratskammer ausbreiten durften. Wir waren an dem Tag 35 Kilometer gelaufen, sodass wir keinerlei Mühe hatten, eingekeilt zwischen Getreidesäcken und Dosen mit ranziger Butter sofort einzuschlafen.

In Hushe, der letzten Siedlung vor dem gewaltigen Gipfel des Masherbrum-Ost, holten wir unsere französischen Freunde ein. Hushe war ein seltsames Dorf. Es sah aus, als hätte man all seine Häuser planlos aufeinander gestapelt. Auf diese Weise wohnten alle Bewohner Wand an Wand, was viel Energie und Brennholz sparte. Außerdem hielt man so die Fläche des Dorfs möglichst gering und hatte mehr Platz für die Felder. Die Tiere hausten in den halb unterirdischen Kellern der Häuser, die durch ein feinmaschiges Netz überdachter Gässchen und Tunnel miteinander verbunden waren. Alte Frauen hockten in den Schatten enger Korridore und spannen Wolle. Ihre Augen waren unter den verschmierten Gläsern ihrer dickwandigen Brillen nicht zu sehen.

In Hushe gab es keine Aprikosenbäume – das Dorf lag zu hoch dafür. Die Dorfbewohner tauschten die Früchte gegen Butter ein. Ihr Hauptnahrungsmittel bestand in Kartoffeln. Es gelang uns, ein paar Eier zu kaufen, die der Bruder des Hotelbesitzers in seiner Küche für uns kochte.

Im Essraum des Hotels befand sich eine Galerie berühmter Gesichter. Fotos von Bergsteigern wie Reinhold Messner, dem ersten Menschen, der den Everest ganz allein und ohne Sauerstoff bestieg. Und von der weltweit bedeutendsten Bergsteigerin, Wanda Rutkiewicz, die nicht nur den Masherbrum, sondern noch viele andere Riesen des Karakorum bezwang. Zum berühmten Baltoro-Gletscher war es von hier aus nicht weit; er lag auf der anderen Seite des Masherbrum-Kamms. Um vom Hushe-Tal dort hinaufzusteigen, musste man jedoch zu einer ganz anderen Klasse von Bergsteigern gehören als wir.

Wir beschieden uns daher für den Rest des Tages damit, den glitzernden Gipfel vor uns zu bestaunen und in Büchern über den Karakorum zu blättern. Am Abend waren wir fest entschlossen, den von Alleen aus Sieben- und Achttausendern flankierten Wunderort namens Concordia am Kopfende des Baltoro-Gletschers zu unserem nächsten Ziel zu machen. Concordia würde unser Trostpreis sein. Und wenn man den Abbildungen in den Büchern trauen konnte, war dieser kleine Abstecher sicherlich so etwas wie ein Höhepunkt unserer Zeit in Pakistan.

Als wir einige Tage später in Khapalu hörten, dass wir für einen Besuch in Marol an der pakistanisch-indischen Grenze endgültig keine Genehmigung bekämen, konnte diese Nachricht unsere Laune nicht im Geringsten dämpfen. Im Gegenteil, wir waren entzückt! Statt weitere vier Tage auf einer staubigen, langweiligen Landstraße verbringen zu müssen, konnten wir nun direkt zu unserem nächsten Höhenabenteuer aufbrechen. Bis Ende August unsere Visa abliefen, hatten wir jetzt noch zwei volle Wochen, um uns zwischen den »ganz Großen« zu tummeln. Wir fuhren zurück nach Skardu und begannen zu packen.

Kletterer im Karakorum

Das Leben im K2-Hotel hatte sich in der Woche, in der wir fort waren, kaum verändert. Das Tor war noch immer von Arbeit suchenden Trägern umlagert, die Bergsteiger klapperten nach wie vor in ihren Koflach-Plastikstiefeln über die Flure, und die ersten mit Erfrierungen zurückgekehrten Bergsteiger der Saison litten still in ihren Zimmern vor sich hin und warteten auf ihren Rückflug in die reale Welt. Im nächsten Jahr würden sie wiederkommen und es erneut versuchen. Sie waren Junkies, die sich an den höchsten Bergen der Welt berauschten, bereit, für den nächsten Schuss alles zu riskieren. Die spanischen Dokumentarfilme übers Bergsteigen waren im Videorekorder vom vielen Abspielen schon ganz dünn geworden, und an der Ruhmeswand waren ein paar weitere Gesichter auf unheimliche Weise ausgeschwärzt. Ein halbes Dutzend Frankokanadier mit Gasherbrum-II-T-Shirts leisteten Shah Jehan im Essraum Gesellschaft. (Die meisten Mitglieder von Bergexpeditionen tragen T-Shirts, die über ihr Herkunftsland, ihre wichtigsten Sponsoren oder den Gipfel, den sie besteigen wollen, Auskunft geben. Das frankokanadische Team hatte offenbar vor, den 8035 Meter hohen Gipfel des Gasherbrum II zu besteigen.) Das Stück, das im K2-Hotel gespielt wurde, ging ewig weiter, nur die Besetzung wechselte ständig.

Ein ganz neuer Mitspieler war Ken MacDonald, ein Völkerkundler aus Kanada. Ken war unterwegs nach Askole, dem letzten Dorf vor dem Baltoro-Gletscher, und obgleich er kein Bergsteiger war, hatte er mehr Ausrüstung und Vorräte dabei als alle anderen, was die gestrengen Torwächter des Hotels sehr verwirrt hatte. Er wollte die ganze Saison über in Askole bleiben, eine Studie über den Einfluss des alljährlichen Ansturms der internationalen Bergsteiger-szene auf das Balti-Dorf durchführen und am Ende ein Buch dar-über schreiben.

Kens Forschungsstipendium deckte auch die Mietkosten für ei-nen Jeep. Wir waren überglücklich, als er anbot, uns bis Appole Gaon mitzunehmen. Der Weg, den die Expeditionen zu Fuß zu-rücklegen müssen, wird von Jahr zu Jahr kürzer, denn die Straßen rücken immer weiter in die Berge vor. Irgendwann wird man wahr-scheinlich sogar bis Askole fahren können. Für uns war es vom Ende der Ausbaustrecke noch ein Zweitagesmarsch.

Wir hatten nichts dagegen, sofort abzureisen. Ein weiterer Tag in Skardu bedeutete bloß einen Tag weniger im siebten Bergsteiger-himmel. Wir überquerten die Sanddünen des Indus, fuhren am Shigar-Fluss entlang und wandten uns dann östlich in das herrliche Braldu-Tal. Als wir Appole Gaon erreichten, waren alle Schrauben und Muttern unserer Körper lockergerüttelt, und wir waren von oben bis unten mit feinem Staub bedeckt. Mit einem lauten Seufzer der Erleichterung kam der Jeep endlich zum Stehen.

Die frankokanadische Expedition war mehrere Stunden vor uns angekommen, und es wimmelte nur so von Arbeit suchenden Trä-gern, die aus allen Dörfern der Umgebung zusammengeströmt wa-ren. Die Träger in Skardu waren offenbar für die Masherbrum- und Haramosh-Berge zuständig, im Baltoro-Gebiet dagegen arbeiteten nur Männer aus den umliegenden Dörfern. Der Expeditionsarzt untersuchte alle in Frage kommenden Kandidaten mit Stethoskop und Hals-Nasen-Ohren-Leuchte, lauschte nach einem Rasseln in der Brust und suchte nach Anzeichen für Infektionen, die unterwegs Probleme bereiten könnten. Alle Männer mit Knoten oder Dellen am Rumpf oder Blasen an den Füßen wurden zurückgewiesen. Pierre, der Bergführer, schrieb aus den abgewetzten Ausweisen der Männer alle wichtigen Daten ab.

Kaum waren Ken, Chris und ich aus dem Jeep gestiegen, lösten sich auch schon ein Dutzend Männer aus der Menschentraube, um sich um uns zu drängen. Ken brauchte drei Träger, die seine Sachen nach Askole hinauftrugen, und wir brauchten einen Führer für den Weg nach Concordia und zurück. Die Frankokanadier engagierten nur 65 der mehr als 100 versammelten Träger, sodass für uns noch eine genügend große Auswahl blieb.

Unsere Prüfsteine waren etwas anders gelagert als bei den anderen Expeditionen. Wir gingen immer nach dem breitesten Lächeln. Gute Zähne und gesunde Beine waren uns weniger wichtig als die richtige Einstellung – wir suchten einen Reisegefährten und kein Rennpferd. Essa Khan, Sohn des Kasir aus dem Dorf Biano mit der Ausweisnummer A973863, schien perfekt in unser Bild zu passen.

Essa war etwa Ende 30, hatte dunkle, sonnengegerbte Haut und glitzernde schwarze Augen. Er war nur einen Meter fünfzig groß, aber mit starken Muskeln bepackt, eine Kreuzung aus Danny de Vito, Arnold Schwarzenegger und dem attraktiven pakistanischen Kricketspieler Imran Khan. Er trug einen Vollbart und eine der teigfarbenen, am Rand aufgerollten Wollmützen.

Bei unserem eiligen Aufbruch aus Skardu hatten wir völlig vergessen, uns über die gängigen Regeln beim Engagieren von Trägern zu informieren. Offenbar wurde erwartet, dass man sie mit neuen Schuhen, einer Jacke, einer Sonnenbrille und einer Ziege ausstattete – nichts davon hatten wir parat. Zum Glück hatte Pierre im Armeeshop in Islamabad ein paar Wolljacken und Billigstiefel zu viel erstanden und konnte uns aushelfen. Eine Sonnenbrille hatte Essa schon und war bereit, sich anstelle einer neuen 30 Rupien auszahlen zu lassen. Und was die Ziege betraf … für einen Menschen schien uns das verdammt viel Fleisch zu sein. Wir überredeten ihn zu einem zusätzlichen Geldbetrag, mit dem er sich von den anderen Trägern kleinere Fleischrationen kaufen konnte.

Der zweite Punkt, um den wir uns nicht ausreichend gekümmert hatten, war das Geld. Der Lohn wurde hier im Baltoro-Gebiet nicht pro Tag, sondern pro »Etappe« berechnet, wobei an einem Tag manchmal eine Etappe, an anderen Tagen aber auch gleich drei Etappen auf einmal erreicht werden konnten. Der Trek nach Concordia und zurück war mit vier Ruhetagen verbunden – ob man sie tatsächlich nahm oder nicht, war nebensächlich, bezahlen musste man dafür in jedem Fall. Weil unsere Visa abliefen, hatten wir für Hin- und Rückweg 12 Tage eingeplant und auch finanziell entsprechende Vorkehrungen getroffen. In Wirklichkeit sollte es uns doppelt so viel kosten wie geplant: 26 Etappen zu je 120 Rupien, das Geld für die Verköstigung eingeschlossen. Mit unseren in Skardu eingelösten Reiseschecks kamen wir gerade hin.

Alles in allem hatten wir 3000 Rupien in die Essa-AG investiert. Es war eine lukrative Arbeit – in zwei Wochen verdiente Essa mehr als der durchschnittliche Pakistani in drei Monaten. Kein Wunder, dass die Männer tagelang anstanden, drängelten und schubsten, um einen solchen Auftrag zu ergattern.

Am nächsten Vormittag herrschte allgemeine Aufbruchstimmung. Die Träger luden ihre Lasten auf, stöhnten über das Gewicht, beschwerten sich über ihren mickrigen Lohn und weigerten sich, die sperrigen, wurstförmigen Gepäckstücke mit Skiern und Schneestöcken zu transportieren. Zwei an einen Baum gebundene Ziegen wedelten mit den Schwänzen wie verspielte Welpen auf dem Weg zum Park. Warum Fleisch umständlich tragen, wenn es genauso gut selbst laufen kann? Die Ziegen hatten keine Ahnung, was ihnen blühte. Vielleicht war ihre sprichwörtliche Dummheit für sie ein Segen.

Essa meldete sich zum Dienst und lachte über den Aufruhr, den seine Kollegen im frankokanadischen Lager machten. Man hatte den Eindruck, dass es zum ganz normalen Ablauf gehörte. So deuteten wir jedenfalls nicht nur die schmunzelnden Blicke, welche die anderen Träger Essa zuwarfen, sondern auch Pierres Gesichtsausdruck, mit dem er gelegentlich zu uns herübersah. Er schien das alles schon hundertmal erlebt zu haben; im Grunde ging es darum, immer wieder neu herauszufinden, wer die besten Trümpfe hatte – die Bergsteiger mit dem Geld oder die Träger mit der Macht.

Heute trugen die Bergsteiger den Sieg davon. Murrend setzten sich die Träger mit ihren riesigen Lasten in Bewegung. Essa hatte keinen Grund, sich zu beschweren; sein Gepäck wog mindestens acht Kilo weniger als die vorgeschriebenen 25 Kilo. Er ging mit Kens Trägern voraus und ließ uns drei allein mit dem Wiederbelebungsversuch unserer verlorenen Jugend durch das gemeinsame Anstimmen von Smoke on the Water, Stairway to Heaven und dem unverwüstlichen nasalen Neil-Young-Klassiker Heart of Gold.

Als die Jeepspuren aufhörten, fand auch unser Gesang ein abruptes Ende. Die Straßenarbeiter waren tatsächlich entschlossen, die Straße noch vor dem nächsten Winter bis nach Askole auszubauen, nur der Braldu-Fluss untergrub ihre Mühen im wahrsten Sinne des Wortes stets aufs Neue. Gerade hatte ein großer Erdrutsch mehrere Wochen harter Arbeit flussabwärts gespült, sodass uns nichts anderes übrig blieb, als etwa 600 Meter weit an dem extrem steilen Geröllhang hinaufzuklettern – und wer wie eine Dampflok ächzen und schnaufen muss, der kann nicht mehr singen.

Auf halber Höhe stießen wir auf Raymond, das älteste Mitglied der frankokanadischen Truppe. Reglos wie ein Toter lag er mit dem Gesicht nach unten auf dem Geröll. Wir stießen ihn kräftig in die Rippen. »Lieber Gott, warum nur, warum?«, stöhnte er durch seinen struppigen, grauen Vollbart. »Warum hast du ausgerechnet mich anders geschaffen? Ich könnte jetzt am Strand liegen wie alle anderen, in Ruhe ein Bierchen trinken ...« Er schien zu halluzinieren. »... und den Mädchen in den knappen Bikinis hinterhersehen ...«.

Wir gingen nur bis nach Hoto, die Expedition dagegen beschloss, noch vor Sonnenuntergang den Braldu zu überqueren. Weil Brücken erfahrungsgemäß fortgespült wurden, sobald sich der Fluss nach der Gletscherschmelze zu füllen begann, überquerte man die breiteren Flüsse im Karakorum meist mit den so genannten *jorla*. Diese primitiven Seilbahnen wurden mit einem handbetriebenen Flaschenzug über die Schlucht gezogen, und wenn 65 Träger, 65 Ladungen Gepäck und ein halbes Dutzend Kanadier mit starkem französischem Akzent von einer Seite des Braldu zur anderen übersetzen wollten, konnte das schon mal vier Stunden dauern. Anstatt den ganzen Nachmittag Schlange zu stehen, entschieden wir uns für die Überquerung am nächsten Morgen.

Als es dann so weit war, trödelten Chris und Ken so lange, dass wir uns am Ende eines großen britischen Trekkingteams anstellen mussten. Sie waren zum Snow Lake auf dem Biafo-Gletscher unterwegs, einige Kilometer hinter Askole würden sich unsere Wege also wieder trennen. Nach zwei Stunden Wartezeit waren wir dran. Als Erstes schickten wir Essa in der klapprigen Holzkiste mit seiner Ladung nach drüben. Dann zog er Chris hinüber, und ich zog die Kiste zurück, kletterte mit meinem Rucksack hinein und klammerte mich mit beiden Händen am Rand fest, während Chris mich hinüberzog. Die Seile verdrehten sich, und einen Moment lang schaukelte ich 40 Meter über dem schmutzig tosenden Braldu in einer quietschenden Wiege mit fehlendem Bodenbrett und fragte mich, ob der Mann, der diese *jorla* beaufsichtigte, zufällig auch bei der PIA arbeitete. Er war mir auf unheimliche Weise bekannt vorgekommen. Nach einigen Minuten hatte Chris die Seile des Flaschenzugs wieder entwirrt und zog mich ans sichere Ufer.

Den ganzen Rest des Weges fesselte uns Ken mit seinen Erzählungen über die Gegend und zahllosen Anekdoten über die Bergbewohner und ihre Sitten. Meine Lieblingsgeschichte drehte sich um den Gletscher über dem Dorf Surungo in der Nähe von Askole. Klimaveränderungen hatten dazu geführt, dass sich der Gletscher allmählich zurückgezogen hatte und das Dorf nicht mehr mit lebensspendendem Wasser versorgte. Bei seinem letzten Besuch in Surungo hatte Ken gesehen, wie die Dorfbewohner versuchten, einen neuen Gletscher zu zeugen. Einem uralten Brauch folgend, hatten sie ein Stück Eis aus der Moräne eines mit Geröll bedeckten »männlichen« Gletschers mit einem Eisbrocken aus einem sauberen »weiblichen« Gletscher herausgeschnitten und die beiden an der Stelle der früheren Gletscherzunge gepaart.

Wir durchquerten die wegen der großen Höhe noch immer grünen Felder von Askole und erreichten gegen ein Uhr den Lagerplatz oberhalb des Dorfes. Eine bereits auf dem Rückweg befindliche japanische Gruppe sah den Frankokanadiern und Briten beim Aufbauen ihrer Zelte zu. Offenbar kamen sie sich vor wie zu Hause in Tokio City, nur dass es hier noch kosmopolitischer zuging.

Die Kinder umschwärmten Ken wie die Fliegen. »Mister Ken! Mister Ken!«, kreischten sie unaufhörlich. Offenbar waren es die einzigen englischen Worte, die sie beherrschten. Ihre Gesichter sagten: »Du bist zurück! Du bist zu Hause! O, Onkel, du bist zurückgekehrt!« Ken ging in die Knie und raufte spielerisch mit den Jungen. Seine Augen hinter der goldgeränderten Brille glänzten, und sein Lächeln war so breit wie der Braldu.

Haji, das Oberhaupt von Askole und zugleich der Besitzer des Zeltplatzes, kam, um Ken zu begrüßen und zu besprechen, wo man ihn im Dorf unterbringen wollte. Wir wurden vorgestellt, und Haji lud uns in sein Haus zu Tee und Eiern ein – vielen Eiern.

Auf dem Weg dorthin erklärte uns Ken, die Balti glaubten, Eier würden Männern zu kräftigen Erektionen verhelfen. Ohne Erektion keine Kinder. Und wer keine Kinder hatte – so die hiesigen Gesetze der Logik –, hatte offenbar nicht genug Eier gegessen. Ein Seitenblick auf Chris hatte Haji genügt, um uns ein ovo-vegetarisches Festmahl zu verordnen.

Haji – er trug den Ehrentitel der Männer, die nach Mekka oder zu anderen wichtigen muslimischen Heiligtümern in Saudi-Arabien und dem Iran gepilgert waren – war ein sanfter, aber ernster Mann mit grauen Haaren und zwei Ehefrauen. Er selbst verstand sich als lebender Beweis der Eiertheorie, denn er hatte acht Kinder gezeugt. Haji erklärte uns, was er in Askole plante, sobald die Straße fertig war. Eine Klinik oder eine Erste-Hilfe-Station erwähnte er dabei nicht; ihm ging es vor allem um die Modernisierung des Zeltplatzes. Als Erstes wollte er eine Dusche und eine Toilette bauen, später dann ein Hotel errichten und den bereits existierenden Laden (und darin in erster Linie die Souvenirabteilung) erweitern. Vor allem aber wollte er das Engagieren von Trägern ganz neu gestalten, sodass er über die Verteilung der Arbeit vollständige Kontrolle hatte. Seine Augen drehten sich beim Sprechen wie die Räder eines Glücksspielautomaten. Mit jeder Umdrehung erschien das Dollarzeichen, der letzte Aufschrei einer sterbenden Kultur wurde durch das Rasseln einer Münzlawine erstickt. Askole war verloren. Kens Studie galt einer aussterbenden Art.

Mit Hajis Erlaubnis verbrachte ich den Rest des Nachmittags damit, einige Frauen aus Askole zu fotografieren. Ihre traditionellen, von den Müttern an die Töchter weitergegebenen Hauben waren mit kostbarem Schmuck aus Silber und Halbedelsteinen besetzt. Weil die meisten Familien sie längst gegen Bargeld umgetauscht hatten, existierten leider nur noch wenige davon. Der moderne Ersatz war mit Knöpfen, Getränkedosenringen und Schlafsackreißverschlüssen verziert. I-Love-Coke-Schlüsselanhänger und billige Metallhaarspangen waren die Insignien der heutigen Zeit.

Ich war erstaunt, wie offen und derb die Frauen sich in Abwesenheit der Männer gaben. Oft grenzte ihr Humor ans Zotige. Blutjunge

Mütter posierten mit ihren lebendigen Puppen, während ihre jüngeren Schwestern sie lachend beim Stillen nachahmten und dabei die von unseren frankokanadischen Freunden verteilten Luftballons als Brüste benutzten. Die älteren Frauen tasteten unter meinen Pullover und lachten über meine dürftige Ausstattung. Sie sagten, sie wollten Jacken und Uhren, ja, sogar Ehemänner tauschen! Dann johlten und lachten sie über die Dreistigkeit ihres Vorschlags. Alles in allem waren sie im Geist ihren entfernten buddhistischen Cousinen aus Tibet näher als ihren orthodoxeren muslimischen Schwestern.

Am nächsten Morgen erwachten wir früh. Essa wollte vor den beiden großen Expeditionen loskommen, um bei der Überquerung der Biafo-Gletscherzunge nicht lange warten zu müssen. Wir wollten gerade losziehen, als Chris in eine wahre Kanonade aus Beschimpfungen und Kraftausdrücken ausbrach und schrie, er werde auf der Stelle nach Australien zurückkehren.

Oje!

Chris sagte, er habe ein für allemal die Schnauze voll. Mein verdammter Sarkasmus stand ihm bis hierhin! Meine verdammte Nörgelei und verfluchte militante Einstellung bis dahin! Der Tropfen, der das Fass zum Überlaufen gebracht hatte, war meine Reaktion auf den – meiner Meinung nach hirnverbrannten – Vorschlag Seiner Hoheit gewesen, Nazir Geld zu schicken, damit er Essa für uns versichern könne. Abgesehen von der Tatsache, dass wir kaum genug Geld hatten, um Essas Lohn zu bezahlen, hätten wir dem Baltoro-Gebiet längst den Rücken gekehrt, wenn Nazir unseren Brief bekam. Oder, fragte ich, habe er hier oben an den Felswänden irgendwo Briefkästen gesehen? Das Postauto sei auch schon ziemlich lange nicht mehr da gewesen. Wir hätten schon eine Rabenkrähe einfangen und als Brieftaube losschicken müssen.

Die Rabenkrähe war ein Wort zu viel gewesen. Danach fielen noch andere harte Worte, die mit Schei... anfingen, am schwersten aber traf mich das Wort Schei...dung. Die Träger der Franko-kanadier ließen ihr Gepäck stehen und kamen herüber, um einen westlichen Ehekrach in Aktion zu sehen. Sie umringten uns wie blutrünstige Jungen auf dem Schulhof ihre kämpfenden Mitschüler. Ihre Rampenlichtblicke ließen mich erstarren. Ich war sprachlos, ratlos, fühlte mich komplett geschei...tert.

Noch nie zuvor hatte ich Chris so wütend erlebt, so voller Hass und Verachtung. Er stand lichterloh in Flammen. Verzweifelt suchte ich nach einer Decke, mit der sich das Feuer vielleicht ersticken ließ. Ich wählte Eins Eins Null. Ich rief die Feuerwehr, aber ich kam nicht durch. Am Ende wartete ich bloß noch, bis die Flammen von selbst ausbrannten. Ich harkte in der Asche, suchte nach etwas – irgend-etwas –, das sich vielleicht noch retten ließ.

Ich fand ein kleines bisschen Glut. Ich befächelte sie, fütterte sie, ging auf Hände und Knie, kroch vor ihr herum, flehte sie an, nicht zu verlöschen – und wie durch ein Wunder ging sie tatsächlich nicht aus. Chris stapfte davon, aber nicht zurück nach Skardu, wie er es angedroht hatte, sondern in Richtung Baltoro-Gletscher. Ich folgte ihm gesenkten Blicks. Ich sagte, es täte mir Leid, aber Chris hörte mich gar nicht. Rein mechanisch setzte er Schritt vor Schritt.

Zwei Stunden vergingen, ehe er wieder mit mir sprach, und auch dann bebte seine Stimme noch immer vor Zorn. Als wir die schmud-delige Zunge des riesigen Biafo-Gletschers überquerten, streckte ich nach Halt suchend meine Hand aus. Er nahm sie und zog mich hinüber. »Waffenstillstand«, sagte er. »Ich hasse dich nicht wirk-lich.« Wir umarmten uns kurz, und ich versprach, meinen Sarkas-mus zu zügeln, wenn er versprach, das Wort mit Schei... nie wieder zu erwähnen.

Bis zum Mittagessen hatten wir die Frankokanadier eingeholt. Der arme Pierre war bei der Überquerung des Biafo ausgerutscht, lag am Ufer eines Bachs auf der Ebene von Korophon auf einem behelfsmäßigen OP-Tisch und stopfte eine abenteuerlich bunte Mischung aus Lakritze und Geleebonbons in sich hinein. Der Expeditionsarzt kauerte über ihm und nähte eine tiefe, klaffende Wunde unmittelbar über seiner Nasenwurzel. Die Träger saßen, strahlenförmig wie zu einem riesigen Seestern ausgebreitet, auf den Steinen und sahen schweigend zu.

Aber ihre Gedanken weilten nicht bei Pierre – mit düsteren Mienen grübelten sie über die vor ihnen liegende Route nach. Die uns entgegenkommenden Träger hatten ihnen gehörig Angst eingejagt. Der vom Panmah-Gletscher herunterfließende Dumordu-Fluss habe vor kurzem seinen Lauf geändert, berichteten sie. Anstatt wie bisher um den Fuß der Klippe am Eingang des Seitentals herumgehen zu können, müssten wir wohl oder übel über die Klippe steigen. Der Weg, der auf der anderen Seite wieder zum Fluss herunterführte, sei die reinste Hölle.

Zu anderen Jahreszeiten konnte man den Dumordu vor seiner Mündung in den Braldu durchwaten, jetzt jedoch war er ein tosender Strom, angeschwollen von den Schmelzwassern des Sommers. Beim letzten Mal, als der Fluss die untere Route abgeschnitten hatte, waren drei Träger von der Steilwand der Klippe in den Tod gestürzt.

Langsam setzten sich die Träger wieder in Bewegung; einige beeilten sich, wohl aus Angst, sie könnte sonst der Mut verlassen, andere trödelten, um ihren Mut wieder zu finden. Als wir uns einreihten, fürchteten wir das Schlimmste und hofften das Beste.

Der Weg löste sich vom Ufer des Braldu und schlängelte sich Stück für Stück auf den hohen Felsvorsprung, der ihn vom Dumordu trennte. Neben einem schlanken, weißen Finger aus schneebedecktem Fels blieben wir stehen, um Atem zu schöpfen. Wir waren jetzt etwa 300 Meter über dem Fluss und starrten ungläubig nach unten. So etwas hatte ich noch auf keinem Trek gesehen. Der Weg nach unten bestand aus einer losen Folge von Verwerfungen in der steilen Felswand. Eine Reihe winziger Vorsprünge müsste unseren Zehen und Fingern beim Abstieg Halt geben.

Die Träger hatten bereits mit dem Abstieg begonnen. Manche hingen an der Steilwand fest, weil ihre sperrigen Ladungen sich an spitzen Felsnasen verhakt hatten. Andere suchten mit rudernden Füßen nach dem nächsten Haltepunkt. Ein panischer Neuling warf seinen Rucksack ab und rannte, so schnell er konnte, nach Askole zurück. Es ging nur langsam voran, vor allem am oberen Ende der Klippe hatte sich ein Engpass gebildet. Die Träger, die warten mussten, bis sie an die Reihe kamen, wurden dadurch umso nervöser.

Wir waren seltsam zuversichtlich und halfen einander vorsichtig hinunter. Mittendrin hörte ich plötzlich ein schurbelndes Geräusch und schaute über die Schulter nach unten. Eine riesige Fliege in Menschengestalt kroch mit einer wie Flügel quer über den Rücken gebundenen, zweieinhalb Meter langen Aluminiumleiter über die Felswand nach oben. Es war eine der Schmeißfliegen, die Trekkingrouten nach Abfall und verlorenen oder zurückgelassenen Ausrüstungsgegenständen absuchen. Dabei hatte sie offenbar diese Leiter gefunden, und der pralle Rucksack war vermutlich voller anderer Fundsachen, die zu verkaufen sich ganz bestimmt lohnen würde. Ihre Hände und Plastikschuhe hatten unsichtbare Saugknöpfe, so lässig kletterte sie die Steilwand hinauf – ohne auf die Panik der Träger Acht zu geben, die eilig auswichen, um von der sperrigen Ladung nicht vom Fels gefegt oder gar geköpft zu werden. Es war eine seltsame Erscheinung – und auch eine ernüchternde. Da kämpften wir uns Schritt für Schritt die steile Wand hinunter und kamen uns dabei größer und tapferer vor als Ben Hur, und dann summte plötzlich diese Fliege vorbei und ließ unsere Bemühungen lächerlich erscheinen.

Wir brauchten eine Dreiviertelstunde, um das sandige Ufer des Dumordu zu erreichen. Unser Lagerplatz für den Abend lag direkt gegenüber, war aber nur mit Hilfe einer weiteren *jorla* einige Kilometer stromaufwärts zu erreichen. Wieder einmal mussten wir anstehen, um einen Fluss zu überqueren. Essa nutzte die Zeit, um zurückzugehen und den anderen Trägern beim Abstieg an der Klippe zu helfen.

Am nächsten Morgen erwachten wir zu sanfter Regentrommelmusik auf unserem Zeltdach. Das Thermometer zeigte nicht mehr als acht Grad Celsius, und der Wind stichelte beim Gehen feinen Sand in unsere Gesichter. Wir folgten dem Dumordu bis zu seiner Mündung in den Braldu zurück, der nun seine letzte große Windung vor dem Tal des großen Baltoro vor sich hatte. Die Welt war plötzlich grau, hart und wüst, leblos und kalt wie eine Leiche: Wir betraten eine riesige Nekropolis, standen am Rande einer Todeszone, schauten hinaus auf ein Feld mit übergroßen granitgrauen Grabsteinen und marmorweißen Leichenhallen. Eine Welt im krassen Urzustand.

Wir lagen gut in der Zeit. Als wir Paiyu, einen Lagerplatz auf einem breiten angeschwemmten Fächer in 3500 Metern Höhe wenige Kilometer vor der Baltoro-Gletscherzunge erreichten, beschlossen wir, einen der Ruhetage einzulegen, für die wir bezahlt hatten. Das Wetter war trostlos, und es machte wenig Sinn, zu einer einmaligen Ansammlung von Sieben- und Achttausendern weiterzutrekken, solange die meisten davon in den Wolken lagen. Auch unsere frankokanadischen Freunde hatten einen freien Tag genommen, um ihre Träger zu besänftigen, das Gepäck neu auszuwiegen und zu verteilen. Zwölf Männer sollten nach Hause geschickt werden, da die Lebensmittel, die sie getragen hatten, bereits aufgegessen waren. Es war nicht ungewöhnlich, dass große Expeditionen drei Träger pro Last engagieren mussten: einen, der die Ausrüstung trug, und zwei, die die Lebensmittel schleppten, die alle drei während des Marsches verzehren würden. Ich machte mir klar, dass der

Lagerplatz zwar von 80 Menschen bevölkert, aber keineswegs voll war. Expeditionskarawanen im Karakorum umfassten oft vier-, fünf- oder gar sechshundert Menschen.

Chris und ich verbrachten den größten Teil des Tages damit, dem Regen aus dem Weg zu gehen, zu lesen und zu schreiben. Essa hockte die meiste Zeit bei den anderen Trägern, die sich um winzige Feuer unter den zwischen Bäumen und Büschen aufgespannten durchsichtigen Plastikfolien scharten. Manche hatten Mülltüten aufgeschnitten und wie Tipis über Stöcke gespannt, andere hatten hinter kleinen Steinhaufen oder unter überhängenden Felsen Schutz gefunden. Manche Träger machten Tee, andere Chapati (Fladenbrote), und wieder andere machten am liebsten Ärger.

Im Ganzen waren die Balti-Träger aus einem anderen Holz geschnitzt als die legendären Sherpas aus dem nepalischen Himalaja. Mindestens jeden zweiten Tag riefen sie einen Streik aus, verlangten mehr Geld, leichteres Gepäck und höhere Bonuszahlungen. Dabei waren bereits alle Einzelheiten – Löhne, Arbeitsbedingungen, Ruhetage und so weiter – von der Regierung gesetzlich geregelt. War die Expedition jedoch einmal gestartet, betrachteten die Balti diese Gesetze eher als Ausgangs-, nicht als Endpunkt der Verhandlungen. Und sie hatten die Frankokanadier am Haken. Wenn sie nicht auf ihre Forderungen eingingen, würden sie alles stehen und liegen lassen, und die Expedition bliebe ratlos in Paiyu zurück. In Askole warteten genug Gruppen, die dringend Träger brauchten. Außerdem bestanden sie darauf, dass die zwölf entlassenen Träger wieder eingestellt und die Lasten für die Einzelnen dadurch leichter wurden.

Der teilweise lautstarke Streit zog sich über mehrere Stunden hin. In der Lohnfrage gab Pierre keinen Zentimeter nach; würde er einmal damit anfangen, wäre die Expedition verloren. Am Ende erklärte er sich jedoch bereit, sechs der zwölf Entlassenen wieder einzustellen. Die Träger feierten diesen kleinen Triumph.

Am 23. Juli war über dem Paiyu-Gipfel blauer Himmel zu sehen. Zwar waren die größeren Berge am hinteren Ende des Tales noch immer wolkenverhangen, doch sprach alles dafür, dass es weiter aufklaren würde. Noch ehe wir abgebaut hatten, kam eine Truppe Soldaten in Tarnkleidung vom Gletscher heruntermarschiert. Sichtlich erleichtert traten sie nach einem zwölfmonatigen Dienst im Außenposten in Concordia den Heimweg an. Sie trugen riesige weiße Moonboots, weiße *schalwar-kamis*, weiße Daunenjacken, weiße Rucksäcke und sogar weiße Eispickel. Sie machten keine Rast; die Aussicht, bald nach Hause zu kommen, verlieh ihnen übermenschliche Kräfte. Es war ein langer, kalter, einsamer Winter gewesen, und je rascher sie wieder die trockene Sommerhitze der Ebenen spürten, desto besser.

Als wir losgingen, flammte im frankokanadischen Camp neuer Streit auf. Diesmal ging es um die Rationen. Die Träger weigerten sich, auch nur ein einziges Gepäckstück aufzuheben, bis ihnen nicht mehr Mehl, mehr Zucker und mehr Salz zugesagt worden war.

Der Gletscher war ganz von Moräne bedeckt, Steinhügel markierten den Verlauf des Wegs. Wie ein Vorhang im Theater hoben sich ganz langsam die Wolken von ihrem grauen Eisbett und gaben den Blick frei auf einen überwältigenden Chor aus Bergen. Die perfekte Zeltform des Gasherbrum IV beherrschte die Mitte der Bühne. Der K2 hielt sich noch links von Concordia in den Kulissen verborgen, doch kam jetzt mit jedem Schritt ein neuer Berg oder Gletscher in Sicht. Eine Steingestalt, die mir wirklich den Atem raubte, war ein namenloser Turm – ein nackter Speer aus Stein, der nahezu senkrecht in den azurblauen Himmel ragte. Zur Linken des Gletschers, vom hochmütigen Daumen eines Felsens namens Uli Biaho noch einmal eigens hervorgehoben, stand die Trango-Gruppe.

Den gesamten Nachmittag verbrachten wir damit, durch die steinige Rinne zwischen der Seitenmoränenwand des Baltoro und den von Gletschern bedeckten Flanken der Masherbrum-Berge nach oben zu steigen, bis wir den grasbewachsenen Lagerplatz namens Urdukas erreichten, der auf einem Berghang mit Blick auf den Baltoro eingebettet lag. Bisher war schon jeder Augenblick des Tages berauschend gewesen, der Panoramablick von Urdukas aber übertraf alles. Von den besten Zuschauerplätzen im ersten Rang wurden wir Zeugen einer der spektakulärsten Lightshows, die jemals in den Bergen aufgeführt worden war.

Die Vorstellung begann vor Sonnenaufgang. Ich rüttelte Chris um halb fünf wach, und gemeinsam fummelten wir die Kameras auf die Stative. Unsere Finger waren taub. Mit Handschuhen waren wir jedoch zu ungeschickt, die Kameras zu bedienen, also blieb uns nichts anderes übrig, als zwischen den Aufnahmen unsere Hände unter die Achseln zu stecken. Direkt gegenüber stand die Trango-Gruppe stumm im rosafarbenen Vorsonnenlicht. Einer nach dem anderen wurden die höchsten Kuppen von einem dünnen Lichtstreif berührt, bis ihre Gipfel plötzlich wie Streichhölzer aufflammten und das Feuer langsam an ihren Flanken herunterkroch. Schließlich traf das Sonnenlicht auch auf die Spitze des namenlosen Turms und der graue Stein färbte sich rostbraun und golden.

Als das Licht den Fuß der Gipfel erreicht hatte und über den riesigen Gletscher kroch, setzten sich auch die Trekker langsam in Bewegung. Hunderte von Leuten hatten ihr Lager in Urdukas aufgeschlagen. Abgesehen von denen, die wir persönlich oder zumindest vom Sehen kannten, gab es noch ein australisches Paar, ihre schweizerischen Freunde und sieben Träger, die ebenfalls nach Concordia unterwegs waren, sowie eine große Gruppe triumphierender Japaner, die nach einer erfolgreichen Besteigung des Gasherbrum IV ins Tal zurück wollten. Die scharfen Schatten, die ihre dunklen Umrisse auf den Gletscher warfen, wirkten genauso zerklüftet und verwittert wie alles rund um den Baltoro-Gletscher.

Bald zog das japanische Gefolge über die Moräne, eine lange Schlange aus orangefarbenen und grünen Ameisen, die auf dem welligen Fußabdruck der Karakorum-Traumzeitwesen einen Weg nach unten suchten. Als die Sonne Urdukas' Berghang küsste, waren sie längst verschwunden. Ich wünschte, das Gleiche hätten wir auch von ihrem Müll sagen können. Ich kann einfach nicht verstehen, wie jemand einen so grandiosen Ort so gedankenlos schänden kann. Das Morgenlicht brachte es unbarmherzig an den Tag. Die weichzeichnenden Rottöne verschwanden, und Urdukas offenbarte sich als das, was es wirklich war: eine Müllkippe. Der ganze Abhang war von Abfällen übersät, von denen die meisten verbrennbar und überdies leicht genug waren, um problemlos mit dem Rucksack abtransportiert zu werden. Es war nicht nur japanischer Müll; wir sahen französisches Plastik, englische Bonbonpapiere, deutsche Tüten, koreanische Verpackungen – es sah aus, als hätte jemand einen Laden mit internationalen Spezialitäten in die Luft gesprengt.

Schlimmer aber waren noch die Exkremente. Allein in der letzten Nacht hatten 200 Träger und ein Dutzend Bergsteiger ihre Haufen hinterlassen. Tausende vor ihnen hatten das Gleiche getan. Niemand hatte daran gedacht, einen Donnerbalken einzurichten, und die australischen Ökotrekker aus Tasmanien waren außer uns die Einzigen, die sich die Mühe gemacht hatten, ihre Hinterlassenschaften zu vergraben. Aus Urdukas konnte man nicht einfach so weggehen, man musste auf Zehenspitzen balancieren. Mochte Allah all denen gnädig sein, die nicht die Augen eines afghanischen Minensuchgeräts und den Gleichgewichtssinn eines Seiltänzers besaßen.

Die Träger hatten die wirklich ärgerliche Angewohnheit, mal schnell und mal langsam zu gehen. Erst eilten sie mit ihren krummen Beinen über die Gletscher, als würden sie von einem unsichtbaren Seil gezogen. Oft war der Weg so schmal, dass nur eine Person darauf gehen konnte, doch die Träger ließen sich nicht beirren und stießen jeden, der ihnen in den Weg kam, einfach zur Seite. Kaum waren sie vorbei, blieben sie mitten auf dem Weg einfach stehen, um eine Verschnaufpause einzulegen. Meist gab es keine Möglichkeit, um sie herumzukommen. Man stand da und wartete und kam sich vor, als würde man nach Karten für ein Rockkonzert Schlange stehen. Aus der Luft muss der Verkehr auf der breiten Gletschermoräne lächerlich aussehen: kein Verkehr auf der achtspurigen Autobahn, aber ein ständiger Stau auf dem Mittelstreifen.

Als wir dem noch versteckten Gipfel des Gasherbrum II näher kamen, veränderte sich die Stimmung im frankokanadischen Lager. Die Gruppe stand kurz davor, in eine Welt ohne schriftliche Regeln oder Garantien einzutauchen – eine Welt, die so schön und wild war, dass sie uns Tränen in die Augen trieb, und die so gleichgültig sein konnte, dass sie mit einem einzigen Wimpernschlag ein Menschenleben für immer auslöschte.

Unsere Freunde wurden immer schweigsamer. In Pierres langsam verheilende Stirn grub sich eine ernste Furche. Raymond erzählte keine Geschichten mehr. Die anderen versteckten ihre Angst hinter Designerbrillen. In zwei Tagen würden sie in Concordia ankommen und vor die Geschworenen des Gebirges treten. Ängstlich suchten sie in den sonnenverbrannten und blasenübersäten Gesichtern der entgegenkommenden Bergsteiger nach Vorzeichen auf ihr eigenes Abschneiden. Aber es gab keine Muster. Manche hatten Erfolg gehabt, andere waren gescheitert; manche hatten enge Freunde, Partner, Mann oder Frau verloren. Wer sich diesem unheiligen Gericht stellte, musste stets mit dem Todesurteil rechnen.

Chris und ich waren von solchen Gedanken unbelastet. Frei wie die Vögel erreichten wir Concordia und genossen es unbeschwert. Umgeben von unseren geliebten Bergen, mit nichts um uns herum außer Schnee, Fels und Eis saßen wir stundenlang da, spürten die

Macht und die Zerbrechlichkeit, lauschten der Stille und berührten das nicht Greifbare. Wir suchten nichts, wir waren einfach da.

Ich kenne den Sinn des Lebens nicht, weiß selbst nicht die richtigen Antworten. Doch hier, in diesen Bergen, gibt es – wenigstens für einen Augenblick – keinen Grund mehr, Fragen zu stellen. Alles ist vollkommen klar. Und deshalb kehre ich wieder – und werde immer wiederkehren, solange ich weiß, wo der ewige Schnee zu Hause ist.

Das letzte Licht von Ladakh

Rechtzeitig vorm Ablaufen unserer Visa verließen wir das Baltoro-Gebiet, kehrten nach Islamabad zurück und flogen mit dem Monsun nach Delhi. Außerhalb des Flughafenterminals war es so schwül, dass unsere Kleider nach wenigen Sekunden durchnässt waren. In dieser Luft konnte man schwimmen. Sie duftete nach Moschus und *garam masala*. Um zum Taxistand zu kommen, durchwateten wir ein Meer von Menschen, die alle gekommen waren, um Freunde oder Verwandte abzuholen. Auf die unvermeidlichen Flugverspätungen waren sie gut vorbereitet; ihr Bettzeug und ihre Esskörbe bildeten die Inseln zwischen dem endlosen Riff aus liegenden, zugedeckten Körpern. Von ihnen stiegen die verschiedensten Gerüche auf: nach Knoblauch und Urin, nach Benzinabgasen und Sandelholz. Schlaffe Blumensträuße und erschöpfte Babys hingen in dünnen Armbeugen. Gerollte *bidis* (dünne Zigaretten, für die eine Prise Tabak in ein getrocknetes *kendu*-Blatt eingerollt wird) steckten zwischen schlaffen Lippen. Alle waren müde. Alle schwitzen. Es war zwei Uhr morgens.

Wir kauften einen Taxigutschein und luden unser Gepäck in den Kofferraum eines uralten schwarzen Hindustan Ambassador – das typische, dem britischen Morris-Oxford-Modell der 1950er-Jahre nachgebaute indische Taxi. Der dunkelhäutige Sikh-Fahrer rieb sich den Schlaf aus den Augen, schlug unsere Türen zu und band seine eigene mit einem schmuddeligen Stück Baumwolle fest, dann drehte er sich vor dem Lenkrad im rechten Winkel nach unten und schloss die Drähte kurz, um den Motor zu starten. Wir scherten rückwärts aus der Schlange aus und stießen gegen einen Gepäckwagen.

Ein plötzlicher Platzregen verdampfte auf dem Asphalt wie der künstliche Nebel in der Schlussszene von Casablanca. In dieser fremden Welt vor der Morgendämmerung wirkte alles alt und schwarzweiß. Humphrey Bogart rückte seinen Turban zurecht, zündete sich eine Zigarette an und steuerte das Auto auf die Straße hinaus.

Es war ruhig in Delhi. Die Stadt schlief – im Luxus klimatisierter Wohnhäuser ebenso wie auf dem Mittelstreifen unter Decken oder zwischen den Flanken streunender heiliger Kühe. Ganze Familien wohnten in Rinnsteinen, ganze Kolonien in Buswartehäuschen. Wir kamen an einem umgekippten, mitten auf der Straße zurückgelassenen Lkw vorbei; einem anderen fehlte die Hinterachse. Beide sahen so aus, als hätten sie sich seit mindestens einer Woche nicht mehr von der Stelle bewegt.

Bei John angekommen, krochen wir sofort ins Bett, um ein paar Stunden Schlaf nachzuholen. Am nächsten Tag war es schön, beim australischen Hochkommissariat vertraute Gesichter zu sehen und Neuigkeiten aus der Heimat zu hören. Auf uns warteten stapelweise Briefe und eine ganz besondere Nachricht aus Bhutan: Unser Trek quer durch das buddhistische Königreich war genehmigt worden. Ja, in Anbetracht unseres Vorhabens betrachtete die königliche Regierung von Bhutan uns sogar als ihre Gäste und verzichtete auf die 250 Dollar pro Tag, die normalerweise von Touristen verlangt wurden. Wir waren hocherfreut!

Wir riefen John und seinen sympathischen Mitarbeiter Mr. Das ins Büro, um ihnen stolz unsere in Pakistan zurückgelegte Route zu zeigen. Die Wandkarte vom indischen Subkontinent war riesig, der Himalaja erstreckte sich endlos, und unsere bisherige Strecke war darauf kaum zu sehen. Beim Anblick des unbewältigten Teils unserer Aufgabe hätten wir verzagen können, aber wir waren so froh über die wunderbare Nachricht, dass nichts unsere gute Laune trüben konnte.

Wir verbrachten mehrere Tage in Neu-Delhi, schrieben Briefe, versandten Faxe und schickten unsere belichteten Filme zum Entwickeln nach Australien. Wir nahmen Kontakt mit der bhutanischen Botschaft auf, wuschen und säuberten unsere Ausrüstung, kümmerten uns um unsere Vorräte, gingen auf Partys, zum Essen und ins Kino und genossen jede Minute der Normalität, die wir in die viel zu kurze Pause einquetschen konnten. Johns Hilfsbereitschaft und Gastfreundschaft kannten keine Grenzen. Und Ganesen, sein Koch, verwöhnte uns nach allen Regeln der Kunst. Wir waren im Himmel. Allzu bald war es jedoch Zeit, auf die Erde zurückzukehren und unsere Reise zu Fuß fortzusetzen.

Von der Indian Mountaineering Foundation (IMF) und unserer Trekking-Genehmigung für Indien hatten wir noch nichts gehört. Wir hatten aber auch keine Lust, einen wochenlangen Irrweg durch die Labyrinthe der indischen Bürokratie anzutreten; da erschien es uns klüger, ohne Genehmigung loszuziehen. In den nächsten Monaten führte unsere Route nur durch Gegenden, die dem Tourismus ohnehin offen standen; um offizielle Billigung hatten wir nur aus Höflichkeit, nicht aus Notwendigkeit nachgesucht. Wir kauften Flugtickets nach Leh, der Hauptstadt von Ladakh, und versuchten ausgerechnet an dem Morgen dorthin zu fliegen, als der Irak in Kuwait einmarschierte. Ob sich die schlechten Energien durch die Luft übertrugen oder nur ein Déjà-vu im Spiel war – in jedem Fall änderte der Pilot seine Meinung, was die Landung in Leh betraf, und lenkte sein Flugzeug wieder zurück nach Delhi.

Beim zweiten Versuch klappte es endlich. Wie ein Helikopter schraubte sich die Maschine zur 3500 Meter hoch im Industal gelegenen schmalen Landebahn herunter. In diesem uralten Land wirkte das Flugzeug wie ein Fremdkörper. Ich erinnerte mich daran, was ich über die Reaktion der Ladakhi auf die Landung des ersten Militärflugzeugs in Leh 1948 gelesen hatte. Ein paar Frauen hatten

Heu gebracht, um die Maschine zu füttern, hieß es, und ein Mann hatte seinem Sohn erklärt, die Jeeps, die aus dem Bauch des Flugzeugs kamen, würden langsam wachsen, Flügel bekommen und eines Tages ebenfalls fliegen können – genau wie ihre Mutter.

Nach der Schwüle in Delhi wirkte Leh eisig. Auf der Fahrt in die Stadt zog ich meinen wärmsten Pullover über, lehnte mich in meinem Sitz zurück und ließ die Landschaft gemächlich an mir vorbeirollen. Ich fühlte mich so selbstzufrieden, so glücklich über die Ankunft in der buddhistischen Welt. Ich konnte es kaum erwarten, die zerknitterten Berge zu erkunden und die weiß gekalkten Klöster zu sehen. Ich freute mich darauf, endlich wieder ein *mantra* (eine Art Sprechgesang magischer religiöser Formeln) zu hören, den Rauch brennenden Wacholders zu riechen und vom nahrhaften salzigen Buttertee zu kosten. Ladakh würde mich Tibet näher bringen, als ich seit Jahren gewesen war; ein Gefühl, als käme ich nach Hause.

Der Fahrer arbeitete für mehrere Hotels, also erklärten wir ihm, wie viel wir zu zahlen bereit waren, und baten ihn, uns zu zeigen, was in dieser Preiskategorie zu haben war. Wir hatten Glück, denn es befanden sich nicht viele Touristen in der Stadt, und die besseren Hotels hatten ihre Preise gesenkt, um mit den kleineren, billigeren Häusern mithalten zu können. Wir fanden eine hübsche Herberge mit grünem Innenhof, heißem Wasser und sauberem Bettzeug für 75 Rupien. Da es erst acht Uhr war, bestellten wir uns Frühstück und ruhten uns eine Weile im Garten aus. Wir wollten erst sehen, ob die Woche Urlaub vom Hochgebirge unserer Akklimatisierung geschadet hatte, es ein paar Tage langsam angehen lassen und Leh und Umgebung erkunden. Wir hofften, per Anhalter nach Kargil an der Grenze zwischen Pakistan und Ladakh zu kommen und um den 14. August unsere Wanderung wieder aufzunehmen.

Der große Basar von Leh war eine Kreuzung zischen Lhasa, der Hauptstadt Tibets, und Kathmandus Touristenviertel Thamel. Wie ein Prospekt im Hintergrund ragten die Ruinen des neunstöckigen königlichen Palasts der Namgyal-Dynastie über der Altstadt auf. Das weiß gekalkte Gebäude mit den viereckigen Fenstern und hoch aufragenden schrägen Wänden erinnerte an den Potala (die Winterresidenz des Dalai Lama in Lhasa), war allerdings nicht annähernd so groß. Es sah wie eine riesige, aus einem Hügel gewachsene Sandburg aus. Dutzende von kleinen, würfelförmigen Wohnhäusern drängten sich am Fuß seiner dicken Wände zusammen, klammerten sich wie sonnengebleichte Kletten an ein blassgraues Atoll. Schnüre mit Gebetsfahnen flatterten hoch oben über dem Palast.

In Leh liefen früher die großen asiatischen Handelsrouten zusammen, auf dem Marktplatz wurden Tee, Gold, Moschus und Arzneimittel gegen Baumwolle, Perlen, Gewürze und Indigo getauscht. Heute kann man in den Läden an der Straße zum Palast mit der American Express Card bezahlen, und die angebotenen Waren sind auch nicht mehr so exotisch. Staubige Flaschen mit Orangenlikör, Dosen mit *panir* und diverse Packungen mit indischen Keksen teilen sich die Regale mit Joggingschuhen der Marke Panda, schlecht geschnittenen Kleidern und Plastikhandtaschen aus China. Nachgemachte antike Dolche und Modeschmuck aus Nepal füllen die verschmierten Glasvitrinen der Schmuckläden. Selten findet man ein paar echte Stücke aus Tibet: dicke Ketten aus Bernstein, Schalen aus Menschenschädeln und filigran verzierte silberne Amulettkästchen.

Matronenhafte Frauen aus dem Nubra-Tal hockten im Rinnstein vor den Läden und verkauften Gemüse. Sie trugen schwere, lange, mit Biesen besetzte Röcke aus schwarzem Samt und verbargen ihren Queen-Victoria-Busen hinter einem Dutzend Schichten aus Seide, Polyester, Brokat und Wolle. Auf ihrem an den Seiten zu dünnen Zöpfen zusammengedrehten Spinnwebhaar saßen die typischen wattierten Zylinderhüte mit den über den Ohren hochgerollten Ecken. Ihr zahnloses Lächeln lag wie ein Sonnenstrahl auf ihren

faltigen Gesichtern. In der Hand hielt jede eine kupferne Gebetsmühle (ein buddhistisches Gebetsinstrument aus einem kurzen,
sich auf einem Stock drehenden Kupferzylinder, der im Innern Pa-
pierstreifen mit der magischen Formel *Om mani padme hum* – »O du
Juwel im Lotus« enthält; jede Drehung des Rads bedeutet, dass das
Mantra gelesen und gebetet wird). Auch beim Abwiegen der Möh-
ren und beim Kramen nach Wechselgeld stand die Gebetsmühle
niemals still.

Beim Schlendern durch die Straßen von Leh frischte ich mein
dürftiges, 1985 gelerntes Tibetisch auf. Es war so schön, wieder mit
Männern zu sprechen, ohne sich gleich eingeschüchtert zu fühlen;
es war eine Freude, Frauen mitten in der Gesellschaft und nicht nur
in Häusern und unter Schleiern verborgen zu sehen. Die natürliche
Kameradschaft zwischen den Geschlechtern wirkte nach unserer
Zeit in Pakistan herrlich befreiend.

Wir wanderten zu dem am Stadtrand gelegenen Busbahnhof
und erkundigten uns nach der Verbindung von Leh nach Srinagar.
Kargil lag auf der Hälfte der 443 Kilometer langen Strecke zur
Hauptstadt Kaschmirs, doch wurde die Route heute nur noch selten
befahren. Ein Besuch im Kaschmirtal, seit den Tagen der Mogul-
kaiser wegen seiner Schönheit als Venedig des Ostens gerühmt,
besaß leider ungefähr die gleiche Anziehungskraft wie eine Urlaubsreise nach Belfast, seitdem militante Kaschmiri ihren Kampf
für die Unabhängigkeit von Indien verschärft hatten. Man riet uns,
frühmorgens zur Lkw-Sammelstelle zu gehen und dort unser Glück
zu versuchen. Täglich kehrten ganze Flotten leerer Lkws nach Srinagar zurück, um frische Vorräte und Waren zu holen.

Gegenüber dem Busbahnhof demonstrierte eine kleine Gruppe
Transparente schwingender Ladakhi für die eigene Unabhängigkeit. Sie wollten sich vom indischen Bundesstaat Jammu Kaschmir
lösen und einen eigenen Staat gründen. Im Einklang mit dem

buddhistischen Bekenntnis zur Gewaltlosigkeit verlief ihre Demonstration friedlich. Ihr Wunsch nach Eigenständigkeit war leicht zu verstehen, denn die Ladakhi sind in jeder Hinsicht anders als die islamische Bevölkerungsmehrheit, und mit deren Problemen unlösbar verbunden zu sein ist für sie alles andere als hilfreich. Dennoch würde über ihre Demonstration für die »Befreiung Ladakhs« niemals auf der Titelseite der *Times of India* berichtet werden – außerhalb des betroffenen Bezirks interessierte sich kaum jemand für die Nöte solcher Minderheiten. Ladakh war zwar flächenmäßig der größte Bezirk im Land, was die Bevölkerung anging, aber der kleinste. In einem Land mit 850 Millionen Einwohnern haben 20.000 Ladakhi ebenso viel Gewicht wie ein Kieselsteinchen im Ozean.

Am nächsten Tag wurden unten auf dem Poloplatz von den verschiedenen kulturellen Gruppen Ladakhs Tänze aufgeführt – ausgerechnet als Teil einer einwöchigen Feier zum indischen Unabhängigkeitstag. Ein rundlicher Mönch, der neben mir saß, hielt meine Hand fest, damit ich der ersten Nummer, einer muslimischen Tanztruppe, nicht applaudieren konnte.

Die Show war erst zehn Minuten gelaufen, als zwei Anstreicher ihre Leitern und Gerüstbretter durch die Zuschauermenge schleppten und vor der kleinen Haupttribüne aufbauten. Ich dachte, die beiden wollten als Clowns auftreten, aber nein, sie meinten es ernst: Das Dach musste gestrichen werden, und dafür war kein Augenblick geeigneter als dieser. Völlig ungerührt vom Geschehen um sie herum, begannen sie zu pinseln, nahmen den Zuschauern die Sicht und besprenkelten sie mit herabtropfender kackbrauner Farbe. Die unendlich duldsamen Ladakhi zuckten nicht einmal mit der Wimper. Sie verrenkten sich nur den Hals, um an den Männern vorbeisehen zu können, und ignorierten die herabtropfende Farbe.

Die Kostüme waren theatralisch, die Tänze eher langweilig. Auch die Gemüsehändlerinnen in ihren Zehn-Tonnen-Gewändern waren erschienen, doch ihre Schwestern aus Leh stahlen ihnen die Show. Zu ihren langen Gewändern trugen sie einen Kopfschmuck in der Form einer Kobra mit dicken Schuppen aus echtem Türkis und riesigen schwarzen Ohrmuffen. Von ihren Ohrläppchen hingen auf Fäden gezogene Staubperlen, ihr Hals war mit Korallenketten geschmückt, und an ihren burgunderfarbenen, mit Silberbrokat gesäumten Umhängen baumelten goldene oder silberne Amulettkästchen. Dicke, aufwändig bestickte Schärpen fielen von ihren Schultern. Mal hielten sie sich an den Händen, mal schwangen sie die Arme und wirbelten sogar ein wenig Staub auf, während sie eine gute halbe Stunde auf der Stelle marschierten.

Die Frauen aus Darshen Darsix, einem abgelegenen Tal nahe der chinesischen Grenze, trugen florale Variationen des berühmten Tutti Frutti Hats von Carmen Miranda. Auf ihren Köpfen balancierten sie atemberaubende Aufbauten aus frischen Blumen und Messingflitter, Quasten, Perlen und Münzen. Ihre Mäntel aus langhaarigem Ziegenfell schützten sie gegen die Elemente, engten ihre Bewegungsfreiheit aber erheblich ein. Ihre Choreographie beschränkte sich auf Seitwärtsschlurfen und Winken der rechten Hand.

Die untergehende Sonne warf ihr rötliches Licht auf die nackte, verbrannte Erde, ließ die Konturen der zerklüfteten Landschaft rund um den Poloplatz aber eher noch schärfer hervortreten, statt sie weichzuzeichnen. Es war ein vestalisches Licht, so klar und rein wie der Himmel nach dem Regen. Es war das Licht, das aus dem Auge Buddhas kam, ein Licht, das uns das wahre Wesen der Dinge offenbarte. Es schien auf die Gesichter um uns und brachte sie von innen zum Leuchten. Eine zahnlose alte Frau wandte mir den Kopf zu, und obgleich ich ihre Augen hinter den dicken, trüben Brillengläsern nicht sehen konnte, wusste ich, dass ihre Seele lächelte.

Am nächsten Tag fuhren wir mit einem Bus voller meditierender Mönche und kreischender Schulkinder den Indus hinunter zur *gompa* (buddhistischer Tempel, Kloster) von Thikse. Der Himmel war bedeckt, und das breite, flache Tal lag seltsam ruhig da. Das 500 Jahre alte, in der typischen tibetischen Architektur erbaute kalkweiße Kloster blickte von einem hellen Felsvorsprung hinunter auf die grüne Ebene. Im Zickzack krochen wir den steinigen Weg zu seinem Eingang hinauf.

Um den *lama* (Geistlichen des tibetischen Buddhismus, auch Inkarnation einer wichtigen religiösen Gestalt) beim Erhalt ihrer Tempel und Klöster zu helfen, ist es in den buddhistischen Gegenden des Himalaja üblich, von fremden Besuchern Eintritt zu nehmen. Wir waren gern bereit, unseren Beitrag zu zahlen, schreckten aber zurück, als der junge Mönch, der die Eintrittskarten verkaufte, uns gleich noch Thumbs-Up-Cola und Postkarten andrehen und zum Schwarzmarktpreis Geld mit uns tauschen wollte. Wie lange würde es wohl noch dauern, bis Thikse das Marketing erlernte und der junge Mönch mit gebrauchten Karmas und Secondhand-Reinkarnationen handelte?

Wie bei allen im tibetischen Stil erbauten Klöstern und Tempeln verbarg sich hinter dem schmucklosen Äußeren von Thikse ein reiches Innenleben. In einer riesigen, dreistöckigen Halle erhob sich ein massiver Goldbuddha vom Erdgeschoss bis zu den Dachbalken – zehn Meter vergoldete Schönheit, mit kostbaren Juwelen besetzt, in üppig gemalte Gewänder gekleidet, mit einer Krone geschmückt. Aus den Fenstern im dritten Stock bot sich seinen ruhigen Mandelaugen ein weiter Blick über das Indus-Tal. Ein Mezzanin umgab den Buddha auf Brusthöhe, und glänzend rote Säulen stützten einen Baldachin aus geschnitzten Architraven und verschlungenen Gemälden. Eine Bilderserie über die vielen Leben Buddhas lief wie ein Band über die drei mit Fenstern durchsetzten Wände des oberen Stockwerks und bedeckte fast vollständig die vierte Wand hinter den Schultern der sitzenden Statue.

Die für die tibetische Kunst so typischen Fresken und *thangkas* (gemalte oder gestickte tibetische Rollbilder) sind so homogen wie die Architektur, die sie beherbergt. Und doch ist ihr Symbolismus so kompliziert, dass mein ungebildetes Auge noch immer jedes Gemälde als Original ansieht. Wie der Buddhismus, für den er steht, ist dieser Stil des Malens eine Disziplin und keine Form der Kreativität. Der wahre Meister strebt nach der möglichst getreuen Nachbildung ritueller Darstellungen.

Offenbar hatten die meisten Mönche heute einen freien Tag. Unsere Reisegefährten aus dem Bus waren in ihren Zellen verschwunden, nur eine Hand voll Mönche saß singend in der Haupthalle des Klosters. Gegen Mittag folgten wir zwei Mönchen aufs Flachdach. Sie wandten sich nach Osten, stemmten die Trichter ihrer großen alphornähnlichen Hörner auf die leicht erhobene Kante des Daches und holten tief Luft. Ein dumpfes Nebelhorntuten lief durch das lange, gebogene Rohr bis zum Trichter und wehte ins Tal hinaus. Selbst die Wolken wurden von dem Ton eingelullt. Er legte sich auf alles – lang, einsam und monoton.

Vom Dach aus bot sich uns ein großartiger Blick. Im Westen zog sich ein Felsvorsprung den ganzen Berg hinunter, sein Brontosaurusschwanz ragte weit in die Ebene. Ein Lichtstrahl fiel auf den nackten, weißen Rumpf des Fossils und lenkte den Blick auf den abblätternden Sommerpalast der früheren Könige von Ladakh. Wie eine Flechte hing er an den Felsen über dem Dorf Shey.

Den Rest des Tages verbrachten wir damit, das Tal zu durchwandern und uns Shey anzuschauen. Abends nahmen wir den letzten Bus zurück nach Leh. Am nächsten Tag waren wir um fünf Uhr morgens auf den Beinen und liefen mit unseren Rucksäcken zur Lkw-Sammelstelle. Um sieben Uhr thronten wir hoch oben in der Fahrerkabine eines leeren Lkws, irgendwo in der Mitte eines langen Konvois ähnlicher Fahrzeuge auf dem Weg nach Srinagar.

Die Berge von Ladakh entfalteten sich vor uns in changierenden Wasserfarben von Ocker bis Grau und Violett. Diese Landschaft erinnerte so sehr an Tibet – an die Wüste, die mein Leben prägte. Es war eine Landschaft, welche die Seele entweder zum Singen brachte oder ganz und gar verstummen ließ. Eintönigkeit sprach aus ihr, aber auch eine geheimnisvolle, uralte Weisheit. Sie machte mich weich und hart, stieß mich ab und umarmte mich, bis ich endlich ganz war und vollkommen ruhig.

Für alle, die nicht auf ihre eigene Fantasie zurückgreifen konnten, hatte ein Schildermaler die Höhepunkte am Beacon Highway mit dem Pinsel aufgemalt. Alle paar Kilometer ermahnten Verkehrszeichen die Fahrer, ihre Geschwindigkeit zu drosseln. Zu meinen Lieblingsschildern gehörten: *Meine Kurven sind hinreißend – fahre sanft darüber! Schatz, ich liebe dich – aber nicht so schnell! Bis dass die Geschwindigkeit uns scheidet! Papa, geh vom Gas, das Leben im Waisenhaus ist kein Spaß! Wer wie ein Henker fährt, trifft einen, bevor es ihm lieb ist!* (Darunter prangte ein äußerst eindrucksvoller Totenschädel mit zwei gekreuzten Knochen.)

Auf eines der Schilder hatte der Maler »Mondland« gepinselt. Die knalligen Rot- und Gelbtöne erinnerten an ein Jahrmarktsplakat. Angesichts dieser schreierischen Ankündigung für eine Enttäuschung gewappnet, kletterten wir aus dem Wagen und gingen zur Aussichtsplattform. Unter uns lag das erstaunlichste Tal, das ich je gesehen habe: ein urzeitlicher Canyon, durch Eis, Wind und Wasser geformt. Der Legende nach war es der Grund eines riesigen, uralten Sees. Tatsächlich erinnerte es an ein riesiges, verfallenes Korallenriff, zerfurcht und zerklüftet, gemustert von Schatten und Licht. Wie ein aufgeknacktes Donnerei lag das Tal vor uns ausgebreitet, eine endlose Wildnis aus Stalagmiten.

Einen Teil unserer Vorräte wollten wir in Lamayuru lassen, einem unmittelbar unter der Straße am Rande der Schlucht gelegenen

Kloster. Unsere Trekkingroute von Kargil nach Padum würde uns dort vorbeiführen. Es war schon ziemlich spät, als wir das Kloster erreichten, sodass auch der Fahrer beschloss, dort für die Nacht Rast zu machen. Wir waren erleichtert. Es war schon schlimm genug, bei Tageslicht sein Fahrgast zu sein. Nach Einbruch der Dunkelheit wurde in dieser Gegend vom Fahren abgeraten – in seinem Fall wäre es verrückt, wenn nicht geradezu kriminell gewesen. Er hatte die nervtötende Angewohnheit, bei jeder sich bietenden Gelegenheit den Motor abzustellen und im Leerlauf zu fahren. Mehr als einmal leuchtete sein Bremse-defekt-Licht auf, während wir uns gerade im freien Fall befanden. Am schlimmsten war es, wenn er das Lenkrad losließ, um sich eine Zigarette anzustecken, und zwar am liebsten inmitten einer unübersichtlichen Haarnadelkurve hunderte von Metern über der Talsohle.

In der Küche von Lamayuru wimmelte es von geschäftigen Novizen. Zwei riesige Fässer mit dampfendem *tsampa* (geröstetem Gerstenmehl, das mit salzigem Buttertee zu einem dicken Brei gerührt wird) standen auf der erhöhten Herdstelle. Mehrere ältere Jungen rührten mit großen Holzrudern in der heißen Masse und maßen einzelne Portionen ab, die zu konischen Klumpen geformt wurden. Kleinere Jungen trugen sie auf einem langen Tablett in die Haupthalle des Klosters und stellten stumm jedem Mönch einen Teller auf seinen Platz. Ein älterer Mann folgte ihnen und goss lauwarmen Buttertee in die Tassen der Mönche. Die meisten waren flache, auf einer Drehbank gefertigte Holzschalen, manche davon mit gehämmertem Silber verziert.

Dann brachen 100 Mönche plötzlich ihr Schweigen durch lautes Schlürfen und Kauen. Der oberste Lama schmatzte besonders laut auf seinem Tsampa, der ihm wie Erdnussbutter am Gaumen zu kleben schien, spülte ihn mit einem riesigen Schluck Tee herunter und rülpste laut. Als die Mahlzeit vorüber war, blieben die Mönche mit gekreuzten Beinen auf ihren weinfarbenen Kissen sitzen und nahmen ihre Gebete auf.

Normalerweise lebten nur etwa 15 Mönche und Lamas in Lamayuru. Unser Besuch fiel jedoch zufällig mit einer alljährlich stattfindenden zehntägigen Feier zu Ehren der Gottheit Chakrasamvara zusammen, die von den Anhängern der Drikung-Kagyud-Schule (»Rotmützensekte«) des tibetischen Buddhismus verehrt wird. Die Besucher aus 50 verschiedenen kleineren Tempeln und Klöstern waren teilweise zu Fuß nach Lamayuru gekommen.

Die jüngsten Novizen waren von dem nicht enden wollenden Sprechgesang bald gelangweilt und wurden zunehmend unruhig. Wie alle Siebenjährigen auf dieser Welt waren sie stets zu Streichen aufgelegt. Sie formten die Tsampa-Reste zu kleinen Penissen und bewarfen ihre älteren Brüder mit Geschossen aus dem pampigen Brei. Der am Eingang zur Gebetshalle postierte Mönch, dem nichts entging, wies sie zurecht. Dennoch tuschelten und kicherten sie während des gesamten Gebets.

Am nächsten Tag kamen wir bis Kargil, wenn auch nicht mit dem gleichen Fahrzeug. Der Lastwagenfahrer aus Leh hatte sich doch gegen eine nächtliche Rast entschieden und sich nach ein paar Stunden Schlaf unbemerkt aus dem Staub gemacht. Wir fanden einen Jeep, der uns ein Stückchen mitnahm, dann hielt ein Bus voller optimistischer Australier auf dem Weg nach Srinagar.

Kargil gehörte zu den schlimmsten Orten, die ich je zu sehen bekam. In der muslimischen Grenzstadt waren Ruhr und Cholera ausgebrochen, ein pestilenzialischer Geruch lag in der Luft. Wir wagten nicht, irgendetwas zu probieren, das in einer der von Ratten verseuchten Hotelküchen zubereitet worden war, und entschieden uns deshalb dafür, ein paar Dosen mit Ananas und Mais zu öffnen, die wir in einem der schmuddeligen Läden auf der mit Müll übersäten Hauptstraße erstanden hatten. Das Haltbarkeitsdatum der

Dosen war längst abgelaufen, sie waren an beiden Seiten rostig und von einer Dreckschicht bedeckt, dick genug, um unsere Namen hineinzuritzen.

Wir verbrachten die Nacht mit einer Wanzenfamilie und waren beim Aufwachen von roten Striemen bedeckt. Nur unsere Füße waren verschont geblieben – sie hatten über die verseuchte Strohmatratze hinausgehangen, weil das Bett nur 1,50 Meter lang war.

Wir konnten es kaum erwarten, dort wegzukommen. Da wir ohnehin hinter unserem Zeitplan lagen, hatte das auch seine Vorteile. Noch vor Tagesanbruch waren wir wieder unterwegs.

Leider mussten wir zwei Tage lang die Straße von Srinagar nach Leh zurückwandern. Dem Pesthauch Kargils waren wir entkommen, den giftigen Ausdünstungen der Straße auszuweichen erwies sich als unmöglich. Innerhalb einer Stunde rumpelten drei Indian-Oil-Tankwagen und vier schwer beladene Lkws an uns vorbei und ließen stinkende, schwarze Giftwolken zurück. Unsere Kehlen waren bald ebenso gereizt wie unsere von den Wanzenbissen juckenden Arme und Beine. Kargil lag etwa 1.000 Meter niedriger als Leh, es war glühend heiß, und die Luft war so trocken, dass sich unsere Haut an ihr wund zu scheuern schien.

Da war es ein Glück, dass Chris inzwischen so unerschütterlich geworden war wie ein alter Profi. Er hatte sich der bewährten Immer-ein-Tag-nach-dem-andern-Philosophie verschrieben und begann unsere nicht gerade komfortable Art des Reisens regelrecht zu genießen. Allen früheren Befürchtungen zum Trotz hatte sich unsere Beziehung enorm gefestigt. Wir waren wie ein altes Ehepaar: Wir machten alles zusammen, und es gab nichts, was der eine in Gegenwart des anderen nicht hätte sagen oder tun können. Wir wanderten, kochten, badeten und furzten zusammen und achteten beim anderen auf jedes frühe Anzeichen von Übelkeit oder Erschöpfung. Wir hockten uns sogar zusammen ins Gebüsch und verglichen unsere Haufen: »Hey, Schatz, das ist ja ein Prachtexemplar! Ich wäre stolz darauf, ihn mein Eigen zu nennen!« – »Uh, hast du heimlich einen ganzen Schlachthof gegessen?« Ich wusste, dass es wahre Liebe war, als ich die Hose meines Mannes säuberte, obwohl dort einer seiner volltönenden Fürze Spuren hinterlassen hatte.

Am zweiten Tag erreichten wir einen Ort namens Mulbekh und ließen uns im Schatten einer Teehausveranda direkt gegenüber einem massiven, sieben Meter hohen Felsrelief des Maitreya Buddha (des »kommenden«, sich im Tushita-Himmel auf seinen Abstieg zur Erde vorbereitenden Buddha) nieder. Das Relief war in einen über die Straße hängenden Felsblock gehauen; ein kleiner Tempel mit Garten lag zu seinen Füßen. Wir waren durch das Tal des Akha-Flusses getrekkt, hatten uns durch enge Schluchten gezwängt und waren unter Klippen aus verwittertem Konglomerat- und Sandstein hindurchgekrochen. Ein winziges Kloster hing wie ein Spatzennest an der steil abfallenden Felswand über dem Dorf Shergol. Erst kurz vor Mulbekh hatte sich das Tal verbreitert. Dutzende von Sensen hatten auf den Feldern eine goldene Ernte eingefahren.

Ein massiger Sikh-Fernfahrer nahm mit seinen Hinterbacken zwei Sitze auf der Veranda des Teehauses ein. Sein langer Bart hatte die Farbe alter, fleckiger Betttücher, ein verblichener, safrangelber Turban saugte den Schweiß wie ein Küchenschwamm von seiner Stirn. Ein metallenes Armband schnürte sein dickes Handgelenk ein, lange, graue Haare ragten aus seinen weitläufigen Nasenlöchern. Er litt unter der Hitze und rang laut nach Luft. Vor ihm stand bereits eine ansehnliche Sammlung leerer Limonadenflaschen, mit seiner fetten Pranke hielt er sich an einer noch halb vollen Flasche fest. Eine Weile lang starrte er uns an, dann wandte er sich gelangweilt ab.

Der Inhaber des Teehauses und Hotels brachte uns Tee und setzte sich zu uns. Die Geschäfte gingen schlecht, klagte er, auf der Straße gebe es einfach zu wenig Verkehr. Seitdem sich die Situation in Srinagar verschlimmert habe, seien westlich von Leh nur noch selten Touristen anzutreffen. Die Fernfahrer hätten es viel zu eilig, um bei ihm Rast zu machen, die meisten hätten ohnehin in ihren Fahrerkabinen kleine Kocher dabei. Früher habe er zwischen 800 bis 2000 Rupien pro Tag eingenommen, jetzt könne er sich glücklich schätzen, wenn er im Durchschnitt auf 100 Rupien komme. Ohne den Sikh wäre der heutige Tag eine Katastrophe gewesen. Das beste Geschäft mache er noch, wenn die Armee ihre Truppen über die Straße bewegte.

Die Militärpräsenz in Ladakh war auffällig – ja, inzwischen gab es dort mehr Soldaten als Einwohner. Als Ladakh sich 1974 erstmals für den Tourismus öffnete, wurden die Grenzen von einer bescheidenen, 30.000 Mann starken Truppe bewacht. Durch die Einrichtung des Außenpostens am Siachen-Gletscher und den ständig weiter eskalierenden Kaschmir-Konflikt war das Kontingent bis heute auf das Zehnfache gestiegen. Längst ging es nicht mehr allein darum, die abgelegenen Grenzen zu sichern; die Armee hatte im ganzen Land Lager und Ausbildungszentren eingerichtet. Anders als die Häuser der Einheimischen, die immer aus der Landschaft herauszuwachsen schienen, wirkten die Armeebauten wie schwärende Wunden auf ihrer Oberfläche. Auf unserer Fahrt nach Kargil hatten wir sie zur Genüge gesehen: khakifarben gestrichene Kantinen, mit Wellblech gedeckte Hallen, schäbige Wohnbaracken. Und alle so provisorisch zusammengeschustert, dass allein schon die Bauweise ihren Anspruch auf Dauerhaftigkeit Lügen zu strafen schien.

Nach Auskunft des Hotelbesitzers duldeten die Ladakhi diese faktische Invasion mit der gleichen Mischung aus Fatalismus, Anpassungsfähigkeit und Unternehmergeist, mit der sie auch dem Tourismus begegneten. Sie akzeptierten ihr Karma, führten ihr gewohntes Leben weiter und betrieben nebenher einen kleinen

Schwarzmarkthandel. Nicht mehr lange, und sie würden Reis und Kerosin von der Armee kaufen und auf diese Weise die von der Regierung bereits stark subventionierten Preise noch einmal unterlaufen.

Von Mulbekh nach Lamayuru konnten wir uns von der Straße fern halten. Wir nahmen den alten Fußweg über den Namika-La und den 4091 Meter hohen Fotu-La (*la* heißt »Bergpass« auf Tibetisch, eine Bezeichnung, die im ganzen Himalaja verbreitet ist). Auf dem Weg trafen wir Hirten, deren Schaf- und Ziegenherden auf den Berghängen hoch über uns weideten. Die Tiere rutschten mit Vorliebe auf dem Geröll hinunter und hinterließen dabei auf den Hängen an Dehnungsstreifen erinnernde Spuren. Gelegentlich traf uns ein Schrapnell aus Stein, oder wir wurden von einem alternden Mutterschaf mit abgenutzten Bremsklötzen unsanft zur Seite geschoben.

Beim Abstieg vom Fotu-La leisteten uns Yaks Gesellschaft. Der Weg folgte dem Lauf eines winzigen Baches, der in den Sangeluma-Fluss, einen Zufluss des mächtigen Indus, mündete. Die Fahrt mit dem Lkw vom »Mondland« nach Lamayuru war beeindruckend gewesen, gegen die letzte Etappe des traditionellen Pilgerpfads von Westen aber verblasste sie zur Bedeutungslosigkeit. Wäre ich empfänglich für religiöse Bekehrung, hätte ich die Arme in die Luft geworfen, meinen Sünden abgeschworen und ein Gelöbnis abgelegt. Da ich es nicht bin, sank ich einfach so auf die Knie und bekreuzigte mich mit meiner Kamera. Nichts, was ich bis dahin gesehen hatte, flößte mir jemals solche Ehrfurcht ein. Das Kloster war in jedem Sinne des Wortes eine Offenbarung.

Das linke Ufer des Flusses war steil und von tiefen Abschürfungen zu Säulen geformt, die wie zum Gebet gefaltete Hände nach oben ragten. Eine Reihe weißer *tschorten* (buddhistische Trauermale zum Gedenken an verstorbene Lamas und wohlhabende Bittsteller, die aussehen wie große, mit hohen Spitzen verzierte Schachfiguren) säumten den Weg ins Dorf. Das über den rechteckigen Häusern und Pappeln aufragende Kloster stand auf festem Ton, der vom Wasser geformt und vom Wind mit tief eingegrabenen Hieroglyphen versehen war. Lamayuru war weder das älteste noch das größte, für mich aber auf jeden Fall das erhabenste Kloster Ladakhs.

Eine Stunde später kamen wir gerade rechtzeitig ins Dorf, um uns in eine farbenprächtige Prozession einzureihen. Es war der letzte Tag der Chakrasamvara-Feierlichkeiten, und die Mönche brachten das vor dem Fest gefertigte Mandala (ein mystisches Diagramm als visuelle Hilfe zur tantrischen Meditation) zum Fluss hinunter. Das Mandala hatten sie aus farbigem Sand in mühevoller Feinarbeit in nadeldünnen Linien ausgestreut; rund um eine zentrale Gottheit zeigte es eine komplexe Anordnung feiner, kaleidoskopartiger und spiralförmiger Muster. Als wir das Meisterwerk das erste Mal sahen, wirkte es auf uns wie ein architektonischer Plan für einen mit zahllosen Kreisen aus Flammen, Donner, Lotus und Wolken erbauten Fantasiepalast. Jetzt war es nichts weiter als bunter Schwemmsand im Fluss.

Unter den Maulbeerbäumen, die den Dorfplatz einrahmten, feierten die Mönche eine kleine *puja* (Name für eine religiöse Zeremonie). Auf den Köpfen trugen sie die riesigen, zinnoberroten, an Teewärmer erinnernden Mitren, nach denen ihre Sekte benannt ist. In den Händen hielten sie gefaltete Seidensonnenschirme. Immer wieder wurde ihr melodischer Gesang durch laute Geräusche diverser Instrumente – Trommeln, Becken, Hörner und Glocken – unterbrochen. Als sie fertig waren, nahmen sie ihren zeremoniellen Kopfschmuck ab und tranken Tee, den ihnen die in ihrem besten Sonntagsstaat versammelten Laien kredenzten. Die meisten Männer tranken *chang*, das selbst gebraute Gerstenbier. Die Dorfkinder tanzten und sangen für die Mönche, und Chris und ich setzten uns, um mit einem Mann namens Nawang Tshering zu sprechen.

Nawang stammte aus dem nahen Dorf Kharlsi, lebte aber seit 1983 vorwiegend in Hamburg. Er trug dazu bei, den Buddhismus im Westen zu verbreiten, half den diversen Drikung-Kagyud-Instituten, die bereits in Deutschland existierten, und gab ein kleine englischsprachige Zeitschrift für die Anhänger seiner Sekte heraus. Er erklärte uns verschiedene Aspekte der Chakrasamvara-Feier und stellte uns dem gegenwärtigen spirituellen Führer der Drikung-Kagyud-Tradition in Ladakh vor, einem *rinpoche* (wörtlich »der Kostbare«, die Bezeichnung für den Abt eines tibetischen Klosters) namens Togdan Tulku Konchog bsTan 'Dzin Thub bsTan bsTan pai rGyal mTshan. In einem früheren Leben muss er ein Bahnhof in Wales gewesen sein.

Als die Festlichkeiten zu Ende waren, gingen wir zurück ins Dorf, mieteten uns in einer kleinen Herberge ein und streckten die Fühler nach einem neuen Führer aus. Der elftägige Trek von Lamayuru nach Padum durch das Herz der Zanskar-Berge war bei Touristen recht beliebt, was bedeutete, dass man überall Führer engagieren und Pferde mieten konnte. Innerhalb einer Stunde meldete sich Lobsang Namgyal bei uns und eröffnete die Verhandlungsrunde.

Eigentlich brauchten wir nur ein Pferd, um unser 20 Kilogramm schweres Extragepäck zu transportieren, doch Namgyal bestand darauf, dass wir zwei Pferde mieteten – und auch dafür bezahlten. Seine Pferde gehörten nun einmal zusammmen, wenn man das Paar trennte, könnte sich das als katastrophal erweisen: Mitten auf dem Weg könnte das eine sich weigern, ohne das andere auch nur noch einen Schritt weiterzugehen. Er sagte, er spreche aus Erfahrung, und schließlich willigten wir ein. Da sich niemand sonst um den Job beworben hatte, blieb uns keine andere Wahl.

Wir baten Lobsang, mit seinen Tieren zur Herberge zu kommen, damit wir die Ware vor dem Kauf wenigstens begutachten könnten. Wenig später kam er mit den Pferden wieder, und wir boten ihm an, ihm für elf Tage 135 Rupien pro Tag zu zahlen, wenn er damit einverstanden wäre, die Strecke in acht Tagen zurückzulegen. Mit diesem Ergebnis waren alle zufrieden, wir gaben uns die Hand, und wir zahlten Lobsang 100 Rupien Vorschuss aus.

Am nächsten Morgen um halb acht waren wir reisefertig. Es dauerte jedoch bis kurz vor neun, bis Lobsang endlich auftauchte. Er trug eine zerschlissene, schmuddelige Kordjacke und marineblaue Hosen. Seine Füße steckten in beigefarbenen Plastikschuhen, sein Kopf war von einer khakifarbenen Wollkappe bedeckt. Eine nachgemachte Ray-Ban-Sonnenbrille, auf deren linkem Glas noch das Etikett klebte, verbarg ein schlimmes Auge. Er war Mitte bis Ende 30, hatte erst wenige Falten und eine lange Narbe vom Ohr bis zum Kinn. Wenn er Zigaretten rauchte, legte er die Hände vor dem Mund zusammen – wohl um zu verhindern, dass zwischen seinen Zähnen zu viel Rauch entwich. Er hatte nur drei.

Wir steckten die für das Pferd bestimmte Ladung in zwei Säcke, und Lobsang band sie mit Seilen aus gesponnenem Yakhaar fest. Seine eigenen Sachen und das Essen für die Reise hatte er bereits auf dem kleineren der beiden Pferde festgezurrt, zog jedoch noch ein paar Mal prüfend an den Gurten, ehe er uns das Startzeichen gab. Chris und ich schulterten unsere Rucksäcke und gingen in Richtung Fluss. Wir folgten dem Lauf des Sangeluma, bis wir das »Mondland« erreichten, dann bogen wir in ein enges Seitental ein, das sich zwischen den kahlen Bergen beständig nach oben schlängelte bis zum Prinkiti-Pass – dem ersten von 13 Pässen auf dem Weg von Lamayuru nach Padum.

Der Wind heulte um einen kleinen *tschorten* (tibetisches Wort für stupa; Kultschrein mit Reliquien und Gebrauchsgegenständen großer Heiliger und Lamas) und zerrte an den verblichenen Gebetsfahnen, die über der Passhöhe flatterten. Die auf jedes Baumwollstück gedruckten Mantras waren kaum noch zu erkennen, flüsterten nur noch Reste ihrer magischen Formeln. Urzeitliche Geier hatten alles Fleisch aus Ladakh herausgepickt; der Wind hatte ihnen das Mark gesaugt. So weit das Auge reichte, waren die Berge nur bleiche, ausgedorrte Knochen.

Wir begannen den Abstieg an der südöstlichen Seite des Passes, begleiteten den Wind durch fantastische Canyons aus Fels und Geröll. Der Pfad wurde erst breiter, als er das Ufer des Shillkong-Flusses erreichte und in das bewohnte Yapola-Tal bog.

Der Gegensatz raubte uns immer wieder den Atem. Durch das karge, zerklüftete Land zogen sich die Flüsse wie lange, grau-grün-goldene Fäden und versorgten ein feines grünes Netz aus insgesamt nicht mehr als 217,3 Quadratkilometer bebaubarer Ackerfläche. Der Rest des Landes – 99,6 Prozent – war unfruchtbar.

Wir campierten auf einem abgeernteten Feld unterhalb von Wan-lah, einer malerischen Ansammlung kleiner Flachdachbauten, die wie Kletten an der Flanke des kargen Berges über dem Yapola-Fluss klebten. Die bröckelnden, purpurrot und weiß gestrichenen Über-reste eines Schlosses aus dem 12. Jahrhundert schmückten den Bergkamm. Unheil verkündende schwarze Wolken standen über dem baufälligen Turm. Darunter liefen die Dorfbewohner uner-müdlich wie Ameisen auf den Zickzackpfaden über den steilen Berghang zwischen den Feldern hin und her, um den abgeernteten Weizen zum Dreschplatz zu tragen. Es war Erntezeit, und der durch die goldenen Felder fegende Wind wirbelte Staub und Spreu über die Berge.

Wir gingen zum Dorf, um es uns etwas genauer anzusehen. Es wirkte so harmonisch. Die Menschen arbeiteten nicht gegen die Natur, sondern mit ihr. Schulter an Schulter aneinander gebundene Esel gingen endlos im Kreis, um den geernteten Weizen aufzubre-chen. Männer und Frauen, Brüder und Schwestern arbeiteten Hand in Hand, siebten mit handgefertigten hölzernen Heugabeln das

Korn aus der Spreu. Stets aufs Neue schickten sie es himmelwärts, damit der Wind die Spreu forttrug. Es sah aus, als regnete es Gold, und alle sangen aus voller Kehle.

In Ladakh war der Sommer kurz und heftig, in sehr kurzer Zeit musste viel geschafft werden, um sich auf den langen, kalten Winter vorzubereiten. Von November bis Mai waren viele Dörfer von der Außenwelt abgeschnitten, die Felder lagen unter Schnee begraben, und es war zu kalt, um nach draußen zu gehen.

Als der Wind eine Atempause einlegte, lehnten sich die Männer von Wanlah auf ihren Werkzeugen zurück und betrachteten den Himmel. Einem uralten Ritus folgend, begannen sie zu pfeifen und den Wind so zu neuem Leben zu erwecken.

Es war eine seltsame Szene, und so friedlich sie war, stimmte sie uns auch traurig. Normalerweise lächelte in Ladakh jeder. Es war ein ansteckendes Lächeln, machte zufrieden und fröhlich, gab einem das Gefühl, angenommen zu sein. Man gewöhnte sich schnell daran und hielt es für selbstverständlich. Umso unsanfter zog einen ein Stirnrunzeln auf den Boden der Tatsachen zurück. Ein Stirnrunzeln in Ladakh wirkte kalt und abweisend, man schauderte und blieb mit einem Gefühl der Leere allein. Die Einwohner von Wanlah runzelten nicht nur die Stirn; sie machten richtig finstere Gesichter. Sie waren beschäftigt. Sie mussten arbeiten. Und sie hatten sichtlich die Nase voll.

Wir waren Touristen. Natürlich hatten wir Respekt vor ihrer Lebensweise, aber der musste ihnen so dünn erscheinen wie die Postkarten, die wir verschickten. Wir beteten unsere eigenen Egos an und machten eindrucksvolle Fotos von ihren Göttern für unsere Fotoalben. Wir berührten die Oberfläche von Dingen, aber wir fühlten sie nicht. Wir stießen Kameras in zurückhaltende Gesichter und hielten etwas fest, das wir gar nicht benennen konnten, weil wir nur die Falten und das Lächeln sahen. Auch wenn wir noch so sehr versuchten, uns nicht schuldig zu machen, wir trugen alle Schuld daran. Und die Einwohner aus Wanlah hatten von Leuten wie uns einfach genug.

Als wir am nächsten Tag ins Tal abstiegen, brannte über uns die reinste Arizona-Sonne. Die Szenerie stammte direkt aus einem Western made in Hollywood; an jeder Biegung des Wüstencanyons rechneten wir damit, von angemalten Rothäuten angegriffen zu werden. Mit jedem Schritt wurde das Tal enger. Am Ende steckten wir in einer höchstens fünf Meter breiten Schlucht mit glatten, steil aufragenden Felswänden. Der Talgrund war gerade breit genug, um den von beiden Seiten eingeschnürten Fluss hindurchzulassen. Der Weg hing an der rechten Wand über dem tosenden Wasser. Es war nicht mehr als ein schmaler, in das Gesicht der Klippe eingeritzter Pfad.

Über uns ragten turmhohe Orgelpfeifen in den Himmel. Wilde Maserungen wirkten wie riesige Daumenabdrücke im hellen Stein. Am Rand der Klippe hingen flache Steinteller wie Pilze in der Luft. Eine ganze Wand aus ockerfarbenem Fels war von violetten Wellenlinien gesäumt. Es sah aus, als hätte der Stein seine eigenen Ausschläge auf der Richterskala festgehalten.

Irgendwann einmal hatten sich die Gesteinsschichten zur Seite geneigt und standen jetzt aufeinander gestapelt wie die Bücher in einer unordentlichen Bibliothek. Mit größter Anstrengung kletterten wir durch die lange, steile Schlucht und fielen Honupatta erschöpft in die Arme, einem kleinen, unterhalb des 4800 Meter hohen She-She-Passes im Hochtal des Spang-Flusses gelegenen Dorf.

Wir bauten unser Lager auf und sahen dem Licht zu, wie es zwischen den sieben gezackten Kämmen der Zanskar-Berge hin und her vagabundierte. Noch vor Sonnenuntergang braute sich ein Sturm zusammen, schwere, stahlgraue Wolken tauchten das Tal in Dunkelheit. Wir zogen uns zum Abendessen in unser Zelt zurück. Plötzlich fingen die Berge Feuer. Der uns am nächsten liegende

Kamm verbrannte innerhalb weniger Sekunden zu tiefem Schwarz, die anderen Berge glühten wie Metall in einem Schmelzofen. Ihre Gipfel züngelten wie rote Flammen in den dunklen Himmel. Eine Wolkenbank, die gerade noch wie Grabsteinmarmor weiß geleuchtet hatte, wurde vor unseren Augen zu Asche. Schließlich wurden auch die Berge eingeäschert. Die Nacht senkte sich herab, und der in der Ferne grummelnde Donner ließ uns erschaudern.

Auf der anderen Seite der Welt erlebten die Menschen, die wir am meisten liebten, genau in diesem Augenblick eine schreckliche Tragödie. Zwei Monate sollte vergehen, ehe die bittere Nachricht aus Australien uns einholte und durch einen Nebel aus Tränen meine Rückkehr erzwang.

Weil wir die Passhöhe des She-She-La früh genug erreichen wollten, um das Foto des Jahrhundertsonnenaufgangs zu schießen, beschlossen wir, noch vor der Morgendämmerung loszuziehen. Erwartungsgemäß stand ich um vier Uhr an der Startlinie und half meinem trägen, stotternden und fehlzündenden Ehemann mit einem gezielten Kickstart auf die Beine. In einer halben Stunde hatten wir das Zelt abgebaut und die Pferde beladen.

Lobsang war zufrieden, wir waren bereit loszuziehen – aber es war so verdammt dunkel, dass wir den Weg nicht finden konnten.

Wir setzen uns auf den trockenen Fleck, wo unser Zelt gestanden hatte, und spähten in die tintenschwarze Ferne. Lobsang trug wie immer seine Sonnenbrille, und Chris stellte sein Ich-hab's-dir-ja-gleich-gesagt-Grinsen zur Schau. Ich weiß nicht, wie er so selbstgefällig sein konnte; schließlich war das Ganze anfangs seine Idee gewesen.

Es war Viertel vor sechs, als das erste Dämmerlicht endlich unsere Route erkennen ließ. Der Himmel war bedeckt und die Chance, irgendetwas von dem Pass – ganz zu schweigen von einem Sonnenaufgang – zu sehen, minimal. Andererseits hatte es nicht viel Zweck, mit frierendem Hintern und einer Wut im Bauch in Honupatta herumzuhocken, also zogen wir los.

Es wurde ein langer Tag. Wir überquerten den She-She-La, trekkten durchs Photoksar-Tal und schafften es sogar zur Hälfte den nächsten Pass hinauf, den 5060 Meter hohen Singi-La. Beim Einsetzen der Abenddämmerung ritt eine Gruppe aus Lamayuru zurückkehrender Mönche in unser Lager. Sie sahen erschöpft aus, saßen wie schlaffe Puppen zusammengesunken auf ihren Ponys. Wir machten ihnen Tee, aber Twinings Earl Grey mit Yakbutter ließ sie angewidert zusammenzucken, also entzündeten sie ein paar Wacholderzweige und holten einen Teeblock hervor.

Ich kannte diese Art von Tee bereits aus der chinesischen Provinz Yunnan, Chris dagegen bekam ihn zum ersten Mal in seinem Rohzustand zu sehen. Anders als normaler Tee, der erst fein geschnitten und dann verarbeitet wird, werden in diesem Fall die ganzen, getrockneten Blätter zu rechteckigen Blöcken gepresst. Der älteste Mönch brach einen kleinen Brocken ab und krümelte ihn in einen Topf mit kochendem Wasser. Anschließend fügte er eine Prise Soda, ein paar Steinsalzkristalle und einen großen Klumpen ranziger Yakbutter hinzu. Das Koffein des Tees soll den Effekt des Cholesterins in der Butter neutralisieren, sodass dieses Getränk – so reichhaltig es anmutet – in Wirklichkeit recht gesund ist. Einer der anderen Mönche kramte in dem riesigen Berg von Sachen, den sie von ihren Pferden abgeladen hatten. Endlich zog er einen sperrigen, etwa einen Meter großen, mit Messingleisten verzierten Holzzylinder heraus: ein traditionelles Teefass, das man brauchte, um das suppenartige Gebräu fertig zu stellen. Ob Lama oder Laie, ohne so ein Teefass würde kein Tibeter je sein Haus verlassen.

Überhaupt ist die Vorstellung, ohne viel Gepäck zu reisen, den meisten Bewohnern des Himalaja fremd. Wir haben Freunde in

Kathmandu, die ab und zu ein Picknick veranstalten, und jedes Mal könnte man schwören, sie hätten eine mindestens einwöchige Reise vor. In Ladakh ebenso wie in anderen tibetischen Enklaven in den Bergen ist es nicht ungewöhnlich, Menschen zu treffen, die auf einen Drei- oder Viertagesmarsch Druckkochtöpfe, Teefässer, Teekannen, Pfannen, große Bottiche zum Kochen von Getränken und Reis, Kanister mit Kerosin und Gaslampen, dicke Wolldecken und Schaffellmatratzen, die Hauskatze und die beste Legehenne mitschleppen. Unverzichtbar ist natürlich auch ein dicker Block loser, in Seide oder exotischen Brokat gewickelter Mantras. Wenn Tibeter elektrische Küchengeräte hätten, würden sie ganz bestimmt auch diese auf jede noch so kurze Reise mitnehmen.

Persönliche Habseligkeiten wie Teetassen und Proviant, Rosenkränze und Tabak trugen sie in den Falten ihrer gegürteten Schaffellmäntel, den *chuba*. Die vom Chakrasamvara-Fest zurückkehrenden Mönche hatten die wichtigsten Dinge in handgewebten Schultertaschen verstaut, die jede mit einem doppelten *dorje* (zwei wie kleine Hanteln geformte und gekreuzte Donnerkeile, die alles Böse zerstören, aber selbst unzerstörbar sind) verziert waren.

Durch ihr selbst gebrautes Getränk zu neuem Leben erweckt, hockten sich die Mönche hin und beteten mehrere Stunden. Es hatte minus fünf Grad, doch sie schienen die Kälte gar nicht zu spüren. Sie drängten sich hinter einem Windschutz aus Sätteln, Decken und Kisten zusammen und nahmen nichts anderes mehr wahr als das sich ständig wiederholende Gleichmaß ihres Gesangs. Chris und ich saßen noch eine Weile draußen und ließen unsere müden Seelen von ihrem Singsang einlullen. Ein starker Wind löste die Wolken von ihren Ankerplätzen und füllte ihr Kielwasser mit schimmernden Sternen. Am nächsten Tag hatten wir drei hohe Pässe zu überqueren, deshalb sprachen wir unsere eigenen Gebete und segelten ins Bett.

Jeder der Pässe bot ein spektakuläres Bergpanorama, das Beste von allem, der Blick über Linshet, wartete aber erst am Ende des Tages auf uns. Die goldene Sonne schien ihr Licht über die Felder regelrecht auszuschütten. Gerste wuchs in fruchtbaren Halbmonden, die sich im Tupfenmuster den Berghang hinunterzogen. Die Häuser lagen wie Samenkörner auf dem unfruchtbaren Land verstreut, und am Geröllhang darüber hing ein Kloster.

Neugierig stiegen wir die letzte steile Strecke zum Kloster hinab. Uns war sofort klar, dass dies keine gewöhnliche *gompa* war. Nach dem Durchschnittsalter und der Gebrechlichkeit seiner Bewohner zu schließen, schien es sich in Lingshet um eine Art Altersheim für Mönche zu handeln – ein Ort, an dem sich alte Lamas zusammenfanden, um ihre letzten Mantras in Frieden murmeln zu können.

Selbst wenn ich für jede Gesichtsfalte, die ich dort sah, einen Dollar bekommen hätte, hätte ich mich nicht so reich gefühlt wie in dem Moment, als ich mit diesen alten Klosterbrüdern zusammensaß. Sie waren so schön, dass man sie einfach umarmen musste. Sie saßen an eine weiß gekalkte Außenwand der Haupthalle gelehnt und wärmten ihre alten, arthritischen Knochen in der Spätnachmittagssonne. Der Älteste, Tashi Namgyal, hatte eine fast durchscheinende topasfarbene Haut. Eine dicke Brillenfassung war mit einem alten Baumwolltuch an seinem Kopf festgebunden; eines der Gläser fehlte, das andere war milchig und gesprungen. Sein altersschwacher Gefährte namens Rezin rieb seine wässrigen Augen und lächelte. Dabei stieß sein Kinn fast an seine Nase, und sein Mund verschwand in der Falte dazwischen. Beide Männer trugen schlaffe, senffarbene Mitren mit seitlich hochgebogenen Hundeohrenklappen. Der Stoff war ebenso löchrig wie ihr Gedächtnis.

Der dritte Methusalem, Punso Namgyal, zeigte auf den einsamen Walrosszahn in seinem Mund, lachte über dessen ungeheure Größe und behauptete, er habe ihn von einem Yak bekommen. Ich fragte, ob sie wüssten, wie alt sie seien. Die drei Männer rückten näher zusammen, zählten tuschelnd ihre jeweiligen Gebrechen auf, spotteten über die Eigenheiten der anderen und verglichen ihre zahnlosen Münder und faltigen Gesichter. Schließlich einigten sie sich auf ein gemeinsames Alter: Sie seien älter als die *gompa*, aber jünger als der Wind. Damit lag ihr Alter irgendwo zwischen 250 und einigen Millionen Jahren.

Wir beschlossen, einen Tag auszuruhen. Lingshet war ein Altersheim, aber es tat sich auch etwas Neues. An das obere Stockwerk hatte man einen weiteren Flügel angebaut, um eine neue, fünf Meter hohe Bronzestatue des Champa Buddha (des »kommenden«, auch Maitreya Buddha) unterzubringen. Es war ein besonders prachtvoller Buddha, der hoheitsvoll auf seinem Thron saß, mit goldenen Blättern gekrönt. Das rote Kopfband auf seiner glatten Stirn war mit schaurigen Gesichtern verziert, der farbenfrohe Fries über seinem Kopf mit Wolken, Bergen, Wasserfällen und Berggipfeln bemalt. Über die Landschaftsbilder war ein gepunktetes Muster aus mit gekreuzten Beinen sitzenden Gottheiten gelegt.

Die Wände der neuen Halle befanden sich in verschiedenen Stadien der Fertigstellung, und es war faszinierend zu sehen, wie peinlich genau der Künstler arbeitete, um die uralten Symbole und Bilder möglichst getreu wiederzugeben. Die zuerst mit Bleistift skizzierten Umrisse waren mit mathematischen Gleichungen und Messungen bedeckt, die Götter durch ein eingezeichnetes Muster vorübergehend hinter Gitter gesetzt. Punso Namgyal, der uns in die Halle geführt hatte, damit wir uns die Arbeiten anschauen konnten, sagte, der Künstler würde sieben Jahre lang an dem Wandgemälde arbeiten.

Den Rest des Tages tranken wir Tee mit den alten Männern, saßen in der Sonne, schrieben Briefe und Gedichte. Die Dorfkinder kamen, um uns ihre kleinen Schätze zu zeigen und wie ausgelassene Welpen zu unseren Füßen herumzutollen. Drei kleine Kinder bürsteten mir sanft das Haar, bis ich selig einschlummerte.

Zwei Tage und zwei Pässe später erreichten wir die Heimat unseres Führers, das Dorf Pishu, im Tal des Zanskar-Flusses gelegen. Lobsang lud uns zu sich ein und stellte uns stolz seine sechs Kinder und seine fast kahlköpfige Frau, Tenzing Palmo, vor. Mit ihren 38 Jahren sah sie wie 60 aus. Sie hatte bereits alle Zähne verloren, was sie aber nicht davon abhielt, uns freundlich anzulächeln und uns in ihrem Haus willkommen zu heißen.

Die Wände des Hauptraums bestanden aus sonnengetrockneten Lehmziegeln, darüber sah man von Hand glatt gestrichenen Lehm. Es gab keine Fenster, nur ein großes rechteckiges Loch in der niedrigen Decke, um Luft und Licht hereinzulassen. Vom Hauptraum gelangte man in mehrere kleinere Zimmer: in die rauchgeschwängerte Küche, in den kleinen Gebetsraum, in die Vorratskammer und in Lobsangs Schlafzimmer. Die Kinder schliefen alle zusammen im Hauptraum unter Bergen von zerschlissenen Decken. Der jüngste Sohn nutzte sein Lieblingsschaf als Wärmflasche, alle anderen Tiere waren unten im Erdgeschoss untergebracht.

Tenzing Palmo brachte uns Tee, *chang* und *tsampa*, und die Kinder unterhielten uns, während Lobsang sich zu einer Totenwache begab. Einer seiner Freunde war ein paar Tage zuvor unerwartet gestorben, hatte eine Frau und acht Kinder hinterlassen. Ein Lama aus Karsha – einer *gompa* zwischen Pishu und Padum – hatte eine mehrtägige *puja* für den Toten zelebriert. Wir waren gerade rechtzeitig ins Dorf gekommen, sodass Lobsang an der Abschlusszeremonie teilnehmen konnte. Eine Einäscherung war in einem Land ohne Bäume nicht ohne weiteres möglich, und Begräbnisse waren denen vorbehalten, die an bestimmten Krankheiten gestorben waren. Die sterblichen Überreste des Freundes würde man hinaus in die Bergwüste tragen. Man würde seinen Körper zerstückeln, das Fleisch von den Knochen lösen und mit *tsampa* mischen und so eine »Himmelsbestattung« durch die Geier vorbereiten. Lobsang bewaffnete sich mit einem großen Krug Gerstenbier und ging hinaus, um seinem Freund die letzte Ehre zu erweisen.

Mit einem Kater und einem ziemlich schlechten Gewissen schlich Lobsang bei Tagesanbruch ins Haus zurück. Sichtlich erleichtert darüber, dass seine Frau mit ihren drei Töchtern bereits zur Feldarbeit aufgebrochen war, machte er sich lautstark in der Küche zu schaffen und kochte Tee. Er hatte es eilig, nach Padum, dem Ziel unserer gemeinsamen Reise, zu kommen, damit er rechtzeitig zurückkehren konnte, um seinen Anteil an den Erntearbeiten der eigenen Familie zu leisten und der Witwe bei deren Ernte zu helfen.

Am nächsten Morgen gegen sieben waren wir unterwegs. Wir folgten dem Lauf des Zanskar-Flusses und blieben dabei zum ersten Mal seit Wochen den ganzen Tag lang auf gleicher Höhe. Fern der hohen Gebirgspässe war es wieder drückend heiß, und wir drohten zu verschmachten. Außer den rosa geäderten Grillen, die mit dem Staub in wahren Wolken vom Boden aufwirbelten, wenn wir vorübergingen, war das Tal vollkommen regungslos. Kein Lufthauch, kein Geräusch, kein Anzeichen von Leben – bis wir den Ortsrand von Padum erreichten.

Dort erhob sich plötzlich ein rauer Wind, der uns den scharfen Wüstensand entgegenschleuderte. Die Pferde scheuten, und unsere Augen brannten. Seitwärts wie die Krebse kämpften wir uns voran, überquerten zuerst den Zanskar, dann den Tsarap-Lingti-Fluss und stiegen schließlich den durch eine Böschung geschützten Pfad zum Dorf hinauf. Lobsang führte uns zum Chora-La-Hotel, das, wie wir später erfuhren, den wenig schmeichelhaften Spitznamen »Cholera-Hotel« führte. Es gehörte einem seiner Freunde und roch nach Phenol und Kardamom. Das Fenster unseres Zimmers hatte Gardinen aus dicken Spinnennetzen, und die Wände waren mit kackbraunen Flecken beschmiert. Der Besitzer versprach, wir bekämen unser Geld zurück, falls uns Wanzen belästigen würden – angesichts des Zustands der Matratzen ein ziemlich mutiges Angebot. Der Vorschlag, uns nach einem besseren Hotel umzusehen, hätte Lobsang tödlich beleidigt, also schickten wir uns in unser Schicksal und beschlossen, wenigstens zum Essen auszugehen.

Padum war ein abgelegener, aber ziemlich geschäftiger Ort. Eine unbefestigte Straße führte vom Beacon Highway herüber. Wenn es die Jahreszeit erlaubte, lieferten Lkws im Zweitagesrhythmus Waren und Touristen. Zwar gab es in Padum nichts Nennenswertes zu sehen, doch war der Ort Ausgangspunkt für zahlreiche beliebte Trekkingtouren. Die Leute kamen und gingen, und auf den Straßen kursierten die abenteuerlichsten Geschichten.

Unsere eigenen Erlebnisse in Ladakh verblassten gegen das, was uns andere Reisende abends in Babus Restaurant erzählten. Wir hatten beschlossen, dort essen zu gehen, weil es am weitesten vom Cholera-Hotel entfernt lag; alle anderen waren dort, weil es weit und breit das beste Restaurant war, das man finden konnte. Wir setzten uns an den Tisch mit Sanjiv und Ric, zwei Schweizern, die wir bei Lamayuru schon einmal getroffen hatten, und bestellten Gemüsenudeln. Wir lauschten einer Reihe von Gesprächen, die alle nach dem Motto verliefen: »Wo wart ihr, und wie schlimm ist euer Durchfall?« Nach einer Stunde hatten wir genug Material für eine ganze Fernsehserie zusammen.

Eine Frau war vom Pferd geworfen worden und hatte sich die Schulter ausgerenkt. Eine andere war auf Hochzeitsreise, aber wild entschlossen, die Scheidung einzureichen. Und eine dritte suchte überall nach ihrem Mann, der einfach »irgendwie verschwunden« war. Ein Mann aus Neuseeland hatte einen Hitzschlag erlitten und mitten in der Bergwüste das Bewusstsein verloren. Als er mehrere Tage später aus dem Koma erwachte, fand er sich in einem dunklen

Zimmer mit betenden Mönchen wieder. Er war vollkommen nackt, mit übel riechenden Salben einbalsamiert, und ein wunderschönes junges Mädchen streichelte sein Haar. Zwei andere Männer erzählten, sie seien um Haaresbreite dem Tod entronnen, als ein Abschnitt der neuen Straße zwischen Padum und Reru (dem nächsten Dorf auf unserer Trekking-Route) von einem Erdrutsch zerstört worden war. Ihre beiden Pferde waren umgekommen, und ihre gesamte Fotoausrüstung war zerstört worden. Jeder im Restaurant hatte von mindestens einer albtraumartigen Flussüberquerung zu berichten, und nach allem, was man hörte, standen uns auf dem Weg nach Darcha in dieser Hinsicht noch ein paar besonders haarsträubende Abenteuer bevor.

Wir verließen Padum am 30. August. Lobsang hatte uns einen Führer namens Wangal vermittelt, einen stillen, hübschen Burschen, der einwilligte, uns in sechs bis sieben Tagen nach Darcha zu bringen.

Die Route war mit Gompas gespickt, manche davon klein, andere groß, einige wie Kaskaden an einem Berghang herunterfließend, wiederum andere wie Burgen auf Anhöhen aufgepfropft. Architektonisch waren es die reinsten Meisterwerke – besser als alles, was ich je in Tibet gesehen hatte –, und doch fehlte es den meisten an der für den Glauben so wichtigen Lebendigkeit. Es fehlte ihnen an Menschen.

Natürlich war gerade Erntezeit, nach meiner Erfahrung hatte das die Tibeter aber niemals davon abgehalten, zu ihren Gompas zu strömen und ihre täglichen Niederwerfungen und Umrundungen zu vollziehen. In diesem Teil von Ladakh schienen die Klöster für die Lamas da zu sein; in Tibet hatte ich stets den gegenteiligen Eindruck gehabt, nämlich dass sie Orte des Volkes waren. Ständig sah man Laien, die betend ihre Gompas umrundeten. Die Höfe waren immer voller Pilger, die sich vor den Gottheiten niederwarfen, und in den

Tempeln wimmelte es von Gläubigen, die Butter für die Votivkerzen opferten oder weiße *kata* (zeremonielle Seidenschals, die als Opfer oder Zeichen des Respekts überreicht werden) auf wichtige Bildnisse legten. In ihre Gesichter stand grenzenlose Verehrung und Demut geschrieben, mit einer Hand drehten sie unablässig ihre Gebetsmühle, und selbst auf ihren stummen Lippen schien immer ein Mantra zu liegen. Die Menschen waren die Energie, die das kosmische Rad des Lebens in Bewegung hielten. Die Mönche dagegen bildeten nur die Radnabe, um die es sich drehte.

In ganz Ladakh änderten sich die Zeiten. Die lamaistische Religion war nicht mehr der Dreh- und Angelpunkt, fungierte nicht mehr als Fundament, auf das alle Ladakhi ihr Leben gründeten. In der Vergangenheit war aus jeder Familie ein Sohn ins Kloster gegangen. Da wir in den Klöstern Ladakhs nur wenige Novizen gesehen hatten, lag die Vermutung nahe, dass diese Tradition im Aussterben begriffen war. Manche Gompas drohten zu bloßen Museen ohne echtes spirituelles Leben zu werden.

Wir machten eine halbe Stunde bei der Mune Gompa Rast, einem winzigen Kloster nicht weit von Padum. Vier Mönche saßen in der Gebetshalle, einer von ihnen bedeutete uns, zu ihnen zu kommen. Ohne den Rhythmus seines Gesangs zu unterbrechen, langte er unter seinen niedrigen Gebetstisch, holte mit einer schwungvollen Bewegung eine alte Holzschüssel hervor und ließ seine Puja fast unmerklich in ein Verkaufsgespräch übergehen.

Aus »Om mani padme hum« wurde: »O, wie viel gebt ihr mir? O, ich verkauf sie euch.« Als wir nicht darauf ansprangen, holte er noch einen dazu passenden Deckel hervor: »Schaut nur, wie gut er passt, beides könnte ich selbst gut für meine Tsampa benutzen, zwei Teile zum Preis von einem, ein echtes Angebot für euch zum Freundschaftspreis, nur 300 Rupien.« Im Vergleich zu anderen Klöstern war die Gompa sehr spartanisch ausgestattet, und es machte uns traurig, dass die Mönche ihre Habseligkeiten feilbieten mussten, um das Dach über ihrem Kopf zu retten.

Am nächsten Tag sahen wir die wenigen dort noch lebenden Mönche im Kloster Phuktal – einem strahlend weiß gekalkten, aus dem Maul einer Höhle quellenden Bienenhaus hoch über dem Niri-Tsarap-Fluss – damit beschäftigt, in großen Pfannen Gerste für den Tsampa-Wintervorrat zu rösten. Vor noch nicht allzu langer Zeit hätten die Dorfbewohner den Mönchen alles gebracht, was sie zum Essen brauchten, jetzt mussten die Opfergaben durch eigene Anstrengungen ergänzt werden. Phuktal hatte sogar einen Raum in eine einfache Touristenunterkunft verwandelt und bot Tee und Kekse an, um über die Runden zu kommen.

Auf unserem Weg nach Südosten merkten wir, wie das Wetter sich langsam änderte. Jeder Tag brachte etwas mehr Regentropfen, und trotz der Hitze in den Tälern zwang uns ein kalter Wind in höheren Regionen in unsere Wetterjacken. Es ließ sich nicht länger leugnen, dass wir uns dem Rand der Monsunzone näherten.

Die Flussüberquerungen waren nicht so schlimm wie befürchtet, nur die letzte kurz vor Darcha wird mir immer in Erinnerung bleiben. Unseren letzten 5000-Meter-Pass in Ladakh hatten wir bei schlechtem Wetter erklommen und stiegen auch im Regen zum Zanskar-Sumdo-Fluss ab. Normalerweise konnte man den breiten Strom mit einer *jorla* überqueren, doch da die Trekkingsaison offiziell vorüber war, hatte sich der *jorla wallah* nach Hause verabschiedet. Zu beiden Seiten des Flusses strandeten deshalb immer wieder Wandergruppen, die notgedrungen dort ihr Lager aufschlugen und am frühen Morgen, wenn der Gletscherfluss erst hüfthoch war, durchs Wasser wateten.

Was Flüsse betrifft, habe ich den Drang, solche kitzeligen Abenteuer um jeden Preis zu vermeiden, deshalb fragten wir Wangal, ob wir nicht auch auf dem linken Ufer bleiben und nach Darcha kommen könnten, ohne durch den Zanskar Sumdo zu müssen. Er hielt es nicht für unmöglich, und tatsächlich fanden wir einen offenbar seit längerer Zeit nicht mehr benutzten Pfad über die Geröllhänge ins Tal hinunter. Der Weg war anstrengend. Stundenlang kletterten wir ständig bergauf und bergab, weil der Pfad sich ein ums andere Mal um schlimme Erdrutsche und unüberbrückbare Klüfte wand. Schlimmer noch: Die ganze Zeit über blieb der eigentliche Weg auf der anderen Seite des Flusses in Sicht, und wir mussten mit ansehen, wie er sich breit, flach und bequem durchs Flusstal schlängelte.

Gerade als wir dachten, dass es bis Darcha nur noch ein Katzensprung sei, stürzte ein breiter Seitenfluss des Zanskar Sumdo aus einer Felsspalte ins Tal und machte unseren schlauen Plan zunichte. Chris kletterte am Ufer auf und ab, gegen das Getöse anschreiend, als er dachte, dass er eine sichere Stelle zum Überqueren gefunden hatte. Ich verbrachte eine halbe Stunde damit, alle seine Vorschläge abzulehnen, und geriet immer mehr in Panik. Wangal lag mit den Pferden meilenweit zurück, wir mussten die Sache also selbst entscheiden.

Das Wasser war nicht tief, reichte nur bis zu den Oberschenkeln, aber die Strömung hatte eine Wucht wie angestautes Wasser nach einem plötzlichen Dammbruch. Eine Sekunde Unachtsamkeit, ein kleiner Ausrutscher, schon wurde man mitgerissen, wehrlos, machtlos, tot, fortgespült wie ein abgestorbenes Blatt in den Zanskar Sumdo.

Doch alles Zögern und Zaudern brachte uns nicht weiter. Chris zog sich aus, verwandelte das abschraubbare Bein seines Stativs in einen Wanderstock und stakste damit durch den eisigen Strom. Nur um mir zu zeigen, wo und wie man den Fluss überqueren konnte, ohne zu Brei gemahlen zu werden, ging er einmal ohne Gepäck hinüber und wieder zurück. Dann half er mir ans andere Ufer und kehrte noch einmal zurück, um die Fotoausrüstung zu holen. Bis heute komme ich nicht darüber hinweg, wie verdammt leicht diese gefährliche Sache bei ihm aussah.

Ein Stück weiter das Tal hinunter überquerte der normale Weg den Zanskar Sumdo ein zweites Mal mittels einer Brücke eine extrem enge Schlucht. Der eigentliche Weg vereinigte sich mit unserem Pfad und verbreiterte sich zu einer unbefestigten Straße, die sich gemächlich um die letzten kargen Berge Ladakhs schlängelte.

Jetzt war Darcha nur noch zwei Stunden entfernt, und gleich dahinter lag ein unvergleichliches Reich. Die Landschaft und das Klima, die Kultur und die Religion, die Luft, die wir atmeten, und die Atmosphäre, die uns umfing – alles sollte sich auf geradezu dramatische Weise verändern. Wir schauten zurück; wir blickten nach vorn. Es war schwer zu glauben, dass wir nur eine Staatsgrenze überquerten und nicht die Schwelle zu einer völlig neuen Welt.

Hippies in Himachal

In dem Moment, als wir nach Darcha kamen, begann es zu regnen und hörte die nächsten 72 Stunden nicht wieder auf. In den vier Tagen, die wir brauchten, um vom Ende der Straße zum Rohtang-Pass zu trekken, sahen, fühlten und hörten wir nichts. Die Götter hatten den Übergang zwischen den beiden gegensätzlichen Landschaften mit allem Nebel gefüllt, der ihnen zur Verfügung stand. Er verbarg das Gelände, schluckte jedes Geräusch, zwang die Einheimischen hinter verschlossene Türen. Nur Chris und ich waren verrückt genug, uns Meter für Meter vorwärts zu kämpfen. Und vielleicht sollte es für uns zwischen dem Bergwüstenhimmel Ladakhs und dem grünen irdischen Eden von Himachal genau diese nebligtrübe Schaltphase geben. Sie gab uns Zeit, die friedliche buddhistische Gemeinschaft hinter uns nachwirken zu lassen und unsere Gedanken allmählich auf die überwiegend hinduistische, vom Kastendenken geprägte Gesellschaft vor uns zu lenken. Und sie gab uns reichlich Gelegenheit, uns all die Lebensmittel auszumalen, die in Manali auf uns warteten, einem beliebten Urlaubsort, der für seinen Speisezettel ebenso berühmt war wie für sein Marihuana.

Kurz nachdem wir den Rohtang, einen 3955 Meter hohen Pass mit Blick auf das fruchtbare Kulu-Manali-Tal, überquert hatten, klarte das Wetter auf. Der dichte Nebel hob sich, die Wolken rissen auf, und unter uns lag das sagenhafteste und grünste Paradies, das ich je gesehen hatte. Der monatelange Grün-Entzug in Pakistan und Ladakh trug wahrscheinlich zu diesem Eindruck bei, doch selbst für ein an Grün gewohntes Auge war der Anblick schlichtweg herrlich. Die Weiden funkelten wie Smaragde, das Moos in den Schluchten schimmerte tiefgrün, und die Kiefernwälder in den tieferen Lagen des Tales glitzerten wie sonnenbeschienene kleine Wellen auf einem flaschengrünen Meer. Am liebsten wäre ich in all dem üppigen Grün geschwommen, hätte mich darin gewälzt und mich daran satt gegessen, hätte alle Kleider abgeworfen, wäre nackt hindurchgetanzt und hätte mit jeder wüstenmüden Faser meines Wesens seine Lebenskraft und Fruchtbarkeit in mich aufgesogen.

Wir stiegen zwischen den Felsen herab, lachten und sangen im Sonnenschein. An der Stelle, wo der Pfad in Marhi die Straße von Leh nach Manali kreuzt, hielten wir an. Eine urige Herberge des PWD (Public Works Department) stand auf einem Vorsprung 500 oder 600 Meter unterhalb des Rohtang-Passes. Als Überbleibsel aus der britischen Kolonialzeit wurden diese Häuser von reisenden Beamten genutzt. Das Forstministerium und die indische Regierung unterhalten ähnliche Herbergen. Zusammen genommen bilden sie in weiten Teilen Nordindiens ein bemerkenswertes Netz preiswerter Unterkünfte. Ihre Belegung erfolgt nach einem Vorbuchungssystem. Werden die Zimmer nicht von reisenden Beamten reserviert, können sie an fremde Wanderer vergeben werden. Der Komfort reicht von einfachen Bambushütten bis zu gut ausgestatteten Hotels mit Strom, heißem Wasser, sauberem Bettzeug und vornehmen Speisesälen. Geführt werden sie von einem *chawkidar* – meist Hausmeister, Koch und Gärtner in einer Person. Er hält die Zimmer sauber, bereitet die Mahlzeiten zu und pflegt die sehr englischen, in diesen Breiten oft seltsam unpassend wirkenden Blumenbeete. Man kann die Regierungsunterkünfte häufig schon von weitem erkennen – meist sind es die einzigen Häuser mit ordentlichen Gärten, in denen orangefarbene Zinnien, Chrysanthemen und lila Petunien blühen. Das Haus des PWD in Marhi hatte außerdem noch einen gepflegten Rasen und einen weiten Blick über das obere Kulu-Tal.

Wir bezogen ein geräumiges, weißes, nach frischem Emaillelack riechendes Zimmer und machten uns auf die Suche nach etwas Essbarem. Eine Fahrt zum Rohtang-Pass war ein beliebter Tagesausflug bei den indischen Touristen, die in Manali Urlaub machten. Auf dem Hin- oder Rückweg bot es sich an, in Marhi Station zu machen und einzukehren. In kleinen Holzbuden mit Fässern voll blubberndem Öl wurden widerlich süße, klebrige *jelabi* gebacken – in Sirup getunkte frittierte Teigkringel. An anderen Buden wurden lokaler Apfelsaft oder gekochte Kichererbsen und *puri* verkauft.

Der Besitzer des »Shree Punjab«, von allen bescheidenen Esslokalen sicher das unscheinbarste, ahnte unsere Schwachstelle. Der ehrgeizige junge Mann aus Bombay sagte, er habe in Manali in einem »Qualitäts«-Restaurant gekocht, ehe er sein eigenes kleines *dhaba* (ein kleines Gasthaus oder Restaurant) in Marhi kaufte, und lockte uns mit Versprechungen: »Ich kann Burger braten! Jaaaah! Burger! Und Steaks!« Beim bloßen Gedanken an westliches Essen lief Chris und mir der Speichel, weiterer Argumente bedurfte es nicht. Seit Tagen hatten wir von diesem Augenblick geträumt. Jetzt war er früher eingetreten als erwartet.

Mit viel Tamtam wurden wir an unseren Platz geführt, doch als es ans Bestellen ging, kam die Ernüchterung. »Heute gibt es gebratenen Reis«, erklärte unser Wirt. »Burger und Steaks kann ich braten, aber nicht heute. Kommen Sie in sechs Jahren wieder.«

So viel zu unserer Hoffnung auf Fast Food.

Es blieb uns nichts anderes übrig, als unsere Geschmacksknospen auf den nächsten Tag zu vertrösten. Wenn die Restaurants in Manali nur noch halb so gut waren, wie ich sie in Erinnerung hatte, lohnte sich die Wartezeit. Wir bestellten den Reis – etwas anderes hätten wir im »Shree Punjab« ohnehin nicht bekommen.

Am nächsten Morgen lag das Kulu-Tal unter einer dicken Wolkenschicht verborgen. Nebelschwaden zogen die Berge hinauf und schlangen ihre Fangarme um Marhi. Die Bergkämme darüber standen vor einem klaren Himmel. Ein alter Kulu-Hirte mit einem Heiligenschein aus hellem Sonnenlicht löste sich aus den Nebelwirbeln und kam auf Marhi zu. Er ging neben einer Fuchsstute und trug ihr neugeborenes Fohlen im Arm. Das Pferd rieb die Nüstern an dem alten Mann, und er küsste es sanft auf die Blesse. Das war ein so schöner, zärtlicher Moment, dass es mich beglückte und zugleich peinlich berührte, weil ich ihn miterleben durfte.

Die Luft roch herrlich nach nassem Gras und Kiefernnadeln, als wir durch die Nebelschwaden weiter bergab stiegen. Wir folgten dem Verlauf einer Schlucht, in der hunderte von Bächen ineinander flossen. Von allen Seiten des steilen Tals stürzten rauschende Wasserfälle herab. Ganze Herden von Ziegen, Kühen und Schafen zogen über die Weiden, Rauchwolken kündeten von den Sommerlagern der Hirten in den Talsenken. Aufgespannter Kattun diente als primitiver Sonnen-, Wind- und Regenschutz, die Pferde standen knietief im Schlamm. Drei Männer hockten beisammen und wärmten ihre Ingwerwurzelknöchel an einem kleinen Feuer. Zwei andere standen daneben und rauchten *bidis*. Um den Nacken vor der Kälte zu schützen, hatten sie die Schultern hochgezogen. Goldene Ohrringe baumelten an ihren Ohrläppchen, bunt bestickte Wollkäppis bedeckten ihr Haar.

Die Sonne brach durch die Wolken, als wir ihr Lager erreichten, und strömte durch den Kiefernwald. Zwei rot gekleidete Männer mit schwarzen Zöpfen und Ringen in den Nasen tanzten auf einem großen, flachen Stein. Die dünnen Metallarmbänder an ihren Armen zwitscherten wie ein Schwarm Finken, während sie wild die Hände schwangen, um die Pferde aufzuschrecken. Die hübschen Füchse zogen die Beine aus dem Morast, warfen die Köpfe zurück und wieherten, dann liefen sie wie befohlen auf die trockenere Weide.

Gegen Mittag trafen wir kurz vor Manali auf die Straße am linken Ufer des Begas-Flusses. Die vor der Stadt liegenden Dörfer erkannte ich kaum wieder, so sehr war Manali seit meinem letzten Besuch

1985 gewachsen. Die Dörfer waren durch eine lange, knallbunte Reihe von »Luxus«-Hotels auf der einen und eine elende Ansammlung von Flüchtlingszelten auf der anderen Seite der Straße mit Manali verbunden.

Die Hauptstraße im Zentrum von Manali dagegen hatte sich überhaupt nicht verändert. Die gleichen Läden mit Seidenschals, die gleichen Bushaltestellen und (Gott sei Dank!) die gleichen Restaurants. Dahinter und an den Berghängen waren 230 neue Hotels und Gasthäuser und mindestens ebenso viele neue Läden und *dhaba* entstanden – und noch sehr viel mehr waren im Bau. Manali schlug aus dem Schicksal Kaschmirs Kapital. Zwar hatte die Regierung des Bundesstaats einen kompletten Baustopp verhängt, doch in Indien war niemand – nicht einmal der Minister, der das Gesetz unterzeichnet hatte – einem zusätzlichen Einkommen aus Bestechungsgeldern abgeneigt. Neue große und kleine Gebäude schlugen in der atemberaubenden Geschwindigkeit von einer Woche Wurzeln und galten ab sofort als Altbestand.

Die reine Bergluft, die zu atmen die Menschen nach Manali kamen, die großartige Landschaft, die sie betrachten, und die Ruhe, die sie genießen wollten – all das wurde von Schadstoffen, hässlichen Betonbauten und dem lauten Hupen unzähliger Busse, Lkws und Taxis erstickt. Wenn dies tatsächlich das Tal der Götter war, müssten diese sich bald nach einer neuen Bleibe umsehen.

Wir mieteten uns in einem preiswerten Hotel ein, holten unsere postlagernden Briefe vom Postamt und gingen in mein Lieblingsrestaurant – »The Mona Lisa«. Dort hatte ich mit Kollegen und Bergführern vom Mountaineering Institute meinen 25. Geburtstag gefeiert. Er war mit dem letzten Tag unseres Lehrgangs im Fels-, Schnee- und Eisklettern zusammengefallen, also war es ein doppeltes Fest gewesen, eine Art letztes Abendmahl vor meinem Aufbruch allein nach Tibet.

In dem Restaurant hatte sich nichts verändert, nicht einmal die Tischtücher. Das nachempfundene Gemälde, das nach seinem Original benannt war, hing noch immer über Tisch drei. Darauf die vertrauten, ein wenig plumpen Hände, der übertriebene Busen, die ernsten, braunen Augen. Nur das berühmte Da-Vinci-Lächeln hatte der Künstler nicht ganz einfangen können; die Wangen der armen Mona Lisa waren wie mit Luft aufgeblasen, und es sah aus, als würde sie sich jeden Augenblick übergeben.

Wir bestellten Pizza als Vorspeise, Steak als Hauptgericht und verschlangen einen Stapel Briefe von zu Hause als Dessert. Dabei kamen wir mit der rothaarigen Kanadierin vom Nachbartisch ins Gespräch. Ihr Name war Kim, und sie war gerade mit einem Floß den Zanskar-Fluss von Padum nach Darcha heruntergekommen. Es war faszinierend, ihrem Eindruck von der Wüste vom Fluss aus zu lauschen, und wir lernten eine Menge über Stromschnellen, Wasserstürze und gefährliche Strudel.

Wir waren zu satt zum Gehen und fuhren deshalb mit einem Taxi zum Mountaineering Institute, um die Kiste mit Vorräten abzuholen, die wir von Delhi aus dort hingeschickt hatten. Im Institut trafen wir zufällig Mahavir, einen meiner Trainer von 1985, es gab ein großes Hallo und Geschichtenerzählen, während ein Angestellter treppauf, treppab nach unserer Kiste suchte. Mahavir bot an, einen der Berufsträger des Instituts für unsere nächste Etappe abzustellen. Außerdem sorgte er dafür, dass wir sehr gute Karten der Gegend einsehen konnten. Ehe wir gingen, verabredeten wir uns mit Mahavir und seiner Frau zum Mittagessen und ließen uns einen Termin mit Major Chauhan geben, dem neuen Institutsdirektor. Zufällig war er einer der vier Männer, die 1982 an der Trans-Himalaja-Expedition der indischen Armee teilgenommen hatten.

Am nächsten Tag gingen wir zum Frühstück in ein Lokal, das ich noch unter dem Namen »Tricia and Pete's Place« kannte. Lange Zeit war es die beliebteste Anlaufstelle für gestrauchelte Touristen gewesen, die ein wenig Aufmunterung brauchten, aber Tricia hatte wohl so viel Mitleid und Fürsorge an ihre Gäste vergeben, bis nichts mehr für sie selbst übrig geblieben war. Jedenfalls hatte sie sich den in einer Stadt wie Manali kräftig blühenden Gerüchten zufolge mit einem Duo namens »The Wild Brothers« aus dem Staub gemacht. Pete war mit zwei Rezepten – einem für Erdnussbutter und einem für das beste Vollkornweizenbrot diesseits des Äquators – allein zurückgeblieben.

Aber Pete hatte seine Zeit mit anderem als langwieriger Trauerarbeit zugebracht und seine englische Frau nicht durch eine, sondern gleich zwei indische Geliebte ersetzt. Zufällig hatte eine davon eine Tochter, die sich als Kellnerin, Köchin und Tellerwäscherin einsetzen ließ. Sie kam an unseren Tisch, um unsere Bestellung aufzunehmen.

»Zweimal Kaffee, Toast und Chili-Omelett«, sagte ich. »Und geht's vielleicht auch ohne bösen Blick?« Noch nie hatte ich so wunderschöne Augen so voller Hass gesehen.

Ihre schwangere Mutter drehte sich vor einem Spiegel und prüfte den grauen Ansatz ihrer hennagefärbten Haare. Die andere Frau feilte ihre Nägel, und Pete, der in den letzten Jahren ziemlich an Umfang zugelegt hatte, saß mit einem Dreitagebart und faulenden Zähnen draußen in der Sonne und kratzte seinen behaarten Bauch. Er rief etwas Unfreundliches in Richtung Küche, und Aschenputtel kam heraus und knallte eine Tasse Kaffee vor ihm auf den Tisch. Mit dem gleichen Zorn brachte sie uns unser Frühstück, schleuderte den Toast wie ein Ninjaschwert auf unseren Tisch. Chris konnte das Omelett, das wie eine Frisbeescheibe auf seinen Kopf zuschwirrte, gerade noch rechtzeitig auffangen, meins landete mit solcher Wucht, dass der Teller zersprang. Bei der Gelegenheit schwappte die Hälfte des Kaffees über, was aber nicht weiter schlimm war; er war so stark, dass eine halbe Tasse reichte, um mich mindestens eine Woche lang wach zu halten.

Den Rest des Vormittags verbrachten wir damit, auf der Hauptstraße auf und ab zu bummeln und die Touristen dabei zu beobachten, wie sie andere Touristen beobachteten. Die Bürgersteige waren so voll mit Verkaufsständen für *samosa* (in Öl gebackene Teigtaschen mit Kartoffeln und Gemüse) und bengalische Süßigkeiten, dass die Fußgänger auf die Straße ausweichen mussten. Zwischen ihnen waren Esel, Büffel, Busse, Traktoren, Taxis, Bettler auf Skateboards und Brahmanen (Mitglieder der höchsten Kaste) auf Fahrrädern in beide Richtungen unterwegs. Wir sahen neureiche Familien aus Bombay auf der Flucht vor der Hitze und ebenso viele Hippies aus der ganzen Welt auf der Flucht vor der Realität.

Die Einheimischen bildeten einen seltsamen Querschnitt durch die indische Gesellschaft. Umherziehende Rajasthani, die im geschützten Staatsforst mitten in der Stadt campierten und mit Safran und Tigerbalsam handelten. Ausgezehrte Kastenlose, die neben antiquierten Badezimmerwaagen im Rinnstein hockten. Für 50 Paise ermittelten sie das persönliche Gewicht, für eine Rupie schmeichelten sie mit einer Lüge. Sadhus mit Dreadlocks und knappen Tangahöschen, Dreizack und Bettelschale streiften durch die Menge. Die Wanderasketen waren hinduistische Heilige, die Shiva verehrten und Marihuana rauchten, um ihr spirituelles Bewusstsein zu vertiefen. Sie lebten von einer abergläubischen Öffentlichkeit, die ihnen gegen Gebete und spirituellen Rat Geld und Nahrungsmittel spendete. Man sah sie sonst überall an indischen Straßen und Seitenwegen, im Himalaja sammelten sie sich allem Anschein nach vor allem in Manali. Kein Wunder, sah es doch aus, als würde Marihuana hier sogar aus den Ritzen im Asphalt sprießen.

Etwas weiter stadtauswärts trafen wir eine Frau mit bleistiftdünnen Beinen und einer dicken Python um den Hals. Für fünf Rupien riskierte sie ihr Leben, indem sie die Schlange so lange reizte, bis sie von ihr gebissen wurde. Das war eine ziemlich bizarre Art, den Lebensunterhalt zu verdienen, doch Indien ist auch ein ziemlich bizarrer Ort zum Leben. Bei der nächsten Monstrositätenshow machte gleich eine ganze Familie mit: Mutter, Vater und die Kinder hockten zusammen am Straßenrand und aßen gegen Bezahlung Glühbirnen.

Lärm und Chaos wurden von mehreren Autos mit Reklametafeln und plärrenden Lautsprechern verstärkt, die für die Filmvorführungen in einem der vielen Videosäle der Stadt Reklame machten. In Indien konnten sich viele Familien keinen eigenen Videorekorder leisten, doch fand sich überall, selbst im kleinsten Dorf, eine Unternehmerseele, die ein »Minikino« für die Massen betrieb. Manali hatte drei kommerzielle Videosäle mit allem Drum und Dran wie Popcorn und Klimaanlage. Auf normal großen Fernsehbildschirmen wurden rund um die Uhr die neuesten Filme gespielt.

Die indische Filmindustrie ist die größte der Welt und produziert jährlich nicht weniger als 850 Filme. Täglich strömen auf dem ganzen Subkontinent drei Millionen Menschen in die großen Kinos und kleineren Videosäle, um zu sehen, wie sich ihre Helden durch die verschlungensten Handlungen und Nebenhandlungen singen, tanzen und kämpfen. Die Filme, scherzhaft »Masala Movies« genannt, entführen ihr größtenteils bitterarmes Publikum in eine Welt, in der das Gute stets über das Böse triumphiert und traditionelle Werte wie Glaube, Tugend und Familiensinn am Ende gegen eine erfolgsträchtige Mischung aus Gewalt und Leidenschaft siegen. Unfähig, Film und Wirklichkeit auseinander zu halten, verehren die Fans viele Schauspieler wie Götter, und nicht wenige Stars haben, ohne die geringste politische Erfahrung, Wahlen gewonnen und sind in die ebenso absurde Welt der indischen Politik übergewechselt.

Derzeit wurde in Manali ein Actionfilm mit dem Titel *Sex Fire* angepriesen. Wir beschlossen, ihn uns in jedem Fall nicht anzusehen, und suchten Zuflucht in einem nur wenige Häuser entfernten tibetischen Restaurant.

Über dem Tresen hing ein großes Bild des Dalai Lama. Das Kulu-Tal war überwiegend von Hindus bewohnt, doch lebte in Manali eine beträchtliche tibetische Minderheit. Es existierten mehrere Flüchtlingslager, kommunale Unterstützungskomitees, ein paar kleinere *gompa* und ein Hotel, in dem Seine Heiligkeit der Dalai Lama häufiger Urlaub machte. Auch ich hatte ihn das erste Mal in Manali getroffen. Chris und ich hatten gehofft, den spirituellen Schutzherrn unserer Expedition in seinem Exilsitz in Dharamsala noch einmal wiederzusehen, politische Probleme hatten jedoch unsere Pläne durchkreuzt. Nach einem Studentenaufstand gegen neue Empfehlungen einer Kommission zur staatlichen Vergabe von Arbeitsstellen war in dem Bergort eine Ausgangssperre verhängt worden. Am folgenden Tag war zu diesem Thema ein landesweiter Streik geplant.

Indem er gelobte, die Vorschläge der Mandal Commission in die Tat umzusetzen, hatte Premierminister Singh die religiösen Feindschaften und rassistischen Hassgefühle, die Indien über Jahrhunderte Blut gekostet und gespalten hatten, wieder angefacht. Ein bisher noch nie da gewesener Prozentsatz von Arbeitsstellen sollte für die armen, unterprivilegierten Schichten Indiens reserviert werden. In mehreren Staaten galten die Vergaberichtlinien auch für höhere Bildungseinrichtungen, sodass junge Frauen und Männer, die zu einer der 3743 nun bevorzugt behandelten Kasten und Volksgruppen gehörten, allein aufgrund dieses Kriteriums Studienplätze zugesprochen bekamen. Damit engten sich die Möglichkeiten für die Söhne und Töchter der Mittelklasse, die sich bilden und sich durch Leistung beweisen wollten, erheblich ein. Weit davon entfernt, die Lage der *harijan* (der Kaste der »Unberührbaren«), der anderen niedrigen Kasten und der Angehörigen diverser Minderheiten zu verbessern, hatte die geänderte Vergabepolitik der Feindschaft gegen sie neuen Auftrieb gegeben.

In Dharamsala hatten die Studenten ihrem Ärger in öffentlichen Kundgebungen und Demonstrationen Luft gemacht. In Neu-Delhi hatten sich einige Studenten sogar selbst angezündet, um durch diese Verzweiflungstat auf die Ungerechtigkeit aufmerksam zu machen und die nach Wählerstimmen schielenden Politiker so zu beschämen, dass sie ihre Entscheidung rückgängig machten.

Es war schwer, der Politik in Indien zu entrinnen, den Nepotismus, die Korruption und die Diskriminierung nicht zu sehen. Noch schwerer zu akzeptieren aber war, wie tief sich die Glorifizierung des Märtyrertums in die indische Psyche eingegraben hat. Die Medien machten die toten Studenten zu Helden. Die Städte benannten Straßen nach ihnen. Der Rest der Welt reagierte mit ungläubigem Kopfschütteln, während ein Märtyrertod zum nächsten anstachelte und das Ganze immer so weiter ging, bis die Situation völlig außer Kontrolle geriet. Das Thema selbst rückte dabei vollkommen in den Hintergrund. Es ging nur noch um die jedem offen stehende Möglichkeit, 15 Minuten lang Berühmtheit zu erlangen. Es war fanatisch. Es war tragisch. Aber es war eindeutig Indien.

Am Tag nach dem Streik lud Bombi, ein Inder mit wunderbar sanfter Stimme, den wir über Kim kennen gelernt hatten, uns in sein Haus zum Abendessen ein. Er wohnte in einem großen, aus Holz erbauten Anwesen hoch über dem Tal, inmitten von Apfelbäumen und hoch aufragenden Kiefern. Ein süßlich-modriger Geruch nach altem Rauch, Zedernholz und süßem Cidre hing im Treppenhaus. Das Haus war spärlich und schlicht möbliert. Wenn der Schnee kam und das Tal von der Außenwelt abriegelte, wenn die Winde heulten und die Stromversorgung ausfiel, war das der Ort, an den ich mich zurückziehen würde, um einen Roman im Stil von Stephen King zu schreiben. Es war ruhig dort. Zu ruhig.

Bombi mixte Kim, Chris und mir einen Gin mit Limca, und ich nahm mir eine Gitarre und spielte. Nach einer Weile klopfte es an der Tür, und Bombi ging auf die Veranda, um mit dem Besucher zu sprechen. Kurz darauf hörte ich ein unverwechselbares, vertrautes Lachen. Es gab nur einen Menschen auf der Welt, zu dem dieses Lachen gehören konnte: meinen Freund Paul Bayne.

Und tatsächlich, da kam Paul auch schon durch die Tür. Hinter dem wilden, rotblonden Bart war sein wettergegerbtes Gesicht kaum wieder zu erkennen. Seit der allgemeinen Euphorie über seinen Erfolg bei der Everest-Expedition anlässlich der 200-Jahr-Feier Australiens hatte ich ihn nicht mehr gesehen. Unglaublich, dass wir uns ausgerechnet hier in diesem alten Spukhaus am Ende der Welt mitten in der Nacht wieder begegnen sollten!

Paul und ich umarmten uns, lachten und redeten in Höchstgeschwindigkeit aufeinander ein. Er hatte Mühe, Chris wieder zu erkennen. Den Rinnsteinwaagen von Manali zufolge hatte er 20 Kilogramm abgenommen. Auch Paul war ein wenig dünner geworden. Er hatte eine erfolgreiche Klettertour auf den Mustagata im chinesischen Teil des Pamir hinter sich. Er war für ein paar Tage nach Manali gekommen, um sich mit der Gegend vertraut zu machen. Man hatte ihm für die kommende Saison einen Job bei einem Heliskiing-Unternehmen angeboten (beim Heliskiing werden Skifahrer von Hubschraubern zu entlegenen Abfahrten gebracht). Zufällig wohnte einer der dafür maßgeblichen Leute im gleichen Haus wie Bombi. Das Essen kam, der Wein floss, und die Geschichten, die mit jeder Minute lustiger und fantastischer wurden, hielten uns bis in die frühen Morgenstunden in Atem.

Am Ende blieben wir eine ganze Woche in Manali, sahen uns ein paar Filme an, gingen auf Picknicks und trafen uns mit alten Freunden von Mountaineering Institute. Nachdem wir uns durch alle guten Restaurants gegessen hatten, war es Zeit, wieder auf Wanderschaft zu gehen. Nach unserer Schätzung würde es 16 bis 18 Tage dauern, den Bundesstaat Himachal Pradesh zu durchqueren, sodass wir damit rechneten, Uttar Pradesh in der ersten Oktoberwoche zu erreichen. Wir packten unsere Sachen und machten uns auf den Weg.

Mahavir hatte, wie versprochen, einen Träger für uns besorgt. Am 17. September um halb sieben Uhr morgens erschien Kheval Ram in unserem Hotel. Er war ein winziger, glatt rasierter, aufgeweckter Mann, der kaum mehr als 50 Kilo wog, also gerade mal das Doppelte seiner Lasten. Richtige Wanderschuhe an den Füßen eines Trägers sahen wir bei ihm zum ersten Mal. Seine rot-schwarze Yamaha-Nylonjacke dagegen hatten wir in den letzten Wochen tausendfach gesehen; es hatte sie im Sonderangebot gegeben, und jeder zweite Inder war nun damit bestückt.

Fünf Minuten nach Kheval kam Paul zu unserem Hotel, um sich uns für ein paar Tage anzuschließen. Unsere Route würde ihm einen guten Blick auf die für das Heliskiing vorgesehenen Abhänge bieten, hoffte er. Um diese frühe Morgenstunde waren auf den Straßen von Manali nur ein einsamer Straßenkehrer und eine Herde Wasserbüffel unterwegs. Nicht nur der Mann, sondern auch die Tiere beäugten uns ungläubig, als wir uns zwischen ihren schleimigen grünen Hinterlassenschaften vorsichtig unseren Weg bahnten und die Brücke über den Beas-Fluss nahmen.

Bis Nagar folgten wir der einspurigen Straße und boten Kheval an, ihn mit dem Bus vorauszuschicken. Er ging gern darauf ein und ließ uns drei die Freuden des Kulu-Tals ganz allein auskosten.

Felder mit erntereifem Reis wogten ins Talbecken hinab. Die Berghänge waren mit Apfelbäumen bedeckt, und die Luft war voller Kiefernspäne von den Sägewerken. Alle Menschen, die wir sahen, waren mit Arbeiten beschäftigt, sägten Holz und hämmerten Kisten zusammen, pflückten Äpfel von den Bäumen und sammelten Fallobst auf, sortierten die Äpfel und verpackten sie für den Transport. Die meisten Obstplantagen gehörten einheimischen Familien, doch weil sie es sich nicht leisten konnten, die Äpfel selbst zu den Großmärkten zu bringen, ging ein großer Teil ihrer Gewinne an die Mittelsmänner mit den Lkws verloren. Die stolzen Bauern warfen uns direkt von den Bäumen Äpfel zum Kosten zu. Es war eine Rekordernte, und die roten Äpfel waren die saftigsten, die wir je gegessen hatten. Sie waren so knackig, dass sie beim Hineinbeißen wie Nussschalen krachten.

Am Nachmittag erreichten wir Nagar und kletterten zu einem weitläufigen alten Haus in einem riesigen Bauerngarten hinauf, von dem aus man das ganze Kulu-Tal überblickte. Der vom Himalaja verzauberte berühmte russische Bühnenbildner und Künstler Nikolai Roerich hatte sich hier seinen Alterssitz gebaut. Als er 1947 starb, wurde sein Haus in eine Galerie mit einer Auswahl der Himalajalandschaften verwandelt, die er in den letzten Jahren seines Lebens gemalt hatte. Roerich malte die Berge so, wie ich sie sah – fast abstrakt. Er fasste ihren Geist in Farbe und fing ihr Licht ein, offenbarte ihre Intensität und machte ihre Seele für jeden sichtbar. Hier war der ganze Himalaja mit all seinen Launen, Eigenheiten und Geheimnissen in zwei gar nicht mal besonders großen Zimmern zu betrachten.

Wir verbrachten mehrere Stunden in der Galerie und ihrer Umgebung, dann kletterten wir den steilen Pfad zu einem Dorf namens Rumsu hinauf. Wir hatten vergessen, in Manali Kerosin zu kaufen, sodass unser Abendessen aus Tricia und Pete's Spezialitäten bestand: Erdnussbutter auf Vollkornbrot. Ich gab einem alten Mann fünf Rupien für Äpfel, und wir waren ein wenig enttäuscht, als er uns bloß vier entgegenstreckte. Gerade als Chris etwas sagen wollte, brachte er zwei weitere Äpfel zum Vorschein, dann noch einmal zwei und so weiter. Es war, als sähen wir einem raffinierten Magier zu. Am Ende hatte er 20 Äpfel aus seinen Ärmeln, Hosentaschen und Hosenbeinen hervorgezaubert, und wir ließen uns zu einer gesunden, wohl schmeckenden Mahlzeit nieder.

Am nächsten Morgen stiegen wir durch einen imposanten Wald mit prachtvollen Kiefern und Zedern. Paul war ganz aus dem Häuschen über den Rahmen, den dieser Wald für ein aufregendes Heliskiing bot. Ich konnte kaum glauben, dass jemand so etwas auch nur in Erwägung zog. Die Bäume standen viel zu eng beieinander, und der Hang ging praktisch senkrecht nach unten.

»Aber darum geht's doch gerade, Sorrel«, erklärte mir Paul. »Wer nicht mit zerrissenen Kleidern und zerbrochener Sonnenbrille heimkommt, war nicht bei Heliskiing.«

»Chris«, warnte ich meinen Mann, »am bestens sagst du deine Teilnahme gleich wieder ab. Dieser Typ ist wahnsinnig!«

Wir hörten, wie sich im Wald ein Bär mit einem Hund prügelte, und bei den Geräuschen fiel Paul eine Geschichte ein, die meine Zweifel an seiner geistigen Gesundheit weiter nährten. Er hatte eines Nachts im Yosemite-Nationalpark in Kalifornien im Freien geschlafen, und als er am nächsten Morgen aufwachte, hatte ein riesiger, sabbernder Bär über ihm gestanden und an den unter seinem Kopfkissen verstauten Lebensmitteln geschnüffelt. Jeder normale Mensch hätte mit seinem Leben abgeschlossen – nicht so Paul. Er verwickelte das Tier in ein freundliches Gespräch. »Netter Bär ... freundlicher Bär. Du weißt, dass ich ein Mensch bin und kein Picknickkorb, nicht wahr?« So redete er weiter, bis das verblüffte Tier schließlich davontrabte, um einen anderen, weniger schwatzhaften Touristen auszuplündern.

Es war ein drückend heißer Tag. Aus zwei Stunden waren fünf geworden, wir waren immer noch unterhalb der Baumgrenze und schwitzten selbst im Schatten aus allen Poren. Wir kamen an mehreren Hirten vorbei, die ihre Herden direkt unterhalb des Chandarkhani-Passes auf die Weiden führten. Moos bedeckte die Stümpfe der uralten Zedern, und Flechten hingen von den knorrigen Ästen betagter Rhododendronbüsche. Eine Wolkenfront kam heraufgekrochen, versperrte den weiten Blick auf das Kulu-Tal und die schneebedeckten Gipfel jenseits des Rohtang-Passes. Es begann zu nieseln. Enttäuscht, nach der ganzen Mühe um den alles krönenden Blick betrogen zu werden, entschloss Paul sich zur Umkehr. Ein Abendessen im »Mona Lisa« erschien ihm verlockender als eine Nacht im Regen mit wilden Bären und zwei Trekking-Fanatikern. Wie umarmten uns und winkten zum Abschied. Es tat uns Leid, ihn gehen zu sehen.

Nach einer weiteren Stunde war klar, dass er die richtige Entscheidung getroffen hatte, und Chris und ich verfluchten die Tatsache, dass wir ihm nicht gefolgt waren. Seit mehr als sieben Stunden stiegen wir nun bergan, hatten mindestens 2000 Meter an Höhe gewonnen, den Pass aber immer noch nicht erreicht. Nass und erschöpft erklommen wir endlich den nebelverhangenen Bergkamm und stimmten, ohne weiter darüber nachzudenken, Khevals Vorschlag zu, beim Abstieg ins Tal eine Abkürzung zu nehmen. Sie führte neben einem Wasserfall direkt nach unten. Wir hätten viel Zeit gespart, wenn wir einfach gesprungen wären.

Ich glaube nicht, dass ich jemals öfter gefallen, ausgerutscht oder gestolpert bin als auf diesem haarsträubenden Abstieg. Kheval hatte es so eilig gehabt, noch vor Einbruch der Dunkelheit das Dorf Malana zu erreichen, dass er vergaß, den durch den Regen noch erheblich erhöhten Schwierigkeitsgrad der Route zu erwähnen. Ich verbrachte den größten Teil des dreistündigen Abstiegs auf meinem Hintern, schlitterte über sumpfige Wälder aus Disteln und Brennnesseln, prallte auf Felsen und rutschte über glitschige Kanten.

Es regnete in Strömen, als wir nach Malana kamen, sodass Kheval keinen anderen Rat wusste, als uns direkt in den Aschram (ein Ort des Rückzugs und der Meditation für hinduistische Lehrer und ihre Anhänger) zu führen. Das abgelegene Dorf wurde eher selten von Touristen besucht, sodass weder Hotels noch andere Unterkünfte für weniger erleuchtete Wanderer wie uns zur Verfügung standen. Wir verbrachten die Nacht umgeben von halbnackten, abgemagerten Sadhus unter einem Miasma aus Marihuanadünsten.

Nach frischer Luft lechzend, ließen wir am nächsten Morgen unser Gepäck im Aschram stehen und machten einen Spaziergang durchs Dorf. Es hatte aufgehört zu regnen, aber der Himmel war noch immer bedeckt und das Tal in Nebel gehüllt. Die Häuser standen, wie so oft im Himalaja, dicht zusammengedrängt auf einem schmalen, ebenen Sims mehrere 100 Meter über dem Malana Nula, einem Zufluss des mächtigen Beas-Flusses. Terrassierte Felder umgaben das abgelegene Dorf und versorgten es mit Getreide.

Ein englischsprachiges Schild mahnte alle Fremden, den Hauptweg durchs Dorf nicht zu verlassen. Wenn wir irgendetwas berührten, würde uns das 500 Rupien Strafe kosten. Die Einwohner von Malana bildeten in Indien eine Kaste für sich. Zwar duldeten sie, dass Fremde ihr Territorium durchquerten, jeder Kontakt mit Menschen unbekannter sozialer Herkunft unterlag für sie jedoch einem strengen Tabu. Wenn wir eine Wand berührten oder die Schulter eines Malani streiften, mussten sie eine Ziege oder ein Schaf opfern, um sich von der erlittenen Unreinheit zu säubern.

In der Mitte des Dorfes stand ein großes steinernes Podium, das als Versammlungsort und als Gerichtsplatz diente. Die Malani hatten ihre eigenen Gesetze und ihre eigene Gerichtsbarkeit. An diesem Morgen trat der nur von Männern besetzte Rat zusammen, um einen Streit zwischen zwei verfeindeten Familien zu schlichten. Es würde nicht einfach sein. Da Malani nur innerhalb des Dorfes heiraten durften, war jeder mit jedem verwandt. Wer da Partei ergriff, geriet schnell zwischen die Fronten.

Die Malani hatten auch eine eigene Sprache. Indische Linguisten bezeichneten sie als eine Mischung aus Tibetisch, Nepali, Lahuli, Kuluvi, Kinawari und – ausgerechnet! – Tschechisch. Die Malani selbst hielten sich für auserwählte Nachfolger ihres Gottes Jamblu Devta. Experten behaupten, es handele sich bei ihnen um eine Kriegerkaste mongolisch-arischer Herkunft, die sich, des Wanderns um den Globus müde, im Himalaja niederließ, um dort ein friedliches Leben zu führen.

Obgleich ihnen der körperliche Kontakt mit allem Fremden verboten war, zeigten sich die Malani nicht unfreundlich. Viele winkten mich zu sich und baten mich, Fotos von ihren Familien zu machen. Dabei musste ich von ihren soliden, aus Holz und Stein erbauten Häusern gut einen Meter Abstand halten, während sie auf den oberen Balkonen posierten. Erstaunlicherweise zogen die Frauen bei diesen Fototerminen ihre zerschlissenen Blusen zur Seite und hielten ihre nackten Brüste in die Kamera.

Beim Verlassen des Dorfes lösten wir fast einen Aufruhr aus. Kheval wählte aus Versehen den falschen Pfad, und wir kamen der Wasserquelle des Dorfes gefährlich nahe. Ein Dutzend laut schimpfender und wild mit den Armen fuchtelnder Frauen schlug uns in die Flucht. Doch sobald wir wieder auf dem richtigen Kurs waren, kehrte ihr Lächeln zurück, und sie verabschiedeten uns mit einem freundlichen Winken.

Der Weg, auf dem Kheval uns aus Malana herausführte, war ebenso steil wie der Weg, auf dem wir gekommen waren, nur noch schlammiger. Dieser Mann hatte eine Vorliebe für ans Selbstmörderische grenzende Abkürzungen, doch wie die Lemminge folgten wir ihm klaglos ins Verderben. Nach unserer Karte war es möglich, gleich auf der anderen Seite des Tals wieder aufzusteigen, einen zweiten, etwas niedrigeren Pass zu überqueren und so zu einem anderen abgelegenen Dorf namens Rashal zu gelangen. Kheval beharrte darauf, dass er den Weg kannte, also folgten wir ihm ergeben.

Wir schlugen uns durch ein Dickicht aus wildem Cannabis und betraten einen Zauberwald. Pilze, so groß wie Essteller, wuchsen aus dem Waldboden, Schwämme mit psychedelischen Farben und Formen wucherten auf den hoch aufragenden Kiefernstämmen. Bei der geringsten Berührung platzten Blumensamen aus dicken, von Sprungfedern gehaltenen Schoten, um uns mit klebrigem Popcorn zu bewerfen. Schnecken von der Größe und dem Aussehen vergammelter Salatgurken schleimten über den schwammigen Waldboden. Jeden Augenblick würde eine hinterhältige Killerpflanze uns mit ihrem Gift umnebeln und verschlingen.

Der Pfad löste sich in nichts auf. Die Berge verschwanden in den Wolken. Nebel umwaberte uns, bis wir nichts mehr sehen konnten. Wir hatten uns verlaufen.

Aber wir hatten keine andere Wahl, als weiter voranzugehen und uns einen Weg durch das Gestrüpp zu schneiden, das unsere Kleider zerfetzte und unser Fleisch blutig stach. Je höher wir stiegen, desto hoffnungsloser wurde die Situation. In der Schwüle wurden unsere Gehirne weich wie Wachs. Der Wald wurde immer dichter. Das Kreischen der Grillen bohrte sich in unsere Schläfen. Unsere Nerven lagen blank.

Nach vier Stunden hatten wir uns auf einen Bergkamm gekämpft. Es war zwar der falsche Kamm, aber immerhin mussten wir jetzt nicht mehr bergauf steigen. Chris und ich traten die hohen Nesseln platt und ließen uns erschöpft auf den Boden fallen. Kheval zog los, um einen Weg nach unten zu suchen. Wir wussten, dass wir verloren waren, als er aufgeregt schreiend zurückkam: »Abkürzung! Abkürzung!«

Nebel und Wald wurden immer dichter. Nachdem wir eine Weile orientierungslos herumgestolpert waren, trafen wir plötzlich auf eine von einer Gaddi-Hirtenfamilie bewohnte Höhle. Unter einem aufgespannten Stück Plastik fanden gerade sie und ihre sechs verdreckten Schafe Platz. Unmöglich konnten sie dauerhaft in diesem gottverlassenen Loch leben. Kheval fragte sie nach dem Weg, und einer der Hirten deutete mit dem Kinn auf die dichte Wand aus grünem Laub, die ihr Lager umgab. Chris und ich wechselten einen Das-muss-ein-Witz-sein-Blick, doch die Frau des Hirten warf mir ein herablassendes Lächeln zu. Sie forderte uns auf, ihr zu folgen, dann drehte sie sich um und verschwand durch die grüne Wand. Wir trauten unseren Augen nicht! Es kam uns vor, als hätten wir einen Geist gesehen, der sich vor unseren Augen in nichts aufgelöst hatte.

Auf flinken Beinen flog die Frau durch den Wald, bildete einen Tunnel durch das dichte Unterholz. Mit der Anmut und Wendigkeit eines Zentauren hüpfte und sprang sie vor uns her, wir folgten ihr rutschend und stolpernd wie tölpelhafte Zyklopen. Zu allem Überfluss hatte auch noch meine Regel eingesetzt. Am liebsten wäre ich keinen Schritt mehr weitergegangen.

Nach einer Stunde Abstieg war ich völlig am Ende. Tränen verschleierten meinen Blick, und jeder Schritt war entmutigender als der vorherige. Manche Strecken waren so steil, dass wir uns abseilen mussten, indem wir lange Gräser, Schlingpflanzen und Baumzweige als Seile nutzten. Auf anderen Strecken hatten wir das Gefühl, auf Murmeln zu laufen. Dann setzte auch noch Regen ein. Was heißt Regen? Es goss in Strömen!

An einer Steilwand quälten wir uns Zentimeter für Zentimeter über einen schmalen Sims zur anderen Seite. Plötzlich war der Sims zu Ende, und die Wand krümmte sich wie eine riesige Flutwelle nach oben. Ich stand am Rand eines Abgrunds und schaute ins Nichts. Wabernde Nebelschwaden bedeckten den 500 Meter tiefer gelegenen Grund. Auch das Ende des langen, quer über die Kluft gelegten, glitschigen Baumstamms verbarg sich im Nebel. Voller Entsetzen dämmerte mir, dass er unsere Brücke war.

Wir hatten keine Zeit, uns für diese Überquerung zu wappnen. Wir hatten noch nicht einmal Zeit, Atem zu schöpfen. Schon war die Hirtenfrau nicht mehr zu sehen; wenn ich zögerte, würden wir sie ganz verlieren. Mein Herz pochte wild. Meine Beine waren weich wie Pudding. Da war nichts, woran man sich festhalten konnte, kein Seil zur Sicherheit. Ausrutschen bedeutete fallen, fallen bedeutete sterben. Ich spürte den Gallegeschmack in meiner Kehle. Ich roch meine eigene Angst. Jeder Muskel meines Körpers war verzerrt, jeder Nerv angespannt wie die Saiten einer Geige. Ich schloss die Augen und machte den ersten Schritt.

Keine Sprache kann die Angst, den Horror, die Panik beschreiben, die ich in diesen Augenblicken durchlebte. Nur durch göttliche Gnade schaffte ich es über den glitschigen Stamm, ohne zu fallen. Chris kam als Nächster. Konzentration und Angst ließen seine Augen weit hervortreten. Sie blickten dem Tod ins Angesicht. Seine Unterlippe hatte er sich blutig gebissen. Schweiß tropfte ihm von der Stirn. Er konzentrierte sich auf den Baumstamm, blinzelte kein einziges Mal. Ihm zusehen zu müssen gab dem Wort Hilflosigkeit eine ganz neue Bedeutung.

Als auch Kheval sicher auf die andere Seite gekommen war, konnten wir endlich aufatmen. Chris und ich umarmten uns kurz, und Kheval übernahm die Führung. Die Spur der Hirtenfrau führte im Zickzack eine steile Schlucht hinunter, doch war sie von den Spuren zahlloser Ziegen kaum zu unterscheiden und vom prasselnden Regen auch schon stark eingeebnet worden. Wir beschlossen, ihrer Stimme zu folgen. Sie sang beim Laufen, und wir fluchten beim Hinunterstolpern. Nie wieder würden wir mit Kheval eine Abkürzung gehen.

Wie durch ein Wunder trafen wir etwa eine Stunde vor dem Dorf auf den Weg nach Rashal. Wir holten unsere Führerin ein und dankten ihr überschwänglich dafür, dass sie uns in Sicherheit gebracht hatte. Sie wehrte ab. Sie wäre ohnehin in dieser Richtung unterwegs gewesen. Was uns bis an die äußersten Grenzen geführt hatte, war für sie ganz normaler Alltag gewesen.

Nach allem, was wir durchgemacht hatten, kam uns der schmale Fußweg vor wie die breiteste Autobahn. Als wir in Rashal eintrafen, hatte der Regen sich zu einem Gewitter gesteigert. Wir waren zu müde, um bei diesem Wetter unser Zelt aufzustellen, deshalb führte Kheval uns in die Dorfschule. Die Tür der kleinen Hütte war halbherzig mit Brettern vernagelt, die Fensterläden waren von innen geschlossen. Chris und Kheval blieben auf der Veranda, pellten sich aus ihrer Regenkleidung und zogen die völlig durchgeweichten Schuhe aus, während ich an Holz und Spinnweben ruckelte, um ins Innere der Hütte zu gelangen. Endlich gab die Tür quietschend nach, Staub und ein penetranter, muffiger Gestank schlugen mir entgegen. Die Kinder von Rashal schienen nur selten herzukommen. Wer hätte es ihnen verübeln können?

Wegen der geschlossenen Läden war es stockfinster. Ich schaltete meine Taschenlampe ein und leuchtete gegen die fahlen Deckenbalken.

O, mein Gott!

Es sah aus wie eine Szene aus einem Indiana-Jones-Film. Tausende riesiger, behaarter Spinnen, die meisten handtellergroß, krochen über Tische und Stühle. Die Wände waren mit Spinnen tapeziert, die Decke bestand aus einer sich windenden Masse haariger Rümpfe und Beine. So musste sich ein Arachnophobiker die Hölle vorstellen. Und draußen saß gerade einer und wrang ahnungslos das Wasser aus seinen Socken!

»Alles in Ordnung da drinnen?«, rief Chris von der Veranda.

»Äh ... ja ... alles in Ordnung ... äh... Chris ... an deiner Stelle würde ich nicht reinkommen.«

»Warum? Was gibt's denn?«, fragte er und stiefelte durch die Tür. Niemand kann behaupten, ich hätte ihn nicht gewarnt.

»Was zum ...? O nein!«

Er machte auf den Fersen kehrt und rannte entsetzt davon.

Schließlich fanden wir eine Familie, die mit Chris und seiner Spinnenangst Mitleid hatte und uns im Stall unter ihrem Haus übernachten ließ. Wir prüften alle Ritzen im Holzfußboden, ehe wir uns niederließen, dann rollten wir unsere Schlafsäcke aus und kramten hervor, was wir zu essen bei uns hatten.

Wir waren fertig. Vollkommen erschöpft. Allein beim Essen die Arme zu heben kostete uns unendlich viel Mühe. Wir waren beide mit blutigen Kratzern und blauen Flecken übersät, und unsere Hinterbacken sahen aus, als hätten sie in einer Begegnung mit Muhammad Ali eine Runde zu viel hinter sich gebracht. Unsere Füße schmerzten, unsere Hände waren geschwollen und von Splittern und Dornen zerstochen. Was für ein Tag! Zum Glück war er vorüber. Chris schlief mit dem Löffel in der Hand ein, und es dauerte nicht lange, bis auch ich eingeschlafen war. Ich ließ mich in die Federn meines Schlafsacks sinken und erlosch wie ein Licht. Nur einmal gegen Mitternacht erwachte ich kurz, um einen Blutegel zu entfernen, der sich in mein Nasenloch verirrt hatte.

Am Morgen hatte der Himmel die Farbe von Lapislazuli. Die Schieferdächer des Dorfes glänzten wie silbrige Fischschuppen. Auf den Feldern hingen die Regentropfen wie Glitzerperlen an den goldenen Weizenhalmen. Eine Kürbisranke zog sich über das Geländer vor unserem Stall, seine Blüten glänzten wie blank polierte Trompeten.

Nach dem Frühstück gingen wir noch einmal unsere Route durch und entschieden uns gegen weitere Abkürzungen. Wenn wir keine

Lendenschurze anziehen und uns nicht von Baum zu Baum schwingen wollten, blieb uns nicht viel anderes übrig, als durchs Parbah-Tal zum Beas-Fluss zurückzukehren und an der Straße nach Banjar entlangzutrekken. Von dort könnten wir über den Bashleo-Pass nach Rampur gelangen und anschließend wie geplant durch die Simla-Region bis zur Grenze nach Uttar Pradesh weitergehen. Kheval war bereit, uns bis Rampur zu begleiten und sich dort um einen Nachfolger zu kümmern.

Wir brauchten vier Tage, um nach Banjar zu kommen, und jeder einzelne Tag war einfach wunderbar. Wir wanderten durch Täler und verweilten in Dörfern, wir schwammen in smaragdgrünen Flüssen und schliefen unter einer Galaxie aus Sternen. In einer Nacht liebten wir uns in einem kleinen, einen Schwall von Heimweh auslösenden Hain aus Eukalyptusbäumen. Wir trafen Heilige und Sadhus und waren beeindruckt von der Großzügigkeit der Laien – ein Eimer mit Persimonen, ein herrliches Lächeln, eine Blume von einem nasenlosen Leprakranken.

Maiskolben lagen auf den Dächern zum Trocknen ausgebreitet, und es nahte die für Hochzeiten günstige Zeit. In Indien wurde nichts Wichtiges unternommen, ohne vorher den astrologischen Kalender zu befragen. Bald bekamen wir in jedem Dorf aufwändige Hochzeiten zu sehen, mit feierlichen Prozessionen, Musik, Feuerwerk und in Rauschgold gehüllten Weihnachtsbaumbräuten. Wir fragten uns, wie viele dieser Verbindungen in einer Katastrophe enden würden; nach Schätzungen verbrannten landesweit 20.000 (nach offiziellen Meldungen 5000) Ehefrauen in tödlichen »Küchenfeuern«, die aufflammten, wenn ein Mitgiftversprechen gebrochen worden war. Als Inder geboren zu werden war ein Fluch, als Inderin zur Welt zu kommen: die Verdammnis selbst.

Der Weg von Banjar nach Bathad führte durch imposante, uralte Kiefernbestände. Auf der Haut wie feines Schießpulver prickelnde

Stechmücken stiegen in Scharen von den Misthaufen am Wegrand auf. Mit jedem Schritt lösten wir eine Landmine aus, hunderte lavendelblauer Schmetterlinge schossen vom Pfad auf und fielen wie Funken wieder zur Erde. Diese lebendige Form der Pyrotechnik begleitete uns auf dem ganzen Weg ins Dorf, das sich mehrere hundert Meter unterhalb des Bashleo-Passes ins Flusstal schmiegte.

Kurz nach Mittag mieteten wir uns im örtlichen PWD-Haus ein und verbrachten den Nachmittag mit Schreiben. Das Wetter war wieder schlechter geworden, es sah nach Regen aus, und so hatten wir allen Grund, einfach einmal im Haus zu bleiben.

Gegen zwei Uhr lockte uns das Geräusch ferner Trommeln und Hörner ins Freie. Eine Gruppe alter Männer kam über den Fluss auf die Ansammlung wackliger Holzhäuser und *dhaba* zu, die den Ortskern von Bathad bildeten. Vier von ihnen trugen eine Sänfte mit einer glänzenden Messingstatue des Gottes Lakshmi Narayana – eines der unzähligen Bewohner des verwirrenden hinduistischen Pantheons, den die Bewohner von Bathad besonders verehrten.

Die Statue war mit Chrysanthemengirlanden geschmückt, und die Frauen des Dorfes traten aus ihren Häusern, um ihre Segnungen entgegenzunehmen. Kheval erklärte, das Ziel der Prozession bestünde darin, Fruchtbarkeit und Wohlstand des Dorfs zu mehren; die Frauen beteten zu den Müttern von 100 Söhnen.

In der Nähe des PWD-Hauses beschlossen die Gottesträger und ihre Musikanten, eine Rauchpause einzulegen. Als es zu regnen begann, legten sie der Statue einen rosafarbenen Plastikregenmantel um und deckten die Sänfte mit einer Plane ab. Dann zogen sie weiter, unverdrossen ihre Glocken und Zimbeln schlagend, um den göttlichen Segen für die männliche Vormachtstellung im Land weiterzuverbreiten.

Am nächsten Morgen überquerten wir den 3800 Meter hohen Pass und stiegen im Nebel nach Sarahan ab. Wir sahen nicht viel, aber wir hörten das Dorf. Das Schreien eines Babys, das Lachen von Kindern, das Prasseln der von den Kolben abfallenden Maiskörner, das Knacken von Feuern, das Knarren von Mahlsteinen – all diese Geräusche sprachen von einem zeitlosen Indien.

Der Lärm der Städte war da weniger eindeutig. Er klang nach Mord, nach Kindstötung, nach Protest; nach Menschen, die sich aus Verzweiflung über Ungerechtigkeiten selbst verbrannten; nach Menschen, die ihren Anteil am Wohlstand forderten. Abgesehen von den ungelösten Problemen in Kaschmir, Punjab und Assam lief das Monster der Mandal-Empfehlungen noch immer frei herum, und in Uttar Pradesh drohte jeden Augenblick ein heiliger Krieg zwischen hinduistischen Fundamentalisten und der islamischen Minderheit. Wir standen an der Schwelle eines Staates, in dem eine Zeitbombe tickte, und dennoch hätten wir uns nicht weiter von jedem gewaltsamen Konflikt entfernt fühlen können.

Am 28. September kamen wir nach Rampur. Die Stadt lag am linken Ufer des Satluj – einem der vier großen Flüsse im Himalaja, die am »Mittelpunkt der Welt«, dem heiligen Berg Kailash in Tibet, entspringen. Anders als der Indus und der Brahmaputra, die sich in großen Schleifen durch die Berge winden, schneidet der Satluj direkt durch die Himalajakette. Auf diesen Fluss zu treffen, bedeutete für unsere Reise eine Art Meilenstein, und wir beschlossen, ihn mit einem freien Tag zu feiern.

Kheval hatte sich entschieden, noch ein paar Tage länger bei uns zu bleiben und uns durch die Gegend von Simla bis nach Rohru zu begleiten. Von Rampur aus führte der Weg durch Wälder und Obsthaine rasch hinauf in die Berge. Adler stiegen auf und kreisten an den unsichtbaren Fäden eines Aufwinds über uns. Ganze Horden Rhesusaffen kletterten zwischen den Eichen und Kiefern umher. Ich fragte mich, wie lange dieser Garten Eden noch erhalten bliebe, ehe auch er von der Menschheit vereinnahmt würde. Es führte schon eine Straße hinein, und das bedeutete normalerweise den Anfang vom Ende.

Dann hieß es Abschied nehmen von Kheval, mit dem wir so viele aufregende Abenteuer erlebt hatten. Wie versprochen sorgte er für einen Nachfolger, einen jungen Nepalesen namens Prem, und ermahnte ihn scherzhaft, solange er mit uns zusammen sei, jede Abkürzung zu meiden. Prem konnte es in dieser Hinsicht nie ganz mit Kheval aufnehmen, aber er hatte viel Spaß daran, es wenigstens zu versuchen.

Ein weiterer landesweiter Streik zwang Kheval dazu, noch einen Tag in Rohru zu bleiben. Chris, Prem und ich verließen die Stadt bei Tagesanbruch. Wir folgten dem Pabar-Fluss bis nach Tikri und stiegen dann bei stürmischem Wetter zu einem Dorf namens Larot auf. Es war mit Sicherheit das malerischste Dorf, das wir in Nordindien gesehen haben – und ich schwöre, dieses Urteil hat nichts mit dem doppelten Regenbogen zu tun, der es einrahmte, als es in unsere Sichtweite kam.

Wie ein Edelstein war das Dorf auf einem Vorsprung hoch über dem Pabar-Fluss eingefasst. Die Häuser aus Holz und Stein mit geschwungenen Pagodendächern aus Schieferplatten glänzten im Regen. Sie sahen aus wie die Gebäude aus einem mittelalterlichen Märchen. Der Dorftempel, ein großes Holzhaus mit Dachfenstern und einem Glockenturm auf einem gestreiften Fundament aus mehreren Schichten Stein und Holz, beherrschte das Bild. Die Stützen der rundum laufenden Balkone waren mit fast jugendstilartigen Schnitzereien, die Geländer mit aufwändigen geometrischen Mustern verziert. Das untere Stockwerk bildete ein als Stall dienendes Steinfundament, darüber erhob sich der aus Holz erbaute Wohnbereich. Von den davor gelegenen Balkonen aus konnte man die gepflasterten Wege und gemeinschaftlich genutzten Teile des Dorfs gut überblicken. Der Regen hatte alle tierischen und menschlichen

Exkremente davongespült, die sonst unweigerlich die Durchgangsstraßen verschmutzten. Die Luft war würzig und roch nach feuchtem Heu und Kiefernnadeln. Die Felder auf der gegenüberliegenden Seite des Tals bildeten einen prächtigen Hintergrund aus roten und grünen Terrassen, durchbrochen von Bäumen und Flecken aus Schatten und Licht.

Wir verbrachten die Nacht in der Forstherberge oberhalb von Larot. Vor uns lag unser letzter Tag in Himachal Pradesh. Passenderweise hatten wir einen weiteren Pass zu erklimmen – nur dass wir uns diesmal bereits über der Baumgrenze befanden, als die üblichen Elfuhrwolken wie ein pünktlicher Zug ins Tal einliefen und mit ihren sich bauschenden Dampfschwaden den Blick verdeckten. In der Ferne blieb eine lange Reihe schneebedeckter Pyramiden in Sicht; erst als wir es ganz auf den Pass geschafft hatten, verschwanden sie hinter einem Vorhang aus dichtem Regen.

Unsere Reise durch Indien war wie eine Fahrt mit der Achterbahn, es ging immer steil entweder auf oder ab – und mit unserer Stimmung war es ähnlich. In dem einen Moment konnten wir uns kein schöneres Land vorstellen, im nächsten verspürten wir Befremden und Ablehnung. Wir durchlebten Erfahrungen und Begegnungen, die uns auf die Gipfel des Glücks emporhoben, und andere, die uns in dunkle Schluchten des Unglücks stießen. Nie habe ich auf meinen Reisen einen anderen Staat kennen gelernt, in dem die Topographie die Seele des Landes so gut widerspiegelte wie in Indien.

Auf der anderen Seite des Chansil-Ghati-Passes färbte der Herbst das Laub der Eichen- und Walnussbäume schon rostbraun. Bald würden sie abfallen und den Boden bedecken, zu Humus verrotten und den Bäumen in einem unendlichen Kreislauf von Tod und Wiedergeburt neue Nahrung geben. Wir zogen weiter durch den unberührten Wald, wanden uns in lang gestreckten Spiralen durch

Alleen aus Baumriesen und üppigen Farnen nach unten, bis die Wildnis wieder den Anforderungen der Menschen Platz machte. Das letzte Dorf von Himachal Pradesh erschien auf einer Lichtung über dem Rupin-Fluss, umgeben von roten und gelben Terrassenfeldern.

Während der Abenddämmerung trafen wir in Dodra ein, und wieder entband eine Forstherberge uns von der Notwendigkeit zu zelten. Wir ließen uns auf dem Balkon der Herberge nieder und sahen den kriegerischen Wolken bei ihrem wütenden Feldzug gegen einen fernen Bergkamm zu. Donner erschütterte den Himmel, silberne Schwerter blitzen auf und prallten Funken sprühend gegen die graue Stahlrüstung der Berge. Mochten sie sich noch so undurchdringlich zeigen, die Wolken stürmten unverdrossen weiter dagegen an. Nach langem Kampf erschöpft, akzeptierten sie endlich ihre Niederlage und sprengten mit errötenden Wangen am Abendhimmel davon. Die Berge feierten ihren Sieg, gekrönt von glänzenden Sternen, und setzten ein Leuchtfeuer auf für den strahlenden Mond.

Am nächsten Morgen nutzen wir die sonnigen Morgenstunden, um in Dodra ausgiebig zu fotografieren. Es wirkte ebenso hübsch, zeitlos und heiter wie Larot, die Architektur folgte dem gleichen Stil. Wir wanderten zum Tempel hinunter und knipsten zwei junge Mädchen, die auf der Eingangsstufe saßen. Die gewaltigen Tempeltüren waren mit geschnitzten Bildern verziert, die auf animistische (an die Beseeltheit der Natur und der Naturkräfte glaubende) Wurzeln der Dorfbewohner schließen ließen. Jagdtrophäen wie besonders große Geweihe und Hörner schmückten den Tempeleingang. Die schweren Türrahmen waren übersät mit Münzen und Metallscheiben, die man als Glücksbringer auf das Holz genagelt hatte. Über den Schultern der beiden Mädchen war ein großer, beschlagener Türgriff zu sehen. Gerade als ich die Kamera ein zweites Mal ansetzen wollte, löste sich eine Frau mit einem weißen Turban aus einer neben mir stehenden Gruppe und ging auf den Tempel zu. Vor der Wand drehte sie sich um und lächelte. Ihr ganzes Gesicht schien in diesem Lächeln aufzugehen. Sie war einfach wunderschön.

Die Frau hatte kaum mehr als vier Zähne im Mund, ihr oberer Gaumen stand vor und beherrschte ihr altes, faltiges Gesicht, aber ihre Schönheit war atemberaubend. Sie stand einfach da und strahlte, ganz Stolz, ganz Persönlichkeit.

Ihre Ohrläppchen wurden von dem Gewicht dicker Goldringe heruntergezogen, und ihre schwarzen Augen waren so winzig wie Glasperlen mit dem Glanz von Diamanten. Sie war Liebe, die Verkörperung von Liebe. Auf ihrer wettergegerbten, faltigen Stirn standen die vergangenen Jahre zu lesen, die eiskalten Winter, die sie ertragen, die glühend heißen Sommer, die sie durchlebt hatte. Ihre wollenen Lumpen waren mit dem Geruch der Geschichte durchtränkt.

Ihr Lächeln war ein Geschenk, an dem wir uns stets aufs Neue erfreuten. Es trug uns über den Rupin in einen anderen indischen Bundesstaat. Und wenn wir in den turbulenten Monaten, die nun folgten, einmal niedergeschlagen waren, versuchten wir, uns ihr Lächeln in Erinnerung zu rufen. Für uns wurde es zu einem viel sagenden Symbol, vor allem aber stand es für die Hoffnung.

Auf uralten Pilgerpfaden

Uttar Pradesh ist Indiens viertgrößter Bundesstaat, hat von allen Bundesstaaten aber die höchste Einwohnerzahl. 130 Millionen Menschen kämpfen hier um ein Überleben. Die meisten wohnen in der nordindischen Tiefebene, doch auch der in Uttar Pradesh liegende Teil des Himalaja ist dichter besiedelt als die anderen Teile des Hochgebirges.

Es gibt acht Bezirke im Norden und zwei Bergregionen: die Garhwal- und die Kumanon-Berge. In Uttar Pradesh erheben sich zwar keine Achttausender, doch hunderte von Sechs- und Siebentausendern bilden ein wahres Eldorado für Kletterer, die sich nicht allein von Höhenmetern blenden lassen. Im Wettlauf um die Besteigung der »großen Berge« wie Everest und K2 hat man die Herausforderungen, die diese etwas niedrigeren Gipfel bieten, größtenteils übersehen. In ihren Reihen gibt es daher noch immer eine beachtliche Anzahl bergsteigerischer »Jungfrauen«.

Während die Entdeckung dieser Region durch die westliche Trekkerszene noch aussteht, gedeiht hier von alters her eine andere, uralte Tradition des Tourismus. Seit undenklichen Zeiten pilgern Hindus zu den heiligen Wallfahrtsorten, die in diesem Teil des Himalaja in großer Anzahl zu finden sind. Abgesehen von den Bergen, die nach zahlreichen Göttern und Göttinnen benannt sind und von den Hindus verehrt werden, gibt es mindestens 550 heilige, den verschiedensten Gottheiten geweihte Stätten.

Jahrhundertelang sind die Wallfahrer auf uralten Pfaden zu ihren vier wichtigsten Zielen – Badrinath, Kedarnath, Gangotri und Yamunotir – in die Berge gepilgert; heute sind geringere Beweggründe als der reine Glaube im Spiel, wenn die Massen zu den

Heiligtümern strömen. Viele kommen aus Neugier, andere, weil es Status verspricht. Voll besetzte Reisebusse karren regelmäßig Ladungen bis an die Schwelle der drei erstgenannten heiligen Stätten, zum Besuch der vierten stehen Ponys für die modernen Pilger bereit.

Früher war das anders, denn die Leiden wurden mit dem *tirtha yatra* gleichgesetzt: je härter die Reise, desto größer die spirituelle Belohnung. Die Gläubigen verbrachten Monate auf den unsicheren Himalajapfaden, überwanden alle Hindernisse und erlitten alle Widrigkeiten für die einmalige Chance, sich ihrer Sünden zu entledigen und unmittelbare Zwiesprache mit ihren Göttern zu halten. Inzwischen hatten die meisten Besucher – Sklaven weltlicher Uhren – kaum genug Zeit, mit ihren Gottheiten auch nur kurz zu plaudern. Sie nahmen am Freitag den Zug von Delhi, stiegen in Rishikesh in einen Yatra-Bus um, sahen sich ein paar Tempel an, kauften Souvenirs und waren am Montag rechtzeitig zur Arbeit wieder zurück.

Auch wir hatten beschlossen, uns die wichtigsten heiligen Stätten anzusehen. Die erste, die auf unserer Route lag, war die am wenigsten besuchte, der Vishnu-Tempel in Yamunotri, den wir sozusagen durch den Hintereingang erreichten. Auf der alten Wertskala der Pilgerschaft wäre diese Route ziemlich hoch angesiedelt gewesen. Nach heutigen Maßstäben war durch sie Erlösung garantiert. Manche Leute, denen wir erzählten, wie wir hergekommen waren, meinten, allein für die Idee, es auf diese Weise zu versuchen, sollten wir ordiniert werden.

Von der Grenze des Bundesstaats aus trekkten wir bis zu einem Dorf namens Tarlukar am Ufer des Tons-Flusses. Tarlukar war bei indischen Trekkern sehr beliebt, weil dort der Weg zu einem ihrer Lieblingsplätze begann: einem etwas weiter flussaufwärts gelegenen Zeltplatz namens Harki Dun. Als wir in Tarlukar ankamen, war der Ort randvoll mit Wanderern und Naturfreunden aus Bombay und Kalkutta.

Inder haben die Angewohnheit, möglichst alles in der Gruppe zu tun. Suchen sie Trost in der Einsamkeit, nehmen sie dazu mindestens einen, besser noch 20 Freunde mit. Sie haben Mühe, unser westliches Bedürfnis nach Abgeschiedenheit nachzuvollziehen, und die Vorstellung, dass Menschen eine Privatsphäre besitzen, ist ihnen unbekannt. Wenn sie in die Berge ziehen, um einmal »von allem Abstand zu gewinnen«, nehmen sie unweigerlich »alles Nötige« mit und laufen grundsätzlich nur im Rudel durch die Natur. Während wir in der Menge leicht klaustrophobische Gefühle entwickeln, finden Inder selbst das größte Gedränge irgendwie tröstlich.

Als wir unser Zelt auf dem Rasen vor der Forstherberge von Tarlukar aufbauten, versammelte sich rasch ein vielköpfiges Publikum aus eifrigen Möchtegern-Trekkern, das jede unserer Bewegungen aufmerksam verfolgte. Sechs Leute holten sogar Stühle herbei und pflanzten sich damit direkt vor unserem Zelteingang auf, damit sie jedes Detail unserer Ausrüstung betrachten konnten, ohne sich dabei den Nacken zu verrenken. Sie sahen zu, wie ich unsere Matten und Schlafsäcke ausrollte, beobachteten genau, wie ich unseren Herd in Gang setzte und Wasser für Tee aufsetzte. Und selbst als ich mich zum Schreiben ins Zelt zurückzog, kroch einer von ihnen hinterher, um besser über meine Schulter schauen und mitlesen zu können, was ich in mein Tagebuch schrieb.

Als es Abend wurde, lud die Gang aus Bombay uns zum Singen ein, aber wir waren es so leid, im Mittelpunkt ihrer Aufmerksamkeit zu stehen, dass wir so höflich wie möglich ablehnten und uns in unser Zelt zurückzogen. Natürlich entzündeten sie ihr Lagerfeuer dicht neben unserem Zelt und begannen kurz darauf mit einer herzzerreißenden Version meines absoluten Lieblingsspirituals: We Shall Overcome. Wie sich herausstellte, war es die Hymne der indischen Trekker. »Dipp in mai haaat, ei du biliiiiief ...« O, lieber Gott, zähme meine unduldsame Zunge!

Sehr zum Erstaunen unserer singfreudigen Nachbarn, die in der Herberge übernachtet hatten, verließen wir Tarlukar in aller Frühe. Wir wollten möglichst viel Vorsprung vor ihnen haben. In Osla würden sich unsere Wege dann ohnehin trennen. Prem fühlte sich nicht in der Lage, uns über den 5200 Meter hohen Yamunotri-Pass zu begleiten. Auch aus diesem Grund war es besser, wenn wir frühzeitig in Osla eintrafen, denn wir mussten dort einen anderen Träger finden. Wir hatten nur noch wenig Bargeld, doch unsere Freunde aus Bombay versicherten uns, bei den heiligen Tempeln könnten wir »garantiert« Reiseschecks eintauschen. Ich stellte mir als Sadhus verkleidete Bankangestellte vor, die unsere Dollar in Räucherwerk und heiliger Asche auszahlten.

Der Weg nach Osla war sehr schön und, wenn man bedachte, wie beliebt er war, auch verhältnismäßig sauber. Die Himalajazedern an den Ufern des Tons dienten unzähligen Languren als Heimstatt. Die Affen sahen aus wie Karikaturen hutzeliger, alter Menschen mit rußgeschwärzten Gesichtern. Ihr weißes Haar stand wie toupiert um ihre verschrumpelten, knopfäugigen Gesichter. Wir trafen eine Garhwali-Frau mit einem riesigen Messingring in der Nase. Die Haut auf ihrer Brust war mit einem zarten Blumenmuster tätowiert, das an feine Spitze erinnerte. Stumpf gewordene Anhänger aus Messing und billigem Silber bildeten einen schwarzen Ring um ihren Hals, und an beiden Ohren baumelten ganze Ansammlungen von Metallketten und Zinnornamenten. Ihr schwerer Kopf schwankte wie der einer nickenden Madonna auf dem Armaturenbrett eines Chrysler Valiant.

Wir erreichten Osla gegen Mittag. Zufällig war gerade eine große Gruppe Trekker angekommen. Sie sahen erschöpft aus, berichteten aber begeistert von ihrer Tour nach Harki Dun. Sie zahlten gerade ihre Träger aus, und ihr Bergführer stellte uns gern den Träger vor, den er als den verlässlichsten und liebenswürdigsten der ganzen

Truppe bezeichnete. Sulak Ram behauptete, in den letzten Jahren nicht weniger als achtmal über den Yamunotri-Pass getrekkt zu sein. Er maß höchstens 1,20 Meter, war aber sehr muskulös. Es sei ihm ein Vergnügen, uns über den Pass zu begleiten, sagte er.

Sulak scharwenzelte um uns herum wie eine Glucke. Er half uns, das Zelt aufzustellen, ging zum *dhaba* im Dorf, um Mittagessen und Chapatis für die Reise zu bestellen. Wir zahlten Prem aus und gaben ihm trotz unserer schwindenden Finanzen so viel Trinkgeld wie möglich. Mit dem indischen Bergführer als Dolmetscher hatten wir Sulak erklärt, dass wir ihm erst Geld geben könnten, wenn wir eine Bank gefunden hätten. Das mache ihm gar nichts, erklärte er. Der Lohn, den er für die Tour nach Hark Dun und zurückbekommen habe, reiche aus, um seine Frau für mindestens eine Woche zufrieden zu stellen. Sowohl er als auch der Bergführer bestätigten die Existenz einer Bank auf der anderen Seite des Passes. »O, Madam, keine Eile, keine Sorge«, rief der Bergführer. »Ganz bestimmt finden Sie eine Bank in Yamunotri. Ich verwette mein Leben darauf.«

Nachdem am Abend auch die Gruppen aus Bombay und Kalkutta eingetroffen waren, wurde es in Osla ziemlich eng. Gerade deshalb fühlten sich aber alle ganz wie zu Hause. Als die übliche Singerei begann, war ich so genervt, dass ich gegen »dipp in mai haaart« die grausamsten Mordgelüste hegte.

Am nächsten Morgen folgten wir dem Lauf des Tons und stiegen allmählich über die Baumgrenze in ein weites, alpines Tal hinauf. Wildblumen säumten das Flussufer, und die ersten Vorboten des Herbstes tönten das Tal henna-, safran- und purpurfarben. Mit weißen Himalajabirken und vereinzelten Hemlocktannen besprenkelte Anhöhen erhoben sich vor den schneebedeckten Gipfeln. Gletscher zogen sich wie Zuckerguss auf einem Hochzeitskuchen in mehreren Stufen nach unten, Wasserfälle hingen wie feine, weiße Brautschleier über kleineren Kuppen.

Wir waren vom Anblick dieser Berge gefesselt. Seitdem wir den Baltoro-Gletscher in Pakistan verlassen hatten, waren es die ersten klassischen Gipfel, die wir von nahem zu sehen bekamen. In Ladakh war der Horizont von braunen, zerklüfteten Bergkämmen beherrscht gewesen, unsere Erinnerungen an Himachal waren von üppiger grüner Vegetation überzogen. Hier endlich waren sie wieder, die großen, hoch aufragenden, schneebedeckten Gipfel, die für den Himalaja standen, wie ich ihn kannte und wie ich ihn liebte.

Wir kamen an einen kleinen See; eine azurblaue, direkt in den Himmel schauende Regenbogenhaut, befeuchtet von Tränen aus kristallklarem, von den Hängen eines Berges herabrinnendem Wasser. Wir bauten unser Zelt auf und machten es uns davor bequem, um dem Spiel der Farben zuzuschauen. Der See blinzelte, als ein paar Wolken über die Sonne zogen. Es war ein äußerst idyllischer Zeltplatz. Frische Luft, frisches Wasser, um uns herum nur Berge und Wildblumen – es war perfekt und vollkommen friedlich.

Allerdings nicht lange. Zwei junge Männer aus Kalkutta hatten sich von ihrer Gruppe getrennt und trafen mit Getöse gegen vier Uhr am Bergsee ein. Es gab hier mehr Platz zum Zelten als Parkplätze rund um den Sydney Cricket Ground, doch unsere beiden Spezis beschlossen, direkt neben uns einzuparken. Ja, sie stellten ihr Zelt Stoßstange an Stoßstange mit unserem ab; auf diese Weise hatten sie einen besseren Blick in unsere Hintertür.

Um fair zu sein: Nach ihrem Empfinden taten sie uns einen Gefallen. Sie dachten, uns müsste an einem so abgelegenen Ort einsam zumute sein. Und ihnen lag viel daran, uns einen bleibenden Eindruck von der Gastfreundschaft der Inder zu vermitteln. Undenkbar, dass man uns ganz allein zum See hatte gehen lassen, unendlich schade, dass wir die Natur nicht mit ihnen »gemeinsam genossen« hatten. Aber jetzt brauchten wir uns keine Sorgen zu machen. Sie waren hier und würden uns unerbittlich Gesellschaft leisten. »Was ist Ihr Eindruck von Indien? Wie ist der Name Ihres Vaters? Welche Sprache spricht Ihre Mutter? Wie viel ist Ihre Uhr wert? Wie spät ist es jetzt? Wohin wollen Sie?« So ging es immer weiter, wie eine gesprungene Schallplatte.

Lange nach dem Abendessen, Stunden nachdem die Sonne untergegangen war, gerade als unser Geduldsfaden zu reißen drohte, wich das geistlose Geplapper endlich wohltuender Stille. Auch der Wind schwieg, und die Dunkelheit hatte selbst das Rauschen des Tons verschluckt. Der Friede kehrte zurück. Selig sanken wir in den Schlaf. Doch schon wenige Minuten später weckte uns ein Ausbruch von Leidenschaft keine 30 Zentimeter von unseren Köpfen entfernt. »Dipp in mai haaaart ...« Unser Geduldsfaden riss. Khamal Kalkutta bekam einen Wanderschuh gegen sein Ohr.

Als wir am nächsten Morgen erwachten, zeigte das Thermometer minus fünf Grad, und die Kuppel unseres Zelts war hart wie eine Eierschale. Sulak Ram hatte die Nacht mit den Trägern unserer indischen Nachbarn im Windschutz eines Dornengebüschs im Freien verbracht. Sie hockten zusammengedrängt über der Asche ihres Lagerfeuers wie Geier auf einem Toten, den sie kraft ihres Willens zu neuem Leben entfachen wollten. Es würde Stunden dauern, ehe die Sonne über die Bergflanke kroch. Wir wollten nicht warten und verzichteten deshalb darauf, das Zelt vor dem Einpacken aufzutauen.

Es war ein fantastischer Tag – nur wir drei und die Berge! Die anderen kehrten in Richtung Harki Dun zurück, und Sulak meinte, die Wahrscheinlichkeit, in dieser Gegend auf eine andere Menschenseele zu treffen, sei mehr als gering. Während wir an einem Schmelzwasserbach in Richtung Yamunotri-Pass hinaufstiegen, kam hinter uns der noch unbezwungene Gipfel des Swargarohini in Sicht. Der Pfad zum Himmel lag offen, bohrte seinen Pfeilspitzengipfel ins blaue Firmament.

Black Peak und seine namenlosen weißen Nachbarn warfen zu unserer Linken ihre gletscherbedeckten Fehdehandschuhe hin, vor uns lugte der 6316 Meter hohe Bandarpanch über den Rand des Kamms. Die Geröllbrocken zu unseren Füßen waren mit schwefelgrünen Flechten und kordsamtenem Moos überzogen. Aus dem Sand dazwischen sprossen die riesigen salatblattförmigen Blüten des seltenen gelben Himalajalotus. Der Legende nach waren einzig diese bizarren Blüten als Opfer für die Götter geeignet. Sulak pflückte eine Blüte und bewahrte sie in seiner wollenen Kappe für unsere Ankunft in Yamunotri auf.

Wir bauten unser Zelt in einem Halbrund aus Eis und Geröll nur wenige hundert Meter unterhalb des Passes auf. Es wurde kalt; ein eisiger Wind kam auf, und Wolken verdeckten die Sonne. Als das Zelt endlich ausgetrocknet war, kroch der ziemlich kläglich aussehende Sulka für den Nachmittag hinein. Er fror, hatte Magenkrämpfe und litt unter Hämorriden. Wir liehen ihm meinen Schlafsack, und ich teilte mir einen mit Chris, aber er wälzte sich die ganze Nacht hin und her und quakte alle zehn Minuten mit leiser Froschstimme: »Zeit? Zeit?«

Gegen Mitternacht stand ich auf. Die Welt draußen war reglos und wunderbar still. Die Landschaft wirkte wie aus dunklem Mahagoni geschnitzt, das Licht auf dem Schotter wie die dabei heruntergefallenen lockigen Holzspäne. Der Swargarohini war in Mondlicht getaucht; eine Tiara aus Sternen umkreiste ihren Gipfel. Der Pass hing über mir wie eine riesige kristallene Hängematte, von der Erde durch ein tiefes Schattenmeer getrennt.

Am Morgen saß Sulak wie ein Mönch mit Kutte vor unserem Zelt, schaute in Richtung Osten und schaukelte auf seinen knöchernen Hinterbacken hin und her. Schwer zu sagen, wie lange er schon dort so gesessen hatte, aber es sah nach einer Ewigkeit aus. Er war in Trance, versuchte, die Sonne vor der Zeit zum Aufgehen zu bewegen. Er hatte sich meinen Schlafsack um die Schultern gezogen, zitterte aber trotzdem so sehr, dass ich dachte, er bekäme einen Anfall. Ich weiß nicht, warum er so fror – es hatte nur minus zehn Grad. Schließlich weckten wir ihn aus der Starre, indem wir ihn daran erinnerten, dass auf der anderen Seite des Passes heiße Quellen lockten – der Hauptgrund dafür, weshalb wir Yamunotri in unsere Reiseroute aufgenommen hatten.

Um halb acht kletterten wir aus dem eisigen Halbrund heraus und stiegen dem Licht entgegen. Der Schnee knirschte und glitzerte unter uns wie die Scherben einer zerborstenen Windschutzscheibe, als wir auf einem schmalen Sattel zwischen zwei großen Felshörnern balancierten. Unsere Schatten hingen wie Steigbügel über die nackte rechte Flanke des Kamms. Nach der zweiten steinigen Felsnase würde die Steigung deutlich nachlassen, und wir könnten ohne Hilfe von Seilen am Kamm herunterklettern. Es war berauschend; wir fühlten uns stark und zuversichtlich, schritten wie alte, sturmerprobte Piraten über eine Laufplanke. Einige tausend Meter höher türmte sich der Bandarpanch vor uns auf und ließ unsere mit Mühe erklommene Passhöhe – in Wirklichkeit Scheitelpunkt einer seiner vereisten Ausläufer – ziemlich mickrig erscheinen.

Wir folgten Sulak auf einen angrenzenden Kamm und rutschten über mehrere Schneefelder abwärts. Mit dem Erscheinen der Sonne war auch Sulak wieder munter geworden, lächelte und pfiff wie ein Teekessel. Einen echten Pfad schien es nicht zu geben, unser Führer folgte offenbar seinem Instinkt. Wir befanden uns jetzt genau dem großen Berg gegenüber und gerade außerhalb der Reichweite seines Schattens.

Als wir auf die Grasgrenze stießen, veränderte sich der Gesichtsausdruck unseres Trägers merklich. Sein sechster Sinn hatte ihn getrogen, er hatte einen Fehler gemacht. Wie ihm das nach acht erfolgreichen Überquerungen passieren konnte, wusste er nicht zu erklären, aber so sei das nun mal mit den Bergen, auch wenn man sie hundertmal bestiegen hätte, könnten sie einen immer wieder durcheinander bringen.

Wie auch immer, wir hatten uns verlaufen.

Sulak war zuversichtlich, uns schnell wieder auf den rechten Pfad führen zu können, und nachdem er seine Haltung wieder gefunden hatte, ging er entschlossen voran. Dicke, trockene Grasbüschel als Leitersprossen nutzend, stiegen wir an einer Klippe herunter. Dabei wechselten wir immer wieder die Reihenfolge; für den Letzten war das Risiko am größten, weil die Büschel nur einem gewissen Maß an Druck standhalten konnten, ehe sie sich aus der schwarzen, torfigen Erde lösten. Wer als Letzter ging, musste höllisch aufpassen, sein Gewicht gleichmäßig verteilen und sich mit beiden Händen irgendwo festhalten. Es amüsierte uns nicht besonders, aber wir trösteten uns mit der Gewissheit, dass wir bei Regen auf diesem glatten Untergrund völlig aufgeschmissen gewesen wären.

Es dauerte eine Ewigkeit, bis wir endlich die Baumgrenze erreichten und uns durch ein Gewirr aus Dornen und heruntergefallenen Zweigen einen Weg nach unten zu hacken begannen. Volle zwei Stunden lang wateten wir durch Schlamm und verrottete Blätter, schimpften und fluchten, bis wir endlich auf den Pilgerpfad stießen, der vom Unterlauf des Yamuna-Flusses nach Yamunotri hinaufführte. Wir waren übers Ziel hinausgeschossen, hatten direkt zur heiligen Stätte hinabklettern wollen, hatten sie aber verfehlt und mussten jetzt noch einmal ein Stück aufsteigen. Wieder einmal waren wir von Kratzern und blauen Flecken übersät, aber wir hatten es lebend nach unten geschafft. Wir machten uns auf den Weg.

Der Gestank nach Pferdepisse und Pilgerschweiß war schlimm genug, vermischt mit Weihrauch- und Schwefeldämpfen gab er uns den Rest. Niemand hatte behauptet, Ekstase dufte süß; davor, dass sie so stinken würde, hatte uns aber auch niemand gewarnt.

Beim ersten Gasthaus hielten wir an und bestellten *halva* – eine Süßigkeit aus Zucker, Ghee und Grieß. Am Gasthaus vorbei floss ein stetiges Rinnsal aus Pilgern und Sadhus. Selbst diejenigen, die sich dem Heiligtum auf Maultieren näherten, sahen ziemlich erschöpft aus. Sie alle waren vom 14 Kilometer entfernt liegenden Dorf Hanuman Chatti heraufgekommen; die meisten hatten für die Strecke zwei Tage gebraucht. Vor 30 Jahren hätten sie noch alle zu Fuß von Rishikesh kommen müssen, das mehrere hundert Kilometer entfernt lag. Aber auch die Pilger waren nicht mehr das, was sie einmal waren; bei den modernen Mahatmas war das für eine solche Reise nötige Durchhaltevermögen schlecht vorstellbar. Sicherlich hatten sie weder Zeit noch Lust, sich solchen Strapazen zu unterwerfen. Wie Vogelkundler beobachteten wir alle, die vorbeikamen.

Ein alter Mann mit der gekrümmten Nase und den langen, dünnen Beinen eines Flamingos näherte sich dem Heiligtum gemessenen Schritts. Seine plumpe Frau mit dicken Silberreifen an beiden Knöcheln zockelte hinterher. Die losen Enden ihres Saris flatterten wie exotische Schwanzfedern im frischen Wind. Ihnen folgte ein knallbuntes, frisch vermähltes Papageienpaar auf dem Rücken eines Pferdes. Er hielt eine Videokamera in der Hand, und sie durchbohrte die Umgebung mit ihren Blicken. Auf dem Boden kreuzten sich ihre langen Schatten wie zwei miteinander kämpfende Lanzen. Harish richtete das neue Spielzeug aus der Mitgift seiner Braut auf alles, was ihm attraktiver erschien als seine Frau – gerade war es das Pferd. Arme junge Frau! Sie hatte einen riesigen Schnabel und große, schielende Eulenaugen. Kaum waren die Papageien vorbei, watschelten zwei dralle Kaiserpinguine in weißen Witwensaris tapfer bergan und blieben alle zehn Schritte stehen, um Atem zu schöpfen. Ihnen folgte eine Schar munterer Dorfspatzen in bunten Sarongs. Die Mädchen sprangen so unbekümmert bergan, als kämen sie täglich herauf, um in den heißen Quellen zu baden.

Die ungewöhnlichste Gestalt in dieser Vogelparade war ein riesiger Pfau – eine Frau in einer hölzernen, von vier ausgezehrten Lakaien getragenen Sänfte. Die Haut der Träger klebte wie feuchtes Tuch auf ihren Waschbrettrippen. Ein Wunder, dass sie unter dem großen Gewicht noch nicht zusammengebrochen waren. Ich fragte Sulak, ob die Frau wohl krank sei und deshalb nicht mehr selbst gehen oder auf einem Pferd reiten könne. Er schüttelte den Kopf und rieb die Finger gegeneinander. Sie war nicht krank, sie war bloß stinkreich. Nur in Indien konnte es sich jemand wie sie erlauben, andere Menschen so offen auszubeuten und zu missbrauchen. In diesem Fall wurde es ihr selbst noch als Akt der Frömmigkeit ausgelegt.

Die meisten Pilger hielten an, um auf dem Weg zu den heiligen Quellen geeignete Opfergaben zu kaufen. Für 21 Rupien bekamen sie eine Schale mit verschiedenen Kinkerlitzchen, die ihre Götter zufrieden stellen würden, darunter bunte Klunker, Fläschchen mit hart gewordenem Nagellack, Räucherwerk, Plastikbänder, ungekochter Reis und auf rote Stoffstreifen genähtes Goldlametta. All das wurde zuerst feierlich in die Quelle getunkt, später aber, wenn es nicht wieder herausgefischt und noch einmal verkauft wurde, ziemlich unfeierlich den Yamuna-Fluss hinuntergespült. Niemand, den ich fragte, konnte mir die Bedeutung der Gegenstände erklären. Offenbar war die Geste wichtiger als das tatsächliche Geschenk.

Das Vishnu (dem höchsten Hindugott, der regelmäßig zur Erde herabsteigt, um Wahrheit und Tugend zu schützen und das Böse zu vernichten) geweihte Heiligtum in Yamunotri verströmte in etwa den Charme eines verwahrlosten Buswartehäuschens. Zwei rostige Wellblechplatten auf einem Holzrahmen bildeten das Dach über der heiligen Quelle – nach den prachtvollen Klöstern Ladakhs eine echte Enttäuschung.

Dahinter war ein neuer Tempel im Bau, ein riesiger Betonklumpen mit einer hohen, beschnittenen, durch das Dach ragenden

Säule. Er war Shiva geweiht, der höchsten Gottheit des Himalaja, die am häufigsten in Form eines Penis dargestellt wurde.

Vishnu war der Gott der Götter, doch Shiva war der Liebling der Bergbewohner. Er war der grübelnde, langhaarige Asket, der seinen Körper mit Asche beschmierte, seinen Hals mit Schlangen bekränzte und seine Lenden mit Tierhäuten gürtete. Er hatte der Welt entsagt und sich von jeglicher Bindung an sinnliche Leidenschaft befreit. In einer anderen seiner zahllosen Erscheinungen wurde er jedoch auch als Gott der Fortpflanzung verehrt, was die phallische Darstellung vielleicht erklären mochte.

Den Hinduismus zu verstehen ist für alle, die nicht damit aufgewachsen sind, mehr als schwierig. Mit Sicherheit ist der Hinduismus nicht nur die älteste, sondern auch die verwirrendste der großen Weltreligionen. Und wie bei allem in Indien sind die damit verbundenen Zahlen Schwindel erregend. Shiva ist allein unter mindestens 1008 verschiedenen Namen bekannt und wird in einer noch größeren Anzahl von Erscheinungen verehrt. Dabei ist er nur einer von vielen in einem riesigen Pantheon, der – je nachdem, welche Experten man fragt – zwischen mehreren hunderttausend und 33 Millionen Göttern umfasst.

Auch das ästhetische Gespür der Architekten von Yamunotri kann bestenfalls als verwirrend bezeichnet werden. Die um die heilige Stätte gewachsene kleine Hüttenstadt war ebenso dürftig entworfen und hastig erbaut wie Tempel, Heiligtum und Badebereich. Dies ist umso bedauerlicher, weil die Umgebung, die heilige Quelle des Yamuna-Flusses und die heißen Quellen, wirklich sehenswert sind. Wasserfälle rauschen die steilen Wände des oberen Tales herab, das in einer dicht bewaldeten Schlucht endet. Dahinter blitzen die schneebedeckten Gipfel und Kämme der Bandarpanch-Kette.

Mit dieser Aussicht baden zu können – den atemberaubenden Blick ins Tal gar nicht zu erwähnen – wäre eine wundervolle Erfahrung gewesen, aber die Bäder im Freien waren allein Männern vorbehalten. Um die Schicklichkeit zu wahren, mussten Frauen mit einem Betonbecken in einem schäbigen blauen Blechschuppen vorlieb nehmen.

Yamunotri mangelte es jedoch nicht nur an Stil, sondern auch an der von allen Seiten versprochenen Bank. Nachdem wir im heißen Wasser ausgiebig unsere Wehwehchen gepflegt hatten, überprüften wir noch einmal unsere Finanzen und mussten feststellten, dass wir noch genau 200 Rupien hatten, gerade genug für ein Abendessen und eine Unterkunft für drei Personen. Sulak schwor, dass wir unten in Hanuman Chatti eine Bank finden würden. Nur für den Fall, dass er Unrecht hatte, ließ ich das Abendessen sausen.

Es sollte sich als kluger Entschluss erweisen. Die nächste Bank, bei der man Reiseschecks einlösen konnte, befand sich im hunderte von Kilometern entfernten Touristenzentrum Mussoorie.

Eigentlich hatten wir vorgehabt, von Hanuman Chatti nach Uttarkashi und von dort aus weiter nach Gangotri zur heiligen Quelle des Ganges zu trekken. Anschließend wollten wir eine Pause in Neu-Delhi machen und unsere Filme zum Entwickeln nach Australien schicken. Jetzt mussten wir nicht nur die alten Pilgerpfade, sondern auch die Berge verlassen, um den geduldigen Sulak auszuzahlen.

Wir fanden einen »Taxi«-Fahrer, bei dem unsere Geschichte auf Mitleid stieß und der bereit war, uns mit seinem Suzuki gegen eine Bezahlung von 600 Rupien bei der Ankunft ohne jeden Vorschuss nach Mussoorie zu fahren. Sulak reagierte auf diesen Vorschlag recht gelassen. Wegen der durch unsere Dummheit verursachten Unannehmlichkeiten boten wir an, ihm das Doppelte des ursprünglich ausgehandelten Lohns zu geben. Im Gegenzug borgte er uns 100 Rupien, damit wir die Nacht in einem billigen Hotel bleiben konnten. Mit dem Geld, das vom Abend vorher übrig war, kaufte ich Bananen und zehn in die Seiten eines alten Schulhefts gewickelte *samosa*.

Am nächsten Morgen brachen wir in aller Frühe nach Mussoorie auf. Wie uns der Fahrer versicherte, war es ein ganz normaler Wochentag, weder ein religiöser Feiertag noch ein landesweiter Streik würde unseren Bankbesuch vereiteln. Er rechnete mit vier Stunden Fahrzeit, sodass wir auf jeden Fall noch zur regulären Öffnungszeit bei der Bank ankommen würden.

Sulak war noch nie in Mussoorie gewesen – und wie sich herausstellte, war er auch noch nie in einem Auto gefahren. Ich wünschte, ich könnte berichten, es wäre für ihn eine angenehme Erfahrung gewesen, leider war aber genau das Gegenteil der Fall. Ihm wurde von der Schaukelei auf der kurvigen Straße so übel, dass er in den ersten Stunden ständig den Kopf aus dem Fenster strecken und sich übergeben musste. Der Fahrer hatte Mitleid und reichte ihm seinen Joint. Nach ein paar Zügen schlief Sulak ein und strich den Rest der Reise ein für allemal aus seinem Gedächtnis.

All unsere Sorgen schwanden dahin, als wir nach Mussoorie kamen, eine alte britische Sommerfrische in den Ausläufern des Himalaja. In letzter Zeit hatte sich der Ort zu einem riesigen Touristenzentrum entwickelt. Auch an diesem Tag genossen tausende von Indern auf der Flucht vor der Hitze in den Tiefebenen die kühle Luft und den Panoramablick auf die Berge. Die Haupteinkaufsstraße war für den Autoverkehr geschlossen. Chris blieb mit den Männern beim Wagen, während ich mich durch die volle Straße bis zur Bank vorkämpfte. Der Bankangestellte brauchte eine Stunde, um einen dicken Stapel Formulare auszufüllen, alle erforderlichen Unterschriften seiner Vorgesetzten einzuholen und mein Geld abzuzählen. Gegen Mittag kam ich zum Suzuki zurück, und unter allgemeinen Seufzern der Erleichterung konnten wir endlich unserem getreuen Sulak seinen verdienten Lohn auszahlen.

In unseren Augen erschien es wenig sinnvoll, nach Hanuman Chatti zurückzufahren und dort unsere Route wieder aufzunehmen. Da wir bereits auf halbem Wege nach Neu-Delhi waren, beschlossen wir, einfach weiterzufahren und die Filme früher als geplant nach Australien abzuschicken. Der Fahrer bot an, uns aus den Bergen hinaus bis nach Dehra Dun zu bringen, von wo aus alle halbe Stunde Busse in die Hauptstadt fuhren.

Ehe wir's uns versahen, waren wir wieder bei John, legten die Füße hoch und feierten unser Wiedersehen mit einem wohlverdienten Gin Tonic.

Am nächsten Morgen ging ich mit John ins Büro, um unsere Post zu holen, 60 Filme zu verpacken und mit der Diplomatenpost nach Australien zu schicken. Chris blieb zu Hause. Er wollte sich um unsere Vorräte und um unsere Wäsche kümmern.

Als wir das Hochkommissariat erreichten, erzählte mir John, vor einigen Monaten habe Sandy, meine beste Freundin, mehrmals aus Australien angerufen. Ich wunderte mich sehr, dass sie angerufen und nicht geschrieben hatte, zumal die Chance, uns in Neu-Delhi zu erwischen, relativ gering war. John wich aus, als ich ihn fragte, ob sie eine Nachricht hinterlassen hatte. Er meinte, ich könne sie ja gleich zurückrufen. Ich hatte das schreckliche Gefühl, dass irgendetwas nicht stimmte.

Als ich endlich nach Australien durchkam, meldete sich nur der Anrufbeantworter. Ich sprach auf Band, dass wir für ein paar Tage in Neu-Delhi seien und sie zurückrufen könne. Aber das reichte mir nicht. Ich hatte Angst bekommen und beschloss, meine Mutter anzurufen. Wenn Sandy oder ihrem Mann Mark etwas passiert wäre, wüsste meine Mutter Bescheid.

Bis der Anruf nach Sydney durchkam, vergingen 15 Minuten. In der Zeit hatte eine schreckliche Panik von mir Besitz ergriffen. Trotzdem begann ich das Gespräch so fröhlich wie möglich. Voller

Begeisterung und Liebe sprudelte meine Mutter los und versicherte mir, dass es der Familie gut ginge – meinen Geschwistern, meinem Vater, meinen Nichten und Neffen, meiner Großtante Winn, allen ginge es gut. Und als sie alle aufgezählt hatte, kam sie auf das gute Wetter zu sprechen.

»Mummy, wie geht's Sandy?«, unterbrach ich sie. Sie gab keine Antwort. Ich dachte schon, die Leitung wäre tot. »Mummy«, rief ich, »hörst du mich?« Dann vernahm ich einen leisen Seufzer. Es klang, als suchte sie nach den richtigen Worten.

»Ich darf es dir nicht sagen, Liebes. Ich habe es Sandy versprochen. Sie will es dir selbst erzählen«, erklärte meine Mutter schließlich. An ihrer Stimme hörte ich, dass sie mit den Tränen kämpfte.

Ich sah zu John, und sofort war mir klar, dass auch er zur Geheimhaltung verpflichtet worden war. Ich schrie in den Telefonhörer. »Komm schon, Mummy, ich bin am andern Ende der Welt, Sandy ist nicht zu Hause, ich kann sie nicht erreichen und werde noch wahnsinnig vor Sorge. Ist Mark etwas passiert?« Nein, antwortete sie, Mark ginge es gut. »Lucy?« Sobald ich ihren Namen ausgesprochen hatte, wusste ich es. Am anderen Ende herrschte tiefes Schweigen. Irgendetwas Schreckliches war Mark's und Sandys wunderhübschem kleinem rothaarigem Engel passiert. Meiner Mutter wurde klar, dass dies nicht die richtige Zeit für ein langwieriges Frage-Antwort-Spiel war, und sie öffnete endlich alle Schleusen. Am 21. August war Marks und Sandys zehn Monate alte Tochter plötzlich an Meningitis gestorben.

Nie zuvor im Leben hatte ich das Gefühl gehabt, so weit von zu Hause fort zu sein. Ich kannte Mark und Sandy schon so lange und hatte doch nie einen von beiden weinen gesehen. Sie waren immer so fröhlich gewesen, das Leben hatte es bisher so gut mit ihnen gemeint. Wieso hatte es ausgerechnet Lucy treffen müssen? Wieso ausgerechnet meine besten Freunde? O, Gott, es war so ungerecht. Ich legte auf und weinte.

Nichts von alledem, was ich Sandy oder Mark hätte sagen können, hätte Lucy zurückgebracht. Nichts von alledem, was ich hätte tun können, hätte ihre Trauer vermindert. Was zum Teufel sollst du deiner besten Freundin sagen, die gerade ihr kleines Kind verloren hat? Es tut dir Leid? Worte waren nichts. Bloß leere Hülsen. Mit meiner Stimme würde ich sie niemals trösten können.

Ich war zu weit weg. Ich musste sie umarmen, sie an mich drücken und festhalten. Keine Plattitüden in den Telefonhörer stammeln. Ich musste nach Hause fliegen.

Ich zweifelte keinen Augenblick. Als ich mich ausgeweint hatte, rief ich Chris an und sagte ihm, was geschehen war. Dann ließ ich mich mit dem Reisebüro des Hochkommissariats verbinden und buchte den nächstmöglichen Flug zurück nach Australien.

Das große, heilige Geheimnis namens Tod zu verstehen fiel mir sehr schwer. Immerhin war ich in Indien, wo jeden Tag tausende von Kindern starben, wo fast jede Mutter mindestens ein Kind durch Krankheit verlor. Ich befand mich in einem Land, wo der tief verwurzelte Glaube an die Wiedergeburt den Kummer der Menschen linderte. Für die Leute hier war der Tod nur ein Teil des Lebenskreises und der menschliche Körper nicht mehr als eine vergängliche Hülle für die Seele. Sein Dahinscheiden hatte keine weitere Bedeutung.

Doch wenn Lucy nicht wirklich tot war, wenn sie nur unterwegs war zu einer anderen ihrer unzähligen Wiedergeburten, warum fühlte ich mich dann so furchtbar traurig? Es war nicht so einfach, die Seele von der Hülle zu trennen, wenn beide meiner besten Freundin gehörten. Ich sah bloß immer die unschuldigen, blauen, vor Staunen weit geöffneten Augen, die weichen, runden Arme, die winzigen Zehen, die das Gehen noch nicht gelernt hatten. Ich roch bloß die rosigen, kleinen Glieder, die sich in meinen Armen wanden. Und es zerriss mir das Herz, dass ich nicht von ihr hatte Abschied nehmen können.

Ich wollte die Zeit zurückdrehen, wollte die kleine Lucy kraft meines Willens wieder lebendig werden lassen. Ich wollte Mark und Sandy den Schmerz abnehmen, damit es ihnen selbst nicht mehr ganz so wehtat. Doch das Einzige, was ich tun konnte, war 10.000 Kilometer weit zu fliegen, um sie fest in meine Arme zu schließen. Das war nicht viel, aber es war alles, was ich zu geben hatte.

Der Fluss des Lebens

Keinen Augenblick dachte ich daran, meine Heimreise könnte unseren Platz in der Liste der großen Himalajarekorde gefährden. Und selbst wenn es so gewesen wäre, meinen Entschluss hätte ich auch dann nicht widerrufen. Ich bedauerte bloß, dass wir nicht genug Geld für zwei Tickets hatten und Chris zurückbleiben musste. Und es tat mir Leid, dass ich erst nach so langer Zeit reagieren konnte. Es war fast zwei Monate her, dass Lucy gestorben war – an dem Abend, an dem Chris und ich zugesehen hatten, wie die untergehende Sonne in Ladakh die Zanskar-Berge zu Asche verglühen ließ.

Nichts wird mir jemals wichtiger sein als meine Familie und meine Freunde. Sie bilden die Grundfesten meiner Existenz. Weltrekorde machen sich gut im Lebenslauf, aber sie können mich nicht mit Liebe, Hoffnung und Freude erfüllen. Chris und ich würden trotzdem den gesamten Himalaja erwandern; wir würden trotzdem erreichen, was wir uns vorgenommen hatten. Wir hatten ohnehin nie geplant, die Route nonstop zurückzulegen; schon wegen der komplizierten Visavorschriften wäre das unmöglich gewesen. Wir hatten bereits in Delhi pausiert; was spielte es da noch für eine Rolle, dass ich zu einem kurzen Fronturlaub ans andere Ende der Welt zurückkehrte?

Ehe die Frage überhaupt aufkam, war ich schon längst in Australien. Sandy war über den ersten Schock, nicht aber über den Schmerz hinweggekommen. Die erste Verzweiflung hatte sich gelegt, aber auf das große WARUM? hatte sie noch keine Antwort gefunden. Warum war Lucy gestorben? Warum hatte gerade sie den Meningitisvirus bekommen? Warum hatte von allen Kindern ausgerechnet ihr Kind sterben müssen?

Mark war sehr stark. Und er war sehr philosophisch – nicht im religiösen Sinne, aber er strahlte das sichere Gefühl aus, dass die Welt trotz allem ein wunderschöner Ort war und es sich lohnte, das Leben auszukosten. Er trauerte tief um Lucy, aber er versuchte auch, jedem Tag etwas Positives abzugewinnen. Ich glaube, das ist einer der Gründe, warum ich ihn so gern habe. Er ist der größte Optimist, den ich jemals kennen gelernt habe.

Er und Sandy hatten ein Fotoalbum von Lucy zusammengestellt. Wir saßen mit meiner Mutter auf dem Wohnzimmerfußboden meiner Eltern und hingen gemeinsam so vielen – und doch so wenigen – Erinnerungen nach. Es waren wunderbare Bilder ... Lucy, wie sie auf die Welt kam, begleitet von Freudentränen ... Lucy, wie sie die Welt verließ, begleitet von Tränen der Trauer. Meine Lieblingsbilder zeigten sie in Fingerfarben schwimmend auf dem Küchenfußboden, als sie ihre ersten Bilder malte und dabei ihren ganzen Körper als Pinsel benutzte. Der Blick auf ihrem Gesicht verströmte pure Lebenslust. Sie hatte ihn von ihrem Vater geerbt.

Da waren Fotos von ihr, wie sie in ihrem kleinen Trapez im Türrahmen hing, wie sie badete, wie sie schlief, wie sie mit den anderen Babys in der Kinderkrippe spielte. Auf jedem Foto lächelte sie, strahlte sie, genoss sie die Liebe, die sie umgab. Die letzten beiden Seiten des Albums zerrissen mir das Herz. Ich drehte eine Seite um, und da lag sie – tot. Ihre Porzellanhaut war grau. Unzählige Schläuche steckten in ihrem winzigen Körper. Blut sickerte aus ihrer Nase.

Der Schock war vollkommen. Das große WARUM? hallte laut in meinem Kopf. Meine besten Freunde saßen weinend neben dem Leichnam ihres Kindes. Das konnte doch nicht, das durfte einfach nicht wahr sein! Aber da waren sie auf dem nächsten Bild zu sehen, wie sie die Schläuche herauszogen, die nun keinen Zweck mehr erfüllten. Und da war Mark, der die kleine Lucy zum letzten Mal badete, ein allerletzter Liebesdienst. Er sagte mir, er habe gespürt, wie ihre Glieder in seinen Armen langsam steif wurden. Es sei furchtbar gewesen, und doch wolle er diese letzten Augenblicke niemals missen.

Die Leute im Krankenhaus hatten die Fotos gemacht, um den Eltern dabei zu helfen, die Realität ihres Verlustes zu begreifen. Und tatsächlich, die Fotos waren sowohl grausam als auch unendlich hilfreich. Sie boten keine Antwort, aber sie zwangen dazu, der Wahrheit ins Gesicht zu sehen. Sie zeigten den Tod als etwas Reales. Als einen Teil des Lebens. Auf der nächsten Seite lag Lucy im offenen Sarg. Sie sah aus wie zu einem Ausflug bereit. Zu einer Reise. Zu einem neuen Abenteuer.

Mark und Sandy erzählten von der Beerdigung. Die Trauerfeier hatte draußen im Garten ihres Hauses stattgefunden. Sandy hatte ihre ganze Kraft zusammengenommen und einen Vers aus Kahlil Gibrans *Der Prophet* vorgetragen: »Eure Kinder sind nicht eure Kinder, sie sind die Söhne und Töchter der Sehnsucht des Lebens nach sich selbst ...« Mark hatte die ganze Liebe für seine Tochter in eine Lobeshymne fließen lassen. Er las sie mir vor, und wir alle hielten uns fest und weinten lange über Marks schöne Worte und Lucys grausamen Tod. Und wir alle wünschten, Chris wäre bei uns gewesen.

In dieser einen, tief in der Trauer verankerten Woche teilten Sandy und ich aber auch noch viele andere Gefühle. Wir trafen uns mit Freunden, lachten über Erlebnisse aus der Vergangenheit. Wir machten lange Spaziergänge und redeten über alles, was uns in den Sinn kam. Wir umarmten uns immer wieder und genossen das Schweigen vertrauter Freundschaft. Wir ließen uns auf dem Fluss der Traurigkeit treiben und gewannen dabei immer mehr an Fahrt, bis wir das Gefühl hatten, stark genug zu sein, um wieder frei aufs Meer hinauszusegeln.

Schließlich war es Zeit für mich, zurückzufliegen. John Boyd von Thai Airways stellte mir ein kostenloses Rückflugticket aus. Die

Flüge, die ich mit meinem in Neu-Delhi erstandenen Ticket hätte nehmen können, waren so überbucht, dass ich nur die Wahl gehabt hätte, drei Tage oder drei Wochen in Australien zu bleiben – das eine wäre zu kurz, das andere viel zu lang gewesen. John löste das Problem mit viel Mitgefühl und einer spontanen Erweiterung seines Sponsoring. Kein Wunder, dass Thai Airways eine so großartige Fluglinie ist. Auf Leute wie ihn kann man sich immer verlassen.

Obgleich ich ohne Gepäck gekommen war, reiste ich mit 30 Kilo zurück nach Indien. Selwa, meine Literaturagentin, hatte mir einen ganzen Stapel Bücher mitgegeben, die ich auf unsere verschiedenen Depots verteilen wollte. Das war das geistige Futter, nach dem wir uns in den letzten Monaten gesehnt hatten; eine Art Wirklichkeitsflucht, wie wir sie uns nach besonders harten Tagen auf der Tour gewünscht hatten. Für den anderen, körperlichen Hunger hatte ich etwa zehn Kilo Naschwerk dabei – Trost und Nahrung für strapazierte Nerven. Eigentlich hatten wir den reinen Zucker ganz aus unserem Ernährungsplan streichen wollen, doch was ist das Leben schon ohne seine Laster? Sun Valley True Fruits, die Firma, die unsere Expedition so großzügig mit Trockenfrüchten ausgestattet hatte, war mit mehreren Kisten voller Carob- und Joghurtriegel dabei; dazu hatte ich ein paar Dutzend sündige Tafeln richtig fetter, zuckriger, kalorienreicher Schokolade eingepackt.

Gemeinsam mit Sandy hatte ich außerdem eine ganze Menge verrückter kleiner Überraschungen gekauft, mit denen ich Chris zu Weihnachten eine Socke füllen wollte. Schließlich waren es nur noch zwei Monate bis zum Fest, das wir wahrscheinlich in Kathmandu verbringen würden. Das hieß auch, dass ich die Geschenke nicht mit mir herumschleppen musste, sondern sie in Neu-Delhi lassen konnte, bis wir von dort aus nach Nepal aufbrachen.

Sobald ich sicher war, dass wir an den Weihnachtstagen in Kathmandu sein würden, rief ich meinen alten Freund Mr. Pandey – den nepalischen Inhaber von »Le Bistro« – an und reservierte einen Tisch für den 25. Dezember. Ich hatte auch eine Tüte mit leichten Papiergirlanden dabei, mit denen ich sein Restaurant festlich schmücken könnte. Am schwersten wog aber sicherlich der Korb mit frischen Meeresfrüchten für Chris und John, den ich unterwegs zum Flughafen auf dem Fischmarkt von Pyrmont gekauft hatte.

Julian Malnic, ein langjähriger Freund, hatte angeboten, Sandy und mich zum Flughafen zu bringen. Mark war bereits nach Melbourne zurückgeflogen, und Sandy und ich hatten unsere Flüge so gebucht, dass ihr Flugzeug kurz vor meinem abhob. Im Inlandsterminal fielen Abschiede weniger dramatisch aus als in der Abflughalle für internationale Flüge.

Trotzdem war mir ziemlich elend zumute, als ich sie durch ihr Gate verschwinden sah. Julian gelang es, mich wieder aufzumuntern. Er sagte, er spiele mit dem Gedanken, mich und Chris für ein paar Wochen in Nepal zu begleiten. Ich war sofort begeistert von dieser Idee und verbrachte die restliche Zeit damit, ihm gut zuzureden und alles aufzuzählen, was er brauchte und wo er es bekommen konnte. Als das Flugzeug in die Luft stieg, war ich wieder guten Mutes.

Es war schön, Chris wiederzusehen. Vorübergehende Trennungen waren für unsere Beziehung nichts Neues. Chris' Arbeit als Kameramann für ABC und mein eigenes Zugvogeldasein hatten vor allem am Anfang unserer Beziehung dazu geführt, dass wir uns über längere Zeiträume kaum sahen. Nachdem wir jetzt aber viele Monate lang 24 Stunden am Tag miteinander verbracht hatten, fühlte sich eine einwöchige Trennung irgendwie seltsam an. Ich hatte ihn jeden Tag schmerzlich vermisst. Ich erzählte ihm ausführlich, was ich erlebt hatte, das Beste aber hob ich bis zuletzt auf: Sandy und Mark erwarteten wieder ein Baby. Die Götter hatten ihre Herzen nicht für immer verschlossen.

In Neu-Delhi passierten tausend Dinge, die uns weitere fünf Tage in der Stadt festhielten. Es gab Empfänge, Treffen, Veranstaltungen, Essenseinladungen und eine Geburtstagsparty für Johns vierjährige Tochter Adele, die während unseres Treks durch Himachal in Indien angekommen war.

Am 27. Oktober stiegen wir in den Nachtzug nach Dehra Dun. Darauf folgte die 16-stündige Tortur einer Busfahrt nach Uttarkashi, wo wir einen Teil unserer Vorräte deponieren wollten, ehe wir uns in Hanuman Chatti wieder auf Wanderschaft begaben.

Dem Bundesstaat Uttar Pradesh stand eine gewalttätige Kraftprobe bevor. Die Zeitbombe sollte in Kürze explodieren. In nur einem Tag lief das von hinduistischen Fundamentalisten gestellte Ultimatum ab. Sie wollten eine Moschee aus dem 16. Jahrhundert im mehrere hundert Kilometer südöstlich von Uttarkashi gelegenen Pilgerort Ayodhya dem Erdboden gleichmachen. Sie behaupteten, der Platz, auf dem die Moschee erbaut sei, stünde historisch gesehen den Hindus zu – und sie würden vor nichts Halt machen, um ihn für sich zurückzuerobern. Sie wollten die Moschee abreißen, an der Stelle einen Tempel bauen und ihn ihrem Gott Rama weihen.

Als ich Indien verlassen hatte, hatte noch die Mandal Commission die Gemüter erhitzt. Hindu hatte gegen Hindu, Kaste hatte gegen Kaste gestanden. Zehn Tage später verlief die Frontlinie zwischen zwei Religionen: Die Hindus hatten sich gegen die Muslime verbündet. In Uttarkashi fuchtelten hunderte militanter Hindus mit Stöcken und Gewehren und fanden sich zu einem Konvoi aus Lkws und Bussen zusammen, um nach Ayodhya zu ziehen und die heiligen Stätten in ein Schlachtfeld zu verwandeln.

Schon die ganze Woche über waren aufgepeitschte Massen zusammengeströmt. Zum Ablauf des Ultimatums wurden aus dem ganzen Subkontinent eine Million militante Hindus erwartet. In

Vorbereitung auf diesen Ansturm waren 250.000 Polizisten und Armeeoffiziere in die Gegend abkommandiert, und die Stadt mit der bedrohten Moschee war abgesperrt worden. 100.000 Menschen waren bereits festgenommen worden, weil sie versucht hatten, die Sperren zu überwinden.

Unter den Verhafteten befand sich auch ein prominenter indischer Politiker – Lal Krishna Advani. Er war der Anführer einer mächtigen politischen Partei, die zur Koalitionsregierung der Nationalen Front unter Premierminister V. P. Singh gehörte. Advani und seine Genossen von der hinduistischen Erweckungsbewegung hatten den Abriss der Moschee zu einem politischen Kreuzzug gemacht. Seine Verhaftung löste im ganzen Land Streiks, gewalttätige Auseinandersetzungen und schreckliche Massaker aus. Weil er daraufhin dem Premierminister die wichtige parlamentarische Unterstützung entzog, waren die Tage der Regierung – zu deren erklärten Zielen es gehörte, die hinduistischen Fundamentalisten im Zaum zu halten – gezählt. Nun wurden die schlimmsten Zusammenstöße zwischen Muslimen und Hindus seit der Teilung Indiens und Pakistans im Jahre 1947 befürchtet. Damals starben nach offiziellen Schätzungen mehr als eine halbe Million Menschen.

Alles in allem war es keine gute Zeit für einen Aufenthalt in Indien. Wenigstens konnten wir von all dem Abstand gewinnen, indem wir im unberührten Himalaja Zuflucht nahmen. Von der Stille seiner Berggipfel wirkte der Albtraum von Ayodhya Lichtjahre entfernt. Die Flucht vor dem Chaos und Aufruhr hatte nichts mit dem Leugnen von Problemen zu tun; es war schlicht und einfach eine Frage des Überlebens.

Von dem Konvoi, der sich anschickte, die Stadt zu verlassen, einmal abgesehen, ging das Leben in Uttarkashi wie gewohnt weiter. Wir hatten die Nacht in einem schäbigen kleinen Hotel an der Hauptstraße verbracht und waren jetzt, nachdem wir uns von der

Busreise einigermaßen erholt hatten, bereit für die nächste Etappe unserer Expedition.

Um unser Vorhaben wahr zu machen, mussten wir nach Hanuman Chatti zurückkehren. Außerdem wollten wir von Uttarkashi aus einen Abstecher nach Gangotri machen und zur heiligen Quelle des Ganges pilgern. Anschließend sollte es dann durch die Garhwal- und Kumamon-Berge zur Grenze nach Nepal gehen.

Als Erstes gingen wir zum Fremdenverkehrsbüro, um Erkundigungen über die Strecken und die Verfügbarkeit von Trägern und Landkarten einzuziehen. Karten gebe es leider keine, sagte man uns, dafür aber jede Menge Träger, die sich mit den Routen bestens auskennen würden, sodass man von der Route nichts weiter als eine grobe Bleistiftskizze und ein paar wichtige Ortsnamen brauche. Am Ende engagierten wir Champur, einen Nepalesen aus Pokhara, der uns versicherte, die Wege nach Gangotri sowie die Route von Hanuman Chatti nach Uttarkashi über den Dodi-Tal-See in- und auswendig zu kennen. Wir packten alle Ausrüstungsgegenstände und Vorräte zusammen, die wir für die erste Etappe brauchten, und stellten den Rest beim Fremdenverkehrsbüro zur Aufbewahrung unter.

Am nächsten Morgen fuhren wir mit dem Bus nach Hanuman Chatti und erreichten das armselige Städtchen gegen halb drei Uhr nachmittags. Wir hatten genug von den Asphaltstraßen und drängten Champur, uns ohne große Verzögerung aus dem Ort herauszuführen. Ein wenig stutzig machte es mich schon, als er anhielt, um einen Ladenbesitzer nach dem Weg zu fragen, aber ich war so froh darüber, wieder unterwegs zu sein, dass es mich nicht weiter kümmerte.

Champur war Ende 30, ein ernst aussehender Mann mit abgeschnittenen Shorts und langen Socken, einer Kordsamtkappe und einer blauen Weste. Er konnte ein paar Brocken Englisch, aber wir baten ihn, mit uns Nepali zu sprechen. Wir dachten, wir könnten nicht früh genug damit beginnen, uns mit der Sprache anzufreunden, die uns auf unserer Route als nächste begegnen würde. Er war nur allzu gern dazu bereit, und wir stellten mit Freuden fest, dass das auf früheren Reisen Gelernte noch nicht vergessen war.

Die Landschaft hinter Hanuman Chatti hatte sich in den letzten Wochen merklich verändert. Die Grasbüschel an den Klippen hatten einen stumpfen Kupferton angenommen. Die leuchtend roten Amaranthkörner waren geerntet, und die rosafarbenen Stoppeln warteten darauf, unter die Erde gepflügt zu werden. Die leeren, terrassierten Felder hatten die Farbe fahler Haut; frischer Schnee bedeckte die Bandarpanch-Kette und den Yamunotri-Pass.

Wir fanden den Anfang des Pfads und zogen mehrere Stunden lang im Seitental eines Yamuna-Zuflusses bergan. Gerade als es anfing zu regnen, erreichten wir ein verlassenes Dorf. In aller Eile bauten wir unser Zelt auf. Innerhalb weniger Minuten fiel die Temperatur unter null, nur etwa 200 Meter über uns verwandelte der Regen sich in Schnee. Es war nicht zu leugnen: Bald würde der Winter im Himalaja Einzug halten.

Am nächsten Tag dämmerte ein kristallklarer Morgen; die Erde war weiß und hart vom Frost. Wie zwei vertrauensvolle kleine Welpen folgten wir Champur hinunter zum Fluss. Aber der Pfad verlor sich, und wir stiegen wieder bergan, auch wenn wir nicht wussten, wohin der Weg uns führte. Der Waldboden war mit einer knietiefen Schicht Herbstlaub bedeckt, die nicht nur den Pfad, sondern auch eine schier endlose Kette unterschiedlichster Hindernisse vor unseren Blicken verbarg. Vier Stunden lang kämpften wir uns voran und stolperten dabei ständig über Baumwurzeln und Steine. Ich schlug mir das Knie auf und konnte nur noch mit großen Schmerzen gehen.

Endlich gestand uns Champur, er habe keine Ahnung, wo wir seien. Aus dieser Richtung sei er noch nie zum Dodi-Tal-See aufgestiegen. Normalerweise führe er Touristen nur auf dem direkten

Weg nach Uttarkashi, und der sei so breit wie eine Straße und selbst mit geschlossenen Augen nicht zu verfehlen. Er schlug vor, dass wir zu dem verlassenen Dorf zurückkehrten, und wir stimmten widerwillig zu.

Zeit und Wetter waren gegen uns. Champur, obgleich schuldbewusst, hielt es für besser, den See zu vergessen und so schnell wie möglich nach Uttarkashi zu trekken. Wenn wir zu viel Zeit damit verbrachten, im Niemandsland nach der Route über den Dodi Tal zu suchen, hätten wir womöglich nicht mehr genug Zeit für den Abstecher zur Gangesquelle. Er schwor bei allem, was ihm lieb und heilig war, die vorgeschlagene Route tatsächlich zu kennen. Wenn wir wollten, würde er uns sogar über die berühmte Gletscherzunge nach Tapovan führen – in ein alpines Tal unterhalb des heiligen Gipfels des Shivling. Wenn wir uns beeilten, würden wir es gerade noch schaffen, ehe die ersten heftigen Schneefälle Tapovan vom Rest der Welt abschnitten.

Es regnete, wir fühlten uns miserabel, und mein Knie schmerzte, also gaben wir uns geschlagen. Wir kehrten nach Hanuman Chatti zurück und trekkten auf direktem Weg nach Uttarkashi.

Es dauerte dreieinhalb Tage, und jede Sekunde war eine Qual. Mein Knie war so geschwollen, dass ich lernen musste, im Stehen zu pinkeln. Ich schluckte so viele Schmerztabletten, dass ich schon ganz benebelt war. Und ich war nicht nur körperlich ein Wrack, die Erlebnisse mit Sandy und Mark steckten mir noch in den Knochen, und bei jeder Gelegenheit standen mir die Tränen in den Augen. Der arme Chris versuchte, mich aufzuheitern, doch dann holte er sich eine Kopfgrippe und war ebenfalls der Hilfe bedürftig – alles in allem kein guter Start.

Zum Glück wurde es besser, als wir erst einmal in Uttarkashi und auf dem Weg nach Gangotri waren. Die Wasserscheide zwischen Yamuna und Bhagirathi bildete offenbar auch für das Wetter eine

Barriere: Während es auf der östlichen Seite weiterregnete, hatten wir jetzt Sonnenschein und einen herrlich blauen Himmel. Durch Wälder aus Buchsbaum, Eiben und Zypressen stiegen wir höher bis zu den Himalajazedern.

In 3140 Metern Höhe erreichten wir endlich das jetzt nach Ende der Pilgersaison fast völlig verlassene Gangotri. Ein paar Brahmanen strichen ihre würfelförmigen Betonhäuser in einem unverwechselbaren, aber wenig umweltverträglichen Pfefferminzblau. In den schäbigen, lachsrosafarbenen Aschrams am Ufer des Bhagirathi harrten nur noch wenige Sadhus aus. Dies war bereits der heilige Ganges, allerdings gilt der Name offiziell erst ab der Stelle, wo der Quellfluss in einem Ort namens Devaprayag, etwa hundert Kilometer südlich von Uttarkashi, mit dem Alaknanda zusammenfließt.

Der Indus mag dem Land seinen Namen gegeben haben, der Ganges verkörperte seinen Geist. Er war der Fluss des Glaubens, das Herz und die Seele Indiens. Von seiner nur 19 Kilometer von Gangotri entfernten Quelle in Gaumukh bis zu seiner Mündung im Golf von Bengalen erhält der 2500 Kilometer lange Ganges über 300 Millionen Menschen am Leben. Von einem Hindu sagt man, er habe vergeblich gelebt, wenn er nicht wenigstens einmal im heiligen Fluss gebadet habe. Ein Hindu, der in Varanasi – einer heiligen Stadt am Ganges – stirbt, kann sogar das Ende seiner Wiedergeburten durch die Vereinigung mit dem Ewigen erreichen und auf dem heiligen Berg Kailash einen Platz an Shivas Seite erlangen.

Am oberen linken Ufer hinter Gangotri stand ein der Göttin Ganga geweihter Tempel, eine Art vielkuppige byzantinische Kathedrale. Mochten die dotterblumengelben Dachpfannen aus angemalten Gheedosen auch Zweifel an der Geschmackssicherheit seiner Erbauer aufkommen lassen, mit dem Buswartehäuschen von Yamunotri konnte er es allemal aufnehmen. Hierher kamen die Pilger zum Baden, hier brachten sie ihrer Göttin Ganga Gebete und

Süßigkeiten als Opfer dar; hier berührten sie die Tempelwände und holten sich Rat von den täglich in großer Zahl versammelten Gurus, Yogis, Swamis und Sadhus. Dem Wasser von Gangotri schreiben die Hindus besondere Heiligkeit zu, weil der Ganges hier über Shivas Haupt fließt. Nach der indischen Mythologie überredete der heilige Bhagirathi die Götter dazu, die Welt zu retten und alle ihre Bewohner zu ernähren, indem sie den Ganges auf die Erde sandten. Aber die Wucht des vom Himmel fallenden Wassers hätte alles zerstört, deshalb erklärte Shiva sich bereit, den Aufprall mit seinen verfilzten Locken aufzufangen.

Die wirkliche Schönheit des Ortes, die selbst große Zyniker wie uns spirituell inspirierte und zu andachtsvoller Demut rührte, lag jenseits von Gangotri in dem Tal, das zum Gletscher führte, und am Fuß der großartigen Berge, die ihn umgaben. Der Pilgerpfad nach Gaumukh schlängelte sich am Fluss entlang durch Kiefern- und Birkenwälder. Hinter den schneebedeckten Gipfeln des westlichen Garhwal lag der Himalaja wie ein Strauß weißer Lotusblüten auf dem Altar der Götter. Die weit geöffneten Blütenblätter der drei Gipfel des Bhagirathi bildeten das Herzstück der Schöpfung.

Nur vier Kilometer vor der Gangesquelle kamen wir an einen Ort namens Bhoj Basa und betraten den sonnigen Innenhof von Lala Babas Aschram. Der Wind war eisig, und dennoch war Baba Lala Behari Das, der in einer Ecke des Hofes hockte, bis auf einen über die Schulter geschwungenen Faden, einen Rosenkranz aus Rudraksha-Perlen um den Hals und einen gerade seine Geschlechtsteile bedeckenden Schurz vollkommen nackt.

Der heilige Faden stand für spirituelle Wiedergeburt, und die rotweißen Streifen auf seiner Stirn stellten ein Symbol dar für die Anbetung des Gottes Rama. Außerdem hatte er sich mehrere Shiva-Dreizacke auf Brust und Arme gemalt und seine Hände mit einer grellorangen Farbe eingeschmiert, die er aus einem Farbpulver,

Sandelholz und Wasser angerührt hatte. Die gebräunten Fettrollen an seinem Bauch schwabbelten im Rhythmus seines lauten Atems, während er die Farbpigmente mit der flachen Hand auf einer Holzpalette zermahlte. Er lachte ohne erkenntlichen Grund und schlürfte Zitronenlimonade aus einer Edelstahltasse.

Ein jüngerer Sadhu schaute von den Linsen auf, die er zum Trocknen in der Sonne ausgelegt hatte, und hieß uns im Aschram willkommen. Mit ruhiger, freundlicher Stimme stellte er sich vor und fragte, ob er uns eine Tasse Tee bringen könne. Als er zurückkam, drückte er uns die Tassen in die kalten Hände und sagte: »Was wir haben, ist auch für euch da. Bitte esst mit uns zu Abend und schlaft unter unserem Dach. Wir sind jederzeit für euch da.«

Chris und ich zogen unsere dicken Pullover über und setzten uns, um mit den heiligen Männern zu plaudern. Baba Lala hatte den Aschram vor 23 Jahren gegründet, um den Pilgern, die alljährlich zu den Quellen des Ganges kamen, eine Zuflucht zu geben. Pro Saison nahmen etwa 20.000 Menschen seine Gastfreundschaft in Anspruch. Die Regierung hatte ein zusätzliches Gästehaus gebaut, um den Pilgerstrom in bare Münze zu verwandeln, und Baba Lala gezwungen, seinen Gästen pro Nacht 25 Rupien für den Staatssäckel abzuknöpfen. Die Kosten für Essen, Heizmaterial und allgemeine Instandhaltungskosten wurden aus Spenden von Babas Anhängern bestritten. Die Namen der wichtigsten Gönner – geordnet nach der Höhe ihrer Spenden – waren auf einer Tafel im Hof zu lesen.

Der junge Sadhu sprach fließend Englisch. Er war erst seit einigen Jahren bei Baba Lala und teilte seine Zeit zwischen der Versorgung der Pilger und seinen eigenen Meditationsstunden. Früher hatte er Physik studiert und kannte sich auch mit Mathematik, Astronomie und Naturheilkunde aus. »Das alles habe ich aufgegeben«, sagte er, »um Sadhu zu werden. In meiner Familie bin ich *sannyasin* (Asket und Anhänger Shivas) in sechster Generation.«

»Was genau ist eigentlich ein Sadhu? Woran glaubst du?«, fragte ich ihn, da mich die Kombination aus Zölibat, Gottesverehrung und Marihuanakonsum noch immer erstaunte.

»Die Farbe Gelb kann man nicht beschreiben«, antwortete der Sadhu hintergründig, »man kann sie nur selbst erfahren.« Dann erzählte er, dass er die Energie der heiligen Berge, die ihn hier umgaben, direkt spüre und sie auch in den Mittelpunkt seiner täglichen Meditationen stelle. Um wieder festeren Boden unter die Füße zu bekommen, fragte ich etwas, das eine weniger esoterische Antwort verlangte.

»Was hältst du von den Bergsteigern, die auf eure heiligen Gipfel klettern? Ist das kein Sakrileg?«

»Macht euch darüber keine Sorgen«, antwortete er lachend, »mit euren Eispickeln und Steigeisen werdet ihr die mystische Aura der Berge nicht durchdringen. Von mir aus könnt ihr sie besteigen; ich freue mich für euch, wenn es euch gelingt. Vielleicht werdet auch ihr dann das wahre Wesen der Dinge erkennen.«

Die Sonne verließ allmählich den Innenhof, Baba Lala hüllte sich in mehrere Schichten aus orangefarbener Baumwolle und zog einen Wollpullover an. Er ging zu einem kleinen Schrein und goss die vorher angerührte Sandelholzfarbe über die in einer Nische stehenden Statuen aus Messing. Dann kehrte er zurück, um eine Stunde in seinen Schriften zu lesen, wobei er die heiligen Birkenrindenseiten drei Zentimeter vor seine kurzsichtigen Augen hielt.

Kurz vor Sonnenuntergang trafen zwei hübsche englische Jungs namens Mark und Peter ein, um über Nacht im Aschram zu bleiben. Auch sie waren unterwegs nach Tapovan, dem Basislager für alle Touren zum Mount Shivling über den Gangotri-Gletscher. Während wir uns mit ihnen unterhielten, bauten wir unsere Stative und Kameras auf, denn über den Bergen kündigte sich eine ganz besondere Lightshow an.

Die drei Gipfelpyramiden des Bhagirathi – benannt nach dem Heiligen, dem die Welt den großen Ganges zu verdanken hatte – waren wie Sadhus in Safrangelb und Gold gewandet. Sie hockten da, als würden sie über das Universum meditieren – das weiß-graue Gemisch aus Eis und Geröll zu ihren Füßen, den blau-violetten Himmel über sich. Im letzten Augenblick legten sie ihre Gewänder ab, das Blut schoss ihnen in die Wangen. So konnte die große Kälte ihnen nichts anhaben, sie verharrten in Trance, während die Nacht auf sie zukroch und ihre Körper mit heiliger Asche beschmierte.

Im Innern des Aschrams bereiteten die beiden menschlichen Sadhus eine Zeremonie zu Ehren Lord Ramas vor. Sie luden Chris, mich, Champur, Peter und Mark ein, der *arti* (Abendandacht) beizuwohnen. Wir zogen alle unsere Schuhe aus und standen in völliger Dunkelheit. Baba Lala entzündete ein paar Kerzen in einer mit Götterbildern gefüllten Nische und trat dann zurück, um den Gesang anzustimmen. Zwei halbwüchsige Jungen, die im Aschram alle möglichen anfallenden Arbeiten erledigten, traten plötzlich aus dem Schatten, schlugen auf eine alte Bratpfanne und stießen zwei Chapatipfannen wie Zimbeln gegeneinander. »Hare (Lord) Krishna, Hare Krishna, Hare Rama, Hare Rama …« So ging es eine gute halbe Stunde ohne Unterbrechung. Dann reichte Baba Lala uns heilige Nahrung, die er *prashad* nannte – eine Hand voll erbsengroße, kandierte Gebäckstücke und ein Stück braunen, mit heiligem Wasser aus dem Ganges besprengten Apfel.

Etwa eine Stunde später ließen wir uns alle zusammen zu einem einfachen Abendessen aus *dalbhat* (gekochten Linsen mit Reis) nieder. Das Tischgespräch war alles andere als lebhaft. Unsere Ohren dröhnten noch von der *arti*, und Chris war überzeugt, dass unser Gehör dauerhaften Schaden genommen hatte. Ich machte mir mehr Sorgen um unsere Füße – vom langen Stehen auf der eiskalten Betonplatte vor dem Altar waren sie vollkommen taub geworden.

Am nächsten Morgen wurden wir mit dampfend heißen Tassen voller schwachem, widerlich süßem Tee geweckt. Peter, der mit Chris und mir das Zimmer geteilt hatte, reichte das Gebräu weiter. Es ging ihm nicht gut.

»Ich habe ein achtstündiges Streitgespräch mit meinen Linsen hinter mir«, stöhnte er, »und ihr könnt mir glauben, dass ich dabei nicht viel zu Wort gekommen bin.«

Auch Mark schien keine besonders bequeme Nacht gehabt zu haben; er hatte sich dafür entschieden, unter den Sternen vor dem Altar zu schlafen, und war jetzt auf Händen und Knien mit der Suche nach seinen Kontaktlinsen beschäftigt. Er zitterte vor Kälte und murmelte ziemlich unheilige Verse vor sich hin.

Wir warteten, bis die Sonne ihren Weg in den Hof gefunden hatte, erst dann wühlten wir uns aus unseren warmen Schlafsäcken. Baba Lala hustete und keuchte vor unserem Fenster, während er die langen Stoffbahnen von seinem Körper wickelte. Er sah aus wie eine riesige Apfelsine, der man in einer endlosen Spirale die Haut abpellt. Ihm schien die Kälte nichts auszumachen. Das Thermometer zeigte minus acht Grad.

Wir verließen den Aschram in Richtung Gaumukh, der heiligen Quelle des Ganges. Ein beißend kalter Wind blies von den hufeisenförmig um die Gletscherzunge versammelten eisigen Bergen. Er brachte feine, glitzernde Muskovitteilchen und weißen Gletscherstaub mit, der sich in unseren Haaren verfing und es silbern färbte. Wir standen vor der großen, schmuddeligen Eiswand mit dem berühmten Gletschertor, aus dem der Ganges austritt. Seit tausenden von Jahren kamen Pilger zu diesem Fluss, um ihn zu verehren, in ihm zu baden, sein Wasser zu trinken und die Asche ihrer Toten in sein Wasser zu streuen – und wir standen da und hatten keine Ahnung, was wir tun sollten. Wir verspürten den seltsamen Zwang, irgendetwas zu tun. Dabei ging es nicht darum, uns den

Landessitten anzupassen. Aber irgendwie wollten wir unsere persönliche Begegnung mit der heiligen Quelle schon gestalten.

Man brauchte kein gläubiger Hindu zu sein, um die Heiligkeit dieses Ortes zu spüren. Der Glaube half allerdings sehr, falls man vorhatte, in das eisige Wasser zu springen. Nach langer Debatte beschlossen wir, unsere Hände und Gesichter im Quellfluss zu waschen, und verbrachten die darauf folgende Stunde mit dem Versuch, unser vor Kälte gelähmtes Fleisch durch kräftiges Kneten wieder zum Leben zu erwecken. Ich wünschte, wir hätten schon damals gewusst, dass der bloße Anblick Gangas ausreichte, um uns von allen Sünden reinzuwaschen.

An der Quelle, so dachten wir, ist es wahrscheinlich am sichersten, von dem Wasser zu trinken, und schöpften uns jeder eine Tasse heraus. Abgesehen von der spirituellen Bereicherung galt das Gangeswasser als sehr gesund. Nach ayurvedischer Überzeugung besaß es heilende Kräfte. Trotz aller Probleme durch Abwasser und verbrannte Leichen beharren die Gläubigen bis heute darauf.

Der 25 Kilometer lange Gangotri-Gletscher gehört zu den längsten Gletschern Indiens und beginnt westlich der heiligen Stätten von Badrinath, der Nummer eins der vier großen Wallfahrtsorte und der letzten auf unserer »Hitliste«. Wir waren ihnen sehr nah ... und doch noch so weit entfernt.

Es gab keinen sicheren Weg direkt am Gletscher entlang und über die Berge nach Badrinath; die kürzeste Möglichkeit, zu Fuß dorthin zu gelangen, führte über einen etwa 250 Kilometer langen Umweg zurück nach Uttarkashi und an Kedarnath vorbei durch die niedrigeren Gebirgsausläufer. Doch jetzt gingen wir erst einmal an die Überquerung des Gletschers und stiegen über die Seitenmoräne auf die 4200 Meter hoch gelegene Bergwiese von Tapovan.

Die Gipfel um uns herum bildeten eine atemberaubende Kulisse, die imposantesten jedoch waren der Bhagirathi direkt vor uns und der Mount Shivling dahinter. Shivling war die Abkürzug für »Shivas lingam« (*lingam* ist das phallische Symbol des Gottes Shiva), und tatsächlich erinnerte der einzeln aufragende Gipfel an einen Phallus. Die steile Nordwand des Berges ragte direkt von der riesigen Ebene 2000 Meter in die Höhe. In ihrem Schatten stellten wir unser Zelt in einem kleinen Steinkreis auf. Champur lehnte unser Angebot, mit uns im Zelt zu schlafen, dankend ab. Er wollte einen Freund besuchen, einen Mystiker, der mitten in dieser großartigen Landschaft in einer kleinen Holzhütte lebte.

Wir bauten unser Camp auf und spazierten zu dem kleinen Bach hinunter, der durch Tapovan floss. Eine Frau kämpfte mit einem 30-Liter-Plastikkanister voller Wasser und versuchte vergeblich, ihn über die Wiese zu ziehen. Wir boten ihr unsere Hilfe an, die sie erleichtert annahm. Mit großer Mühe schleppten Chris und ich den tonnenschweren Kanister zu ihrer Klause. Weiß der Himmel, wie sie es jemals allein geschafft hätte.

Santa Subar Dra war 60 Jahre alt und eine Einsiedlerin aus dem südindischen Staat Karnataka. Die letzten fünf Jahre hatte sie in einer in die Moräne gegrabenen Höhle am Rand der Tapovan-Wiese verbracht. Anders als Champurs Freund und zahlreiche weise Frauen und Männer, die in den warmen Monaten hier oben in den Bergen lebten, würde sie vor Einbruch des bitterkalten Winters nicht nach Süden ziehen. Sie würde in ihrer Höhle bleiben, so wie sie es immer getan hatte, auch wenn sie über lange Zeit eingeschneit und vom Rest der Welt völlig abgeschnitten wäre. Wahrscheinlich waren wir ihre letzten Besucher bis zum großen Tauwetter im nächsten Sommer in etwa sieben Monaten.

Santa lud uns ein, bei ihr eine Tasse Tee zu trinken und uns ihre Höhle anzusehen. Es war ein dunkler Bau mit winzigen Räumen und Tunneln, bis zum Rand mit Vorräten für den bevorstehenden Winter gefüllt. Wir quetschten uns in den rechteckigen Raum, in dem sie nachts schlief, und zwar diagonal, die Füße zum Eingang gestreckt. Ein hartes Kissen lag dort, wo sie ihren Kopf bettete, unter dem Schrein, den sie am hinteren Ende ihrer Krypta ausgehöhlt hatte. In der Nische standen ein paar gerahmte Bilder ihres Gurus, eine bunte Postkarte von Lord Krishna, ein Stück Rauschgold und ein großer, runder Wecker.

Ein paar ordentlich aufeinander gestapelte Dosen enthielten Tee, Zucker, Milchpulver, Ghee und Masala. Sie füllten den kleinen Gang zwischen der beengten Schlafkammer und dem »Wohnzimmer«, wo Santa über einem großen alten Kerosinbrenner kauerte. Durch ein winziges Loch über ihrem Kopf fiel die Nachmittagssonne herein, verlieh ihr einen Heiligenschein und warf einen hellen Lichtfleck auf die gegenüberliegende Höhlenwand. Santa spähte in den dunklen Tunnel zu ihrer Linken und zeigte stolz auf ihr Badezimmer. Damit war die Besichtigungstour zu Ende.

Ich sah ihr zu, wie sie uns in aller Ruhe Tee zubereitete und Cracker mit Butter bestrich. Ihre Augen glänzten, und ihre ledrige Stirn war mit den Zeichen Krishnas bemalt – zwei dünnen ockerfarbenen Linien auf beiden Seiten eines tiefroten Felds. Eine an mittelalterliche Nonnen erinnernde, aus einer alten Kapuzenmütze und einem Geschirrtuch zusammengenähte Kopfbedeckung schützte sie gegen den eisigen Wind. Den Umfang ihres unter mehreren dicken Schichten aus Wolle und Baumwolle versteckten Körpers einzuschätzen war ganz und gar unmöglich. Ihre Hände waren lang und schlank und fühlten sich überraschend weich an. Mit ihrer Art zu leben und mit ihrer Umgebung war sie völlig eins.

Santa genoss die Gesellschaft anderer Menschen offenbar ebenso wie die Einsamkeit. Sie selbst trank keinen Tee und benutzte keinen Zucker, hielt aber beides stets für Gäste bereit. Wir hatten ein schlechtes Gewissen, weil wir von ihren Wintervorräten aßen, aber sie ließ sich nicht davon abbringen, uns zu bewirten und das

wenige, das sie hatte, mit uns zu teilen. Sie sprach sanft, doch mit
großer Leidenschaft über Lord Krishna und das Leben in Tapovan.
Sie hatte den Freuden der materiellen Welt völlig entsagt, um sich
den viel wesentlicheren Freuden des Lebens zuzuwenden. Sie hatte
alle Widrigkeiten des Einsiedlerdaseins und die schweren Wintermonate überstanden, weil ihr Glaube ihr Kraft gegeben hatte, und
in der Abgeschiedenheit fühlte sie sich ihrem Gott näher. Lord
Krishna hatte sie in die Berge gerufen, also war sie in die Berge gekommen. Mit Herz und Seele. In ihrer Höhle hatte sie sich einen
kleinen Überlebensraum geschaffen, und wenn der Wind blies und
der Schnee sich vor ihrer Tür türmte, erfuhr sie dort vollkommenen
Frieden.

Wir verabschiedeten uns von Santa und wanderten zu unserem
Zelt zurück. Nach fünf Stunden anstrengender Suche nach dem
richtigen Weg über den Gletscher kamen die beiden jungen Eng-
länder bei unserem Zeltplatz an. Wir luden sie ein, nach dem
Abendessen zu uns zu kommen und heißen Kakao zu trinken. Fest
in unsere Schlafsäcke eingemummelt, spannen wir gemeinsam
Bergsteigergarn, erzählten uns Witze und diskutierten über alle
wichtigen Themen von wilden Krokodilen bis zur in England geplanten Kopfsteuer. Schließlich kam das Gespräch aufs Essen und
was wir in dieser Hinsicht am meisten vermissten. Chris lief beim
Gedanken an ein saftiges Steak das Wasser im Mund zusammen,
Mark sehnte sich nach Orangengelee und seinen geliebten Schoko-
laden-Vollkornkeksen. Peter brachte uns mit seinem – ausgerechnet
mitten in Indien! – ausgestoßenen Seufzer zum Lachen: »Ich kann
es kaum erwarten, nach Hause zu kommen und wieder ein anstän-
diges Curry zu essen!«

Es hatte minus 15 Grad, als wir hinausgingen, um den Jungs zum
Abschied zu winken. Im Mondlicht wirkten die Berge wie Geistererscheinungen, die schwerelos über der Gletschermoräne schweb-

ten – ein faszinierender Anblick, aber es war zu kalt, um lange draußen zu bleiben.

Bei Sonnenaufgang am nächsten Morgen war es nur drei Grad wärmer. Champur stand schon bereit und lief auf der Stelle, um warm zu bleiben, während wir unser Zelt zusammenpackten und eine Kanne Tee kochten. Schön wäre es gewesen, eine ganze Woche in Tapovan bleiben zu können, aber wir mussten nach Gangotri zurück, an den rosafarbenen Aschrams und den Farben des Herbstes vorbei. Im Hochland war es bereits Winter, und die gefrorene Erde würde bald von den ersten schweren Schneefällen bedeckt. Wir mussten in Bewegung bleiben, mussten mit dem Winter bis zur nepalesischen Grenze um die Wette laufen. In einem Land wie Nepal war es möglich, auch im Winter auf Trekkingtour zu gehen, weil allein die Anzahl der Leute, die dort in den Bergen unterwegs waren, dafür sorgte, dass die Wege offen blieben. In Indien war Trekking längst nicht so populär, und sobald die Pässe von der staatlichen Tourismusbehörde offiziell geschlossen wurden, arbeiteten die Träger nicht mehr. Die einheimischen Hirten nutzten die Pfade ohnehin nur im Sommer, um ihre Herden auf höher gelegene Weiden zu treiben. Die Dorfbevölkerung blieb im Winter, wo sie war, und die Stadtbewohner befuhren höchstens die von Süden in die niedrigeren Gebirgsausläufer führenden Straßen. Es war nur noch eine Frage von Wochen – wenn nicht gar von Tagen –, bis die Route, die wir durch die Kumamon-Berge nehmen wollten, unpassierbar war.

Schon jetzt waren die letzten 23 Kilometer der Straße von Uttarkashi nach Gangotri wegen akuter Glatteisgefahr für den Verkehr gesperrt. Es war eine der schlimmsten Straßen in ganz Indien: In engen Serpentinen wand sie sich mehrere hundert Meter direkt über dem Fluss. Als wir ein Jahr später hörten, sie sei bei einem Erdbeben ganz und gar in den Ganges gestürzt, konnte uns diese Nachricht nicht überraschen. Unser Mitgefühl gehörte den Tausenden, die umgekommen waren – und den Zehntausenden, die im Vorfeld eines, wie wir wussten, bitterkalten Winters obdachlos geworden waren.

Am 9. November waren wir zurück in Uttarkashi. Der Premierminister war notgedrungen zurückgetreten, die religiösen Spannungen zwischen Muslimen und Hindus schlugen noch immer hohe Wellen, aber der Streit um die Moschee in Ayodhya hatte keinen Flächenbrand ausgelöst. Bisher waren »nur« 300 Menschen bei den Auseinandersetzungen umgekommen.

Das Fremdenverkehrsbüro besorgte uns einen Ersatz für Champur – einen eitlen, launischen jungen Mann namens Govinda, der für eine einheimische Trekkingfirma namens Mount Support arbeitete und die nächste Etappe unserer Route nach Kedarnath kannte. Er gehörte nicht zu den Trägern, die man engagieren würde, wenn man die freie Auswahl hatte, aber die hatten wir nicht. Alle guten Träger hatten die Stadt schon vor Wochen gleich nach dem Ende der Pilgersaison in Richtung Nepal verlassen. Entweder wir nahmen Govinda und seinen Taschenkamm, oder wir müssten ganz ohne Träger auskommen.

Der alte Pilgerpfad nach Kedarnath begann in einem Dorf namens Lata, also schickten wir Govinda mit dem Bus von Uttarkashi voraus, während wir zu Fuß entlang der Landstraße trekkten. Wie so häufig in Indien waren wir fast eine Stunde vor dem Bus an der verabredeten Stelle.

Govinda schien ständig wegen irgendetwas zu schmollen. Er wirkte völlig in sich gekehrt und schlich stumm wie ein Schatten hinter uns her. Er sah unheimlich aus, fast wie eine wandelnde Leiche. Seine Gesichtszüge waren fein, doch die Größe seines Kopfes stand zu seinem übrigen Körper in keinem Verhältnis, und seine Brust war so tief eingesunken, als wäre ein Grabstein auf ihn gefallen. Seine tief eingesunkenen Augen schienen mehr nach innen als nach der Außenwelt zu schauen. Seine Stimme war leise, und er sprach so langsam, dass ich Angst hatte, er hörte auf zu atmen, wenn er sich tatsächlich einmal aufraffte, überhaupt etwas zu sagen. Mit Rücksicht auf seinen Körperbau hatten wir ihm nur 12 Kilo zu tragen gegeben, doch selbst das war zu viel für ihn. Er war bald weit hinter uns zurückgefallen und sagte uns am Ende des ersten Tages, er wolle lieber wieder umkehren und nach Hause gehen. Schließlich überredeten wir ihn, uns wenigstens so lange zu begleiten, bis wir einen anderen Träger gefunden hatten, und boten ihm an, seine Last weiter zu verringern.

Von den Problemen mit Govinda abgesehen, hatten Chris und ich einen wunderbaren, friedlichen Tag. Mehrere Stunden lang stiegen wir durch einen Eichen- und Rhododendronwald. Eigentlich hatten wir vorgehabt, oben am Belak-Kamm zu zelten, doch der Korbmacher Gaur Singh lud uns ein, die Nacht in seiner Hütte zu verbringen. Er und ein paar Hirten aus der Gegend nutzten die kleine Hüttensiedlung nur vorübergehend, Mr. Singh, um Bambus zu sammeln und daraus *dokos* (große, kegelförmige Bambuskörbe, im Himalaja das gängige Transportmittel) zu flechten. Noch eine Woche würde er in Belak bleiben, dann wollte er nach Uttarkashi zurück und seine Körbe auf dem Markt verkaufen.

Als es Abend wurde, saßen wir mit Mr. Singh und seinen Kindern um das Feuer, schlürften Tee und sahen dem Reis zu, der in einem Messingkochtopf köchelte. Seine beiden Töchter und ihre Männer waren in der Abenddämmerung mit ihren Tieren zurückgekehrt und erzählten dem alten Mann ausführlich von den Ereignissen des Tages. Ein großer schwarzer Hund lag vor der Feuerstelle. Dass gelegentlich ein Funke aus dem Feuer schoss und sein räudiges Fell versengte, schien ihn nicht weiter zu stören. Auch er lauschte aufmerksam dem Gespräch und begleitete es mit lauten, zustimmenden Fürzen.

Der Weg von Belak nach Bhudakedar führte durch üppigen, fast tropischen Wald. Klare, kalte Bäche sprudelten über moosbedeckte Felsen, und die Sonne besprenkelte den Pfad mit Licht, das durch edle Spitzengardinen aus Farn und wildem Bambus fiel.

In Bhudakedar begann ein weiterer Trekkingpfad in Richtung Süden. Der Ort selbst war eine hässliche Ansammlung nichts sagender Hütten ohne Charme oder Klasse. Allein dort zu sein war deprimierend genug – es mit Govinda erleben zu müssen war mehr als niederschmetternd. Wenigstens gab er sich Mühe, Chris bei der Suche nach einem anderen Träger zu helfen, während ich eine Stunde am Depot nach Kerosin Schlange stand.

Sie fanden einen jungen Burschen, der auf den Job so wild war, dass er anbot, für 30 Rupien am Tag zu arbeiten. Wir versprachen ihm 50, und er war entzückt. Sein Traum war es, bei Mount Support eine Anstellung als Träger zu bekommen, die Tour mit uns sah er als günstige Gelegenheit, sich ein Empfehlungsschreiben zu sichern. Sohan Lal erwies sich als ausgezeichnete Wahl. Er beklagte sich nie und hielt mühelos mit uns Schritt.

Wir starteten am nächsten Tag ganz früh von Bhudakedar, stiegen von Dorf zu Dorf durch Felder und Haine. Es war erst neun Uhr, als wir die Spitze eines Felsvorsprungs erreichten, der uns zur nächsten großen Wasserscheide hinaufführen sollte. Der Morgen ließ einen Stein aus Licht in eine flache Vertiefung im Bergkamm fallen, terrassiertes Brachland floss in sanften Wellen bis in die Talsohle hinab. Kinder auf dem Weg zur Schule grüßten uns lächelnd und streckten uns ihre Hände entgegen. Im Dorf umschwärmten uns ihre kleinen Brüder und Schwestern wie Bienen auf der Suche nach Nektar. Aber wir haben nie Lutscher und andere Süßigkeiten an Kinder verteilt. Stattdessen setzten wir uns zu ihnen und schenkten ihnen etwas von unserer Zeit. Chris brachte ihnen den alten Fang-den-Stein-vom-Ellenbogen-Trick bei, und ich brachte sie zum

Lachen, indem ich so tat, als würde ich mir das Nasenbein brechen, indem ich heimlich mit den Daumennägeln gegen meine Zähne schlug.

Wir kletterten weiter bis zur nächsten Passhöhe. Am nördlichen Horizont drängten sich die schneebedeckten Gipfel des Himalaja, nach Süden hin schmolzen die Ausläufer Schicht für Schicht in der Hitze der Tiefebene dahin.

Der tollste Blick bot sich uns am folgenden Tag von einer Kuppe namens Panwalikanta. Die hoch aufragenden Gipfel bildeten einen herrlichen Bogen, füllten 180 Grad des Horizonts. Ohne Mühe konnten wir mehrere hundert Kilometer der höchsten Bergkette der Erde sehen, darunter nicht weniger als zehn Gipfel, vom 6632 Meter hohen Jaonli im südwestlichen Gangotri-Gebiet bis zum 7120 Meter hohen Trisul unmittelbar hinter der östlichen Nanda-Devi-Kette. Es war eine unvergleichliche Erfahrung, direkt unterhalb dieser imposanten Gipfel zu stehen, die Hand auszustrecken und sie zu berühren, ihre Macht zu spüren. Aber sie hier aus der Ferne allesamt aufgereiht zu sehen – das war einfach atemberaubend!

Sohan wollte die Nacht in einer der verlassenen Sommerhütten der Hirten verbringen, die sich an den Sattel der Kuppe schmiegten. Chris und ich beschlossen dagegen, unser Zelt auf dem allerhöchsten Punkt aufzuschlagen, der uns einen unverstellten Blick auf die Berge bot.

Es war die Zeit für Sonnenuntergänge der Superlative. Abend für Abend wurden wir Zeugen einer unbeschreiblichen Erhabenheit, eines Lichts, das so rein war, dass es sich jeder Beschreibung entzog, einer Farbpalette, die das bisher für möglich Gehaltene weit überstieg. Ich stand nur da und schaute und schaute und konnte die Pracht, die sich vor meinen Augen entfaltete, einfach nicht fassen.

Von unserem sicheren Horst aus wirkten die Berge wie eine riesige Welle, die einen Ozean aus Schnee und Fels mit sich riss.

Hunderte weißer Pferde galoppierten auf dem riesigen Brecher in Richtung Horizont. Panwalikanta überzog sich mit Rost; wir sanken in die trüben Tiefen eines Schattens. Dann loderten überall Feuer auf – der Ozean brannte! Ich dachte an die kleine Lucy, die in den Armen ihrer Mutter gestorben war, und musste weinen. Es war zu schön, zu intensiv – ein Augenblick, wie man ihn sein Leben lang ersehnt. Gefühle des Glücks und der tiefen Trauer überwältigten mich, rissen mich fort in einen lebensbedrohlichen Strudel. Chris war mein Rettungsfloß, verzweifelt klammerte ich mich an ihm fest. Die Feuer erloschen. Nanda Devi, Heimstatt der Göttin Parvati, löste sich von der Erde und trieb in einem durchscheinenden Schleier auf den Himmel zu, der glyzinienlila, pfirsichrosa, kornblumenblau erstrahlte.

Sandy und Mark hatten mich gebeten, an einem ganz besonderen Ort im Himalaja an Lucy zu denken und ihre Seele in den Garten der Götter zu schicken, indem ich den von ihnen geschriebenen Text für ihre Trauerfeier verbrannte. Einen ergreifenderen Augenblick als diesen würde es nie wieder geben. Die Göttin wartete schwebend am Horizont. Ich kauerte mich über den Boden und entzündete ein kleines Feuer. Als ich wieder aufschaute, war Nanda Devi gegangen. Verschwunden in die Nacht.

Die nächsten drei Wochen trekkten wir weiter parallel zum Grat dieses großartigen Gebirges. Nur in den Tälern ihrer Ausläufer kamen die Gipfel außer Sicht. Auf jedem Bergkamm sahen wir die Sonne den Himmel anzünden, Abend für Abend glühten die Gipfel in königlichen, goldenen Farben. Wir badeten in heißen Quellen und schwammen in eisigen Flüssen. Wir stapften durch Regen, Graupel und Schnee. Wir überquerten unsere persönliche 2000-Kilometer-Marke und feierten sie mit einem Essen im Hotel Heaven.

Auf den Scheiterhaufen am Alaknanda-Fluss brannten die Leichen von Verstorbenen. Kinder sangen auf dem Weg in ihre Dorfschulen. Affen turnten in den Bäumen, Männer hockten in den Teestuben, und Tag für Tag kamen wir der Grenze näher.

An den letzten sieben Tagen unserer Reise durch Indien zwang uns der Schnee von den Bergpfaden auf die niedriger gelegenen Straßen. Der glatte Asphalt deprimierte uns, wir sehnten uns nach wilderem Boden unter den Füßen. Auf dem Weg von einem armseligen Dorf zum nächsten fiel es uns schwer, von Indien nicht ernüchtert zu sein. 300-mal am Tag wurden wir gefragt: »Wie heißt ihr? Wohin geht ihr? Wie viel Uhr ist es?« 300-mal antworteten wir: »Chris und Sorrel. Nach Nepal. Halb elf.«

Je länger wir in Indien waren, desto mehr erfuhren wir über das Land. Je mehr wir erfuhren, desto weniger mochten wir es. Auf jeder Stufe der Gesellschaft gab es Korruption. In jedem Bundesstaat gab es Blutvergießen. Ja, die Berge waren wunderschön, doch ein Land ist mehr als seine Geografie. Aus allen Zeitungen sprang uns tiefster Pessimismus entgegen. Wir trekkten weiter und sangen Weihnachtlieder, um gegen die niedergedrückte Stimmung anzukämpfen. Was wir für Indien empfanden, war schon immer eine Art Hassliebe gewesen. In diesen letzten Tagen in Kumamon fiel es uns jedoch schwer, überhaupt noch etwas Positives zu finden.

Endlich erreichten wir Thal, das letzte Dorf vor dem Sperrgebiet nahe der Grenze. Wir verspürten Erleichterung. Indien lag hinter uns, und, so undankbar dies klingen mag, das Ende war gerade rechtzeitig gekommen.

Weihnachten in Kathmandu

Zur Zeit der britischen Kolonialmacht galt der indische Himalaja der herrschenden Klasse als rettende Zuflucht. Wurden ihr die Hitze, der Dreck und das Gedränge in den Städten zu viel, floh sie in die Erholungsorte in der Bergidylle. Bei uns war es genau umgekehrt. Nicht nur verspürten wir den Drang, diesem vermeintlichen Paradies zu entfliehen, wir suchten unsere Erholung auch noch im Herzen Neu-Delhis. Die Hauptstadt verkörperte alles, was uns an Indien missfiel; sie war das Zentrum, um das alle Probleme des Landes kreisten. Doch mitten in Neu-Delhi befand sich nun mal Johns rettendes Domizil.

Nach drei Tagen bei John waren wir neue Menschen. Nette Gesellschaft, gutes Essen, eine heiße Dusche, ein bequemes Bett und der freie Zugang zur gut sortierten Videosammlung der australischen Botschaft mit einer ordentlichen Portion unterhaltsamer Wirklichkeitsflucht vollbrachten wahre Wunder. Die sieben Zeitungen, die John täglich bekam, brachten uns auf den neuesten Stand, schufen aber auch eine gewisse Distanz zu den sonst so deutlich spürbaren Spannungen. Staat für Staat zählten sie die von uralten religiösen und rassistischen Hassgefühlen entfachten Unruhen auf und nannten die aktuellen Zahlen der Todesopfer. Das alles wirkte aber so, als spielte es sich auf einem anderen Planeten ab. Die Journalisten, die über diese Ereignisse berichteten, gaben sich so distanziert, dass auch die eigene Reaktion auf die Gräueltaten und Ungerechtigkeiten oberflächlich blieb. »100 Tote bei Zusammenstößen« wurden in Indien rasch mit einem Achselzucken abgetan.

In der Post, die uns bei unserer Rückkehr in Neu-Delhi erwartete, war auch ein Brief von der Indian Mountaineering Foundation, die uns mitteilte, unser Antrag, durch Himachal, Uttar Pradesh und Ladakh trekken zu dürfen, müsse leider abgelehnt werden. Wir lachten lauthals, bis uns dämmerte, dass dies für unsere geplante Strecke durch Arunachal Pradesh nichts Gutes verhieß. Wenn die indische Regierung uns schon den Zugang zu Gegenden verwehrte, die Touristen prinzipiell offen standen, wie sollten wir sie dann jemals davon überzeugen, uns in den gegen Besucher von außen weitgehend abgeschotteten Bundesstaat im Osten des Landes einreisen zu lassen? Zum ersten Mal regten sich bei mir ernsthafte Zweifel, ob wir unser Vorhaben tatsächlich durchführen konnten. Ein frühzeitiges Scheitern der Expedition rückte in den Bereich des Möglichen. Am Ende hatten wir fast 2500 Kilometer vergeblich zurückgelegt.

Als sich der erste Schreck gelegt hatte, konnten wir ruhiger darüber sprechen. Der Weltrekord war uns in Wirklichkeit gar nicht so wichtig – es kam uns mehr auf die Erfahrung an. Selbst wenn wir nicht nach Arunachal kämen, hätten wir immer noch eine hochinteressante Tour durch Nepal, West Bengal, Sikkim und Bhutan vor uns. Es würde nichts von dem bisher Erreichten zunichte machen. Wir kämen vielleicht nicht bis ans Ende des Himalaja, aber das bedeutete nicht das Ende der Welt.

Australier standen derzeit in Indien nicht besonders hoch im Kurs. Schließlich hatte unsere Regierung erst vor kurzem ein paar alte Mirage-Jagdbomber an Pakistan verkauft. Mehrere Botschaftsangestellte äußerten die Vermutung, über unseren Antrag (mit unserem Schirmherrn, Premierminister Bob Hawke, im Briefkopf) könnte gerade zur Zeit des umstrittenen Verkaufs entschieden worden sein. Unter diesen Umständen war die Ablehnung geradezu unvermeidlich gewesen. Der Ratschlag der Indian Mountaineering Foundation, die Erlaubnis für die Etappe durch Arunachal Pradesh separat zu beantragen, erwies sich am Ende als Segen. Vielleicht hatte sich die Aufregung über die Mirage-Affäre bis dahin gelegt, und einem zweiten Antrag war nicht unbedingt das gleiche Schicksal beschieden. Zumindest gab es noch eine Chance, und wir waren fest entschlossen, sie zu nutzen.

Der neue Präsident der Foundation, Captain Kohli, war ähnlich optimistisch. Er fand die ganze Situation eher amüsant und beschloss, sich unserer Sache anzunehmen. Er war eine ziemliche Größe in Indien, kannte viele wichtige Leute, und die wichtigen Leute kannten ihn. Nachdem er 1965 seine Expedition zum Erfolg geführt hatte, war Kohli zu einer nationalen Berühmtheit geworden. Er bekam Orden und Auszeichnungen für seine bergsteigerischen Heldentaten und Anerkennung für seine Förderung des Tourismus in Indien. Er gründete die Indian Camping Association und war Mitglied unzähliger Ausschüsse, die mit seiner Leidenschaft für den Himalaja in Verbindung standen. Allein deshalb verfügte er über ausgezeichnete Beziehungen. Wenn überhaupt jemand die Genehmigungen, die wir von den verschiedensten Ministerien und Behörden brauchten, besorgen konnte, dann sicherlich Kohli. Außerdem war er selbst schon in Arunachal gewesen und ließ durchblicken, der Ministerpräsident sei sein persönlicher Freund.

Er forderte uns auf, ihm einen offiziellen Brief zu schreiben, in dem wir ihn um Hilfe baten und die Ziele unserer Expedition – vor allem im Hinblick auf Arunachal – noch einmal ausführlich erklärten. Auf diesen Vorschlag gingen wir nur allzu bereitwillig ein. Sobald das Ganze in seinen Händen war, kehrte meine frühere Zuversicht zurück. Natürlich würden wir gegen die Bürokratie gewinnen! Wie hatte ich überhaupt – wenn auch nur für einen Augenblick – das furchtbare Wort unmöglich in mein Vokabular eindringen lassen können? Meine eigene Verzagtheit beschämte mich.

Wir konnten erst am 18. Dezember abfliegen, da alle Thai-Flüge nach Bangkok ausgebucht waren. Außerdem müssten wir dort zwei

Tage lang auf unseren Anschlussflug nach Kathmandu warten. Zum Glück würden wir bei Jenni Pullen unterkommen, einer Freundin von der australischen Botschaft, die wegen der bevorstehenden Geburt ihres zweiten Kindes in Mutterschaftsurlaub war. Ich hatte Jenni 1988 kennen gelernt, als sie und ihr Mann Brian noch bei der australischen Botschaft in Kathmandu beschäftigt waren. Es tat immer gut, mit ihr von Nepal zu schwärmen und – natürlich nur auf die netteste Art und Weise – über gemeinsame Bekannte im diplomatischen Korps zu tratschen. Irgendwie landeten Jenni und Brian immer bei den entbehrungsreichsten Außenposten, was sie dort erlebten war haarsträubend, und Jenni war eine gute Erzählerin. Mit ihr würde uns die Zeit in Bangkok nicht lang werden.

An dem Tag, an dem wir unsere Flüge noch einmal bestätigen ließen, erfuhren wir, dass unser Freund Julian auf dem Weg nach Kathmandu war, um dort mit uns Weihnachten zu feiern. Zuerst konnten wir es gar nicht glauben, doch dann rief ich ihn an, und tatsächlich hatte unsere verrückte Last-Minute-Idee in der Flughafen-Lounge in Sydney Früchte getragen. Er kam nach Nepal, um einen Teil der Strecke mit uns zu trekken. Und was noch besser war: Er brachte auch unseren alten Wohngemeinschaftskumpel Mick Reed nach Nepal mit!

Fast war es uns unheimlich, aber wir hatten alle den gleichen Flug am 20. Dezember von Bangkok nach Kathmandu gebucht. Mit Julians Einverständnis ließ ich 15 Kilogramm Cerola-Müsli und 160 Trockenfruchtriegel an seine Heimatadresse schicken, um unsere Notreserven aufzustocken. Von Kunga, unserem Gewährsmann in Kathmandu, hatten wir gehört, dass Lebensmittel jeder Art in Westnepal schwer zu bekommen waren. Er hatte uns geraten, alles mitzubringen, was wir auf dieser Etappe brauchten. Für die Abendmahlzeiten hatten wir genug dabei, für Frühstück und Mittagessen jedoch hatten wir uns immer darauf verlassen, unterwegs noch etwas Frisches dazukaufen zu können. Wir überlegten, wie viele Mahlzeiten wir zusätzlich brauchten, kauften etwa 10 Kilo Nüsse, Sultaninen, getrocknete Feigen, Cashew- und Walnüsse und teilten sie in die passende Anzahl von Portionen.

Mit großem Eifer schrieb ich Julian eine Weihnachtseinkaufsliste. Darauf fanden sich alle unsere Lieblingsschleckereien wie fette Kalamata-Oliven, sonnengetrocknete Tomaten, Salami (für Chris), Blue-Castello-Käse (für mich), weiße Lindt-Schokolade, ein Christmas Pudding, Shortbread aus der Backstube meiner Schwester Dorca, Mummys legendären Mince Pie, etwas Räucherlachs ... Ja, es roch sehr nach Äpfeln und Nüssen.

Wo wären wir ohne Faxgeräte und ohne unsere Freunde? An dieses Expeditionsweihnachten würde man sich noch lange erinnern! Als die Nummer eingetippt war und mein Fax sich auf den Weg zur anderen Seite der Welt machte, dachte ich daran, wie gut ich es als Kind des 21. Jahrhunderts doch hatte. Technologie war etwas Wunderbares – vor allem, wenn man durch sie eine direkte Leitung zum Weihnachtsmann bekam.

Am 9. Dezember verkündete mir Chris, an unserem unmittelbar bevorstehenden zweiten Hochzeitstag wolle er mit mir ein Mausoleum besichtigen. »Warum denn das?«, wehrte ich entgeistert ab. »Warum gehen wir nicht in ein Restaurant wie ganz normale Ehepaare?« Als er jedoch am Nachmittag mit zwei Bahnfahrkarten nach Agra wiederkam, wurde mir klar, was er vorhatte. Er wollte mit mir zum Taj Mahal, dem berühmtesten romantischen Bauwerk aller Zeiten.

Trotz zahlreicher Reisen nach Indien hatte ich es noch nie besucht. Aber in einem meiner Schulbücher war ein Bild vom Taj Mahal gewesen, und ich erinnerte mich gut daran, wie unser Lehrer uns mit großem Pathos vom Großmogul Shah Jahan erzählte, der die prächtige Grabstätte im Gedenken an seine im Kindbett gestorbene Frau errichtet habe. Bei uns jungen Mädchen war so eine Geschichte natürlich auf fruchtbaren Boden gefallen, und seitdem hatte ich mir immer gewünscht, dieses Monument der Liebe einmal mit eigenen Augen zu sehen. Dass Chris ausgerechnet unseren Hochzeitstag dazu auserwählt hatte, rührte mich sehr.

Das imposante Gebäude am Südufer des Yamuna in Agra übertraf alle meine Erwartungen. Allein die Größe konnte keine Kamera einfangen; es war gut und gern dreimal größer, als ich es mir vorgestellt hatte. Die äußere Symmetrie und Ausgewogenheit war Ehrfurcht gebietend; in einem spannungsreichen Gegensatz zu dem großen Entwurf standen die filigranen Verzierungen und Einlegearbeiten. Es war wirklich ein außergewöhnlich schönes Bauwerk, dessen schimmernd weißer Marmor die subtilen Veränderungen des Lichts ebenso widerspiegelte wie die Berge im Himalaja.

Ursprünglich hatte Shah Jehan seine eigene Grabstätte in der gleichen Form, aber aus schwarzem Marmor am gegenüberliegenden Ufer geplant. Doch sein fanatischer Sohn und Nachfolger Aurangzeb scherte sich nicht darum. Er war ein Zerstörer, kein Erbauer, eher damit beschäftigt, Hindutempel abzureißen als muslimische Monumente aufzubauen. Jedenfalls ließ er die Überreste seines Vaters in das gleiche Gewölbe bringen, in dem man seine Mutter bestattet hatte, und verlagerte seine Hauptstadt nach Delhi. Der Rest ist, wie man sagt, Geschichte.

Wir blieben mehrere Stunden dort und bewunderten das Taj Mahal, dann mieteten wir uns in einem Fünf-Sterne-Hotel ein. Es war der reinste Luxus, aber wir hatten das Gefühl, ihn verdient zu haben. Chris gestand mir, in Pakistan habe er noch Zweifel gehabt, ob unsere Ehe das zweite Jahr überleben würde, jetzt jedoch sei er überzeugt, dass wir für immer zusammenblieben. In den letzten sechs Monaten hatten wir mehr erlebt als manche Paare in ihrem ganzen Leben. Wir kannten den anderen so gut wie uns selbst. Wir waren

Freunde, Partner, gelegentlich auch Geliebte ... und immer noch sehr verknallt!

Als wir zu John zurückkamen, hörten wir, dass unsere Freunde Kathy Butler und Gary McCue auf dem Weg nach Delhi seien und eine Woche hier bleiben wollten, um ihre Visa für Nepal erneuern zu lassen. Kathy und Gary lebten und arbeiteten in Nepal, doch die Bestimmungen verlangten, dass sie das Land alle drei Monate verließen und mit normalen Touristenvisa erneut einreisten. Diese Visa konnten nur zweimal verlängert werden, und Bestechungsgelder anzubieten war eher riskant. Den meisten in ihrer Lage blieb nichts anderes übrig, als immer wieder für mindestens eine Woche das Land zu verlassen. Bei den ausländischen Trekkingagenturen war diese Regelung gefürchtet; für die Betroffenen war sie mit einer beträchtlichen Zeit- und Geldverschwendung verbunden, doch die meisten waren bereit, den Preis zu zahlen, um in Kathmandu leben und arbeiten zu können.

Gary und Kathy kamen gleichzeitig mit anderen Freunden und einem Schwager von John in Delhi an. Das Haus füllte sich, und Chris und ich ließen uns von der Partystimmung anstecken. Wir trafen uns mit anderen zum Mittagessen, wurden zum Abendessen und zu Partys eingeladen und hockten viele Stunden mit unseren trekkingbegeisterten Freunden aus Kathmandu zusammen.

Ehe wir uns versahen, waren wir auch schon auf dem Weg nach Bangkok. Julian und Mick holten tief Luft, als sie mich und meinen Partner in der Ankunftshalle des Flughafens sahen. Sie dachten, ich wäre mit einem anderen Mann durchgebrannt. Chris hatte 30 Kilo abgenommen, und nicht nur seine Freunde hatten Schwierigkeiten, ihn wieder zu erkennen – mehr als einmal hatte ich ihn in der letzten Woche vor Johns Spiegel stehen und ungläubig auf den schlanken, muskulösen Körper starren sehen, den er sich auf fast 2500 Kilometern quer durch den Himalaja erarbeitet hatte.

Wir umarmten uns und schauten einander lachend an. Julian hatte sich gar nicht verändert – er war noch immer der gleiche schlaksige, blondlockige, raue, aber herzliche Typ, den ich 1986 bei der Arbeit an einem Zeitschriftenartikel über die Torres Strait Islands kennen gelernt hatte. Als Geologe erforschte er damals die Möglichkeit, eine Goldmine auf Horne Island zu reaktivieren; ich wiederum war gebeten worden, mit ihm ein Interview zu machen. Er besaß viel Humor und das lausbübischste Grinsen, das ich je bei einem Mann gesehen hatte. Wir mochten einander sehr, doch weil wir beruflich miteinander zu tun hatten, fanden keinerlei Annäherungsversuche statt, und die Beziehung, die sich zwischen uns entwickelte, war rein platonisch. Vor einiger Zeit hatte er den Spaten an den Nagel gehängt und sich dem Journalismus zugewandt, hatte seine R.-M.-Williams-Treter gegen Schlangenlederstiefel eingetauscht und war mit seiner Schäferhündin Wanda von Queensland nach Sydney gezogen. Als Asphaltcowboy hatte er etwas Überlebensgroßes; vielleicht kam es daher, wie er mit seinem riesigen Jeep durch die städtischen Straßen kurvte – vielleicht lag es aber auch an seiner legendären (und auf Gegenseitigkeit beruhenden) Anziehungskraft auf langbeinige, blauäugige Blondinen.

Mick Reed war in das weibliche Geschlecht ebenso vernarrt wie Julian, hatte jedoch das seltene Talent, sich immer ausgerechnet in die Frau zu verlieben, die er nicht haben konnte. Aus alten Wohngemeinschaftszeiten waren wir mit dem katastrophalen Verlauf seiner Beziehungen bestens vertraut und hatten viele Abende damit verbracht, ihn zu trösten oder von der Wiederholung seines alten Fehlers abzuhalten. Er hatte ein wenig zugenommen, seitdem wir ihn das letzte Mal gesehen hatten, aber er war groß, und es stand ihm gut. Er war 28, wäre aber auch noch für 16 durchgegangen, hatte das Ewiger-Junge-Gen geerbt. Mit einem ungläubigen Kopfschütteln musterte er Chris immer wieder von oben bis unten. Dann klopfte er auf seinen eigenen Winterspeck und sagte: »Na, dann gibt es ja auch für mich noch Hoffnung!«

Julian meinte, Chris sehe wie ein ausgezehrter Sadhu aus. Erst habe er uns ja verflucht, aber jetzt sei er froh über die ganzen Lebensmittel, die er für uns mitgeschleppt hatte. »Mann«, sagte er zu Chris, »du siehst aus, als hättest du Würmer. Je früher du anfängst, dich durch diese Müsliberge zu futtern, desto besser.«

Wir stiegen gemeinsam in ein Taxi und setzten Mick und Julian vor ihrem Hotel ab. Gerade als wir weiterfahren wollten, zog Mick ein Geschenk von Sandy heraus. »Ich kann nicht länger damit warten – ich glaube, es ist besser, wenn du es sofort bekommst.« Ich zog ein trauriges Gesicht und sah Mick fragend an. »Nein, nein!«, lachte er. »Es sind gute Nachrichten. Mach es auf!« Ein Dutzend Mince Pies waren in einen großen Zettel mit der fantastischen Neuigkeit eingewickelt, dass Sandy bei der ersten Ultraschalluntersuchung gewesen war und Zwillinge erwartete. Da dies sowohl in ihrer als auch in Marks Familie noch nie vorgekommen war, galt es als kleines Wunder. Auf jeden Fall war es das beste Weihnachtsgeschenk, das ich je bekommen hatte. Ich freute mich wahnsinnig.

Nach Kathmandu zu fliegen ist immer ein ganz besonderes Erlebnis. Diesmal gab es nicht eine einzige Wolke am Himmel, und jeder Berg in diesem so vertrauten mittleren Teil des Himalaja stand klar und deutlich am Horizont. Ich lief den Gang zu Mick und Julian hinunter, um ihnen einige der wichtigsten Gipfel zu zeigen. Über allen thronte der Mount Everest, und sein Anblick machte mich wie immer ganz aufgeregt. Egal, wie oft ich ihn schon gesehen hatte, über diesen Berg der Berge, *chomolungma* (»Göttinmutter des Landes« – tibetischer Name des Mount Everest), freute ich mich jedes Mal wieder wie ein kleines Kind. «Schaut doch nur! Schaut!«, kreischte ich und wäre Micks armem Nebenmann fast auf den Schoß gesprungen. »Da ist Chomolungma! Der Everest! Da!« Zwei

Dutzend Augenpaare versuchten, meinem Zeigefinger zu folgen. Die meisten von ihnen erwarteten zweifellos eine schneegekrönte Schönheit mit perfekter Silhouette vor dem tiefblauen Horizont. Doch der Gipfel des höchsten Berges der Welt besteht vorwiegend aus nacktem, schwarzem Fels und ist von Süden aus teilweise hinter dem massigen Nuptse Lhotse versteckt. Für die Uneingeweihten mag dies eine gewisse Enttäuschung sein. Ich war vor lauter Vorfreude völlig aus dem Häuschen, und Mick und Julian wunderten sich, dass ich nach sechs Monaten in den Bergen noch immer hoffnungslos in den Himalaja verliebt war. Gut, dass sie mich nicht vor ein paar Wochen gesehen hatten, als ich noch schwitzend und fluchend in meinen Bergstiefeln steckte.

Wir landeten auf dem Rollfeld meiner Lieblingsstadt auf der Nordhalbkugel. Die Berge wirkten so nah, als könnte man sie mühelos umarmen; wie gemalt standen sie hinter den zu einer Ziehharmonika zusammengeschobenen Gebirgsausläufern. Links von uns lag der neue Flughafenterminal. Als Chris im Mai von seinem Kurzbesuch aus Kathmandu zurückgekehrt war, hatte er mir von der neuen Ankunfts- und Abflughalle erzählt, aber mit keinem Wort erwähnt, wie vornehm sie war. Der alte, nach Urin stinkende Betonschuppen war durch einen wahren, der letzten Hindu-Monarchie der Welt würdigen Palast ersetzt worden. Die großen Bilder von König Birendra Bir Bikram Shah Deva und seiner Frau »Imelda II.« waren denn auch so angebracht, dass sie beim Betreten des Gebäudes sofort ins Auge fielen. Seine Hoheit war ein beliebter konstitutioneller Herrscher, der weithin als göttliches Wesen – eine Reinkarnation des Gottes des Universums – galt. Sein Foto hing in jedem Wohnzimmer, Büro, Laden oder Restaurant. Das Bild seiner Frau hing meist daneben, doch das Volk hatte große Vorbehalte gegen sie. Königin Aishwarya soll im Ausland illegale Reichtümer angehäuft und die Gelder eines Hilfsfonds veruntreut haben. Viele

Einwohner des Königreichs hatten deshalb symbolisch ihr Gesicht zur Wand gedreht.

Der neue Arbeitsplatz hatte dem Arbeitseifer der Zollbeamten offenbar Auftrieb gegeben. Unerbittlich durchsuchten sie stichprobenartig Koffer und Taschen. Leider wählten sie aus unserem Gepäck ausgerechnet die einzige Kiste, von der wir nicht wollten, dass sie ihre Nasen hineinsteckten. Sie enthielt 160 unbelichtete Filme. Erlaubt waren 15.

Mick und Julian schienen an ihrem Schalter mehr Glück zu haben, also erklärten wir, dass wir zusammenreisten, und konnten so immerhin 60 Filme – 15 pro Person – retten. Den Beamten gefiel das nicht sonderlich, aber uns sicherte es zumindest einen Vorrat, von dem wir zehren konnten, falls es uns nicht gelang, das Problem innerhalb der nächsten Woche zu lösen. Die restlichen Filme wurden so lange beschlagnahmt, bis wir entweder Zollgebühren zahlten oder (unsere geheime Hoffnung) eine Sonderbescheinigung unserer Botschaft vorlegten.

Durch das lange Hin und Her waren wir die Letzten, die das Flughafengebäude verließen. Draußen warteten schon unsere beiden Lieblingsnepalesen – Kunga Sherpa und Mr. Pandey. Ihr breites Lächeln ließ uns den Ärger beim Zoll sofort vergessen.

Chris und ich umarmten die beiden und stellten ihnen Mick und Julian vor. Wir sollten alle vier in Mr. Pandeys neuem Gästehaus in Thamel schlafen, doch Kunga wollte Chris und mich zuerst zum Tee mit in sein Haus in Bodhnath nehmen. Also schickten wir die anderen beiden mit Mr. Pandey vor und sprangen in das Auto von Kunga und seinem Fahrer.

Bodhnath, das kreisrunde tibetische Viertel der Stadt, liegt nur fünf Minuten vom Flughafen entfernt. Beherrscht wird es von dem größten buddhistischen *stupa* (Kultschrein mit Reliquien und Gebrauchsgegenständen großer Heiliger und Lamas) – einer imposanten weißen, von einem quadratischen goldenen Turm gekrönten Kuppel. Unter den 13 sich nach oben hin verjüngenden Stufen des Turms blicken vier Augenpaare des alles sehenden Buddha voller Mitgefühl nach Norden, Süden, Osten und Westen. Der Platz mit dem 500 Jahre alten Stupa ist eine von Klöstern und Märkten umschlossene eigene Welt. Wir fuhren durch die enge Kopfsteinpflastergasse zwischen dem riesigen Heiligtum und den »Antiquitäten«- und Souvenirläden, Videotheken, Cafés und Teppichgeschäften.

Kungas Haus lag direkt hinter dem Stupa. Von den Fenstern aus konnte er auf seine Nordfront sehen. Wir wichen den letzten Gebetsmühlen drehenden Pilgern und Stümpfe schwingenden Bettlern aus, überquerten den Stupa *korlam* (den im Uhrzeigersinn zu beschreitenden Rundweg um buddhistische Heiligtümer, auch *kora* genannt) und bogen endlich in die Einfahrt ein. Kungas Garten war großartig; in den kommenden sechs Monaten sollten wir ihn noch sehr zu schätzen lernen, denn Kunga hatte uns großzügigerweise eingeladen, bei jeder Pause zwischen den einzelnen Etappen bei ihm Quartier zu nehmen. Einer seiner Männer brachte Klappstühle hinaus, wir setzten uns in die Sonne und begannen zu erzählen.

Ich hatte Kunga Dai (*dai* – älterer Bruder, eine respektvolle, aber nicht unbedingt förmliche Anrede) 1988 während der Everest-Expedition zur 200-Jahr-Feier Australiens kennen gelernt. Er hatte die große, drei Nationen umfassende Gruppe geführt, die mit uns das Basislager an der Südseite des Berges teilte. Ihm gehörte eine Firma namens »In Wilderness Trekking«, die eng mit Tim Macartney-Snapes Firma »Wilderness Expeditions« zusammenarbeitete. Mit seinem sanften, runden Jungengesicht und den schelmischen Augen war Kunga ein sehr philosophischer und ausgesprochen großzügiger Mensch.

Kunga erklärte uns, dass man in der Westhälfte Nepals derzeit nicht trekken könne, und schlug vor, dass wir die Region um den

Kloster Lamayuru – eine Offenbarung in jedem Sinne, Ladakh, Indien

»Spreu vom Weizen trennen«, Annapurna, Nepal

Terrassenfelder bei Khari Khola, Solu-Khumbu-Region, Nepal

Träger auf dem Weg zum Everest, bei Khari Khola

Kinder in der Annapurna-Region

Buddhistische Nonne mit Gebetsmühle und -kette, Nepal

Sadhu, Kathmandu, Nepal

Frau in Ladakh mit typischem
Zylinderhut

Hinduistischer Wanderasket, Nepal

An der Stupa von Bodhnath, dem tibetischen Viertel Kathmandus

Der Hindutempel von Pashupatinath, Kathmandu, wo alljährlich das Shiva-Ratri-Fest gefeiert wird

Namche Bazar, das aufstrebende Sherpazentrum am Everest, im Schnee

Träger auf dem Markt von Namche Bazar, Nepal

Brotfladenzubereitung in der Annapurna-Region

Hängebrücke in Nepal, eine im Vergleich zu glitschigen Baumstämmen komfortable Passage über den Fluss

Gokyo-Tal mit Cho Oyu (8153 m), Nepal

Mount Everest und das Arun-Tal zuerst angingen. Die Wege im Osten seien sehr beliebt und deshalb den ganzen Winter über offen. Außerdem gäbe es überall Herbergen, in denen man übernachten könne, sodass Julian und Mick sich keine Campingausrüstung zulegen müssten. Alles, was er sagte, klang absolut vernünftig, also beschlossen wir, am zweiten Weihnachtsfeiertag von Jiri aus aufzubrechen.

Julian und Mick wollten etwas mehr als drei Wochen im Khumbu bleiben und dann von Lukla aus zurück nach Kathmandu fliegen. Chris und ich würden über die Berge ins Arun-Tal wandern, dann in südlicher Richtung nach Dharan am Rande der nepalesischen Tiefebene und in östlicher Richtung zur Grenzstadt Kankabhitta weiterziehen. Wir hatten gehofft, die Strecke durch West Bengal und Sikkim gleich anhängen und den westlichen Teil Nepals später absolvieren zu können, doch zu den Bedingungen der Sondergenehmigung, die Kunga für uns erwirkt hatte, gehörte nun einmal, dass wir die ganze Zeit über im Lande blieben und keine internationalen Grenzen überschritten.

Wenn sich unser Zeitplan als machbar erwies, würden wir rechtzeitig nach Kathmandu zurückkehren, um zwei wichtige Feierlichkeiten mitzuerleben: *shiva ratri*, die heilige Nacht von Lord Shiva (das jährlich vom 12. bis 14. Februar im Hindutempel von Pashupatinath veranstaltete Fest), und *losar*, das tibetische Neujahrsfest. Entweder vor oder nach diesen Festen könnten wir den sechstägigen Trek von Jiri nach Kathmandu einschieben, sodass dann tatsächlich nur noch die lange Strecke nach Westen übrig blieb. In direkter Luftlinie maß Nepal von Ost nach West nur 800 Kilometer, die Trekkingstrecke dürfte nach unseren Berechnungen dagegen um die 2400 Kilometer betragen – etwa die gleiche Entfernung, die wir bis dahin durch Pakistan und Nordindien zurückgelegt hatten.

Chris und ich hatten schon öfter darüber gesprochen, dass wir am liebsten nur einen Träger für ganz Nepal einstellen würden. Wir hatten es satt, alle paar Tage nach einem neuen Träger suchen und tagelang auf der Hut sein zu müssen, bis jemand sich als vertrauenswürdig und ehrlich erwies. Und wir hatten es satt, uns zu verlaufen und in die Irre geführt zu werden, weil wir eine Niete erwischt hatten, die zudem noch über jede Kleinigkeit murrte und jammerte. Wir sprachen mit Kunga darüber, der meinte, die Aufgabe wäre vielleicht eine gute Chance für einen der jüngeren Sherpa, die für seine Firma arbeiteten. Nachdem auch dieses Problem gelöst war, atmeten wir erleichtert auf und füllten die nun folgenden Tage mit mehr vorweihnachtlicher Freude, als ich sie in den Jahren davor – oder überhaupt in meinem Leben – je verspürt hatte. Unser Terminkalender war gedrängt voll. Nicht nur begleiteten wir Julian und Mick zu einigen der berühmten Sehenswürdigkeiten und Wahrzeichen rund um Kathmandu. Wir trafen uns auch mit dem australischen Botschafter Les Douglas, genossen diverse Festessen, die Mr. Pandey zu unseren Ehren vorbereitete, besuchten Partys bei alten und neuen Freunden und sahen eine Vorführung von »Schneewittchen und die sieben Sherpa«, die eine Truppe schauspielernder Angestellter des britischen Hochkommissariats auf die Bühne brachte. Dann war es auch schon Heiligabend, und ich hatte die schlimmste Kehlkopfentzündung, die man sich vorstellen kann.

Unsere in Kathmandu lebenden Freunde hatten allesamt ihr Lieblingsrestaurant, dem sie am Heiligabend die Treue halten wollten. Damit wenigstens einmal an diesem Tag alle zusammenkamen, luden wir sie vorher auf ein paar Drinks in unser Gästehaus ein.

Mr. Pandey hatte den Gebetsraum im Obergeschoss für Chris und mich reserviert. Der große Raum mit Balkon eignete sich für Pujas ebenso gut wie für Weihnachtspartys. Mr. Pandeys Leute hatten während des Tages schon Tische und Stühle nach oben geschleppt, und Chris und ich hatten den Raum mit Girlanden und Luftschlangen geschmückt. Wir borgten Mr. Pandeys Kassettenrekorder und legten all die Leckerbissen aus, die Julian in Sydney für uns gekauft hatte.

Es war ein toller Abend, der uns wieder einmal vor Augen führte, wie wichtig Freunde sind. Chris und ich und eine sehr liebe Freundin, Sue Curry, die bei »World Expeditions« für die Öffentlichkeitsarbeit zuständig war, brachten einen besonderen Toast auf ihren verstorbenen Mann George aus. Kathmandu war ohne ihn nicht mehr die gleiche Stadt. Fast ein Jahr war es her, dass er auf dem Pumo Ri, dem 7145 Meter hohen Gipfel nahe dem Chomolungma, in den Tod gestürzt war. Wir hatten auf dem ganzen Weg eigens für ihn eine Gebetsfahne durch den Himalaja getragen, die wir zu seinem Gedenken im Khumbu zurücklassen wollten. Wir hatten den gelben Wimpel stets bei uns, überließen ihn nie einem Träger, trugen ihn gemeinsam mit der Fahne des in New York ansässigen Explorers Club. Es war eine Ehre, die beiden Flaggen zu tragen – die eine im Gedenken an einen bewundernswerten Mann, der den Himalaja geliebt und respektiert hatte, die andere voller Stolz auf die Verbindung unserer eigenen Expedition zur weltweit führenden Organisation auf dem Gebiet der Erderforschung.

Mit einer Kehlkopfentzündung ließ es sich schlecht Weihnachtslieder singen, also lehnte ich mich zurück und überließ dies den anderen. Irgendwann schwankten acht von uns die Straße zum Le Bistro hinauf und ließen uns zu einem traditionellen Truthahnessen mit Mr. Pandey und dreien seiner sechs Kinder nieder.

Am Weihnachtsmorgen frühstückten wir bei Kathy und Gary, wo wir Eggnog und Pfannkuchen serviert bekamen. Gegen Mittag kehrten wir nach Thamel zurück, packten unsere Sachen und machten uns fertig für den großen Trek zum Everest. Trotz des regen Partylebens hatten wir es geschafft, die meisten organisatorischen

Dinge noch nebenbei zu regeln. Es war Zeit, wieder in die Berge zu ziehen. Kunga hatte bei der Einwanderungsbehörde einen Durchbruch erzielt. Wir waren im Besitz von zwei kostbaren Visa für fünf Monate und zwei Trekkinggenehmigungen für ganz Nepal. Mit dem Einreise-in-gesperrte-Gebiete-verboten-Stempel hatte es der Beamte ein wenig übertrieben, doch abgesehen davon sahen die Papiere verdammt eindrucksvoll aus – die ersten rechtmäßigen sich über fünf Monate erstreckenden Touristenvisa, die unsere neidischen Freunde je zu Gesicht bekommen hatten. Kunga weigerte sich, für all die Mühen, die er auf sich genommen hatte, Geld anzunehmen, und wollte uns noch nicht einmal erlauben, seine Unkosten zu erstatten. Er sagte, auf diese Weise wolle er sich in die Liste der Sponsoren unserer Expedition einreihen. Es gab keinen Zweifel – dieser Mann war ein Heiliger.

Kunga hatte einen jungen Mann namens Jungbu Sherpa dafür gewinnen können, uns auf der gesamten Strecke durch Nepal zu begleiten. Jungbu war 20 Jahre alt und reichte mir bloß bis zur Schulter, wirkte aber äußerst kräftig, und da sein Boss ihn uns empfohlen hatte, engagierten wir ihn für 200 nepalesische Rupien pro Tag. Wir hatten unser Zelt, unsere Lebensmittel und unsere Kochausrüstung nach Lukla fliegen lassen, sodass Jungbu auf der ersten Etappe hauptsächlich Sachen von Julian und Mick und Teile meines Gepäck zu tragen hatte. Ich wollte es mir noch nicht ganz eingestehen, doch die Zeit für Reisen mit schwerem Gepäck ging für mich allmählich zu Ende.

Während meines Kurzbesuchs in Australien hatte ich meinen ganzen Mut zusammengenommen und war wegen der Muskelkrämpfe, die ich seit Beginn der Expedition immer wieder gehabt hatte, zum Arzt gegangen. Die Röntgenbilder hatten eine fortschreitende Osteoporose zutage gefördert. Mein Rückgrat war verkrümmt, meine Wirbelsäulenknochen waren brüchig. Für meinen

Mann tat diese Reise – körperlich gesehen – Wunder, bei mir brachte sie bisher versteckte Schwächen ans Licht. Ich hatte mein Gepäck schon vorher von 30 auf 22 Kilo reduziert, nach der Diagnose hatte ich noch einmal auf 20 Kilo abgespeckt, doch war selbst das noch mehr, als ich eigentlich tragen sollte. Ich weigerte mich jedoch, Chris zu sagen, was der Arzt genau empfohlen hatte, weil unser Budget schon jetzt mehr als strapaziert war und wir es uns einfach nicht leisten konnten, einen zweiten Träger einzustellen.

Julian und Mick hatten ein privates Taxi gemietet, das uns die 200 Kilometer bis Jiri fahren sollte. Wenn man die Kosten für das Taxi durch vier teilte, war es nur unwesentlich teurer als der Bus, und mit einem Taxi konnten wir unterwegs überall anhalten, um zu fotografieren. Der Fahrer war ein Freund von Kunga. Sein Auto, ein alter Corolla, spielte jedes Mal »Jingle Bells«, wenn er in den Rückwärtsgang geschaltet wurde. Wir vier passten gerade so in den Wagen hinein, deshalb baten wir Jungbu, mit dem Großteil des Gepäcks im Bus vorauszufahren.

Das Schicksal unserer beschlagnahmten Filme lag in den zuverlässigen Händen von Graham Faye, dem lockenköpfigen Dritten Sekretär der australischen Botschaft. Wie wir bereits vermutet hatten, ließ sich das Problem nicht in einer Woche lösen, doch der liebenswürdige Mr. Faye versicherte uns, die Filme würden ganz bestimmt ohne weitere Zollgebühren freigegeben und er würde sie persönlich für uns aufbewahren, bis wir aus Ostnepal zurückkehrten.

Der zweite Weihnachtsfeiertag begann zu dämmern, als wir reichlich verkatert unter einem bewölkten Himmel gemeinsam nach Jiri aufbrachen. Dort trafen wir uns wie geplant mit Jungbu, mieteten uns für die Nacht in einem billigen Hotel ein und begaben uns am folgenden Morgen auf den Weg zum Everest.

Chris konnte kaum glauben, wie viele Leute auf der Strecke unterwegs waren. In den ersten Stunden des Tages trafen wir mehr »Ausländer« als in den letzten sechs Monaten! Erstaunlicherweise waren die meisten von ihnen Australier, die entweder auf eigene Faust grüppchenweise in Richtung Everest trekkten oder einen rundum organisierten Abenteuerurlaub mit Führern, Köchen, Trägern und *sirdar* (den Männern, die für die Träger und das gesamte Personal einer Trekking- oder Bergsteigergruppe zuständig sind) gebucht hatten.

Wir fanden rasch zu unserem eigenen Tempo, und auch bei Julian und Mick stellte sich bald die richtige Trekkinglaune ein. Mick, der den Skilanglauf in der australischen Wildnis gewohnt war, blieb anfangs alle Viertelstunde stehen, weil er befürchtete, dass wir uns verlaufen könnten, bis er schließlich einsah, dass der Weg so deutlich zu erkennen war, dass wir nicht ständig Karte und Kompass bemühen mussten. Zum ersten Mal in seinem Leben hörte er auf, über Frauen und Sex zu reden, und wir konnten mit einer neuen, zutiefst spirituellen und erfrischend sensiblen Seite seines Charakters Bekanntschaft schließen. Julian, der Livemusik liebte und gern die Nacht zum Tage machte, hörte auf, darüber zu spotten, dass wir am Abend vorher um acht Uhr ins Bett gegangen waren, und wurde bald zu einem selbst ernannten Experten für alles, was mit der Kultur des Himalaja, dem Fotografieren und dem Trekken zusammenhing.

Meine Muskeln erinnerten sich sehr viel besser an die Strecke als mein Gehirn. Viele der Dörfer auf dem Weg hatten sich seit 1988 stark verändert, doch die Landschaft war die gleiche geblieben: Es ging immer nur steil bergauf. Wir brauchten bis zum Jahresende, um die fruchtbaren Hänge und Täler von Solu zu erreichen, der ersten Region, in der die zähen, fleißigen Sherpa wohnten.

Außerhalb Nepals ist ihr Name fälschlicherweise zu einem Synonym für Lastenträger im Hochgebirge geworden. In Wirklichkeit sind die Sherpa eine eigenständige Ethnie, die vor etwa 600 Jahren den Himalaja von Tibet aus überquert und sich in den Regionen Solu und Khumbu südlich und westlich des Mount Everest niedergelassen hat. Die ursprünglich von Landwirtschaft, Viehzucht und dem grenzüberschreitenden Handel mit Salz und Wolle lebenden Sherpa waren robuste, geschickte und absolut höhentaugliche Bergsteiger. Als die ersten nach Ruhm und Gipfelrausch suchenden Westeuropäer in ihr Siedlungsgebiet eindrangen, ergriffen die Sherpa die Gelegenheit, sich etwas Bargeld hinzuzuverdienen. Für fünf nepalesische Rupien pro Tag transportierten sie Lasten und führten die Sahib (»Herren« – im Indien der Kolonialzeit die respektvolle Bezeichnung für alle Europäer von sozialem Rang) auf die Gipfel der von diesen ausgewählten Berge. Ihr fröhliches Wesen und ihre Zähigkeit, ihr Engagement und ihre Treue verschafften ihnen bald einen ausgezeichneten Ruf. Zwar dauerte es noch eine Weile, bis ihr unerlässlicher Beitrag zu vielen gefeierten bergsteigerischen Leistungen die angemessene Anerkennung fand, inzwischen ist ihr Anteil jedoch unumstritten, und sie stehen auch in der öffentlichen Wahrnehmung nicht mehr hinter, sondern neben ihren westlichen Auftraggebern.

Als Tensing Norgay und Sir Edmund Hillary 1953 den Mount Everest erkletterten und dadurch Berühmtheit erlangten, strömten Bergsteiger aus der ganzen Welt in die Region Khumbu, um sich am Berg der Berge und seinen Nachbarn zu versuchen. Viele Sherpa standen ihnen bereitwillig zur Seite, zumal der Handel mit Tibet nach der Schließung der Grenze 1959 als Einkommensquelle wegfiel. Fünf Jahre später wurde in Lukla eine Flugpiste gebaut und die Region dadurch für Trekker leichter zugänglich. Die Sherpafamilien reagierten auf die ständig steigende Nachfrage, indem sie ihre finanziellen Mittel bündelten und Hotels und Geschäfte erbauten.

Trotz des seit 40 Jahren anhaltenden Einflusses durch den Tourismus ist die Kultur der Sherpa relativ intakt geblieben. Viele von ihnen – vor allem die Männer – tragen Bollé-Sonnenbrillen und Designer-Daunenjacken, dennoch hängen sie an ihren althergebrachten Prinzipien und Traditionen. Ihre Religion, der tibetische Buddhismus, stellt noch immer einen wichtigen Teil ihres Lebens dar, und die gesamte Region Solu-Khumbu ist mit Klöstern, Mauern aus aufgeschichteten *mani*-Steinen (Steinen mit dem eingeritzten heiligen mantra »Om mani padme hum«) und Tschorten übersät.

Von Junbesi, der malerischen Hauptstadt der Solu-Region, machten wir einen Abstecher zum Kloster Choling Gompa, einem der drei größten Klöster in Solu und Khumbu. Chris weigerte sich, auf den Weckruf zu reagieren – er war in *Triumph und Tragödie*, das Buch über die dramatischen Ereignisse 1986 am K2 in Pakistan, vertieft. Keine Macht der Welt konnte ihn dazu bringen, aus seinem Schlafsack zu klettern, also zog ich mit Jungbu, Mick und Julian allein los.

Eine dünne Schneeschicht taute in der aufgehenden Sonne, und unser Atem bauschte sich weiß in der kalten, klaren Luft. Wir erreichten die Gompa gerade rechtzeitig, um den Nonnen zuzusehen, wie sie dem kalten Wasser trotzten und sich im Innenhof des Klosters für die Rasur einschäumten. Es war das erste Kloster, das ich sah, in dem Nonnen und Mönche lebten; sobald ihre Köpfe geschoren waren, war es ohnehin schwierig, sie auseinander zu halten. Eine junge, androgyne Gestalt in weiten Gewändern führte uns in die große Gebetshalle. Ein junger Mönch rutschte auf zwei dicken Polierlappen über die uralten Holzdielen. Die Hände hinter dem Rücken gefaltet, fuhr er Slalom durch einen Wald aus roten Säulen. Auf dem Altar flackerten Butterkerzen, die Sonne floss durch Oberlichter und Fenster in die Halle und ließ eine ganze Heerschar von Buddhas und bronzefarbenen Gottheiten aufleuchten. Für Mick war es der erste Besuch im Innern einer Gompa. Die weit aufgerissenen Augen, mit denen er das glänzende Schauspiel aus Licht und Farbe und die überbordenden, fantastischen Bilder bestaunte, erinnerten mich an meinen ersten Besuch in einem Kloster in Tibet. Mick sagte, er habe das Gefühl, er sei in ein heiliges, unantastbares Reich eingedrungen, in dem seine Anwesenheit völlig fehl am Platz sei, doch ich erklärte ihm, dass die Sherpa es liebten, Besucher nicht nur mit ihrer Kultur, sondern auch mit ihrer Religion bekannt zu machen.

Draußen bliesen zwei Mönche auf langen Kupferhörnern. Auf diesen Ruf hin rollte eine wahre Lawine aus burgunderroten Gewändern Richtung Haupthalle und brach durch den schweren Vorhang aus Yakwolle. Die Nonnen und Mönche luden uns ein zu bleiben, doch wir mussten weiter; Mick und Julian hatten einen noch enger gesteckten Zeitplan als wir, und für den Abend war unsere Ankunft in Trakshindo vorgesehen.

Gegen halb zwölf näherten wir uns der Stelle, für die ein erster Blick auf den Mount Everest versprochen war. Doch die Wettergötter hatten andere Vorstellungen und senkten so viele Wolken und Nebelbänke herab, dass wir bald kaum noch unsere eigenen Nasenspitzen erkennen konnten.

Es war Silvester, also besorgten wir uns in den Obstplantagen von Ringmo Cidre und Wein. Mick und Julian hielten außerdem noch einen kleinen Geheimvorrat an anderen Köstlichkeiten wie Schnapsfläschchen und Schokoladentäfelchen für die Begrüßung des neuen Jahres bereit, doch waren wir von dem Tagesmarsch so fix und fertig, dass wir uns kaum wach halten konnten, bis der kleine Zeiger bei der Acht angekommen war.

Als wir am nächsten Morgen erwachten, war die Welt vollkommen weiß. Es hatte wohl gegen Mitternacht angefangen zu schneien, der Frühnebel war vom Tal aufgestiegen und hüllte den Bergkamm ein. Von einer nahen Gompa wehte der Geruch nach Wacholderrauch herüber, und das einzige Geräusch stammte von den Gebetsfahnen, die ihre Friedensbotschaft in die Welt knatterten. Es war ein perfekter Neujahrsmorgen, so frisch und neu und viel versprechend. Von der sehr realen Bedrohung eines Krieges am Golf war hier nichts zu spüren.

Barfüßige oder bestenfalls notdürftig beschuhte Träger kämpften sich mit ihren enormen Lasten durch den Schnee. Die meisten waren von Dorfhändlern angestellt und trugen Öl und Salz in ihren großen, geflochtenen Körben; andere schleppten die Vorräte von Trekkinggruppen ins nächste Lager. Ein Mann hatte unzählige Kisten mit Cola und Bier auf seinen Rücken geschnallt. Den größten Teil des Gewichts trug er mit einem breiten Stirnband, *namlo* genannt. Nur wenige Träger buckelten Lasten, die leichter waren als ihr eigenes Körpergewicht.

In dem Augenblick, als wir uns auf dem Pfad einreihten, begann es zu hageln. Als wir ins Dudh-Kosi-Tal hinunterstiegen, verwandelten sich die eisigen Kügelchen in Regentropfen, und der Weg versank im Schlamm. Wenigstens erlebten Mick und Julian die ganze Skala des Himalajawetters.

Der Morgen des 3. Januar war prächtig. Der Wald troff von schmelzendem Schnee, und der Pfad war von dem regen Verkehr durch Träger und Trekker so glatt poliert wie Glas. Chris und Mick machten einen Umweg zum Flughafen von Lukla, um nachzuschauen, ob unsere Vorräte aus Kathmandu angekommen waren, und die Rückflüge von Mick und Julian bestätigen zu lassen. Derzeit brachten die Flugzeuge 15.000 Touristen pro Jahr ins Herz des Sherpalands. Ursprünglich hatten Sir Edmund Hillary und seine Freunde die kleine STOL(Short Take-off and Landing)-Piste auf einer breiten Terrasse zwischen zwei Klippen auf 2866 Metern erbaut, um ihre verschiedenen Hilfsprojekte in Khumbu besser versorgen zu können. Es war viel einfacher, all die Sachen, die sie für den Bau von Schulen, Krankenhäusern, Brücken und Wasserleitungen brauchten, per Flugzeug vor Ort zu bringen als sie den ganzen Weg von Kathmandu von Trägern heraufschleppen zu lassen.

Julian und ich nahmen den niedrigeren, dem Lauf des mächtigen Dudh Kosi folgenden Weg. Unterhalb von Lukla kamen wir am Fuß eines in die nackten Klippen eingeschnittenen Wasserfalls vorbei. Er lag noch im Schatten, und die bewaldete Schlucht war von dichtem Schnee bedeckt. Eine bogenförmige, vor den hoch aufragenden Bergen klein und zierlich wirkende Brücke überspannte das kristallklare Wasser. Das Ganze sah aus, als hätte man einen japanischen Garten aus dem 16. Jahrhundert frei durch Zeit und Raum in den Himalaja versetzt.

Auf der anderen Seite des Flusses fiel im grellen Sonnenlicht eine Reihe katastrophaler Erdrutsche ins Auge. Die Hälfte der Felder rund um die Dörfer Nakbug und Ghat waren in den Dudh Kosi gestürzt. Die offensichtlich noch immer bewohnten Häuser schwankten gefährlich am Rand der verbliebenen Terrassen. Ein leichtes Beben oder ein Wolkenbruch – und das, was von den Dörfern noch übrig war, drohte ebenfalls den Hang hinunterkippen, doch die Bergbewohner weigerten sich, ihre Häuser zu verlassen. Sie konnten es sich nicht leisten, anderswo Land zu kaufen und noch einmal von vorn anzufangen. Anders als ihre geschäftstüchtigen Verwandten auf unserer Seite des Flusses hatten sie an dem durch den Tourismus geschaffenen Wohlstand nie teilgehabt – sie waren arm, und jetzt lag ihr Leben in den Händen der Götter.

Lange Zeit hatte man die Bergbewohner für die Erosion und die damit verbundenen vielen Erdrutsche verantwortlich gemacht. Neuere Studien zeigten jedoch, dass die Einheimischen eher Opfer als Täter waren. Abholzung und Überweidung trugen zu der Entwicklung bei, doch natürliche Faktoren wie schwache Bodenstruktur, Hanginstabilität und schwere Monsunregenfälle ließen das prekäre Gleichgewicht rasch kippen. Was wir auf der anderen Seite des Flusses sahen, war nur einer von mehreren Erdrutschen, die von einem Erdbeben ausgelöst worden waren, das Ostnepal im August 1988 erschüttert hatte.

Wir trafen uns mit Chris und Mick, zogen weiter nach Phakding und erreichten am nächsten Tag die Grenze des Mount-Everest-Nationalparks. Der 1200 Quadratkilometer umfassende Park war 1973 auf Drängen Sir Edmund Hillarys eingerichtet worden. Als sich die besondere Schönheit der Region Khumbu herumgesprochen hatte, strömten die Menschen in Scharen herbei, um diese einzigartige Bergwelt zu bewundern und die faszinierenden Gipfel zu besteigen. Der ständige Zustrom an Touristen und Bergsteigern in den 1950er- und 1960er-Jahren war mit einer erhöhten Nachfrage nach Brennstoff und Unterkünften verbunden. Nach und nach begannen die Berge im Khumbu sich den kahl geschorenen Köpfen der Lamas in den Klöstern anzugleichen. Hillary erkannte, dass die Region bald zu einer baumlosen Wüste verkäme, wenn nicht Kontrollmöglichkeiten eingerichtet würde. Mit Hilfe von Neuseeland, seinem Heimatland, und einer Reihe internationaler Naturschutzorganisationen stemmte er sich dem ökologischen Niedergang entgegen.

Die einheimische Bevölkerung wehrte sich vehement gegen die Einrichtung des Nationalparks. Ihr ging es um die Dollars von heute, nicht um die Bäume von morgen. Sie verlangte den ungehinderten Zugang zu ihren Wäldern, um Brenn- und Bauholz zu schlagen, und sie verfluchte den Tag, an dem Sir Edmund begonnen hatte, sich in ihre Angelegenheiten einzumischen. Gegen den Nationalpark opponierende Politiker bekämpften den Mann, der einen großen Teil seines Lebens der Verbesserung der Lebenssituation in den Bergen des Khumbu gewidmet hatte. Die lebende Legende des Everest, der Mann, der »den Lippen der Sherpa den Zucker gebracht hatte«, wurde von ihnen verleumdet und verdammt, weil sie meinten, dass er »Salz in ihre Augen streute«.

Als Erstes verbot man allen Parkbesuchern den Verbrauch von Brennholz. Vor 1980 hatten große Expeditionen und Trekkinggruppen enorme Mengen verbraucht: im Durchschnitt 7000 Kilo pro Besteigung. Später untersagte man den Einheimischen das Fällen von frischem Holz und stellte strenge Regeln für das Sammeln und den Verkauf von Brennholz auf, die aber nur halbherzig durchgesetzt wurden. Keine halbe Stunde vom Eingang des Parks entfernt trafen wir sechs Träger mit saftigen Zweigen, die sie, wie sie freimütig einräumten, aus einem geschützten Waldgebiet geholt hatten, um sie an eine Herberge in Namche Bazar zu verkaufen.

Das Dorf Namche, Handelszentrum der Region Khumbu, lag an einem breiten Abhang hoch über dem Zusammenfluss von Bhote und Dudh Kosi. Der Name Namche bedeutet »im Schatten des Waldes«, doch nur ein paar niedrige Sträucher und vereinzelte Tannen kündeten noch vom üppigen Bewuchs vergangener Zeiten. Ein neuer Weg führte zum Hauptort der Sherpa hinauf, und trotz der fehlenden Bäume nahm mir der Anblick des Dorfes den Atem. Das letzte Mal, als ich Namche gesehen und fotografiert hatte, war der Winterschnee gerade geschmolzen, der Boden hatte hart und undurchdringlich gewirkt, der Ort wie eine Wüstenstadt ausgesehen. Die Schneefälle der letzten Tage deckten diesmal gnädig alle Sünden zu, und der Anblick war großartig. Der gesamte hufeisenförmige Hang war mit einer plüschigen, mit niedrigen, dunklen Steinmauern abgesteppten Daunendecke überzogen. Eiszapfen hingen über den Fenstern und schmückten die Dachrinnen der Wellblechdächer mit hübschen Fransen. Die Augen des Tschorten blickten hinauf in das breite, natürliche Amphitheater, und ringsum ragten die Berge in atemberaubende Höhen. In Gedanken fühlte ich mich zurückversetzt in die Tage von Camelot, als Namches Antwort auf König Arthurs Torwächter auf einem alten, in einen Holzrahmen gespannten Sauerstofftank die Uhrzeit schlug.

Wir schlenderten durch den Basar und betrachteten die Stände mit all dem Schnickschnack und »tibetischen« Modeschmuck, den wir bereits auf den Souvenirmärkten in Leh und Kathmandu gesehen hatten. Dutzende von Restaurants, Herbergen und Gebrauchtwarenhändlern verkauften Bergsteigerbedarf und übrig gebliebene Lebensmittelpackungen. Lautstarke Kundenfänger wollten uns in ihre Hotels und Herbergen locken, doch wir wussten schon, wo wir die Nacht über bleiben wollten, und steuerten unbeirrt das »Namaste Guesthouse« oberhalb des Dorfes an. Namaste bedeutete wörtlich »Ich ehre den Gott in dir«, etwas lockerer übersetzt »Hallo« oder »Auf Wiedersehen«. Das Haus gehörte Sonam Girme, meinem Freund und Sirdar bei der Everest-Expedition zur 200-Jahr-Feier Australiens.

Als echter Veteran hatte Sonam 38 Expeditionen geleitet und für seine bergsteigerischen Leistungen zahlreiche Ehrungen erhalten. Jeder, der mit ihm zusammengearbeitet hat, mag ihn und hat großen Respekt vor ihm. Sonam war gerade im Hof und fütterte seine *dzo* mit großen, fettigen Maisknödeln. Als er uns sah, sprang er auf und wischte sich die Hände ab. Er trug einen hellblauen, daunengefütterten Overall, ein Flanellhemd und ein Lächeln, das so breit war wie das Tor zu seinem Herzen. Er wirkte schmaler, als ich ihn in Erinnerung hatte, was seine riesigen Prinz-Charles-Ohren noch mehr betonte.

Wir setzten uns in den großen Esssaal mit dem herrlichen Panoramablick über Namche und tauschten Neuigkeiten von gemeinsamen Freunden aus. Unweigerlich kamen wir dabei auf verschiedene Expeditionen zu sprechen. Nach etlichen Tassen mit dampfendem Tee erfuhren wir schließlich, dass Sonam auch an der Everest-Expedition von Sir Edmund und Tensing beteiligt gewesen war.

Im zarten Alter von 12 Jahren hatte Sonam der Expedition als Postkurier gedient – zweifellos einer der schwersten, aber auch einer der am besten bezahlten Jobs in den Bergen. »Ganze Nacht, ganzen Tag wir mussten laufen«, stöhnte er. »Keine Taschenlampen, nur Laternen.« Sie arbeiteten immer zu zweit und wechselten sich gegenseitig ab, sodass sie sich nach jedem Marathon von Kathmandu zum Basislager oder vom Basislager nach Kathmandu ein paar Tage ausruhen konnten. Die durchschnittliche Bezahlung für Träger in den tieferen Lagen betrug damals drei Rupien pro Tag, und die Reise zum Everest dauerte einen Monat; schafften die Kuriere die Strecke zwischen Stadt und Berg in nur vier Tagen, bekamen sie 200 Rupien pro Strecke. Wenn sie es etwas geruhsamer angingen und sich fünf Tage Zeit ließen, sank die Bezahlung auf 150 Rupien. Sonam führte uns vor, wie ihm nach einem solchen Lauf zumute gewesen war. Er kroch auf allen vieren in die Zimmerecke und rollte sich wie ein Embryo zusammen. »O, große Schmerzen!«, lachte er. »Zwei, drei Tage nicht bewegen, nicht sprechen, nicht essen.« Aber das Geld war es ihm wert. Sonam rechnete uns vor, was sein damaliger Lohn heute wert wäre. »1953 vier Kilo Reis 25 Paise (eine Viertelrupie). Heute in Namche ein Kilo 110 bis 115 Rupien. Damals 200 Rupien … 12.000 Rupien heute.« Seine Berechnung mochte nicht sonderlich präzise sein, machte den damaligen Wert der scheinbar mageren Bezahlung aber durchaus deutlich. Unser getreuer Jungbu würde zwei Monate brauchen, um den Gegenwert zu verdienen – und wir bezahlten den Höchstpreis für seine Dienste.

Für einen 12-Jährigen musste Sonam sich reich wie ein König vorgekommen sein. »Dafür kann ein kleiner Junge viele Süßigkeiten kaufen«, witzelte ich. Sonam zuckte mit den Schultern. Er hatte mit acht seine Eltern verloren, musste seine jüngeren Geschwister und die Tante, die sie zu sich genommen hatte, von seinem Lohn ernähren. »Essen, Miete, Kleider, Schuhe – ein Monat alles weg«, erklärte er.

Nach der Expedition arbeitete Sonam als Hausjunge für Tensing Norgay in Darjeeling, dem britischen Erholungsort in den Gebirgsausläufern von West Bengal und eine Art Sherpaenklave. Neun Jahre lang blieb er bei Norgay, versorgte die 40 tibetischen Lapso-Hunde und half gelegentlich bei Expeditionen aus. Mit 21 zog er nach Namche zurück, heiratete und baute ein Haus für seine Familie. Innerhalb der Hierarchie der Expeditionshelfer arbeitete er sich rasch nach oben, sodass er es sich leisten konnte, seinem Haus ein zweites Stockwerk aufzusetzen und Zimmer zu vermieten. Als die Kinder aus dem Haus waren, wandelte er das ganze Haus in eine Herberge um.

Seine Frau lebte noch, war aber in Kathmandu. Er stecke mitten in einer schlimmen Familienfehde, vertraute Sonam uns an, weder mit ihr noch mit zweien seiner Söhne habe er Kontakt. Die ganze Arbeit in der Herberge bliebe an ihm hängen. Um es ihm nicht noch schwerer zu machen, sagten wir, wir gingen anderswo essen.

In Namche essen zu gehen war ein unvergessliches Erlebnis. Schon die Speisekarte im »Mountain View Lodge« lohnte einen Abstecher. Außer »Yaksteak mit Pomm Frit« gab es »Omlitt«, »Buchweizpfannkuch« oder »dal Bath«, zum Nachtisch »Apple Pi« und für die mathematisch weniger Interessierten einen süßen »Putting«.

Auch die Art, wie der Besitzer sein Gemüse halb gar kochte und seinen Wassertank heizte, war wirklich sehenswert. Voller Stolz führte Ang Pura uns in die Küche, um uns seine Erfindung zu demonstrieren: eine Variation zum Thema »Freizeit-Heizstrahler«, wie man ihn am Zigarettenanzünder seines Wagens anschließen kann. Sein Exemplar bestand jedoch aus einem Gewirr freigelegter, um einen Baseballschläger gewickelter Glühdrähte mit einem 220-Volt-Kabel am Griff. Ang steckte das abenteuerliche Gerät in eine vorsintflutliche Steckdose, drehte einen Schalter und tauchte das Ganze in einen riesigen Wassertank. Es knisterte und zischte, Funken sprühten von der Oberfläche, und Blitze schossen durch den Tank wie Neonfische durch ein Aquarium. Ang sah uns mit unschuldigen Augen an: »Schön? Schön? Morgen duschen. Nur 12 Rupien! Sehr heiß, das Wasser!«

Nach dem Essen gingen wir zu Passang Karmi nebenan, um in seinem Restaurant Kaffee zu trinken, vor allem aber, um uns seine Zimtwecken schmecken zu lassen, die als die besten im gesamten Himalaja galten. »PK«, wie er liebevoll genannt wurde, war etwas anspruchsvoller als sein Nachbar: In seiner Küche prangte eine funkelnagelneue Mikrowelle. Außerdem stellte er im Esssaal eine alte Ausgabe der World Book Encyclopaedia aus, ein persönliches Geschenk von Jimmy Carter. Ja, das gesamte Lokal war eine Gedenkstätte für den amerikanischen Expräsidenten. An den Wänden hingen gerahmte Zeitungsausschnitte über seinen Trekkingurlaub in Nepal mit seiner Frau Rosalyn, zahlreiche Fotos zeigten einen als Sirdar mit dem Präsidentenpaar posierenden PK. Über der Tür, die zur Treppe zum oberen Stockwerk führte, hing eine täglich frisch polierte Bronzeplakette: »Hier schlief Jimmy Carter 1985.«

Am nächsten Tag lungerten wir noch gemütlich in Namche herum, arbeiteten uns durch diverse illustre Speisekarten und erkundeten den Wochenmarkt am Ende des Basars. Hunderte von Verkäufern aus der Umgebung boten auf dem engen Marktplatz in offenen Körben ihre Ware an. Um sie herum strudelte ein Whirlpool aus Menschen, wirbelte ein Mandala aus Farben und lauten Stimmen. Mindestens die Hälfte der Leute waren Touristen, die nach dem optimalen Winkel suchten, um die bunte Szene fotografisch festzuhalten. Um die Ecke mit den Fleischständen, wo gehäutete Yakkadaver und blutige Eingeweide den Schnee mit leuchtendem Rot befleckten, machten die meisten allerdings einen großen Bogen.

Mitten im Gewühl hatten ein paar *didi* (wörtlich »Schwester«, eine respekt- und liebevolle Anrede für alle Frauen, die älter sind als man selbst) Haushaltswaren und Toilettenartikel aufgebaut, die sie aus irgendwelchen mondänen Läden in Lukla heraufgeschleppt hatten. Den eigenen Ausverkauf dadurch unbewusst beschleunigend, hatten einheimische Firmen die würdevollen Wahrzeichen des Himalaja in lächerlich wirkende Markennamen verwandelt. Anspruchsvolle Hausfrauen fanden in Namche »Everest-Zahncreme«, »Yakzigaretten«, »Sherpa-Scheuerpulver« und sogar »Puja-Seife«.

Am nächsten Tag trekkten wir in gemütlichem Tempo zu den Zwillingsdörfern Khunde und Khumjung. Dabei kamen wir an der staatlichen Livestock Development Farm vorbei. Ein einsames *dzo* stand am Tor und schnupperte auf dem schneebedeckten Boden nach Resten von Vegetation. Die reinrassigen Yaks standen in ihrem Unterstand. Mit ihren kurzen, gedrungenen Beinen waren sie fest im Boden verwurzelt. Sie hielten die Köpfe gesenkt und wedelten mit ihren dicken, behaarten Schwänzen Fliegen von den breiten Hinterteilen. Es waren riesige Tiere mit breiten, ausladenden Hörnern und wollenen Hularöckchen an den Unterbäuchen.

Hier auf der Zuchtfarm führten die Yaks ein relativ leichtes Leben; statt zu arbeiten, mussten sie nur die Reagenzgläser der Züchter füllen. Ihre halb domestizierten Verwandten dagegen schufteten hart für Kost und Logis. Jahrein, jahraus stapften sie durch Sonne, Regen, Graupel und Schnee, schleppten Ausrüstungsgegenstände und Lebensmittel über den Khumbu-Gletscher hinauf in die verschiedenen Bergsteigerlager. Weibliche Yaks wurden jeden Tag gemolken, aus ihrer Milch wurde Butter für Tee und Öl für die Altarlampen der Klöster gewonnen, die Wolle beider Geschlechter wurde gesponnen und zu Kleidern, Teppichen und Zeltbahnen gewebt oder zu Seilen gedreht. Ihre Hinterlassenschaften wurden gesammelt, getrocknet und als Brennstoff genutzt, und wenn sie verendeten, sorgten ihre Besitzer dafür, dass ihre Überreste bis auf die letzte Faser verwertet wurden. Ihr Fleisch und ihre Innereien wurden gegessen, ihre Haut wurde zu Schuhen, Taschen und anderen Behältern verarbeitet, ihr Blut wurde gekocht, mit Fett gemischt, in ihre gesäuberten Därme gefüllt und als Wurst verzehrt, ihre Schwänze wurden entweder den Mönchen gebracht, die sie in religiösen Zeremonien verwendeten, oder als Fliegenwedel und Glückssymbole in den Häusern aufgehängt.

In Kunde angekommen, suchten wir sogleich das Haus von Mingma Tshering. Mingma war das Dorfoberhaupt und seit 1955 Sir Edmund Hillarys persönlicher Sirdar. Seine Hauptaufgabe bestand darin, Einheimische für die Arbeit in den vom Hillary Trust gegründeten und geförderten Projekten anzustellen. Derzeit beaufsichtigte er den Wiederaufbau von Tenboche Gompa, einem berühmten Kloster im Herzen der Region Khumbu, das 1989 bis auf die Grundmauern abgebrannt war.

Der 62-Jährige war sichtlich mieser Laune. Er wartete auf die Rückkehr seiner Frau aus Indien. Schon vor einem Monat war sie zu einer Belehrung durch den Dalai Lama aufgebrochen, und Mingma vermisste sie schmerzlich. Die einzige Gesellschaft, die er jetzt noch hatte, war sein taubstummer Sohn Temba und eine ebenfalls gehörlose Haushälterin. Als wir kamen, schrie er gerade auf die beiden ein, doch die sahen ihn nur entgeistert an. Offenbar konnten sie nicht verstehen, worüber er sich so aufregte. Temba kicherte und zeigte auf seine Ohren, dann lief er zu dem *thanka*, an dem er gearbeitet hatte, und malte weiter. Mingma drehte sich zu uns um und fragte brüsk, was wir wollten.

Ich hatte am Vortag einen Brief zu Mingma hinaufbringen lassen, in dem ich angefragt hatte, ob wir ihn besuchen dürften. Also räusperte ich mich und stellte uns vor. »O, der Brief«, sagte Mingma. »Ich weiß nicht ... ich lese nicht.« Ich wiederholte rasch, was ich geschrieben hatte, und der kleine Mann brach in Gelächter aus. »Du komisches Mädchen! Du nicht taub! Komm herein, komm herein!«

Wir klopften uns den Schnee von den Stiefeln und folgten dem berühmten Sherpa in sein weitläufiges Steinhaus. Dann hockten wir stundenlang am Ofen in Mingmas Küche, erzählten von verschiedenen Expeditionen und von den Bergen, und ich las ihm alle Briefe vor, die er in den letzten Monaten bekommen hatte. Am meisten gefiel ihm eine Musikkarte, die ihm eine Familie aus Neuseeland geschickt hatte. Jedes Mal, wenn man sie aufklappte, spielte ein Mikrochip We Wish You a Merry Christmas. Mingma fand das umwerfend komisch. »Hört!«, rief er und zog die Karte aus dem offenbar schon häufig geöffneten Umschlag. »Ist niemals still!«

An der rauchgeschwärzten Wand hinter seinem Stammplatz am Feuer klebten vergilbte Zeitungsausschnitte über Sir Edmunds Hochzeit mit seiner langjährigen Lebensgefährtin June Mulgrew. Sir Edmunds erste Frau Louise und seine Tochter Belinda waren bei einem tragischen Flugzeugabsturz 1975 ums Leben gekommen. Sie waren auf dem Weg nach Papalu gewesen, einem Dorf in der Solu-Region, um sich dort mit Sir Edmund zu treffen. Mingma erinnerte sich noch gut daran, wie er seinen Boss zur Absturzstelle begleitet hatte.

»O, nicht gut«, seufzte er, nach all den Jahren noch immer ergriffen. »Alles schwarz. Alles verbrannt. Jacke, Geld ... Alles schrecklich. Gar nicht gut. Ich war da ...« Er ließ den Satz unvollendet, versank wieder in den Schmerz und in die Hilflosigkeit, die ihn offenbar seitdem nie verlassen hatten. Die fehlenden Worte konnte man in seinen feuchten Augen lesen.

Ich lenkte ihn ab, indem ich auf ein anderes Foto auf der gegenüberliegenden Wand deutete. Es zeigte Mingma und seine Frau Ang Dooli auf einem Plüschsofa mit Sir Edmund und Rajiv Gandhi. Zehn andere Würdenträger und Politiker standen hinter ihnen, darunter der damalige neuseeländische Premierminister David Lange. Das Foto war direkt nach der Aufzeichnung einer Fernsehsendung mit dem Titel »Das ist Ihr Leben« zu Ehren des unermüdlichen Sir Edmund aufgenommen worden. Der Sender hatte Mingma und Ang Dooli eigens nach Neuseeland kommen lassen.

»Im Flugzeug erste Klasse!«, kicherte Mingma. »Toller Service, toller Service! Alle liefen hin und her – Mingma okay? Ang Dooli okay? Alle okay?« Wir lachten laut über seine Beschreibung des »Flugzeugs mit Dachgeschoss«, der verstellbaren Ruhesessel und der während des Flugs gereichten Erfrischungen. Ich fragte ihn, ob Ang Dooli die Reise ebenso gefallen habe wie ihm. »Ha!«, rief er verächtlich. »Ang Dooli hat die ganze Zeit bis Neuseeland geschlafen. Alles verpasst!«

Unser Gespräch zog sich bis zum Abend hin und landete unweigerlich bei einer anderen Himalajaberühmtheit, dem Yeti. Das fehlende Glied in der Kette der menschlichen Evolution wurde vor allem in der Region Khumbu vermutet. Die Geschichten über den Schneemenschen gehörten von alters her zu den Überlieferungen der Sherpa. 1959 hatte ihn Nepals Gazette sogar offiziell in die Liste der bedrohten Arten aufgenommen. Fünf große wissenschaftliche Expeditionen haben seitdem vergeblich nachzuweisen versucht, dass der behaarte, affenartige Hochgebirgsbewohner noch existiert. Zu den äußerst spärlichen und überdies wenig überzeugenden Beweisstücken gehören mehrere Fotos, nicht identifizierbare Fußabdrücke, unbestätigte Augenzeugenberichte von Bergsteigern, Einheimischen und Trekkern sowie mehrere rätselhafte Überfälle auf Dorfbewohner und Yaks. Natürlich blieb auch dem legendären Yeti die kommerzielle Ausbeutung nicht erspart. Nepal schlug aus ihm ebenso bereitwillig Kapital wie aus dem Mount Everest. In allen Werbeprospekten wird Nepal als »Heimat des Yeti« angepriesen. Hotels, Zeitschriften, Flugzeuge, Restaurants, Geschäfte und sogar einzelne Produkte tragen seinen Namen, und die staatliche Fluggesellschaft führt eine Karikatur von ihm in ihrem Emblem.

Mingma war ein Mann, der mit beiden Beinen auf dem Boden der Tatsachen stand, also fragte ich ihn, ob er an die Existenz des Yeti glaubte. »Ha!«, spottete er. »Ha! Ha! Jedenfalls, ich sehe nie ... Viele Leute reden, reden, reden. Eine Frau in Machhermo sieht Yeti. Ihr geht nach Machhermo – vielleicht seht ihr Yeti auch!« Er hielt sich den Bauch und lachte so sehr, dass er fast von seiner Sitzbank fiel.

Tatsächlich waren wir nach Machhermo unterwegs, denn wir hatten beschlossen, vom Hauptweg zum Basislager am Mount Everest abzuweichen. 1988 hatte ich so viel Zeit auf dem Khumbu-Gletscher verbracht, dass ich fast meinte, jeden Eisbrocken und jede Gletscherspalte persönlich zu kennen. Ich brannte darauf, auch in dieser Region noch etwas Neuem zu begegnen.

Zum Glück waren die anderen nicht auf das Basislager fixiert, und ich konnte sie überreden, stattdessen nach Gokyo aufzusteigen, einem Dorf auf der Seitenmoräne des längsten Gletschers in Nepal, des Ngozumpa, an dem auch der Dudh Kosi entsprang. Auch von dort aus sollte man den Everest sehen können, aber noch einiges mehr: Der Karte nach lagen rund um Gokyo fünf Bergseen und genug Aussichtspunkte, die nicht nur einen Blick auf die Gipfel an der traditionellen Route boten, sondern noch auf viele andere Berge des Khumbu Himal, vor allem auf das Cho-Oyu-Massiv.

Sobald wir uns am nächsten Morgen in Marsch gesetzt hatten, wussten wir, dass wir unsere Entscheidung nicht bereuen würden. Es war ein magischer Tag. Die Sonne verwandelte die schneebedeckten Felder von Khunde und Khumjung in prächtige, vor der Königin der Berge ausgebreitete Glitzergewänder. Der 6856 Meter hohe Ama Dablam, von vielen als beeindruckendster Gipfel der Region bezeichnet, war die wunderschöne, elegante Kammerzofe. Sie trug das schneeweiße Amulettkästchen, das ihr den Namen gab. Chomolungma verbarg ihre nackte, massige Gestalt noch hinter dem vom Nuptse Lhotse gehaltenen Paravent.

Eine grob gehauene Treppe führte in den tiefblauen Himmel. Von einem Bergkamm aus schauten wir hinunter auf den Imja-Khola-Fluss. Das wieder aufgebaute Kloster Tengboche glänzte wie eine Speckschwarte auf seinem sonnenbeschienenen Felsen, der wie eine Insel auf dem schattigen Abgrund des Tales schwamm. Die Größe und die Erhabenheit des Khumbu, die unglaubliche Höhe der Berge und die abgründige Tiefe der Täler, die Herzlichkeit der Menschen, die weithin sichtbaren und die geheimnisvollen, mystischen Elemente ihrer Religion – all das bildete eine ganz eigene, zauberhafte Welt. Sie mit eigenen Augen sehen und sich in ihr bewegen zu dürfen war ein ungemein aufregendes Erlebnis, das zugleich aber auch die eigenen bescheidenen Grenzen spüren ließ.

Der Weg führte scharf hinunter zum Dudh Kosi und schlängelte sich dann oberhalb des Flusses durch wahre Zauberwälder aus Birken und Rhododendron. Die Zweige und Blätter waren mit Schnee bestäubt. Die ganze Landschaft schien vor Ehrfurcht vor sich selbst den Atem anzuhalten. Selbst die Wasserfälle waren still, mitten im Schwung eingefroren, und hingen wie weiße Schleier aus Licht über den steilen Klippen.

Wir erschreckten mehrere unterhalb des Wegs im Schnee nach Futter suchende Moschushirsche. Ihre Köpfe sahen denen von Kängurus so ähnlich, dass ich zweimal hinschauen musste. Im Himalaja Wild zu sehen war stets etwas Besonderes; Chris und ich konnten die größeren Tiere, die wir auf unserer langen Reise bis dahin erblickt hatten, an einer Hand abzählen.

Als wir nach Machhermo kamen, hatte Julian stechende Kopfschmerzen, Durchfall und einen trockenen Husten – eine Kombination aus der Höhenkrankheit und einem verkorksten Magen. Außerdem schlug plötzlich das Wetter um, sodass wir keine weitere Zeit verloren, uns ein Zimmer in einer Herberge suchten und Julian sofort ins Bett steckten. Er war zu schwach, um zu protestieren. Den restlichen Nachmittag verbrachte ich damit, ihn zwangszuernähren und ihm Flüssigkeit einzuflößen, damit sein Körper nicht austrocknete.

Mick hatte eisern alle Ratschläge für das Trekken in großer Höhe befolgt, war fit und voller Tatendrang. Es machte großen Spaß, diese Gegend, die ich so sehr liebte, mit jemandem wie ihm gemeinsam zu bereisen. Von der ersten bis zur letzten Minute sprühte er vor Begeisterung. Jetzt saß er mit Jungbu in der Küche, trank schwachen schwarzen Kaffee und grinste von einem Ohr zum anderen.

»Hey, Soz!«, kreischte er. Offenbar war ihm ganz plötzlich etwas eingefallen. Ich erhob mich von Julians Bettkante und steckte den Kopf durch den schweren Vorhang, der Schlafraum und Küche trennte.

»Hmmm?«

»Ich kann gut verstehen, was du über deine Beziehung zu Chris gesagt hast. Mir ist gerade aufgefallen, dass ich nicht ein einziges Mal an Sex gedacht habe, seit wir in Jiri losmarschiert sind, und das war vor zwei Wochen – absolut erstaunlich!«

Da hatte er wohl Recht!

Das 4445 Meter hoch gelegene Machhermo gab genau die passende Kulisse für eine Begegnung mit einem Yeti ab. Jenseits der schneebedeckten terrassierten Felder, die das kurze Seitental mit dem Dorf einnahmen, ragten zerklüftete schwarze Klippen in den Himmel und machten den nächsten Gletscher zu einer uneinnehmbaren Festung. Dicke Wolkenbäusche wirbelten um die Zinnen, unerschütterliche Yaks lagen reglos wie Felsbrocken im Schnee. Es hatte minus 15 Grad, der Wind heulte um die niedrigen Steinhütten und drang durch jede Ritze zwischen Rahmen und Tür. Die Szenerie als »Unheil verkündend« zu bezeichnen wäre grob untertrieben gewesen.

Eine Verwandte der Frau, der unsere Herberge gehörte, hatte 1974 einen Überfall durch einen Yeti überlebt, und zwar genau an der Stelle, an der Tensing Norgays Vater mehrere Jahrzehnte davor ein ähnliches Erlebnis gehabt haben soll. Die 19-Jährige hatte eine Herde Yaks gehütet, als sie plötzlich von einem »riesigen, affenähnlichen Untier« gepackt und zu einem nahen Bach geschleppt wurde. Dort warf der Yeti sie in eine Erdmulde und schlug auf sie ein, bis sie das Bewusstsein verlor. Am nächsten Morgen untersuchten mehrere Sherpa die Unglücksstelle und stellten fest, dass drei Yaks getötet, eines aufgefressen und mehrere andere verletzt worden waren. Sie legten Steine um die Fußabdrücke des Untiers, das diesen verheerenden Schaden angerichtet hatte, und riefen die Polizei aus Namche. Es war das erste Mal, dass es nach einer Yeti-Begegnung zu offiziellen Ermittlungen kam, doch konnten auch in diesem Fall keine gesicherten Erkenntnisse gewonnen werden. In Machhermo bezweifelte allerdings niemand die Wahrheit der Geschichte; noch 17 Jahre später sprachen die Leute davon, als sei das Ganze erst gestern geschehen.

Sowohl das Wetter als auch Julians Kopf hatten am nächsten Morgen aufgeklart, sodass wir nach Gokyo weiterziehen konnten. Außer dem kleinsten und niedrigsten waren alle Bergseen in der Nähe des Dorfes zugefroren. Wie riesige Eislaufbahnen lagen sie zwischen der Moräne des Ngozumpa und dem Fuß der Bergkette westlich des langen Gletschers aufgereiht. Cho Oyu und sein Nachbargipfel, der 7922 Meter hohe Gyachung Kang, ragten am Kopf des Tals in den Himmel und ließen alles andere zwergenhaft erscheinen. Die einzige Wolke am Himmel bestand aus tausenden weißer Tauben, die auf das Dach der Welt zuflogen.

In der Nacht fiel das Thermometer auf minus 25 Grad und brauchte fast den halben folgenden Tag, um wieder auf halbwegs erträgliche Werte zu steigen. Der Wind war bitterkalt. Wir zählten zu den letzten Touristen, die in dieser Saison bis Gokyo kamen, nach unserer Abreise würden die Herbergsbesitzer ihre Häuser zuschließen und sich den Winter über in südlichere Gefilde begeben. Chris, der bis dahin keinerlei Beschwerden gehabt hatte, bekam auf einmal Kopfschmerzen, nahm ein paar Schmerztabletten und verkroch sich für den Rest des Tags in die Wärme seines Schlafsacks. Krank oder nicht, es war bei weitem der vernünftigste Aufenthaltsort.

Als Chris sich am nächsten Morgen noch immer nicht ganz wohl fühlte, verzichtete ich auf die geplante Klettertour auf den Gokyo Ri – einen 5483 Meter hohen »Hügel« hinter der *yersa* (einer nur im Sommer bewohnten Siedlung) –, um ihn ins niedriger gelegene Dorf Dole zu begleiten. Chris wollte, dass ich blieb, um den spektakulären Blick von dort oben nicht zu verpassen, doch die Aussicht, ein paar Stunden mit ihm ganz allein zu sein, war für mich viel verlockender. »Wir sind jetzt seit drei Wochen rund um die Uhr mit Julian und Mick zusammen«, erklärte ich ihm, »wir können alle eine kleine Atempause gebrauchen. Und wenn du nichts dagegen hast, verbringe ich meine mit dir.« Chris nahm mich in den Arm, und Hand in Hand stiegen wir ins Tal hinab. Nur wir beide. Wie in den guten alten Zeiten.

Am nächsten Morgen trafen wir Mick in Dole. Julian und Jungbu stießen etwas später in Portse zu uns. Über das Kloster Tengboche kehrten wir nach Namche zurück, und am 15. Januar flogen Mick und Julian wieder nach Australien. Der Monat mit ihnen hatte Spaß gemacht, und als es ans Abschiednehmen ging, flossen bei uns allen die Tränen. Unser gemeinsamer Urlaub war vorüber, Chris und ich mussten wieder an die Arbeit – allerdings erst, nachdem wir Namche von Zimtwecken und Yaksteaks leer gegessen hatten!

Die Gabe des Sehens

»Bomben! Bomben wie Regen!« Sonam Girme stürzte in den Schlaf-
saal des »Namaste Guesthouse« und fuchtelte wild mit den Händen
über dem Kopf. Es war der 17. Januar, und der irakische Diktator
Saddam Hussein hatte das Ultimatum für seinen Rückzug aus
Kuwait verstreichen lassen. Der Golfkrieg hatte begonnen.

Es war ein grauer, trostloser Tag, doch in den Gassen von Namche
summte und brummte es vor den sich überschlagenden Neuigkeiten. Vor der »Khumbu Lodge« hatte sich eine kleine Menschenmenge versammelt. PK zeigte einen ledergebundenen Band von
World Book herum, damit sich jeder vorstellen konnte, wie ein ame-
rikanischer B-52-Bomber aussah. Eine seltsame Nervosität erfasste
den kleinen Ort, in dem sich die Nachricht rasch von Mund zu Mund
verbreitete. Bald vermischten sich die Geräusche knisternder Ra-
dios mit dem Stimmengewirr in den schmalen Gassen. Die Menschen hielten in ihrem Alltag inne, um sich über den neusten Stand
der Dinge zu informieren. So ähnlich stellte ich mir die Reaktion auf
den Beginn des Zweiten Weltkriegs 1939 in Australien vor dem Fern-
sehzeitalter vor. Die Sherpa waren vom Kriegsgeschehen so weit
entfernt, wie man es sich nur wünschen konnte, doch sie spürten
den Schock, die Aufregung und die Angst, die von diesem Krieg aus-
gingen wie seismische Wellen, die die ganze Welt ergriffen.

In vieler Hinsicht zeigten die Szenen, wie klein die Welt tatsächlich geworden war. 1939 hatte das gleiche Dorf sich in der Abgeschiedenheit seines Bergreichs mit etwas so Abwegigem wie einem
Krieg zwischen anderen Nationen noch gar nicht befassen können
und davon sicher auch keinerlei Kenntnis gehabt. Als Nepal 1951
seine Grenzen öffnete und internationale diplomatische Beziehun-

gen aufnahm, hielt auch dieses Land Einzug in das »global village«. Die Türen zur Region Khumbu wurden aufgeschoben, die ersten Mitglieder eines anfänglich noch sehr elitären internationalen Clubs traten ein und ergriffen die Chance, auf ihre berühmten Berge zu klettern. Der in der Folge einsetzende Einbahnstraßenverkehr sollte das Leben der Sherpa für immer verändern. Fremde Leute kamen in ihr Land – und das gab ihnen die Möglichkeit, aus ihrem Land nach draußen zu schauen. Ohne dass sie ihr Heimatland je verlassen mussten, erweiterte sich ihr Horizont. Inzwischen waren 40 Jahre vergangen, in denen die Wenigsten eine formelle Bildung erhalten hatten oder gar ins Ausland gereist waren, und doch bewiesen die Sherpa erstaunlich viel Wissen, Verständnis und auch Respekt für die ferne Welt und die in ihr lebenden Völker. Alle Sherpa beherrschten mindestens zwei Sprachen, viele sogar drei – und das meist, ohne lesen und schreiben zu können. Äußerlich war ihr Land noch immer extrem abgeschieden, spirituell, sozial und politisch waren sie jedoch erstaunlich nah an der Höhe der Zeit.

Trotz des Kriegsausbruchs und einer schweren Grippe hielt ich eisern an dem Plan fest, zum Denkmal für George Curry aufzusteigen. Gemeinsam mit einer hübschen Frau namens Naomi aus Katoomba in den australischen Blue Mountains trekkten Chris und ich nach Khunde zurück. Wir schauten kurz bei Mingma vorbei und begannen dann mit dem Aufstieg auf einen 4239 Meter hohen Ausläufer des Khumbila, des über dem Dorf aufragenden heiligen Bergs der Region Khumbu. Vom Kamm des Ausläufers bot sich einer der besten Blicke auf das Khumbu Himal – verständlich, dass Sue genau an diesem Ort ein Ehrenmal für ihren Mann errichten ließ. Es fiel leicht, sich ihn hier oben vorzustellen, wie er auf die Berge schaute, die er so sehr geliebt und für die er letztlich sein Leben gegeben hatte.

Leider schafften wir es nicht bis zum Denkmal. Im Schnee war der Weg kaum zu sehen, wir verliefen uns und stiegen irrtümlich zur nördlichen Spitze des Kamms hinauf. Auf halbem Weg gestand uns Naomi, sie habe Höhenangst. Dennoch wollte sie unbedingt durchhalten und legte erstaunlich viel Mut an den Tag. Schließlich schafften wir es auf den Kamm, der jedoch so schmal war, dass selbst ich Angst bekam! Er war nicht einmal breit genug, um sich hinzusetzen, und ein heftiger Wind drohte uns direkt nach Khunde zurückzuwehen.

Ich hatte einen großen Fehler gemacht. Georges Denkmal stand am anderen Ende des Kamms. »Ich könnte schwören, Sue hat gesagt ...«, begann ich, gab aber gleich wieder auf. Sie war über jeden Vorwurf erhaben – es war eindeutig meine Schuld; ich habe noch nie meinen linken von meinem rechten Fuß unterscheiden können.

Über den Gratrücken zu gehen kam überhaupt nicht in Frage. Für unsere unter Höhenangst leidende Gefährtin würde es schwierig genug werden, den gleichen Weg wieder hinunterzuklettern – nur ein Sadist hätte sie auch noch über den Grat geschickt. Außerdem verschlechterte sich das Wetter zusehends. In einem Schneesturm ohne jede Sicht auf diesem steilen Kamm zu bleiben wäre glatter Selbstmord gewesen. Uns blieben höchstens zehn Minuten, um mit George Zwiesprache zu halten, dann mussten wir sehen, dass wir wieder herunterkamen.

Chris und Naomi starrten gebannt in den Himmel. Die Wolken wirkten wie Geistererscheinungen, die in einem makabren, zerstörerischen Tanz den Himmel aufrissen. Sie schienen aus einer verborgenen Maschine für Spezialeffekte herauszufliegen, erinnerten an den Zeitraffer vor den australischen Abendnachrichten. Ich zündete ein Stück Wacholder an und dachte an George.

Ich vermisste ihn, aber ich war nicht traurig. Es kam mir so vor, als sei er in einem fernen Urlaub und nicht für immer von uns fortgegangen. Ich wusste, seine Leiche lag irgendwo am Fuße des Pumo Ri; 600 Meter tief war er gestürzt, und seine Freunde hatten ihn nicht bergen können. Aber seine Seele lebte weiter und beflügelte all die Menschen, die ihn gekannt und geliebt hatten. Ich hielt die Gebetsfahne, die wir für ihn hergetragen hatten, hoch in die Luft und ließ sie los. Dreimal drückte der Wind sie auf den Bergkamm zurück. Ich wünschte, er hätte das Gleiche mit George getan.

Es dauerte eine Ewigkeit, bis wir Namche am nächsten Tag den Rücken kehren konnten; es gab so viele Leute, von denen wir uns verabschieden mussten, und ebenso viele Tassen Tee auszutrinken! Unser getreuer Jungbu schätzte, wir würden eine Woche brauchen, bis wir das Arun-Tal erreicht hatten. Er war selbst lange nicht mehr dort gewesen, versicherte aber glaubhaft, sich an die Route erinnern zu können. Chris und ich machten uns keine Sorgen; war der Pfad auch nur annähernd so ausgetreten wie der zum Mount Everest, würden wir ihn mit verbundenen Augen erkennen.

Schließlich zwang uns das Wetter, ihn per Blindenschrift zu entziffern. Unsere Skistäbe wurden zu Blindenstöcken, Jungbu übernahm die Rolle des Blindenhunds. Wir blieben auf Armlänge zusammen und klammerten uns an seinem Rucksack fest, sobald es etwas brenzliger zu werden begann. Fünf Tage lang stolperten und schlitterten wir so durch ein nicht enden wollendes Schneegestöber. Der Weg, der eine Reihe von 4000 Meter hohen, bewaldeten Bergketten überquerte, war in den höheren Lagen schneebedeckt. Jeder Pass war vereist und tödlich glatt. Es dauerte Stunden, einen Felspfad hinabzusteigen, wenn der Regen jeden einzelnen Stein mit Eis überzogen und den Weg in ein Förderband voller Murmeln verwandelt hatte. Bei diversen Stürzen verletzte ich mein Schienbein, schlug mir das Knie blutig und spießte mich auf einer vorstehenden Baumwurzel auf. Am Ende waren wir alle von blauen Flecken übersät.

In den niedrigeren Lagen, in den engen Tälern des Hinku- und des Hongu-Flusses, blockierte dichter Nebel unsere Sicht. Wir zelteten auf schlammigen Feldern oder schliefen in kleinen Schutz-hütten und spartanischen Herbergen. Im Khumbu waren wir hoffnungslos verwöhnt worden, jetzt hieß es wieder, sich auf das Wesentliche zu beschränken – und das war nicht nur angenehm.

Die Dörfer der Sherpa und Rai, durch die wir nun kamen, hatten mit dem großen Touristenstrom noch keine Bekanntschaft ge-schlossen, ihr Leben drehte sich nicht um uns, schließlich waren wir nur auf der Durchreise. Die seit Jahrhunderten praktizierten Methoden der Vieh- und Landwirtschaft prägten nach wie vor den Alltag dieser Nepalesen. Mochten sie auch nicht so weltläufig sein wie ihre Nachbarn in den Bergen des Khumbu, waren die Rai, die in Ostnepal die größte ethnische Gruppe bildeten, doch freundliche, aufgeschlossene Menschen. Vor allem ihre Kinder rührten uns das Herz. In Bung, einem zwischen Bambushainen und der Hongu-Schlucht eingekeilten Dorf, strahlten uns die Kleinen durch dicke Schichten aus Dreck und Rotz entgegen, pressten ihre Handflächen zusammen und riefen uns höflich »Namaste!« zu. Keinem von ih-nen fiel ein, uns um irgendetwas anzubetteln.

Die Frauen trugen nach indischen Maßstäben geradezu beschei-den wirkende goldene Nasenringe und Halsketten, die aus hun-derten alter Silbermünzen zusammengefädelt waren. Sie malten Tier- und Blumenmotive auf die weiß gekalkten oder lehmverputz-ten Wände ihrer Häuser und bauten auf ihren Terrassenfeldern Mais und Hirse an.

Als wir Bung verließen, hoben sich die Wolken nach langer Zeit wieder, doch Chris klebte weiter mit der Nase am Boden und hatte keinen Sinn für den Blick auf die weit schwingenden Täler. Ihm blinkte nun etwas anderes als der ewige Muskovit von den Pfaden entgegen: Er hatte Granat entdeckt! Sofort war er vom Edelstein-fieber gepackt. Fest davon überzeugt, endlich eine Möglichkeit entdeckt zu haben, Dreck zu Gold zu machen, weigerte er sich zu glauben, dass die bröckelige Sorte, über die wir hier ständig stolperten, völlig wertlos war. Stattdessen blieb er alle zehn Minuten stehen, um uns mit dem Ende seines Skistocks ein vermeintlich besonders wertvolles Exemplar zu zeigen. Daraus wurde rasch eine Besessenheit, die erst nachließ, als wir Monate später in Bhutan so viele dieser Glitzersteine sahen, dass man sie mit der hohlen Hand vom Wegrand schöpfen konnte. Jungbu jedenfalls hielt ihn für völlig hysterisch. Jedes Mal, wenn wir beide auf Chris warten mussten, kicherte er und sagte: »O, o, Chris wieder sehr beschäftigt!«

Jungbu dagegen war mit etwas sehr viel Wertvollerem als Granat aufzuwiegen. Er war ein wandelndes Goldstück. Jungbu war immer fröhlich, lachte und sang beim Wandern und ließ sich weder von schlechtem Wetter noch von schwierigem Terrain aus der Fassung bringen. Er beklagte sich nie und war es auch zufrieden, eine Weile lang allein vorzugehen, um Chris und mich ein wenig unter uns sein zu lassen. Sein Englisch war nicht besonders gut, doch verstand er meist den Sinn dessen, was wir ihm zu erklären versuchten, und legte eine Engelsgeduld an den Tag, wenn Chris wieder einmal mehr Nepali lernen wollte. An dem Tag, an dem Chris endlich bis 20 zählen konnte, war Jungbu so erleichtert, dass er ihm ein Bier ausgab.

Das Wetter verschlechterte sich noch einmal, ehe es endgültig besser wurde. Als wir das Arun-Tal erreichten, war es geradezu tropisch heiß. In einer Woche hatten wir 3000 Meter an Höhe verloren und eine ganze Jahreszeit übersprungen. Nach unzähligen Tagen unter dem Gefrierpunkt brach uns jetzt plötzlich wieder der Sommerschweiß aus. In zwei Tagen war die Temperatur von minus fünf auf plus 30 Grad gestiegen. Bei der ersten Gelegenheit zogen Chris und ich uns aus und badeten im jadegrünen Wasser des Arun. Weil er nördlich des Everest, in Tibet, entsprang, war das Wasser noch eisig kalt.

Die Häuser in den Dörfern, die wir nun zu sehen bekamen, waren nicht mehr aus Stein erbaut. Die Landschaft am Flussufer mit den auf Stelzen stehenden Reet- und Bambushütten, den Wasserbüffeln und den überfluteten Reisfeldern erinnerte mehr an Thailand als an den Himalaja. Die Wangen der in Wiegen aus Sackleinen schaukelnden Babys glühten im Sonnenschein. Hässliche schwarze Ferkel durchwühlten Blätter- und Abfallhaufen. Hühner kratzten in der roten Erde nach schmackhaften Würmern. Auf jedem Dorfmarkt wurden Mandarinen und Bananen verkauft. Wir blieben jedes Mal stehen, um uns an den süßen Früchten satt zu essen; es waren die ersten, die wir seit unserer Abreise aus Indien bekamen.

Tumlingtar, der größte Ort im mittleren Teil des Arun-Tals, war eine Art Mekka für Lastenträger. Er wurde über eine kleine Flugpiste mit Waren versorgt, die zu Fuß nach Norden und Süden weitergetragen werden mussten. Am frühen Morgen, als der Nachtnebel noch nicht vom Fluss aufgestiegen war, sah ich, wie 100 Träger sich auf einem abgeernteten Feld hinter einem Lagerhaus ihre Lasten für den Tag aussuchten. Ausgemergelte Aasfresserhunde patrouillierten über den Hof, während die buckligen Träger mit Riesenlasten aus Instantnudeln, Keksen, Tupperware, Stahlrohren und Wellblechplatten in den weißen Schwaden verschwanden. Ein Mann hatte sich eine zweieinhalb Meter hohe Vitrine mit Spiegel auf den Rücken geschnallt. In dem unheimlichen Licht wirkten die Umrisse der Menschen so verzerrt und unter ihren Lasten zusammengeschrumpft, dass mir die Szene völlig surreal vorkam. Ich musste mich kneifen, um mich zu vergewissern, dass ich nicht irrtümlicherweise in ein Gemälde von Hieronymus Bosch geraten war.

Am nächsten Morgen sorgte der Nebel für eine noch groteskere Situation. Wir schliefen im oberen Stockwerk einer kleinen, aus Bambus erbauten Herberge in Sultibari, wo ich früh am Morgen mit Schmerzen im Darm und dem dringenden Bedürfnis, ihn zu entleeren, erwachte. Ich schlich aus dem Zimmer und lief auf dem Weg hinaus, verzweifelt auf der Suche nach einem Plätzchen, wo ich mich hinhocken konnte. Ich hörte das Schlurfen, Murmeln und Räuspern der Träger, konnte wegen des Nebels jedoch unmöglich sagen, wie weit sie noch von mir entfernt waren. Da ich nicht länger an mich halten konnte, kletterte ich kurzerhand die Böschung hinauf und zog in hastiger Not die Hose herunter.

Plötzlich rumorte es hinter mir. Ich blickte über die Schulter und sah ein riesiges, sabberndes Wildschwein auf mich zurasen. Sein Atem dampfte aus beiden Nasenlöchern. Mir blieb keine Zeit, mich abzuwischen oder die Hose hochzuziehen, das wilde Tier war mir schon auf den Fersen. Voller Panik strauchelte ich vorwärts, ratschte mir die Hüfte an einem Dornenzweig auf und griff nach etwas, das ich für einen braunen Stein hielt, um mich daran festzuhalten. Es war kein Stein. Es war ein großer Büffelhaufen. Ich verlor den Halt und kullerte auf den Weg, einer Gruppe tödlich erschreckter Träger direkt vor die Füße. Meine Hose baumelte noch um meine Knöchel und an den Händen hatte ich Büffeldreck. Die Träger starrten mich fassungslos an. Offenbar konnten sie sich auf mein plötzliches Erscheinen keinen Vers machen. Es sah aus, als sei ich vom Himmel gefallen. Ich wusste nicht, ob ich lachen oder weinen sollte.

Schließlich stand ich auf. Seit meiner spektakulären Bruchlandung waren bestimmt nur Sekunden vergangen, mir kamen sie aber wie Stunden vor. Ich wischte mir den Büffeldreck von den Händen, zog die Hose hoch und drehte mich zu dem Wildschwein um, das sich die Schnauze leckte. Es hatte sich aus meiner warmen Hinterlassenschaft eine Mahlzeit gemacht und wartete offenbar auf den Nachschlag. An Ort und Stelle schwor ich, nie wieder Schweinespeck zu essen.

Die Träger hatten Mühe, ihr Lachen zu unterdrücken, und gingen schließlich weiter. Ich humpelte zum Fluss, um mich zu waschen.

Chris und Jungbu schliefen noch, als ich in die Herberge zurück-kehrte. Ich weckte sie mit einer Tasse frischem Tee. Jetzt, wo die Zeugen meines peinlichen Auftritts außer Sichtweite waren, konnte ich die komische Seite der Geschichte erkennen und wollte sie Chris unbedingt erzählen. »Mir ist etwas Komisches passiert ...«, fing ich an und platzte fast vor Lachen. Eine gute halbe Stunde verstrich, bis ich halbwegs in der Lage war, die Geschichte ohne Lachanfall wiederzugeben.

Erstaunlich, wie viele Menschen sich an diesem Tag auf dem Weg durchs Arun-Tal tummelten; teilweise fühlten wir uns an die Staus auf heimischen Autobahnen erinnert. Jedes Dorf an der Route trug zu der Verstopfung bei. Immer, wenn eine Gruppe von Trägern an einer Ansammlung von Teehäusern und *dhaba* vorbeikam, stellten sie ihre Packen auf eigens dafür gemauerte Treppen und setzten sich, um ein *bidi* zu rauchen oder ein kleines Glas widerlich süßen Tee hinunterzustürzen. Mit all den Waren, die auf dem Boden her-umstanden, sah es wie auf einem Flohmarkt aus.

Die wenigsten aßen allerdings in den Gaststätten. Die Träger suchten bloß den Schatten der baufälligen Hütten und nutzten die ständig brennenden Feuerstellen zum Kochen. Um die Mittagszeit kramten sie ihre Druckkochtöpfe und anderen Kochutensilien her-vor, suchten sich einen freien Platz auf einem mit Holz befeuerten Herd und bereiteten sich ihre eigene Mahlzeit aus Reis und Linsen. Es wirkte furchtbar umständlich, doch die meisten von ihnen ver-dienten so wenig, dass sie sich den Luxus, für eine fertige Mahlzeit zu bezahlen, einfach nicht leisten konnten.

Beim Aufstieg nach Diyale, einem Dorf wenige Stunden unter-halb des 1890 Meter hoch gelegenen Hille, troff unser Schweiß gleich eimerweise. Trotzdem waren wir sehr mit uns zufrieden, hat-ten wir seit unserem Abschied vom Khumbu doch in vergleichs-weise kurzer Zeit eine beachtliche Strecke zurückgelegt und waren unserem Zeitplan weit voraus. Noch zu Weihnachten in Kathmandu hatten wir uns mit Vertretern des Nepal Eye Program of Australia (NEPA) am 1. Februar in einem Dorf namens Dhankuta verabredet, das von Hille nur einen Tagesmarsch entfernt war. Zufällig lag es auf der Strecke zur Grenze nach Sikkim, wo wir den östlichen Teil unserer Nepalexpedition beschließen wollten. Jedenfalls hatten wir genug Zeit, den anstrengenden Aufstieg auf zwei Tage zu verteilen.

Die Hilfsorganisation NEPA war von Professor Fred Hollows gegründet worden, einem berühmten Augenarzt, der in Anerkennung seiner vorzüglichen Arbeit erst vor kurzem mit dem Ehrentitel »Australier des Jahres« ausgezeichnet worden war. Die Organisation sammelt Geld, um Nepalesen operieren zu können, die infolge eines grauen Stars erblindet waren. Langfristig sollte das Projekt sich selbst erhalten, indem es Ausbildungsmöglichkeiten und die Voraussetzungen für den Bau einer kleinen Fabrik für künstliche Linsen schuf, die für die Operationen verwendet werden konnten.

Die »Operationssäle«, in denen die von NEPA geförderten Eingriffe stattfinden, sind von den sterilen Krankenhäusern und Kliniken der großen Städte weit entfernt. Am dringendsten wird diese Art der Behandlung nämlich von Landbewohnern gebraucht, die es sich nicht leisten können, nach Kathmandu zu reisen. Die für NEPA arbeitenden Ärzte errichten deshalb regelmäßig so genannte »Augencamps«. Sie trekken in abgelegene Dörfer, bauen Zeltkrankenhäuser auf, untersuchen Patienten, entfernen die getrübten Linsen und setzen künstliche Linsen ein. Während eines vier bis fünf Tage dauernden Camps führen jeweils zwei Ärzte mit einem Team von Helfern um die 130 Operationen durch. Da sie ehrenamtlich arbeiten und Linsen einsetzen, die von Krankenhäusern und Herstellern gespendet werden, sind die Kosten minimal – etwa 2000 australische Dollar pro Camp. Von all den Hilfsprojekten in Asien, von denen ich gehört oder gelesen hatte, bietet NEPA das beste

Preis-Leistungs-Verhältnis. Chris und ich wollten es gern unterstützen.

Kunga, der immer wieder einmal mit NEPA zu tun hatte, hatte uns dessen Leiter in Nepal, Rex Shore, vorgestellt. Mit ihm hatten wir vereinbart, das bevorstehende Camp in Dhankuta zu fotografieren, um es später in Australien noch stärker bekannt zu machen.

Als wir am 30. Januar Dhankuta erreichten, erfuhren wir, dass das Camp kurzfristig nach Phakari Bas verlegt worden war, einem kleineren Dorf, das wir auf unserem Weg nach Hille bereits gesehen hatten. Obgleich wir ein Stück zurückgehen mussten, kamen wir noch früher an als die Ärzte und ihre Helfer. Für den pünktlichen Beginn ihrer Arbeit war jedoch schon alles vorbereitet.

Unglaublich, wie Phakari Bas sich in kurzer Zeit verwandelt hatte. Vor gerade einmal zwei Tagen waren wir durch das verschlafene kleine Nest getrekkt, ohne dass es einen bleibenden Eindruck bei uns hinterlassen hätte. Jetzt wand sich eine riesige Menschenschlange, ein gewundenes Seil aus bunten Saris und nepalesischen *topi* (den traditionellen Kappen der nepalesischen Männer) vom außerhalb des Dorfs aufgebauten Untersuchungszelt bis zur Dorfmitte. Im Hof des örtlichen Landwirtschaftszentrums waren mehrere Zelte zur Betreuung der Patienten nach der Operation aus dem Boden geschossen, ein Stückchen weiter stand der behelfsmäßige OP. 1255 Nepalesen aller Größen und Altersstufen hatten sich zur Untersuchung eingefunden. Chris und ich mischten uns unter sie, versuchten die Atmosphäre einzufangen und zu begreifen, was hier vor sich ging.

Ein Träger schleppte sich an uns vorbei zum Ende der Schlange. Die Frau mittleren Alters, die er auf dem Rücken getragen hatte, wurde aus dem speziell dafür angefertigten *doko* gehoben und vorsichtig auf den Boden gesetzt. Ihre Augen waren starr geradeaus gerichtet. Sie trug Lumpen, und ein besorgter Gesichtsausdruck lag auf ihrem faltigen Gesicht. Ich blickte in ihre Augen, aber sie sah mich nicht. Sie war vollkommen blind. Drei Tage später, nach zwei 13-minütigen Operationen, hatte sie ihr Augenlicht wieder. Sie umarmte die Ärzte und rief: »Sieben Jahre lang habe ich in Dunkelheit gelebt. Ihr habt mich so hell gemacht wie die Sonne!«

Ein zweijähriger Junge saß im Staub direkt vor ihr. Er sah in die Sonne und schob die linke Hand vor seinen Augen hin und zurück. Kichernd freute er sich über den selbst geschaffenen Tanz aus Licht und Schatten – den einzigen visuellen Reiz, den er seit seiner Geburt empfangen hatte. In den nächsten Tagen würde man seine angeborenen Katarakte entfernen, zum ersten Mal in seinem Leben würde er die Welt sehen, in die er geboren worden war, würde seine Mutter sehen, diese bisher für ihn völlig gesichtslose Gestalt, die ihn seitdem gewiegt, genährt und beschützt hatte.

In der Schlange standen Menschen, die wegen ihrer Behinderung von ihren Familien verlassen worden waren. Dr. Sanduk Ruit, der engagierte, rundgesichtige Arzt, der das Camp leitete, erzählte uns, viele von ihnen vegetierten jahrelang wie Tiere dahin, waren in dunkle Ecken des Hauses abgeschoben und von der Gemeinschaft ignoriert worden, weil sie nichts zu ihr beitragen konnten. In der schwachen Hoffnung, dass man ihnen dort helfen könnte, hatten mitfühlende Verwandte oder besorgte Dorfälteste sie nach Phakari Bas gebracht.

Natürlich konnten die Ärzte nicht in jedem Fall helfen. Wir sahen eine wunderschöne junge Frau, die ihren jüngeren Bruder ins Untersuchungszelt führte. Der hoffnungsvolle Ausdruck in ihren Augen war ergreifend, die Resignation auf Dr. Ruits Gesicht erschütternd. Der Junge war mit einer seltenen Behinderung namens Anophthalmia zur Welt gekommen – einem gänzlichen Mangel jeglicher Augenanlage. Dr. Ruit legte die Hand fest auf die Schulter der Frau und schüttelte den Kopf. Nichts und niemand konnte ihrem

Bruder helfen. Kein Wort fiel. Dr. Ruit wandte sich einem anderen Patienten zu, doch es gelang ihm nicht, seinen Schmerz zu verbergen.

Die Situation im Untersuchungszelt hatte aber auch ihre komischen Seiten. Nicht wenige waren gekommen, weil die Untersuchung kostenlos war und sie nichts verpassen wollten, falls mit ihren Augen doch vielleicht irgendetwas nicht stimmte. Viele klagten über Kopfschmerzen und Augenbrennen, sobald sie sich dem heimischen Kochherd näherten. Dr. Ruit gab ihnen lindernde Tropfen und riet ihnen, darauf zu achten, dass das Feuer weniger rauchte. Mehrere alte Männer beschwerten sich, sie sähen alles verschwommen, wenn sie ihre Brillen absetzten, und ein alter Mann machte sich Sorgen, weil er nachts nicht so gut sah.

Mit Hilfe eines Übersetzers fragten wir einen jungen Burschen, ob er wüsste, was im Operationssaal vor sich gehe. »Klar«, antwortete er, ohne zu zögern. »Du gehst in das Zelt da drüben, und die Ärzte nehmen dir ein Auge heraus. Sie ersetzen es durch ein Ziegenauge und verkaufen das richtige Auge auf dem Markt.« (In den Slums indischer Großstädte treibt der Organhandel Besorgnis erregende Blüten.) Er sah die Sache ganz nüchtern. Er selbst wäre nie bereit, sich dieser Tortur zu unterziehen, was ihn jedoch nicht davon abhielt, seine Mutter ins OP-Zelt zu schicken.

Wir verbrachten mehrere Tage in Phakari Bas, während Dr. Ruit und ein junger Augenarzt aus Kanada namens Martin Spencer trübe Linsen entfernten und durch Plastiklinsen ersetzten, die aus der gleichen Art Plexiglas gemacht waren wie die Windschutzscheiben von Flugzeugen. Es war die helle Freude, ihnen bei der Arbeit zuzusehen. Für durchschnittlich 16 Dollar gaben sie diesen Menschen nicht nur ihr Augenlicht zurück, sie schenkten ihnen auch ein neues Leben. »Sie sind ein Gott«, sagte einer der Patienten zu Dr. Ruit, »und Sie haben mir göttliche Augen gegeben.«

Das uneigennützige Engagement, die Tatkraft und der Optimismus, die das Augencamp prägten, füllten unsere Herzen mit Freude und gaben uns den nötigen Schwung für den letzten Abschnitt unserer ostnepalesischen Etappe. In vier Tagen hatten wir 150 Kilometer zurückzulegen. Anstatt auf der Fahrt mit einem öffentlichen Bus nach Kathmandu unser Leben zu riskieren, hatten wir Rex Shores Angebot angenommen, in dem Lkw mitzufahren, der das medizinische Personal in die Hauptstadt zurücktransportierte. Wir glichen unsere Uhren ab und verabredeten uns in Itanari, dem Ort, in dem die mit dem Jeep befahrbare Straße von Dhankuta auf den von Ost nach West verlaufenden All Nepal Highway traf.

Von Dhankuta aus gab es eine Abkürzung nach Itanari, danach waren wir gezwungen, der Straße zu folgen. Die Strecke war flach und eintönig, doch nichts konnte uns die gute Laune verderben. Von offizieller Seite hatten wir nun einmal nicht die Erlaubnis erhalten, uns auf andere Weise der Grenze zu nähern. An einem Tag gingen wir 48 Kilometer, am nächsten taten uns die Beine weh, und wir bereuten unseren Eifer. Dennoch trafen wir rechtzeitig mit dem erschöpften Team vom Augencamp zusammen, und am 9. Februar waren wir wieder »zu Hause« in Kathmandu.

O, der Luxus einer heißen Dusche und eines Doppelbetts! Bei Kunga zu wohnen war wie ein Ausflug in den Himmel – tatsächlich befand sich das Gästezimmer ja auch im obersten Stockwerk seines Hauses und bot einen fantastischen Blick auf den himmlischen Stupa von Bodhnath. Auf den drei anderen Seiten waren wir von Klöstern umgeben, sodass von Ausschlafen nicht die Rede sein konnte. Spätestens um vier Uhr morgens waren die Mönche auf den Beinen, entlockten ihren großen, tiefen Hörnern die grausigsten Geräusche, ließen ihre Becken zusammenrasseln und schlugen auf ihren tantrischen, mit Totenschädeln bemalten Trommeln diverse Rhythmen. Hunderte ausgezehrter, obdachloser Hunde stimmten dazu einen heulenden Chor der Verzweiflung an. Mehr Lärm hätte selbst eine Großbaustelle nicht verursachen können.

Wie geplant waren wir rechtzeitig nach Kathmandu zurückgekehrt, um das Shiva-Ratri-Fest mitzuerleben, das alljährlich im heiligen Hindutempel von Pashupatinath am Ufer des Bagmati gefeiert wird. Zwischen dem 12. und 14. des Monats wurden dazu 100.000 Gläubige aus ganz Nepal und Indien erwartet. Viele hatten ihre gesamten Ersparnisse für die weite Reise geopfert, andere waren als wahre Pilger von weit her zu Fuß gekommen. Durch die Teilnahme an diesem Fest glaubten sie, ihre Seele aus der unendlichen Tretmühle der Wiedergeburten befreien zu können, denn Shiva hatte versprochen, dass »jenen, die am 14. Tag des abnehmenden Monds im Februar zu Ehren meines *lingam* (dem phallischen Symbol Shivas) fasten, in der Nacht eine Puja durchführen und mir die Blätter des Paternosterbaums bringen, ein Platz auf dem Berg Kailash sicher ist«.

Der Pashupati-Tempelkomplex liegt etwa fünf Kilometer östlich der Innenstadt Kathmandus und ist Shiva in seiner Form als Gott Pashupati, dem Beschützer der Tiere und Schutzgott von Nepal, geweiht. Der 1696 erbaute Haupttempel hat ein doppelstöckiges, vergoldetes Pagodendach und beherbergt den heiligsten aller *lingam* im Kathmandu-Tal. Weil sie es durch ihre Gegenwart entweihen könnten, dürfen Touristen und Ungläubige das Heiligtum nicht sehen, die restliche Anlage mit ihren Wäldchen, Monumenten, Bildnissen, Einsiedeleien, Meditationsplätzen, *ghat* (gemauerte Ufertreppen an heiligen Flüssen, die zu rituellen Waschungen oder Verbrennungen genutzt werden), Rasthäusern und Heimen für Arme und Sterbende stehen jedoch jedem offen.

Am Morgen des 13. machten Chris und ich uns auf den Weg zum Tempelkomplex, ohne irgendeine Vorstellung davon, was uns dort erwarten würde. Vor dem Haupttor ragten Busse, Fahrräder und

Tierköpfe aus dem Menschenmeer, das in einer großen Flutwelle auf den heiligen Schrein zurollte. Verwirrte Pilger klammerten sich ängstlich aneinander, während fliegende Händler durch die Menge drängten und Flitter und Schmuckstücke feilboten, die wie Kruzifixe auf über den Schultern getragenen Brettern befestigt waren. Laien murmelten leise Gebete vor sich hin, Sadhus schrien: »Ich bin Shiva! Ich bin Shiva!« und reckten ihre Dreizacke in die Luft.

Zur Linken war der Weg mit Bettlern aus Indien gesäumt. Uns war nicht ganz klar, ob sie am Fest teilnahmen oder nur Nutzen daraus ziehen wollten, die meisten waren jedoch wie Sadhus an- oder besser: ausgezogen. Ihre verstümmelten Gliedmaßen und entstellten Rümpfe, ihre eingefallenen Brüste und hohlen Wangen waren mit Asche beschmiert und mit den heiligen Symbolen Shivas bemalt – alles in allem waren sie die erbärmlichsten Geschöpfe, die ich je gesehen habe. Um auf ihre missgestalteten Körper aufmerksam zu machen, wanden sie sich vor angeblichen Schmerzen laut ächzend und stöhnend in den mit Abfall übersäten Rinnsteinen. Es gehört zu den grausamen Tatsachen des Lebens, dass viele dieser hilflosen Männer und Frauen in der Kindheit von ihren Eltern verstümmelt wurden, um ihnen ein zukünftiges Auskommen auf der Straße zu sichern.

Auf den *ghat* am Ufer des Bagmati brannten Leichen. Es roch nach verkohltem Fleisch, Schweiß, Räucherwerk, Marihuana und Exkrementen. Haschisch rauchende Sadhus flohen in unergründliche Bereiche menschlichen Bewusstseins. Unzählige Gläubige hinterließen erst ihre Fäkalien am Ufer des Flusses und tauchten anschließend zu einer rituellen Reinigung in das faulige Wasser ein. Die Asche der Verstorbenen, die an ihnen vorbeifloss und sich auf ihre nassen Saris setzte, schienen sie gar nicht wahrzunehmen. Das Leben sehnte sich nach sich selbst, und der Tod war nur ein Teil dieser Sehnsucht. Ein Junge zog ein Kondom aus dem Wasser und hielt es lachend in die Luft; seine ölige, braune Haut glänzte in der grellen Sonne.

In dem ewigen Streben nach Göttlichkeit meditierten Heilige und Asketen in den schattigen Gärten ihres heiligen Bezirks. Im Hof der Yogis konzentrierten sich sechs Männer – reglos und grau wie Stein – darauf, ihren Körper unter völlige Kontrolle zu bringen. Die Vollendung dieser Kunst bestand im willentlich herbeigeführten Herzstillstand. In den verschiedensten Körperpositionen erstarrt, in Tücher gewickelt und mit Asche und Farbe beschmiert, wirkten sie wie eine seltsame Mischung aus einer von Christo verpackten Landschaft und einer Skulptur von George Segal.

In der Ferne hörten wir Gewehrfeuer – ein Salut für Gott Shiva vom Tundikhel, dem Paradeplatz in der Innenstadt. Dort war eine Zeremonie ganz anderer Art im Gange, es herrschte Ordnung und kein Chaos – das völlige Gegenteil von dem, was wir hier erlebten. Dort feierte man in geschlossener Gesellschaft. Die Öffentlichkeit war nicht zugelassen, doch unser Freund Kunga war mit dabei. Er bekam von König Birendra seinen zweiten Orden verliehen, diesmal als Anerkennung für seinen Beitrag als Berater der ersten erfolgreichen rein nepalesischen Besteigung des Mount Everest.

Wir verbrachten den ganzen Tag in Pashupatinath und sahen der bunten Menge zu, die immer mehr in Trance geriet und sich auf den Flügeln der kollektiven Ekstase davontragen ließ. Eine Leprakranke streckte den Arm heraus und versuchte, mich in den Strudel zu ziehen. Ihr fledermausartiges Gesicht war erfüllt von Frömmigkeit und Liebe. Ihre Nase war zusammengeschmolzen wie ein Kerzenstummel, und an ihren Händen waren alle Finger verfault. Ihr Kopf und ihre ausgestreckten Arme erinnerten an den kreuzförmigen Rahmen eines Flugdrachens, an dem ihre zerlumpten Kleider baumelten. Sie erhob sich und segelte eine Treppe hinauf, der Farbe Blau entgegen.

Bis spät in die Nacht und weit in den folgenden Tag hinein erstanden immer neue bunte, eindrucksvolle Bilder. Wir waren visuell komplett gesättigt und planten deshalb für den 14. Februar eine Pause ein, ehe das nächste große Fest bevorstand: das tibetische Neujahrsfest, das wir allerdings im kleinen Kreis erleben würden. Kunga und seine Frau Kumari hatten uns eingeladen, das kommende Jahr des Eisenschafs gemeinsam mit ihrer Familie zu begrüßen.

Gegen zwei Uhr mittags, nur 15 Minuten nachdem Chris weggegangen war, um Briefmarken zu kaufen, klingelte das Telefon. Ich saß im Wohnzimmer und sah mir Videos an; da sonst niemand zu Hause war, ging ich in Kungas Büro und nahm ab. Es war Graham Faye von der australischen Botschaft. Wir plauderten ein paar Minuten über dieses und jenes, dann kam Graham auf den Grund seines Anrufes zu sprechen.

»Hör zu, Sorrel«, sagte er, »ich habe einen Brief von John Zubrzycki bekommen. Ich habe keine Ahnung, worum's geht, aber bestimmt weißt du gleich Bescheid.« Meine Neugierde war geweckt. »Ich soll einen Brief an dich und Chris weiterleiten, John meint, es sei ziemlich dringend. Der Brief stammt von einem Verein namens Indian Mountaineering Foundation.« Gespannt forderte ich ihn auf, mir den Brief vorzulesen. »Madam«, las er, »die indische Regierung hat Ihre Trekkingexpedition durch Arunachal Pradesh genehmigt, unter der Bedingung, dass Sie ein indischer Verbindungsmann begleitet. Kost und Logis dieses Verbindungsmanns müssen Sie bestreiten.« Graham las weiter, doch ich konnte nicht mehr zuhören. Mir wurde schwarz vor Augen.

Es war unglaublich, einfach nicht möglich! Bestimmt wollte Graham mich nur auf den Arm nehmen. Aber, fiel mir dann ein, er wusste ja gar nichts von unseren Plänen außerhalb Nepals. Er wusste nicht einmal, wie man Arunachal Pradesh richtig aussprach. Es war Valentinstag, nicht der erste April! Ich schrie laut auf. Ich kniff mich in die Arme. Ich tanzte vor Freude durchs Zimmer – und hätte ich mich nicht hoffnungslos in der Telefonschnur verheddert, hätte ich auch noch ein Rad geschlagen. Graham war völlig verdattert. Ich versuchte, ihm zu erklären, was der Inhalt des Briefs für uns bedeutete. »Das ist fantastisch!«, schrie ich mit schriller, sich überschlagender Stimme. »Das ist unglaublich! Chris und ich sind die ersten Weißen seit 50 Jahren, die nach Arunachal einreisen dürfen! Das heißt, wir können es schaffen! Wir können die Ersten sein, die den Himalaja je ganz von West nach Ost durchquert haben! Das ist einfach toll!«

Graham brauchte eine Weile, bis er meine konfuse Erklärung begriffen hatte, dann sagte er: »Äh … okay … gut … Das heißt wohl, ihr beiden müsst jetzt einen ausgeben, wie?«

Zeit zum Heiraten

Chris und ich rasten zur Botschaft und schickten John ein Fax, in dem wir ihn baten, Captain Kohli, dem Präsidenten der Indian Mountaineering Foundation, unseren Dank auszusprechen. Außerdem gab es mindestens ein Dutzend offener Fragen – am dringlichsten sicher die nach dem Wetter. Wenn wir weiterhin im gleichen Tempo vorwärts kamen, würden wir den nepalesischen Teil unserer Reise wohl kaum vor Mitte April abschließen können, und wenn wir für Bhutan sechs und für Sikkim zwei Wochen rechneten, kämen wir ausgerechnet zur ungünstigsten Zeit in Arunachal an. Der Monsun stünde vor der Tür, und nach allem, was wir darüber wussten, wurde ausgerechnet dieser indische Bundesstaat von der Regenzeit am schlimmsten getroffen. An ein normales Trekking war dabei überhaupt nicht zu denken. Der Monsun beschränkte sich nicht einfach auf ein paar nachmittägliche Gewittergüsse, vielmehr schüttete es dort mehrere Monate lang unaufhörlich. Auch wenn es darüber bisher nur wenige genauere Untersuchungen gibt, zählt Arunachal Pradesh zu den feuchtesten Regionen der Erde.

Johns Antwort verstärkte unsere Bedenken: Die Indian Mountaineering Foundation bestand darauf, dass wir nicht vor Oktober nach Arunachal reisen. Eine Lagebesprechung in Neu-Delhi erschien unumgänglich. Die Foundation behauptete außerdem, dass es noch eine Menge Papierkram zu erledigen gebe und unsere Anwesenheit in der Hauptstadt dafür zwingend erforderlich sei. Natürlich waren wir alles andere als begeistert. Aber wir wollten uns nicht beschweren und die einmalige Chance, durch Arunachal zu trekken, keinesfalls aufs Spiel setzen, auch wenn damit eine nicht unerhebliche Verzögerung verbunden war.

In unserem ursprünglichen Plan klaffte jetzt eine riesige Lücke: Wenn wir den ersten vollständigen Trek durch den Himalaja von West nach Ost verwirklichen wollten, steckten wir von Ende Juni bis September in Sikkim fest. Zwar gab es noch immer viele Unwägbarkeiten. Doch die Vorstellung, wir könnten die indische Bürokratie oder gar den Monsun umgehen, war schlichtweg unrealistisch. Es blieb uns nichts anderes übrig, als das Problem vorerst vor uns herzuschieben und uns auf die unmittelbar anstehenden Aufgaben zu konzentrieren.

Die erste Aufgabe dieser Art war *losar* – das tibetische Neujahrsfest. Die letzten drei Tage in Kungas Haus waren von hektischen Vorbereitungen geprägt gewesen. Während Chris und ich uns beim Shiva-Ratri-Fest umgeschaut hatten, hatte Kunga 30 Arbeiter angestellt und sein Haus auf Vordermann bringen lassen. Sie hatten ein neues Tor gebaut und gestrichen, die Fenster geputzt, die prächtigen geschnitzten Holztüren lasiert, den Garten getrimmt, die Küche renoviert und das ganze Haus einem gründlichen Frühjahrsputz unterzogen.

Unter einer großen Plane im Einfahrtsbereich hatten die Arbeiter außerdem eine provisorische Bäckerei aufgebaut, in der Kumari mit ihren Schwestern und Freundinnen rund um die Uhr die traditionellen tibetischen *khabse*-Neujahrskekse gebacken hatte. In drei Tagen hatten sie fast 100 Kilogramm Teig geknetet, klein geschnitten und in allerlei Formen gedreht. Wanchoe, der oberste Lama der Samten Ling Gompa in Bodhnath, hatte sich eine Schürze übergestreift und die Verantwortung für das Ausbacken der Kekse in einem großen Wok mit blubberndem Öl übernommen. Die fertigen Kekse wurden mit Puderzucker bestreut, in kleine Kistchen verpackt und später an Freunde, Verwandte und diverse Klöster verteilt.

Kunga hatte derweil mit seinen Brüdern und Freunden ein einwöchiges *sho*-Turnier begonnen. Das an Backgammon erinnernde tibetische Spiel zog die Männer vollkommen in seinen Bann. Von Sonnenaufgang bis Sonnenuntergang hockten sie würfelnd und Spielsteine rückend auf der vorderen Terrasse – und wehe dem, der versuchte, sie dabei zu stören!

Am 15. Februar machten Chris und ich mit Kumari, ihrer Tochter, ihrer Nichte und ihrer Cousine die Runde durch die Klöster in Bodhnath. Die halbe Stadt war auf den Beinen, um den Mönchen ihren Respekt zu erweisen. Im besten Sonntagsstaat fein herausgeputzt, marschierten sie in die Klöster, um zu beten und ihren Lieblingsgöttern weiße Seidenschals zu bringen. Auf den Altären stapelten sich *kata* und *khabse*-Kekse, und alle blieben stehen, um einander für das kommende Jahr alles Gute zu wünschen. Pilger aus nah und fern warfen sich rund um den Stupa nieder, und Mönchsnovizen, die vorübergehend von ihren klösterlichen Pflichten befreit waren, sprangen wie Kinder zu Weihnachten zwischen den Ständen herum und kauften von den fahrenden Spielzeughändlern Plastiksonnenbrillen und Trillerpfeifen.

Nach den Gompa besuchten wir Kumari und Kungas Verwandte. Wir schlemmten tibetischen Tee mit Keksen, Obst und Süßigkeiten. Überall waren freudig erregtes Festtagsgeplauder und das Klappern von *sho*-Würfeln zu hören. Die Jugendlichen drängten in die Videotheken; Rambo und Bruce Lee hatten Hochkonjunktur.

Die offizielle Neujahrsfeier fand am 17. statt. Tausende von Menschen strömten auf den *korlam* rund um den Stupa. Auf jeden Pilger, der eine Gebetsmühle drehte, kamen sechs Touristen, die ihre Kameras aufzogen. Hunderte von Bändern mit roten, gelben, blauen, grünen und weißen Gebetsfahnen, die für die natürlichen Elemente Feuer, Erde, Himmel und Wasser, Holz und Eisen standen, waren am goldenen Turm in der Mitte des Stupas wie an einen Maibaum angebracht. Von den Fahnenstangen rund um den Platz wehten größere Wimpel – wie ein buntes, lebendiges Mandala.

Dann strömten die burgunderrot gekleideten Mönche von Bodhnath von Süden zum Stupa und schoben sich durch die Menschenmenge. Die führenden Lamas trugen ein riesiges, gerahmtes Schwarz-weiß-Bild des Dalai Lama vor sich her. An einem großen Haufen aus Tsampa vorbei kletterten sie auf das Podest des Stupa. Eine halbe Stunde lang lauschte die Menge ihren ernsten, von lauten Trompetenstößen und rasselnden Beckenklängen begleiteten Gesängen. Die Mönche, von denen viele die gelben, halbmondförmigen Mützen der Gelugpa-Sekte trugen (die »Gelbmützen« bilden die größte der vier Hauptrichtungen des tibetischen Buddhismus), stellten sich rund um die Kuppel des Stupa auf. Wie die Fans auf einem Fußballplatz begann die Menge nun, die Akteure anzufeuern. Wie auf ein Kommando hoben die Mönche die Arme zum Himmel, setzten eine riesige Wolke aus Gerstenmehl frei und schrien dabei: »O Laso!« Gelächter beherrschte den Korlam, als alle sich das weiße Mehl von den Schultern wischten und das Jahr des Eisenschafs willkommen hießen.

Wir folgten einer Gruppe von Leuten zur bhutanischen Gompa am Rande von Bodhnath. Mit Picknickkörben und Flaschen oder gar kleinen Fässern mit *chang* bewaffnet, zogen sie in den großen Innenhof. Der Eingang zur Gompa war vollständig von einem riesigen Gemälde des Potala-Palasts bedeckt. Auf den reservierten gepolsterten Plätzen im Vorhof wimmelte es von Mönchen aus allen Klöstern Bodhnaths. Innerhalb weniger Minuten gab es nur noch Stehplätze; die Masten der Plane über uns knickten ein, und der Stoff sackte auf die Zuschauer. Die meisten merkten es nicht einmal, so beschäftigt waren sie mit den Festtagsgenüssen.

Als alle den ihnen zustehenden Platz gefunden hatten, begannen die traditionellen Lama-Tänze. Zunächst noch langsamen Schritts traten die gastgebenden Mönche in ausgefeilten Kostümen und Masken aus dem hinteren Teil der Gompa hervor. Dann sprangen und drehten sie sich und stellten tänzerisch die uralten Legenden um Naturgeister, mythische Tiere und Schutzgötter dar, die ihrer Religion so viel Farbe verliehen. Zwischen den einzelnen Vorführungen traten Clowns auf, die das vorher Gesehene übertrieben und alles auf die Schippe nahmen – von den Lamas und der längst untergegangenen tibetischen Aristokratie bis zu den frommen, meditierwütigen Konvertiten aus dem Westen, die regelmäßig in die Klöster rund um Bodhnath kamen.

Am späten Nachmittag hatte das Volk die Bühne übernommen. Wer älter als 16 und noch nüchtern war, machte sich höchst verdächtig. Dem unvermeidlichen Kater konnte nur entgehen, wer eine Robe trug. Chris und ich hatten keine Chance.

Das Singen und Tanzen ging bis in den späten Abend weiter. Erst allmählich löste sich die Menge auf und schwankte in kleinen, betrunkenen Grüppchen zurück in die Wohnhäuser. Der arme Kunga saß ganz allein in der Küche, als schließlich auch wir nach Hause wankten. Er wirkte niedergeschlagen und schmollte wie ein kleiner Junge. »Was ist los, Kunga?«, fragte Chris, der nicht verstehen konnte, wie jemand nicht in Festlaune war, wo doch ganz Bodhnath darin zu versinken schien. Kunga hob mühsam den Kopf, streckte sich und jammerte: »Niemand ist zu mir zum Spielen gekommen ...« Kunga hatte den Tag mit Spielen verbringen wollen, genau wie die vorherigen sieben Tage. Aber der Rest seiner *sho*-Clique hatte ihn hängen lassen und sich für das Feiern mit der Familie entschieden. Schon am nächsten Vormittag jedoch hockten sie wieder mit ihm auf der Terrasse, warfen Würfel, rückten Spielsteine, und unser Gastgeber kehrte zu seiner früheren Fröhlichkeit zurück.

Jetzt, wo auch die Feierlichkeiten zum Neujahrsfest hinter uns lagen, wandten Chris und ich unser wieder unseren eigentlichen Aufgaben zu. Unsere Herzen sehnten sich nach Arunachal, doch unsere Füße mussten erst einmal nach Jiri zurück. Die Aussicht, den

wilden Westen Nepals zu erkunden, reizte uns sehr, doch die sechs-
tägige Wanderung vom Abzweig zum Mount Everest bis nach Kathmandu war die reine Pflichterfüllung. Die Hälfte der 200 Kilometer
langen Strecke würden wir auf Asphalt zurücklegen müssen, was
wir als Strafe empfanden, ohne zu wissen, wofür.

Tatsächlich war die Strecke nicht sonderlich aufregend, aber
auch nicht so langweilig, wie wir befürchtet hatten. Neu gesetzte
Reispflanzen und blühender Senf verwandelten die Täler in schimmernde, zwischen den kargen Bergen ausgebreitete gelb-grüne
Teppiche. Üppig bewachsene Schluchten und friedliche Dörfer
säumten die Berghänge, und wenn die Städte direkt an der Straße
auch nicht viel zu bieten hatten, bot sich uns doch vielerorts ein –
allerdings durch die Luftverschmutzung verschleierter – Blick auf
die Berge, der unsere Stimmung stets wieder zu heben vermochte.
Irgendwann wurde ich krank, und als wir Bhaktapur – eine frühere
Hauptstadt des Kathmandu-Tals – erreichten, hatte ich Fieber und
eine heftige Halsentzündung.

Ich war begeistert von dieser Stadt der Gläubigen, und nichts
konnte mich davon abhalten, ihre großartigen mittelalterlichen
Plätze und engen Kopfsteinpflasterstraßen zu erkunden. Die blank
polierten goldenen Tore und rötlichen Mauersteine der mit viel
Liebe restaurierten Pagoden, Schreine und Tempel glühten in der
Nachmittagssonne und erfüllten mich mit Gedanken voller Poesie
und dem Glanz längst vergangener Zeiten.

Die Stadt ist ein wahres Schmuckstück und einmaliges Beispiel
für die nepalesische Kunst und Architektur des 15. und 16. Jahrhunderts. An welcher Ecke man sich auch gerade aufhielt, überall war
sofort einzusehen, warum die UNESCO sie in die Liste des Weltkul-
turerbes aufgenommen hatte. Tatsächlich hatte man dem gesamten
Kathmandu-Tal diesen besonderen Status verliehen, doch außer in
Bhaktapur und in einigen Teilen Patans (einer weiteren, südlich von

Kathmandu gelegenen früheren Hauptstadt, möglicherweise der ältesten buddhistischen Stadt der Welt) nahm von den damit verbundenen Schutzempfehlungen niemand sonderlich Notiz. Ja, als wir am nächsten Tag nach Kathmandu zurückkehrten, stellten wir entsetzt fest, dass viele der bedeutendsten Tempel und anderen Baudenkmäler rund um den Durbar-Platz von politischer Propaganda verunstaltet waren.

Der einst heilige neunstufige Sockel des dreistöckigen Shiva-Tempels war vollständig mit Graffiti bedeckt, die von den Tugenden des religiösen Fundamentalismus künden sollten. Der Eingang des Kumari-Tempels war mit Plakaten für die ethnische Abschottung Nepals zugepflastert. Kein Meter der Mauer rund um den alten Königspalast war frei von Symbolen der Parteien, die bei den bevorstehenden landesweiten Wahlen kandidieren wollten. Und was wir hier sahen, war nicht auf den berühmten Platz beschränkt. Die Wahlpropaganda hatte sich über die ganze Stadt ausgebreitet, kein noch so großes Heiligtum war vor den Slogans der Kandidaten und Aktivisten sicher.

44 politische Parteien bewarben sich bei der historischen Wahl – der ersten, seitdem das Volk von Nepal 1990 der absoluten Monarchie eine Abfuhr erteilt und seinen blutigen Kampf für mehr Demokratie gewonnen hatte. Da 80 Prozent des Wahlvolks weder lesen noch schreiben konnte, hatte die Wahlkommission jeder Partei ein Symbol zugewiesen, das auch Analphabeten auf dem Wahlzettel leicht wieder erkennen konnten. Sie stimmten dann nicht für die Arbeiterpartei oder die Demokraten, sondern für einen Baum, einen Wassereimer, ein Tintenfass, eine Biene oder gar für einen auf einen Stern deutenden Zeigefinger.

Elf der kandidierenden Parteien bekannten sich zum Kommunismus. Wahlkämpfer auf Fahrrädern, mit Plakaten behängt, rasten kreuz und quer durch die Stadt, um den Massen das marxistische

Evangelium zu bringen. Die meisten hatten es auf die Stimmen der Bauern abgesehen und versprachen Gleichheit und Wohlstand für alle. Wir erlebten sogar, wie einige von ihnen Gruppen armer Dörfler ausdrücklich aufforderten, sich in den wohlhabenden Enklaven von Kathmandu umzusehen. Dort stünden die Herrenhäuser, die nach der Wahl am 10. Mai ihnen gehören könnten.

Selbst Kungas Haus war vom Wahlfieber erfasst. Dort traf sich die gebildete, aber desillusionierte Elite der Stadt, und der »Guru« selbst verbrachte Stunde um Stunde hinter der geschlossenen Tür seines Büros, um mit zahlreichen gut gekleideten und vornehm wirkenden Gentlemen über Politik zu diskutieren.

Der politische Krake kroch über das ganze Land, seine manipulativen Fangarme reichten selbst in das entlegenste Dorf. Auf unserem Trek durch den Westen stießen wir überall auf engagierte Parteimitglieder, die einen leidenschaftlichen Wahlkampf führten. Und überall fanden sich die Symbole der Parteien. Selbst auf die Steine in den Flussbetten waren Sonnen und Trommeln gesprüht, und viele heilige Schreine auf den Bergkuppen waren mit dem künstlichen Laubwerk der nepalesischen Kongresspartei verziert. Darunter stand auf Englisch: »Vote for the tree. Come and vote for me.«

Abgesehen davon ging das ländliche Leben in Nepal ganz normal weiter. Wie eh und je folgte es dem sanften Rhythmus der Jahreszeiten und beugte sich dem übermächtigen Einfluss der Sonne. Den immer gleichen Kreislauf des Lebens in den Bergen unterbrachen große Ereignisse wie das Wunder der Geburt, eine prächtige Hochzeit oder ein großes religiöses Fest. Es gab immer Grund zu Gelächter und heller Freude. Erfrischend wie Regen füllte das Lied des spirituellen Überlebens die Herzen der Bescheidenen.

Anfang März verließen wir Kathmandu mit frischem Mut und neuen Filmvorräten und zogen langsam durch das mittelhohe Gebirge Zentralnepals nach Pokhara. Die uralte Handelsroute, der wir dabei folgten, wurde, seit eine weiter südlich verlaufende Straße die beiden Städte verband, nur noch von Einheimischen genutzt. Westlich von Trisuli sahen wir die erste Hochzeit. Offenbar hatte das Heiraten gerade Hochsaison.

In Zentralnepal werden Hochzeiten nach hinduistischer Tradition gefeiert. Die komplizierten Rituale sind dabei immer gleich, nur die mit dem Ereignis verbundene Prachtentfaltung ist – ähnlich wie in der christlichen Welt – vom Wohlstand der beteiligten Familien abhängig. In den Städten erkennt man eine Hochzeitsgesellschaft sofort am knallbunt dekorierten Auto der Braut, die unter einem Berg aus Schmuck und Glitter ängstlich aus dem Fenster schaut, flankiert von ihrem schlicht gekleideten Vater und ihrer heulenden Mutter. Eine uniformierte Dixielandkapelle begleitet die Wagenkolonne zum Hochzeitsort – meist zu einem Hotel oder einem im Vorgarten eines reichen Verwandten aufgebauten Festzelt. Der Bräutigam wird mit ähnlichem Tamtam herangekarrt, trägt meist einen geliehenen Anzug und einen ziemlich leeren Gesichtsausdruck. Auf dem Land, wo sich ein solcher Aufwand nur schwer betreiben lässt, fällt die hinduistische Hochzeit einfacher aus, ist jedoch auch hier von Spannung und Feierlichkeit geprägt.

Bei den meisten Hochzeiten, die Chris und ich sahen, trug der Bräutigam eine Girlande aus Papierherzen um den Hals, eine nachgemachte Ray-Ban-Sonnenbrille auf der Nase, einen nepalesischen *topi* auf dem Kopf und einen flaumigen Schnurrbart auf der Oberlippe. Im Durchschnitt war er 16 Jahre alt. Häufig wurde er in einer von vier halb betrunkenen Freunden geschulterten Sänfte ins Haus seiner zukünftigen Frau getragen. Wohnte sie in einem anderen Dorf, war er manchmal tagelang unterwegs. Die ländliche Variante der Blaskapelle, eine ziemlich krause Mischung schlecht gekleideter, betrunkener Typen, torkelte vor dem Bräutigam her, um die bevorstehende Hochzeit anzukündigen. Manche spielten auf selbst gefertigten Trommeln, andere entlockten ihren großen, gebogenen Kupferhörnern schaurige Töne. Ein Bräutigam, den wir unterwegs trafen, ging zu Fuß zu seiner Braut, nur von einem Trauzeugen und einem großen Panasonic-Kofferradio begleitet. Michael Jacksons »Thriller« dröhnte aus den Lautsprechern des Ghettoblasters, unterbrochen von den letzten Meldungen über den Golfkrieg. Es war der traurigste Hochzeitsmarsch, den ich je gehört hatte.

Bei so gut wie allen Hochzeiten handelte es sich um »arrangierte« Verbindungen, die durch die sozialen Gesetze der Gemeinschaft vorherbestimmt waren. Die Paare selbst hatten dabei wenig Mitspracherecht. Manche Bräute trafen ihre zukünftigen Ehemänner bei der Hochzeit zum ersten Mal. Die Angst und die Verunsicherung auf ihren gerade erst von der Pubertät berührten Gesichtern war deshalb mehr als verständlich. Trotz des 1963 erlassenen National Codes, der die Hochzeit zwischen Minderjährigen verbot, sind bei mehr als einem Viertel aller im ländlichen Nepal geschlossenen Ehen die Mädchen jünger als 14 Jahre. Wie in vielen Kulturen, in denen durch die Verheiratung jungfräulicher Töchter religiöses Verdienst zu erwerben ist, werden die Mädchen schon vor dem Einsetzen der Pubertät verehelicht. In manchen Teilen Nepals werden sogar schon Embryos zur Ehe versprochen. Schwangere Frauen tauschen feierliche Gelübde über die Verbindung ihrer ungeborenen Kinder aus. Sind die Neugeborenen gleichen Geschlechts, wird das Eheversprechen später für nichtig erklärt.

Vor der Hochzeit führen hinduistische Bräute, begleitet von Frauen, deren Männer und Kinder noch leben, rituelle Waschungen durch. Ihre Körper werden mit gemahlenem Kurkuma eingestrichen, um die sexuelle Begierde zu wecken. Anschließend salben sie sich mit duftenden Ölen, und mancherorts bestreichen sie sogar ihre Genitalien mit Honig, um ihnen Fruchtbarkeit und Süße zu verleihen. Ihre Schläfen und Stirnen werden mit Blumenmustern bemalt und ihre Wangen mit Safran eingerieben. Alle ländlichen Bräute, die wir zu sehen bekamen, trugen lange, rote, mit Goldbrokat besetzte Chiffonschleier über kostbaren roten Saris.

Die eigentliche, von einem Priester durchgeführte Hochzeitszeremonie dauert mehrere Stunden. Dabei werden symbolische Geschenke und Versprechen ausgetauscht und den Göttern zahlreiche Opfer gebracht, um Nahrung, Gesundheit, Wohlstand, Glück, Nachkommenschaft, gesundes Vieh und eheliche Hingabe zu sichern. Der Vater der Braut gibt für alle ein großes Fest, dann verabschiedet er sich von seiner Tochter, die sich auf den Weg in ein neues Leben macht. Begleitet von ihrem Ehemann, seinen Verwandten und Freunden verlässt sie ihr Heim und reist in das Dorf seiner Eltern.

Eheschließungen sind in Nepal keine rechtlichen Verträge, sondern Sakramente: Zwei Seelen treffen sich auf spiritueller Ebene. Und interessanterweise sind sie nicht auf Menschen beschränkt – sogar Bäume werden verheiratet! Als wir eines Tages auf dem von Steinmauern umgebenen *chautaara* (dem schattigen Dorfplatz) von Charanki Pauwa saßen, um uns auszuruhen, setzte sich ein junges Schulmädchen dazu und erklärte uns, die beiden uralten Bäume über uns seien »Mann und Frau«. Als man die beiden prächtigen Feigenbäume – einen heiligen Bobaum und eine bengalische Feige – gepflanzt hatte, seien sie offiziell verheiratet worden. Ihr Ururgroßvater sei dabei gewesen, und das Hochzeitsfest habe eine ganze Woche gedauert. Alle Buddhisten und Hindus verehren den heiligen Bobaum, und die bengalische Feige gilt als Heimstatt guter Geister. Ihre Verbindung auf den Plätzen von Dörfern oder Städten schafft schattige Oasen für durchreisende Wanderer und einen besonderen Treffpunkt für die Dorfbewohner.

Der Weg nach Pokhara schlängelte sich durch offene Täler und über sanfte Hügel. Er verband die wie Fußspangen rund um die Ausläufer des großen Himalaja liegenden Dörfer. In dieser geringen Meereshöhe war es drückend heiß und schwül. Jeden Tag waren wir in Schweiß gebadet und völlig erschöpft. Abend für Abend krochen wir in unser Zelt und träumten von den kühlen Ozeanen unserer Heimat. Längst hatten wir aufgehört, die Entfernung in Metern oder Kilometern zu messen, sprachen nur noch von Wochen oder Monaten, und das Ende war nirgends in Sicht. Doch jeder Schritt offenbarte uns einen neuen Blick auf das Leben, prägte ein Bild auf unsere Netzhaut, schuf ein Foto, das uns im Gedächtnis blieb. Unsere Herzen schwollen an wie dicke Fotoalben.

Eines Abends, als wir am Jinge-Jingatar-Fluss campierten, sahen wir eine Sturmfront sich auf uns zubewegen. Eine bedrohliche Wand aus dunklem Geröll wurde von einem unaufhaltsamen Bulldozerwind in unsere Richtung geschoben. Der Rand der großen schwarzen Wolke glänzte silberfarben; scharf wie ein Rasiermesser scherte er das Blau vom Himmel. Blitze zerrissen die Berge, und der Wind peitschte die Blätter von den Bäumen. Selbst der Staub auf dem Boden erwachte zum Leben, kleidete sich in Windhosen und tanzte in der untergehenden Sonne. Indra, der Gott des Regens und des Donners, bäumte sich auf und durchlöcherte die Erde mit seinen Pfeilen. Die Dorfbewohner suchten in nahen Hütten Schutz, und Jungbu, unser Träger, lief in die nächste *dhaba*. Chris und ich blieben stehen und sahen dem am Firmament aufziehenden Heer entgegen. Kurz darauf folgten die ersten Feuersalven. Die Temperatur fiel um gut zehn Grad. Im Schutz der Dunkelheit zogen wir unsere Kleider aus und genossen die willkommene Abkühlung. Es war herrlich, den Regen auf unserer Haut und den Wind in unseren Haaren zu fühlen. Lachend tollten wir durch das Unwetter, spürten die Kraft und die Göttlichkeit der Natur mit allen Sinnen.

Als Surya, der Sonnengott, sich am nächsten Morgen erhob, um die goldene Göttin der Morgendämmerung zu wecken, war Indra verschwunden und der Himmel vollkommen ruhig. Alles, was vom Sturm noch übrig blieb, waren ein paar gebrochene Halme und eine kleine Wasserpfütze.

Mit jedem Tag lernten Chris und ich von Jungbu, unserem gut gelaunten Begleiter, ein bisschen mehr Nepali. Zum Amüsement der Einheimischen probierten wir bei jeder Gelegenheit unsere umgangssprachlichen Ausdrücke aus und reihten wahllos Wörter zu Nonsensversen zusammen. Wir überquerten Flüsse in Kanus aus ausgehöhlten Baumstämmen und quälten uns in schweißnassen Kleidern über diverse Pässe.

Allmählich wurden die Dörfer größer und lagen dichter beisammen. Wir näherten uns Pokhara, dem geografischen Zentrum Nepals in einem subtropischen Tal unterhalb der Gipfel des Annapurna-Massivs. Was den Tourismus betraf, wurde die Stadt wohl nur von Kathmandu übertroffen. Die berühmten Gipfel und die malerischen Seen zogen Scharen von Besuchern an. Hunderte von Herbergen, Hotels und Restaurants bildeten am blauen Ufer des Fewa-Sees die übliche Touristenmeile. Wir gingen in eine kleine Herberge am anderen Ende der drei Kilometer langen Hauptstraße und reihten uns in die Schlange vor der kalten Dusche ein. Wieder hatten wir eine kleine Etappe unserer Himalajaroute geschafft. Wir waren bester Stimmung!

Ich wünschte, das Gleiche hätte ich auch von meinem Körper sagen können. Obgleich ich mein Gepäck um weitere acht Kilo abgespeckt hatte, zeigte dies auf den Zustand meines Rückens keine Wirkung; er schmerzte weiterhin bei Tag und bei Nacht, und sobald ich größere Lasten trug, wurden meine Hände und Arme taub. Widerwillig musste ich meine Niederlage eingestehen. Im Rollstuhl zu enden gehörte definitiv nicht zu den Zielen unserer Expedition, und die einzige Möglichkeit, dies zu verhindern, bestand darin, einen zusätzlichen Träger zu engagieren.

Da wir von nun an alle Lebensmittel, die wir für den Rest der nepalesischen Strecke brauchten, mitschleppen mussten, hatten wir uns bereits mit einem von Kungas Mitarbeitern in Pokhara verabredet. Er sollte die restlichen Vorräte sowie ein Zelt, einen Kocher und Daunendecken für sich und Jungbu mitbringen. Sobald wir wieder ins Hochgebirge kamen, mussten wir mit Minusgraden rechnen. Dormay, der Mann, den Kunga uns für diese Aufgabe vermittelt hatte, sollte die zusätzlichen Lasten tragen. Wegen meines kranken Rückens brauchten wir jetzt aber auch noch einen dritten Träger. Jungbu übernahm die Aufgabe, einen geeigneten Helfer zu finden, und kehrte bald darauf mit einem jungen Burschen namens Ang Passang zurück.

Ang war ein ausgesprochen liebenswürdiger Mensch, der nur aus Lächeln und Muskeln zu bestehen schien – ein perfekter Gentleman mit den Beinen und den Zähnen eines Rennpferdes. Am Nachmittag kam Dormay wie geplant aus Kathmandu, und damit war unser Team für den Trek nach Westen komplett. Wir begannen gleich mit der Verteilung der Lasten. Mir blieb nur die Kameraausrüstung, die in eine kleine, von meinem großen Rucksack abtrennbare Tasche passte. Mit allen Linsen und Stativen wog sie um die fünf Kilo. Nach den 20 bis 30 Kilo schweren Gepäckstücken, die ich in den letzten Jahren geschultert hatte, erschien sie mir leicht wie eine Feder. Wir kauften einen Bambus-*doko* auf dem Markt für Ang, und die Männer teilten das restliche Gepäck so unter sich auf, dass jeder etwa 25 Kilogramm zu tragen hatte. Vorbei die Zeit des alpinen Trekkens mit leichtem Gepäck; in dieser Aufmachung erinnerten wir eher an die mit großem Gefolge reisenden Expeditionsteams der frühen 1950er-Jahre.

Dormay hatte auch einen großen Umschlag mit unserer Post dabei, darunter den letzten »Laborbefund« aus Australien. Wir zitterten jedes Mal davor, was James, unser Fotospezialist, uns über unsere Filme schrieb. Nur durch seine Briefe bekamen wir einen Eindruck davon, ob unsere fotografischen Mühen erfolgreich gewesen waren oder nicht. Er entwickelte die Filme, machte Probeabzüge, gab uns Hinweise auf günstige Belichtungszeiten und zerstreute unsere ständige Angst, die extremen Temperaturunterschiede, denen wir Tag für Tag ausgesetzt waren, könnten den Filmen schaden. Vor allem unsere letzte Sendung mit über 60 Filmen hatte uns schlaflose Nächte bereitet; abgesehen von den üblichen Ängsten fürchteten wir die gnadenlosen Röntgenstrahlen diensteifriger Sicherheitskräfte. Im Zuge des Golfkriegs waren die Sicherheitsvorschriften rund um den Globus verschärft worden, und auch das Diplomatengepäck bot keine Garantie mehr, von solchen Kontrollen verschont zu bleiben. Wir hatten die Filme zwei Landsleuten aus Australien anvertraut, die wir in Kathmandu kennen gelernt hatten. Zwar hatte die Botschaft ihnen einen Brief mitgegeben, in dem das Flughafenpersonal gebeten wurde, die kostbare Fracht nicht zu gefährden, das Risiko, dass sie trotzdem durchleuchtet wurden, war dennoch sehr hoch. Zum Glück war alles gut gegangen, und James' achtseitiger Bericht klang hellauf begeistert.

Am nächsten Morgen verließen wir die Stadt im Gänsemarsch. Der Weg führte uns ans rechte Ufer des Harpan-Flusses, der den Fewa-See speist. Auf dem terrassierten Land oberhalb der Talsohle waren überall Esel und Maultiere zu sehen, die mit den Nasen auf dem Boden nach Futter suchten. Sie ruhten aus von der harten Plackerei, denn normalerweise arbeiteten sie auf der beliebten Touristen-, Handels- und Pilgerroute nach Jomosom, einem kleinen, staubigen Dorf mit Flugpiste nördlich der Kali-Gandaki-Schlucht.

Die meisten Touristen beendeten ihre Treks in Jomosom. Die Gläubigen wanderten weiter zum heiligen Tempel der ewigen Flamme in Muktinath, und die Händler zogen darüber hinaus nach Norden in Richtung des verbotenen Reichs von Mustang. Alle Versuche, eine Einreiseerlaubnis für Mustang zu bekommen, waren gescheitert, sodass Chris und ich uns guten Gewissens gegen den beliebten Jomosom-Pfad und für eine weniger begangene Route entscheiden konnten, die von Pokhara aus direkt nach Westen verlief. In Beni traf sie auf den Kali-Gandaki-Fluss, um dann den Ausläufern des imposanten Dhaulagiri Himal zu folgen.

Die Kali-Gandaki-Schlucht galt als tiefste der Welt. Chris und ich hatten sie auf unserem Annapurna-Rundtrek schon einmal gesehen. Der höchste Gipfel der Annapurna-Kette, der 8091 Meter hohe Annapurna 1, war der erste je von Menschen bestiegene Achttausender und bildete die rechte Flanke. Der 8167 Meter hohe Dhaulagiri stand zur linken Seite der Schlucht.

Verschwitzt und müde erreichten wir am späten Nachmittag Harpan, ein winziges, an einem Hang gelegenes Dorf, von dem aus man über das gesamte Harpan-Tal bis zurück nach Pokhara blicken konnte. Chris und ich stellten unser Zelt unter die große bengalische Feige im Dorf, die Träger breiteten ihre Schlafsäcke auf einem Balkon des Teehauses aus. Der Abendsonnenblick von diesem Bergnest aus war atemberaubend. Der perlmuttfarben schimmernde Fluss schmiegte sich wie ein Diadem in das nackte, weiße Dekolletee des Tals; das blank polierte, bronzefarbene Wasser des Fewa-Sees in der Ferne bildete ein kostbares Gegenstück. Plötzlich gingen die Lichter von Pokhara an und fassten das ganze glänzende Amulett mit glitzernden Diamanten. Über unseren Köpfen schwirrte eine Million Glühwürmchen durch die Dunkelheit. Es war das erste Mal, dass ich diese Pyrotechniker der Natur in Aktion erlebte, und ich war sprachlos vor Staunen.

Am Morgen brachen wir frühzeitig auf, um den nächsten Bergkamm zu erklimmen, ehe die Hitze des Tages jede Willenskraft dahinschmelzen ließ. Der nordöstliche Horizont wurde vollständig von der Annapurna-Kette beherrscht. Der gespaltene Gipfel des

Machhapuchhre, der berühmte Fischschwanz, schimmerte korallenfarben in der Morgendämmerung.

Chris und ich erreichten den Pass oberhalb von Harpan als Erste und bestellten im Gasthaus Frühstück für unsere Träger. Die *dhabadidi* hatte reichlich Zeit, Reis und *dal* aufzukochen, da die schrecklich langsam gehenden Träger weit zurückgefallen waren. Jungbu hatte nie Probleme gehabt, mit uns Schritt zu halten, doch seit Dormay da war, wehte ein anderer Wind. Obgleich Jungbu uns schon seit Weihnachten begleitet hatte, betrachtete Dormay sich als Anführer der Träger und hatte bei ihnen auch das Sagen. Sein Benehmen war von Trotz bestimmt. Aus dem bisher vorherrschenden Wir-Gefühl machte er sofort eine Wir-gegen-euch-Situation. In nur 24 Stunden war die Stimmung in beiden Lagern merklich abgekühlt.

Chris und mich nervte die demonstrative Trödelei. Während wir vor dem Abstieg auf unsere drei Träger warteten, kamen wir zu dem Schluss, dass es, wenn wir nicht bald etwas sagten, nur noch schlimmer werden und die Grenzstadt Baitadi für uns in immer weitere Ferne rücken würde. Bisher waren wir etwa eine Stunde gegangen, hatten uns ein paar Minuten ausgeruht und waren dann weitergezogen. Jetzt standen wir alle 15 Minuten eine halbe Stunde lang herum und warteten auf unsere Träger. Es musste schleunigst ein Kompromiss gefunden werden. Vielleicht würde ihnen das Frühstück ja den Pakt versüßen.

Ang und Jungbu entschuldigten sich für ihre Langsamkeit, nur Dormay protestierte wütend und schmollte für den Rest des Tages. Immerhin schlugen alle drei Träger ein akzeptables Tempo an. Da der Weg für lange Zeit bergab ging, war jedoch schwer zu sagen, ob dies tatsächlich ein Zeichen größeren Engagements oder reiner Zufall war.

Tief im Madi-Khola-Tal wurde eine Straße gebaut, die das Dorf Baglung mit Pokhara verbinden sollte. Letztlich sollte sie bis Beni und womöglich noch weiter den ganzen Kali-Gandaki-Fluss entlang bis nach Jomosom führen. Da wir gesehen hatten, welchen Schaden solche Straßen in anderen Teilen des Himalaja angerichtet hatten, machte es mich traurig, den unvermeidlichen »Fortschritt« auch in den Westen Nepals einziehen zu sehen. Viele Dörfer verloren über Nacht ihren ländlichen Charme und wurden zu schäbigen Vorstädten. Die Leute vernachlässigten ihre Felder und wurden von käuflichen Produkten und deren motorisiertem Transport abhängig. Sie strebten nach städtischem Wohlstand und wurden dadurch doch immer ärmer. Die Eselskarawanen, die für den uralten Salzhandel durch Jomosom so typisch waren, würden eines Tages durch Lkws ersetzt, deren stinkende Abgase die empfindliche Ökonomie und Ökologie der Berge weiter zerstörten. Bis dahin war der schmale Weg jedoch noch barfüßigen sowie mit Hufen oder Wanderstiefeln ausgestatteten Lebewesen vorbehalten, und wir waren dankbar dafür.

Am nächsten Tag war Chris' Geburtstag. Trotz gemeinsamer Anstrengungen gelang es uns nicht, bis nach Beni zu kommen. Es wäre schön gewesen, in ein Gasthaus zu gehen und dem alternden Herrn ein oder zwei Glas Bier auszugeben, aber das musste verschoben werden. Zum Glück hatten wir noch ein paar Geheimvorräte, die ich eigens dafür von unseren Weihnachtsrationen abgezweigt hatte, und so feierten wir bei einem festlichen Abendessen mit geräucherten Austern, Salami, Lachs und Pastete, das ich gemeinsam mit Crackern und Reis auf einem umgedrehten Topfdeckel servierte.

In Beni angekommen, verließen wir das Tal des Kali Gandaki und wanderten am Ufer des Mayagdi weiter, der sich von den Gletschern des Dhaulagiri Himal herabstürzte. An Höhe hatten wir noch immer nicht viel gewonnen, sodass wir weiter in der im Talkessel gefangenen Hitze schmachteten. Ein Nachmittagslüftchen durchkämmte die von dem Weg gescheitelten Weizenfelder. Die Locken von Mutter Erde glänzten seidig und waren kunstvoll geflochten. Die Götter zeigten sich freundlich, die Jahreszeit gütig; das Land war üppig, und seine Ernte stand in voller Reife.

Nach der nächsten Biegung des Flusses blieben wir entsetzt stehen. Nur die Zerstörung übertrifft die schöpferische Macht der Natur. Vor uns lag der gewaltigste Erdrutsch, den wir je gesehen hatten. Der gesamte Berghang war in sich zusammengebrochen. 100 Häuser seien bei dem Rutsch zerstört, 500 Menschen lebendig begraben worden, erzählte uns Jungbu. Die Leichen der Opfer hatte man nie gefunden, ihr Massengrab war anonym geblieben. Nur ein natürlicher Grabstein schwankte noch immer über dem Abgrund – ein hässliches Mahnmal für das Schicksal der Opfer. Doch seine Inschrift sprach nicht von Liebe oder dem Nirwana. Jedem sprang bei seinem Anblick die Botschaft sofort ins Auge: Früher oder später würde das, was von dem Hang noch übrig war, ebenfalls in die Tiefe stürzen.

Riesige Felsbrocken von der Größe eines Autos waren in den Mayagdi geschleudert worden. Darbang, das große Dorf auf dem gegenüberliegenden Ufer, schien der Katastrophe von 1988 nur knapp entkommen zu sein. Ob es beim nächsten Mal ebenso viel Glück haben würde, war schwer zu sagen. Die Einheimischen, mit denen wir sprachen, besaßen nicht die Mittel, aus der Gefahrenzone fortzuziehen. Dennoch waren sie ausgesprochen gastfreundlich. Sie beteuerten, es bestünde keine Gefahr, dass der Hang ausgerechnet in dieser Nacht abrutschte, und eine Familie machte in ihrem zweistöckigen Haus für uns Platz.

Am Abend kamen mehrere Dorfbewohner vorbei, um sich mit uns zu unterhalten. Jeder erzählte eine andere Version der mitternächtlichen Katastrophe, die so vielen ihrer Verwandten und Freunde das Leben gekostet hatte. Doch mochten sie auch jeweils andere Fakten und Zahlen nennen, was die sinnlichen Eindrücke betraf, stimmten ihre Berichte alle überein. Das unheilvolle Grummeln der wütenden Erde, die angsterfüllten Schreie der Opfer, die schreckliche Stille danach – all das würde die Überlebenden bis an ihr Ende verfolgen. Die Zerstörung war vollkommen, die Angst greifbar. Der Tod hing wie ein Miasma über dem Tal. Das von ihm hinterlassene Mal war unauslöschlich.

Am nächsten Morgen verließen wir das Flusstal, doch der Erdrutsch war noch aus weiter Entfernung deutlich zu sehen. Ein steiler Aufstieg brachte uns nach Tarapani, einer friedlichen, rund um eine natürliche Quelle erbauten kleinen Siedlung. Wasserbüffel kühlten sich in den großen, in Stein gefassten Quellteichen. Kinder blieben auf ihrem Schulweg stehen, um sich mit uns zu unterhalten, als wir unter der großen Feige auf dem Dorfplatz saßen und uns ausruhten. An die Stelle des Echos der Toten trat wieder die Musik des Lebens. Das Rauschen der Reiskörner, die gegen ein Sieb aus Korbgeflecht fielen und ihre Spelzen verloren, das Gurgeln des Wassers, das stetig durch eine freigelegte Spalte in große Kupferkessel floss, das Knacken der Zweige im Ofenfeuer – das war keine tödliche Stille mehr, das waren endlich wieder die Stimmen des Friedens.

Die wuchtigen Formen des Churen Himal und der Dhaulagiri-Gipfel I, II und III füllten den nördlichen Horizont. Während wir uns Tarkum näherten, dem nächsten Dorf auf unserer Route, wuchsen sie in die Höhe und in die Breite, bis man schließlich das Gefühl hatte, man brauche bloß die Hand auszustrecken, um das Eis auf ihren Felskappen zu berühren. Als wir ins nächste Tal abstiegen, verschwanden sie wieder. An ihre Stelle traten Bilder dicker Kürbisse auf niedrigen Schieferdächern, frisch gepflügter Erde und grüner Terrassenfelder, die aussahen, als führten sie wie eine Treppe zur Sonne.

Am nächsten Tag überquerten wir den Jaljala-Pass mit seinen dichten Wäldern aus wächsernem Rhododendron, der mit den ersten Blüten wie in Flammen stand. Die farbenfrohen Sträuße gaben den dunklen, moosigen Wäldern Farbe; dunkelrot, pink und violett verkündeten sie die Ankunft des Frühlings in den höheren Lagen des westnepalesischen Vorgebirges. Myriaden winziger fliederfarbener Blüten bedeckten unseren Weg wie einen Teppich, und nur noch selten lagen Schneereste am Boden wie abgelegte Winterkleider.

Der Jaljala war der erste und niedrigste der vier Pässe, die zwischen Beni und Dunhai lagen, der Hauptstadt des Bezirks Dolpo. In Kathmandu und Pokhara hatte man uns mehrfach gewarnt, die Winterschmelze würde in dieser Region besonders spät einsetzen, und viele hatten behauptet, die Strecke bleibe bis Mitte April, Anfang Mai geschlossen. Hätte auf dem Jaljala dicker Schnee gelegen, wären wir deshalb wohl auf der Stelle umgekehrt und hätten auf die Tour durch Dolpo verzichtet. Doch das Glück schien auf unserer Seite zu sein – die dünne Schneeschicht auf dem ersten Pass ließ uns hoffen, dass die anderen drei Pässe ebenfalls leicht zu bewältigen wären. Wir schlugen jede Vorsicht in den Wind und beschlossen weiterzugehen.

Die Entscheidung erwies sich als monumentaler Fehler, eine klassische Fehleinschätzung des Himalajawetters. In diesem Teil der Welt machte ein blühender Rhododendron eben noch keinen Sommer.

Als wir uns zwei Tage später den steilen Weg zum 4050 Meter hohen Pagune *lekh* (Nepali für einen hohen, nicht ständig schneebedeckten Bergkamm) hinaufwanden, schlug das Wetter plötzlich um. Mehrere Wochen mit praktisch ununterbrochenem Sonnenschein nahmen ein jähes Ende. Unheil verkündende Wolken rasten über den Himmel, und ein grimmiger, bitterkalter Wind zerrte an unseren Kleidern. Die Windschattenseite des Passes lag unter mindestens einem halben Meter Schnee begraben, und offenbar lag noch sehr viel mehr Schnee über uns in der Luft.

Bei jedem Schritt über den Pagune sanken wir bis zu den Knien oder Oberschenkeln ein. Es war harte Arbeit, doch wir kämpften uns an einer festen Höhenlinie entlang, und allmählich wurde der nasse Schnee dünner. Ang Passang stolperte und stieß völlig unvermittelt seine ersten englischen Worte aus – einen herzhaften Fluch auf den Schnee. Jungbu und Dormay waren ebenso verblüfft wie wir, und wir brachen alle fünf in lautes Gelächter aus.

Mehrere Stunden später begannen wir mit dem Abstieg ins Ghustung-Tal und tauchten unterhalb der Baumgrenze in Birken-, Fichten- und Kiefernwälder ein. Als wir auf eine große Wiese zwischen dem Fluss und dem Fuß des *lekh* kamen, blieben uns nur noch wenige Augenblicke. Der Sturm, der sich dort offenbar zusammengebraut hatte, brach direkt über unseren Köpfen los.

Eine gewaltige Sturmwolke wand sich zuckend am Himmel und warf den Kopf zurück wie ein Drache bei einer Parade in Chinatown, um sich hemmungslos auszutoben. Erst explodierte eine Salve von Knallkörpern zum Beckenrasseln der Blitze, dann stürzte der Drache vor und zeigte sein hässliches Grinsen. Knurrend und fauchend spuckte er dicke Hagelkörner auf unser hastig errichtetes Zelt.

Am Abend traten die Sterne hervor, und der Drache floh zurück in seine Höhle. Der Wind legte sich, und nun war das Sirenengeheul der Wölfe zu hören. Offenbar war es ein ganzes Rudel, das immer näher kam. Ich bekam eine Gänsehaut. Auch Jungbu, Ang und Dormay beunruhigte das Geheul, und sie beschlossen, an dem Feuer, das sie in einer kleinen Hirtenhütte neben dem Fluss entzündet hatten, abwechselnd Wache zu halten.

Chris und ich wälzten uns ein paar Stunden in unruhigem Schlaf hin und her. Dann gaben wir den Versuch auf, blieben wach in unseren Schlafsäcken liegen und redeten bis zum frühen Morgen. Um halb sechs zog ich den Reißverschluss auf und spähte aus dem Zelt. Die Wölfe heulten noch immer einen unsichtbaren Mond an, und die Wiese war von frischem Schnee überzogen. Die Zweige der stolzen alten Kiefern bogen sich ebenso wie die mit Holzschindeln gedeckte Hütte der Träger unter der schweren, weißen Last. Unsere über die Zeltschnüre gelegten Socken waren so steif gefroren, als hätten wir sie aus Pappe ausgeschnitten. Es hatte minus fünf Grad und wurde jede Minute kälter. Die Welt um uns herum erinnerte an eine alte englische Weihnachtskarte – es war sehr, sehr schön.

Wir tauten unsere Socken am Feuer der Träger auf und wärmten unsere Hände an Teetassen. Es schneite noch immer, wenn auch nur noch wenige dünne Flocken. Von unserer gesamten Truppe war nur Dormay schon einmal über diese Route nach Dunhai getrekkt. Jetzt, wo der Weg nicht mehr deutlich zu erkennen war, waren wir dankbar für seine Erfahrung. Wir warteten auf einen Wetterumschwung, dann folgten wir unserem Anführer in den Wald. Prächtige Kiefern, Fichten, Birken und Bambusstämme wuchsen in dem immer enger werdenden Tal. Der wilde Ghustung schäumte über marmorierte Felsen. Donner erschütterte den stahlgrauen Himmel, und geheimnisvoll flüsternd senkte sich der Schnee von oben herab.

Im Wald waren wir noch einigermaßen geschützt, erst als wir über die Baumgrenze kamen, waren wir der vollen Wucht des Wetters ausgesetzt. Ein beängstigend starker Gegenwind verwandelte die Schneeflocken in spitze Schrotkugeln. Außer Jungbus Fußstapfen, die sich nach jedem Schritt sofort mit neuem Schnee füllten, konnten wir kaum etwas sehen. Dormay gab das Tempo vor und hatte es plötzlich furchtbar eilig. Uns blieb keine andere Wahl, als ihm ebenso schnell zu folgen; wären Chris und ich auch nur einmal kurz stehen geblieben, hätten wir sofort die Orientierung verloren.

Vier Stunden lang kämpften wir uns so voran, bis wir endlich zu einem großen Felsvorsprung kamen, in dessen Schutz wir uns eine Weile ausruhen konnten. So plötzlich, wie der Schneesturm begonnen hatte, legte er sich auch wieder, und wir waren von tief verschneiten, friedlichen Tälern umgeben. Wir stiegen in ein Dorf ab – das erste, das wir seit Tagen sahen. Es lag auf einem schmalen Bergsims über dem Pelma-Kohla-Fluss. Wir freuten uns, endlich wieder auf eine menschliche Siedlung zu treffen. Doch nichts auf all meinen Reisen hat mich so traurig gestimmt wie dieses klägliche, gottverlassene Nest.

Die neu gesetzten Reispflanzen auf den Terrassenfeldern über dem Fluss würden den unerwarteten Schneefall nicht überleben, aber die Dorfbewohner waren so abgestumpft, dass es ihnen anscheinend gleichgültig war. Sie drängten sich auf dem Balkon der größten Hütte zusammen und wärmten ihre geschwärzten, ungeschützten Glieder an einem kleinen Feuer. Sie waren von Dreck überzogen. Mit Schmutz vermischter Rotz bildete krustige Schnurrbärte über den dünnen blauen Lippen der elenden Kinder. Sie waren barfuß und zitterten in ihren dünnen Lumpen. Ein Kleinkind wackelte zum Geländer und schiss direkt über den Rand des Balkons; ein anderes hob seinen Rock und pinkelte drauflos. Niemand nahm Notiz davon, obwohl der Urin eine Pfütze um die Füße der Erwachsenen bildete. Auf den kahl geschorenen Köpfen der Kinder sah man die Läuse krabbeln; die ihrer Eltern waren mit Grind und Krätze bedeckt. Der Gestank ihrer ungepflegten Körper war abstoßend. Wir konnten nicht anders, als sofort aus dem Ort zu flüchten.

Zum Glück wirkte die Siedlung auf der gegenüberliegenden Seite des Tals nicht so verwahrlost und deprimierend. Die Bewohner von Yamakhar luden uns ein, die Nacht über im Dorf zu bleiben. Wir stellten unser Zelt auf eines der wie Moos an den Felsen hängenden

Flachdachhäuser. Innerhalb einer Stunde begann es wieder zu schneien. Unsere Chancen, auf diesem Wege Dunhai zu erreichen, waren damit zunichte gemacht.

Die ganze Nacht über fielen dicke Flocken, und jede halbe Stunde quälten wir uns aus unseren Schlafsäcken, um den schweren Schnee vom Zelt zu schaufeln. Wir hatten von Trekkern gelesen, die in einem starken Schneesturm im Schlaf gestorben waren. Ihr Sauerstoffvorrat war zu Ende gegangen, der Schnee hatte sie in ihrem Zelt erstickt und lebendig begraben. Wir hatten panische Angst davor, keinen Sauerstoff mehr zu haben und nie wieder aufzuwachen. Insgesamt fiel ein Meter Schnee, doch als wir erwachten, erwartete uns ein herrlicher Morgen voller Hoffnung und Sonnenschein. Am Himmel war kein Wölkchen zu sehen, daher beschlossen wir, uns an den nächsten Pass zu wagen, und zogen nach dem Frühstück in Richtung Jangla los.

Anderthalb Stunden später trafen wir auf eine große Gruppe Australier, die auf einer flachen, schneebedeckten Terrasse ihr Camp aufgeschlagen hatten. Den Plan, Dolpo über die verbliebenen beiden Pässe zu erreichen, hatten sie aufgegeben und machten nun einen Tag Rast, ehe sie auf einer anderen Route den Rückzug antreten wollten. Ihre Sherpaführer, die früh aufgestanden waren, um die Route zu erkunden, versicherten uns, der Jangla sei unpassierbar. Der Schnee läge dort hüfthoch, sodass beim besten Willen kein Durchkommen sei.

Chris und ich studierten unsere Karte und legten eine alternative Route fest. Aller Wahrscheinlichkeit war uns der Weg zurück über den Pagune ebenfalls vom Neuschnee versperrt. Wir wollten deshalb in niedriger Höhe in westlicher Richtung weiterziehen. Die Australier luden uns zu Mittag- und Abendessen ein, also erklärten wir den heutigen Trek für beendet und beschlossen, den Rest des Tages blauzumachen.

Am Nachmittag fiel immer wieder ein bisschen Schnee, aber der Abendhimmel war klar und voller Sterne. Die Sherpa entzündeten ein Lagerfeuer, und wir setzten uns zu ihnen, sahen den fliegenden Funken zu, erzählten Geschichten, sangen Lieder, tauschten Bergsteigergeschichten und die besten Trockenfleischrezepte aus. Es war einer der Abende, an die wir uns immer erinnern würden – an die Herzlichkeit, das Lachen und die Anregung durch neue Freunde.

In Nepals Wildem Westen

Um einen zeitraubenden Stau auf dem schmalen Pfad zu vermeiden, verließen wir das australische Camp in aller Frühe und machten uns auf den Weg nach Yamakhar. Im westnepalesischen Himalaja lag die Schneegrenze mindestens 1000 Meter niedriger als im Osten, sodass wir uns für unsere Route auf eine geringere Höhe festlegen mussten.

Nach unserer Karte verlief ein Weg westlich von Yamakhar auf einer Höhenlinie über dem Zusammenfluss von Ghustung und Bheri, bis dieser zum Sani Bheri wurde und der Weg einem zweiten Zufluss, dem Bheri Khola, folgte. Auf der Karte sah der Weg einfach zu bewältigen aus, in Wirklichkeit war er es natürlich nicht. Sein tatsächlicher Verlauf und das Terrain, durch das er führte, hatten keinerlei Ähnlichkeit mit der in der Karte eingetragenen Topographie, und am Ende landeten wir in mehreren Tälern und Dörfern, die es laut Karte gar nicht hätte geben dürfen. In den ersten drei Tagen hatten wir überhaupt keine Ahnung, wo wir uns befanden, und mussten uns auf die Angaben der sich zweifelnd am Kopf kratzenden Einheimischen verlassen, auch wenn deren Namen für die verschiedenen geografischen Merkmale ebenso variantenreich wie für uns unaussprechlich waren.

All das war zwar sehr ärgerlich, konnte uns aber nicht entmutigen. Wir bestimmten Rukumkot als unser erstes Ziel und nahmen im Übrigen die Gegebenheiten möglichst gelassen hin.

Der erste Tag war perfekt; nicht ein Wölkchen zeigte sich am Himmel. Nachdem wir Yamakhar verlassen hatten, führte der Weg noch etwa eine Stunde oberhalb des Tales entlang, dann stürzte er sich in die Tiefen einer namenlosen Schlucht und schüttelte sich den letzten Schnee vom Rücken. Stürme und Schneefälle blieben erstaunlicherweise auf einzelne Gebiete beschränkt, das sich nach Westen ausdehnende Nachbargebiet war noch völlig trocken und vom Schnee unberührt. An den fernen Berghängen war kaum Vegetation zu erkennen; sie waren zu steil und bestanden hauptsächlich aus Geröll. Ein in Stufen errichtetes, weiß gekalktes Dorf hing wie eine Jalousie an einer gewaltigen Steilwand. Wie waren die Menschen bloß darauf gekommen, ausgerechnet an dieser Stelle ein Dorf zu bauen? Es führte kein Weg hinein oder heraus, die kleine Siedlung war vom Rest der Welt vollkommen abgeschnitten. Um von einem Haus zum anderen zu gelangen, brauchten die Bewohner bestimmt Leitern oder Kletterseile.

Zum Glück war die Seite des Tals, auf der wir uns befanden, viel sanfter geneigt. Unser Weg verlief durch grüne Felder mit junger, winterharter Gerste, die durch ein kompliziertes Netz kleiner Flüsse und Bäche mit Wasser gespeist wurden. In einem Dorf namens Hurkam hielten wir an, um Magar-Leute zu fotografieren, die gerade damit beschäftigt waren, die Kerne von den sonnengetrockneten Maiskolben zu lösen und in Tüten zu sammeln. Drei Generationen arbeiteten zusammen, siebten und sangen in der Sonne, die wie Honig vom Himmel auf ihr kleines Flachdach floss. Die älteren Frauen trugen ihr dunkles Haar zu Knoten gebunden. Am auffälligsten aber war ihre Kleidung. Die meisten Nepalesen liebten farbenfrohe Sachen – je bunter, desto besser. Diese Magar-Familie aber war ausschließlich in strenges, schlichtes Schwarz gekleidet.

Das in Westnepal heimische Volk der Magar besteht zum größten Teil aus Bauern, die ihre Felder nur für den eigenen Bedarf bewirtschafteten. Ihre Zähigkeit und Beharrlichkeit, ihre Unabhängigkeit und ihre körperliche Kraft waren legendär, was vielen von ihnen als Mitgliedern der berühmten Gurkha-Regimenter einen festen Platz in der Geschichte beschert hatte. Im Zweiten Weltkrieg kämpften 37.877 Magar-Soldaten in der indischen Armee. Schon seit der Mitte des 19. Jahrhunderts, als die Briten auf der Suche nach geistig und körperlich fähigen Rekruten die Berge Nepals durchkämmten, stellten die Männer des Magar-Volks den größten Prozentsatz der im Ausland kämpfenden Gurkha-Soldaten. (Die Gurkhas sind nepalesische Söldner in der indischen und britischen Armee; benannt nach der Stadt Gurkha, deren Truppen 1768 Nepal vereinten.)

Bereitwillig ließen sie ihre Pflugscharen stehen und griffen zu den Waffen, angelockt sowohl durch kriegsverherrlichende Abenteuergeschichten als auch die finanzielle Sicherheit, die mit der Rekrutierung verbunden war. Der Heldenmut und die bedingungslose Treue, die diese Männer früher ihren Bergen entgegengebracht hatten, wurden jetzt in langen Jahren des internationalen Wahnsinns von fremden Mächten für ihre Zwecke ausgebeutet. Viele Tausende starben auf fernen Schlachtfeldern, ohne den Sinn des Ganzen aber jemals in Frage gestellt zu haben.

Jahrzehntelang hatten die Briten sämtliche Berichte über das Leben ihrer berühmten Gurkha-Soldaten geschönt. Alles, was ich über sie gelesen hatte, glühte vor Begeisterung; ihre Fähigkeiten als Soldaten, ihre Treue als Verbündete, ihre Tapferkeit, ihre Beharrlichkeit, ihre Zähigkeit und ihr Respekt wurden in höchsten Tönen gepriesen. Und zweifellos beruhte die Hochachtung auf Gegenseitigkeit. Jetzt jedoch stand die allmähliche Auflösung der Gurkha-Regimenter an, und alles, was wir in den Dörfern sahen, kündete von einer ganz anderen Realität.

Die in ihre Heimat zurückkehrenden, ausgedienten Soldaten brachten ansehnliche Pensionen, aber keinerlei Perspektive für ihre Zukunft mit. Ohne ihre Regimenter waren sie keine Helden mehr, gehörten keiner Elite mehr an. Nach Jahrzehnten im Ausland, wo sie die Schlachten anderer Völker geschlagen hatten, mussten sie jetzt ganz persönliche Kriege führen. Vielen gelang es nicht, sich erneut an das Leben im friedlichen Hochgebirge anzupassen. Von den über 50 ehemaligen Gurkhas, die Chris und ich auf unseren Reisen zu sehen bekamen, hätten wir die nüchternen an einer Hand abzählen können.

Sie waren von der Geschichte ausgemusterte, haltlos durchs Leben treibende, innerlich gebrochene Männer. Sie hätten psychologische Beratung und praktische Lebenshilfe gebraucht, doch außer einer Abfindungszahlung und einem freundlichen Händedruck hatte man nichts für sie übrig gehabt. Einige wenige waren in der Lage, ihr früheres Leben wieder aufzunehmen, die meisten jedoch fanden keinen Zugang mehr zu der Welt, die sie vor so langer Zeit verlassen hatten, und schaufelten sich mit starkem *rakshi* (dem einheimischen Branntwein) und fermentiertem *chang* ihr eigenes Grab. Während wir noch die schwarz gekleidete Familie auf dem Hausdach fotografierten, kam ein alter Gurkha heraufgestolpert, winkte mit seiner Flasche und grölte uns ein paar englische Brocken zu. Dann stolperte er und fiel flach aufs Gesicht. Um ihn herum begann alles zu lachen. Ein mutiges Kleinkind tapste heran und trat dem Betrunkenen vor das Schienbein, die anderen klatschten und johlten. Ich sah den Mann an und suchte in seinen Augen nach einem letzten Funken von Stolz, einem Schimmer von Scham. In seinem Blick lag jedoch bloß quälende, endlose Leere.

Wir verließen Hurkam, trekkten über einen weiteren Bergkamm und kamen in einen Ort namens Miyung. Auf den Feldern unterhalb des Dorfes machten wir Halt und errichteten unser Zelt unter einem herrlichen Walnussbaum mit Blick auf den – ja, es konnte eigentlich nur der Gar-Khola-Fluss sein.

An den nächsten beiden Tagen trekkten wir mehr oder weniger orientierungslos über steile Bergflanken, durchdrangen dichte Wälder und überquerten zahllose Flüsse und Bäche. Der Landschaft schien kein besonderes Ordnungsprinzip zugrunde zu liegen – ein Labyrinth aus Bergen und Tälern, das der Aufmerksamkeit der Kartografen entgangen war. Niemand war erstaunter als ich, als wir tatsächlich auf einem breiten Sattel über dem Sani-Bheri-Fluss Rukumkot erblickten.

Es war ein wunderschönes Dorf, eine große Ansammlung terrakottafarbener und weiß gekalkter, von üppigem Grün umgebener und mit Stroh gedeckter Häuser. Ein kleiner, blauer See füllte eine Senke, dahinter lagen weitere Felder. Sie sahen fruchtbar aus und bildeten einen hübschen Kontrast zu dem vergleichsweise breiten Flussbett darunter. Alle Täler, die wir in den letzten Wochen gesehen hatten, waren wie ein steiles V in den Fels gehauen gewesen, nur der Sani Bheri Khola hatte eine Talsohle, die so flach war wie ein Billardtisch. Sein Anblick erinnerte uns an unsere Wanderungen in Pakistan, doch der Eindruck währte nur ein paar hundert Meter. Wir dachten, der Weg folgte dem Flusslauf, und freuten uns darauf, in dem zur Abwechslung völlig flachen Gelände viel verlorene Zeit wieder gutmachen zu können. Das ständige Auf und Ab hatte uns ausgelaugt, körperlich ebenso wie geistig. Für jede noch so kleine Strecke hatten wir Ewigkeiten gebraucht.

Aber wir hatten nicht mit unserer alten Widersacherin, der Sonne, gerechnet. Voller Bosheit machte sie jede Aussicht auf einen schnellen Fortschritt zunichte und bremste unsere Reisegeschwindigkeit, bis wir nur noch im Schneckentempo vorwärts krochen. Noch schlimmer: Das Flussbett war zwar tatsächlich flach, aber der Weg dachte gar nicht daran, ihm zu folgen, sondern schlängelte sich unbekümmert um jeden einzelnen Vorsprung der Gebirgsausläufer. Von der Sonne halb bewusstlos gebrannt, schleppten wir uns von Dorf zu Dorf. Die Tage verschwammen ineinander; wir sahen sie nur noch durch einen Nebelschleier aus Kopfschmerz, Schwindel und Übelkeit.

Beim Angeln im Sani setzten die Einheimischen alle möglichen selbst gemachten Netze und Ruten ein. Andere formten grobe Chillumpfeifen aus Ton und brannten sie in den wie Scheiterhaufen am Flussufer errichteten Öfen. Größere Kinder beaufsichtigten Kleinkinder und Babys, die Frauen arbeiteten auf den Feldern, und die Alten schälten Gemüse und schnitzten aus Holz neue Angelhaken. Doch womit sie sich bis dahin auch immer beschäftigt hatten, das Leben kam zu einem völligen Stillstand, sobald wir uns näherten. Unsere Gegenwart sorgte für großes Staunen, und unser in guter Absicht geäußerter Gruß blieb unerwidert. Woher wir kamen? Wohin wir gingen? Die Leute waren viel zu abweisend, um uns danach zu fragen. Offenbar kamen nur selten Fremde in diese Gegend, und den höflichen Umgang mit ihnen mussten die Einheimischen erst noch lernen. Das mag anmaßend oder überheblich klingen, doch war es ganz ehrlich das, was wir damals empfanden. Wir waren keine Heiligen, hatten keine Herzen aus Stahl, wir waren Menschen, noch dazu schrecklich müde, und dass wir nun überhaupt kein »Namaste!« mehr zu hören bekamen, wirkte doch sehr demoralisierend auf uns.

Außerdem tauchte jedes Mal, wenn ich in dieser Gegend zu baden versuchte, aus dem Nichts eine Horde Männer auf und hockte sich ans Flussufer, um mir zuzuschauen. Ihre Neugier machte mich wahnsinnig, ich blieb notgedrungen ungewaschen und bekam einen juckenden, eitrigen Ausschlag, der meine wachsende Gereiztheit nicht gerade linderte. Chris hatte keine Probleme – für ihn interessierte sich niemand –, nur mein Geduldsfaden wurde mit jedem Tag dünner. Es gab Zeiten auf unserer Reise, an denen ich das Frausein nur noch als Fluch empfand. Die Hälfte der Menschheit wird wissen, wie mir zumute war, die andere ratlos mit den Schultern zucken. Doch Mitleid hätte mich nur noch mehr auf die Palme gebracht, und Chris kannte mich gut genug, um kein Verständnis zu heucheln. Er ließ mich tagsüber ungehindert schimpfen und hielt mich nachts fest in seinen Armen, auch wenn ich noch so abschculich stank.

Schließlich löste sich unser Schlängelpfad vom Sani Bheri, um eine Weile dem zweiten Bheri Khola zu folgen und dann in das Tal des Sama einzubiegen. Die Felswände rückten immer näher zusammen, und das eingezwängte weiße Wasser toste durch eine Reihe dunkler, enger Schluchten. Der Weg wand sich eine schwarze Steilwand hinauf, führte an mehreren Wasserfällen vorbei und verschwand schließlich in grünen Einsprengseln aus üppigem Farn. Über den Fluss führten keine richtigen Brücken, sodass uns nichts anderes übrig blieb, als auf umgelegten Baumstämmen und schwankenden, zusammengebundenen Zweigbündeln zu balancieren. Solche Überquerungen trugen natürlich wenig zur Überwindung meiner Aquaphobie bei, und ich schwebte immer wieder in Todesangst.

Endlich öffnete sich das Tal, und wir trekkten über sanfte, grüne Hügel mit strohgedeckten Dörfern und weidendem Vieh. Sobald die Hitze nachließ, begann es zu regnen; der Weg sog das Wasser auf und bildete kleine Bäche aus tiefem, rotem Schlamm. Die Bauern zogen ihre selbst gefertigten Wolljacken über, steckten ihre Sicheln in runde, handgeschnitzte Holzscheiden, flohen aus ihren terrassierten, gelbbraunen Feldern und suchten auf überdachten Balkonen Schutz. Ein Bauer trug eine abgelegte Smokingjacke, sein Rücken war von dem Gewicht seines Pflugs tief gebeugt. Er hatte ausgeprägte O-Beine und raulederne, nackte Füße mit Zehen, die so weit gespreizt waren, dass man fast Schwimmhäute dazwischen hätte vermuten können. Wütend reckte er die Faust zum Himmel, als er sich noch einmal umsah und feststellen musste, dass ein großer Teil seiner frisch bestellten Erde vom Regen den Hang hinuntergespült worden war. Einen einzigen Tag später, und er wäre fertig gewesen, hätte die Steinmauer rund um seine Terrasse ausgebessert und vollkommen abgedichtet. Morgen hätte er die Sturzflut als Geschenk der Götter willkommen geheißen, heute jedoch war sie mit einer kleinen, aber doch schmerzhaften persönlichen Katastrophe verbunden. Andere Männer sahen lächelnd zu, wie ihre fertig bestellten Reisfelder sich mit Regenwasser füllten, bis die verwirbelten Wolken sich darin spiegelten. Es war ein gutes Omen für die bevorstehende Regenzeit.

Am 1. April erreichten wir den Fuß des Chakhure Langa. Der 4081 Meter hohe Pass trennte das bunt zusammengewürfelte Bheri-Gebiet von der deutlich klarer gegliederten Gegend am Tila-Fluss. Die Höhenlagen, die wir nun durchquerten, waren nicht ständig von Menschen bewohnt; nur gelegentlich trafen wir auf ein einsames Lager von Hirten oder Rohr schneidenden Korbmachern auf einer verborgenen Waldlichtung. Die Vegetation war ein Traum, und wir konnten gar nicht genug davon bekommen. In einem sonst so intensiv bewirtschafteten Land machte die unberührte Natur einen umso stärkeren Eindruck. Wenn doch alle den Wald so erleben könnten! Bestimmt würden sie erkennen, wie wichtig es ist, ihn dauerhaft zu schützen. Bisher hatte die Menschheit es leider versäumt, die heiligen Ressourcen der Erde zu bewahren; die Gier der Ersten Welt hatte den Niedergang der Dritten Welt heraufbeschworen. Die allgegenwärtige Apathie in Umweltfragen hatte den Planeten allerorts gezwungen, sich dem unaufhaltsamen Verfall zu beugen.

Dennoch, es war schwer verständlich, warum mir diese düsteren Gedanken ausgerechnet hier in dem wilden, unberührten Refugium kamen. Ich wollte mich ja auch viel lieber über die 32 riesigen Hemlocktannen freuen, die wie stolze Schachfiguren auf einem mit pinkfarbenen und roten Rhododendronbüschen überzogenen Schachbrett standen. Ihr Anblick war absolut atemberaubend, doch irgendetwas in mir ahnte wohl, dass die Bäume dem Untergang geweiht waren.

Wir campierten im Schutz einiger Kiefern knapp unterhalb der Baumgrenze und standen noch vor der Morgendämmerung wieder auf, weil wir unbedingt den Chakhure erreichen wollten, ehe die Wolken uns den Blick verstellen konnten. Das Wetter war klar, und auch der Weg trat deutlich hervor – eine in Erde und Schnee gestichelte Zickzacknaht, so perfekt wie mit der Maschine genäht. Es war eine ruhige Nacht gewesen, und die Fußstapfen der Händler, die lange vor uns hier gegangen waren, hatten sich in der obersten Schneekruste gehalten.

Es dauerte drei Stunden, bis wir den Pass erreichten, aber der Blick von oben war jede Mühe wert. Ein faszinierendes Tableau niedriger, von der Sonne wach geküsster Gipfel erstreckte sich bis in die Ferne zum nordöstlichen Horizont. Wir versuchten, Sisne, Patrasi und Kanjaroba Himal auszumachen. Auf der Karte waren sie als drei deutlich voneinander getrennte Gebirgszüge klar erkennbar. In Wirklichkeit war die Landschaft jedoch viel weniger klar gegliedert und bildete nichts weiter als ein wirres Durcheinander aus Kuppen und Kegeln.

Wir machten uns für eine Glissade auf der Windschattenseite des Passes bereit. Die Bedingungen für eine Skiabfahrt ohne Skier waren perfekt, und selbst Dormay schien an dieser Art des rasanten Abstiegs Gefallen zu finden. Er ritt auf einem mit Plastik überzogenen Gepäckstück wie auf einem Schlitten und schrie dabei wie ein Cowboy beim Rodeo. Weiter unten wurde der Schnee pappiger und nasser, unterhalb der Baumgrenze lag er außerdem sehr tief, und wir sanken ein und stolperten und fielen ständig hin. Am Ende schafften wir es dann aber doch bis zum Fuß des Berges.

Dort ruhten wir erst einmal eine Stunde aus, tranken Kaffee und aßen unsere Rationen aus Trockenfrüchten und Nüssen, dann zogen wir weiter über die schneefreien Weiden bis zum Tila-Fluss. Am Rand von Munigoan beschlossen wir, unser Nachtquartier aufzuschlagen. Von dort aus waren wir nur noch einen Tagesmarsch für den in Jumla, dem größten Ort in Nepals Wildem Westen, geplanten freien Tag entfernt.

Am nächsten Morgen folgten wir etwa eine Stunde lang dem Lauf des Tila, dann bogen wir in das Tal eines klaren, tosenden Zuflusses, der von einem silbergekrönten lekh westlich von Chakhure kam. Das Wasser umspülte einige hübsch gewachsene Fichten und trieb mehrere über dem Fluss errichtete Steinmühlen an. Als das Tal sich öffnete, kamen wir zu einer Reihe hügeliger Hochweiden, Standort einer Versuchsfarm im Stil einer Ranch. Wir trekkten mitten hindurch und überquerten dann einen vergleichsweise niedrigen Pass, von dem aus man das Netz aus Tälern und Bächen gut überblicken konnte. Nach einer Weile vereinte sich der Weg wieder mit dem Tila.

Die Dörfer zu beiden Seiten des Flusses lagen an Berghänge geschmiegt oder über Bergvorsprünge ausgebreitet. Die Flachdachhäuser waren planlos aufgehäuft oder ordentlich übereinander gestapelt. Ein Dorf wirkte sogar wie der Querschnitt durch ein riesiges Puppenhaus. Und tatsächlich bewegten sich die Leute in dem Riesenmodell wie große Puppen; sie spannen Wolle und worfelten Korn, wiegten Babys und schürten das Feuer in ihren Öfen. In jedem Teil des Puppenhauses geschah etwas anderes. Für sich gesehen waren es banale, alltägliche Dinge – zusammen jedoch bildeten sie eine fantastische, fesselnde Szenerie. Selbst unsere Träger fühlten sich von dem Anblick magisch angezogen.

Im Vergleich zu den abenteuerlichen Konstruktionen, auf denen wir den Sama überquert hatten, kündete jede einzelne Brücke über den Tila vom Genius ihrer Ingenieure. Es waren breite, stabile Übergänge, für deren Bau man aus gewaltigen Bäumen riesige Planken geschnitten hatte. Geschnitzte Menschenfiguren, den polynesischen Schnitzereien von Göttern und Ahnen ähnlich, bewachten die Brücken an beiden Enden.

In der Gegend um Jumla herrschte eindeutig Frühling, das Tal wirkte wie von einem großen, fruchtbaren Zauberstab berührt. Bestellte Felder bedeckten die Berghänge wie ein mit allen Grüntönen geknüpfter Teppich, die Apfelbäume trugen eine rosafarbene Blütenpracht. Die Stadt Jumla – die Hauptstadt des nepalesischen Karnali-Bezirks – dagegen wirkte öde und trist: ein träges, rückständiges Nest, das allem Augenschein nach in seinen eigenen Exkrementen und seiner Gleichgültigkeit versank. Die gepflasterten Straßen waren mit Abfällen verstopft, über den Markplatz schlichen hohläugige, in Lumpen gekleidete Menschen. Die Geschäfte waren voller Waren, die sich von den Einheimischen nur die wenigsten leisten konnten. Konsumgüter – vor allem für die Regierungsbeamten, die in der Stadt eine bestimmte Dienstzeit ableisten mussten – wurden eigens vom Süden eingeflogen, und die hohen Frachtkosten sorgten dafür, dass hier selbst Grundnahrungsmittel zu Luxusartikeln wurden. Im Basar gab es gleich vier der bestsortierten Drogerien, die ich in ganz Nepal gesehen habe, und doch waren Krankheit und Gebrechlichkeit in der heruntergekommenen Stadt allgegenwärtig. Nasen liefen, Augen tränten, und nach der Statistik, die ich las, sterben in Jumla mehr Menschen an akuten Atemwegserkrankungen als in jedem anderen Landesteil.

Manche Ökonomen sahen in Jumlas Isolation den Hauptgrund für seine Armut. Andere machten die Abhängigkeit von staatlich geförderten Entwicklungsprojekten verantwortlich. Die Einwohner Jumlas selbst hielten es für Schicksal und erklärten ihr Leiden mit einem bekannten Volksmärchen:

Es war einmal ein Fasan, der von den hohen lekh um Jumla in den Süden flog, um einer Pfauenhenne im Terai, in der fruchtbaren Tiefebene Nepals, den Hof zu machen. Die Pfauenhenne zögerte, ihrem neuen Partner nach Jumla zu folgen, denn sie hatte gehört, dass die Menschen dort schlimme Sünder wären, die Fasanen und anderem wildem Geflügel mit Fallen nachstellten und sie töteten. Der Hahn versicherte ihr, das sei bloß Gerede, und schwärmte so lange von der Schönheit der Gegend, bis sie sich beschwatzen ließ.

Zusammen flogen sie nach Jumla, doch schon gleich nach der Ankunft wurde der Fasan auf einem Bergkamm in einer Falle gefangen und erlitt ein schreckliches, schmerzhaftes Ende. Als sein Todesschrei durch die hohen Berge Jumlas hallte, belegte die Pfauenhenne die Stadt mit einem furchtbaren Fluch: »So wie mein Liebster getötet wurde, als er nach Korn pickte, sollt auch ihr, Menschen von Jumla, euch für immer für ein paar Körnchen Essen mühen müssen. So wie ihr die Federn aus seinem toten Leib gerupft habt, sollen eure Kleider für immer lumpig und zerrupft aussehen. So wie ihr meinen Liebsten gefangen habt, sollt ihr für immer in der Falle von Armut und Elend gefangen sein.«

Wir fanden ein heruntergekommenes, doch praktisches Gasthaus, das einer Familie gehörte, die aus den abgelegenen nördlichen Tälern der Mugu nach Jumla gekommen waren. Es gab viele Muguli in Jumla, und vor allem die Frauen fielen in der Menge auf wie Lotusblüten in einem trostlosen Sumpf. Sie teilten das strahlend gute Aussehen ihrer tibetischen Schwestern und kleideten sich auf ganz besondere Weise. Eine dreieckige Fläche ihrer in der Mitte gescheitelten Haare zupften sie aus, um die Höhe ihrer Stirnen zu betonen, was ihnen eine sehr hoheitsvolle, fast viktorianische Ausstrahlung gab. Sie trugen ärmellose, knielange schwarze chuba über bunten Röcken, und einige der älteren Frauen schmückten sich mit uralten Ketten aus Korallen und klobigen blauen Türkisen. Ursprünglich bei den Händlern der Seidenstraße erstanden, symbolisierten die für den tibetischen Schmuck typischen Halbedelsteine aus Persien und mediterranen Korallen früher den Reichtum der Familie. Heute waren die Schmuckstücke reine Erbstücke und vermittelten einen falschen Eindruck von der derzeitigen wirtschaftlichen Situation. Seit Jahrhunderten waren die Ketten von einer Generation an die nächste weitergegeben worden, in letzter Zeit jedoch zunehmend in die Hände fahrender Kaufleute gefallen. Bedroht von Armut oder Hungertod, waren die Familien gezwungen, ihre Steine – oft zu einem Spottpreis – an einen Händler aus der Stadt zu verkaufen, der ihren Wert arglistig nach Gewicht bemaß, um sie dann später mit hohem Profit als wertvolle Antiquitäten feilzubieten.

In den grell erleuchteten Warenhäusern von Kathmandu herrschte ein absolutes Überangebot an solchen Schmuckstücken. Mehrmals hatte ich einen Kauf erwogen, mich aber letztlich nicht durchringen können. Liebend gern hätte ich eine dieser Ketten besessen – sie waren einfach wunderschön –, aber irgendwie hätte ich damit am Kreislauf von Ausbeutung und Armut teilgenommen, den ich zutiefst verabscheute. Mit dem Schmuck war es ähnlich wie mit einem Ziegenfell – an seinem ursprünglichen Eigentümer sahen beide einfach besser aus. Und diese Frauen aus Mugu, die offenbar bettelarm, aber fest entschlossen waren, an ihren Traditionen festzuhalten, brachten den alten Schmuck ganz besonders zum Strahlen.

Unser lang ersehnter freier Tag in Jumla verlief weit weniger erholsam, als wir es uns vorgestellt hatten. In den frühen Morgenstunden beschloss die neben unserer Herberge wohnende Familie, direkt unter unserem scheibenlosen Fenster einen gewalttätigen häuslichen Streit vom Zaun zu brechen. Bei Sonnenaufgang zeterten diverse Wahlkämpfer aus ihren krächzenden Lautsprechern auf uns ein. Seinen Höhepunkt erreichte der Lärmpegel schließlich um acht, als zwei Polizisten eine offenbar geistig verwirrte, gespenstisch heulende Frau in Handschellen die Straße herunterzerrten. Sie roch und sah aus, als habe sie sich in etwas Totem gewälzt. Eine Menschenmenge versammelte sich, folgte der Ketzerin, beschimpfte sie, lachte sie aus und bespuckte sie. Manche warfen sogar mit Steinen.

Das Einzige, was den Tag halbwegs erträglich für uns machte, war das erfreuliche Ergebnis unseres Besuchs beim Frachtdienst des Flughafens. Wir hatten eine Kiste mit Lebensmitteln per Flugzeug aus Kathmandu nach Jumla vorausgeschickt, und nach mehreren Stunden, in denen wir unzählige Formulare ausfüllen und auf ebenso viele Entscheidungsträger warten mussten, die gerade Frühstücks-, Mittags- oder Teepause machten, waren wir schließlich mit unseren Leckerbissen vereint. In der Kiste hatte meine Mutter mehrere Schokoriegel, eine Dose geräucherte Austern, eine Dose Lachs und sogar eine Packung Vita-Weat-Knäcke versteckt. Wir liefen zurück ins Hotel, kauften unterwegs noch eine ordentliche Ladung Bier, weckten die anderen aus dem Mittagsschlaf und verbrachten den restlichen Nachmittag damit, unsere reiche Beute zu genießen.

Der gute alte Jungbu hatte sich bereit erklärt, die Einheimischen nach den aus Jumla herausführenden Routen zu befragen. Sobald die letzte Flasche Bier geleert war, zog er los, um so viele Informationen wie möglich zu sammeln. Erst gegen Sonnenuntergang kehrte er zurück, und wir setzten uns alle zusammen, um über die nächste Etappe unseres großen Treks quer durch den Himalaja zu beraten.

Da wir das angeblich magische Kräfte besitzende Wasser des Phuksumdo-Tals im Innern Dolpos verpasst hatten, beschlossen wir, den Trostpreis anzunehmen, den die Karte uns bot. Einer kleiner Umweg über zwei bis drei Pässe in Richtung Norden würde uns zum Rara führen, dem größten aller nepalesischen Seen. Wir wussten nichts über den See, außer dass er unter dem Schutz der Regierung stand und in einem Nationalpark lag – was in Wirklichkeit aber nichts weiter bedeutete, als dass wir pro Kopf 250 Rupien bezahlen mussten, um ihn zu sehen. Nach kurzem Kopfrechnen kamen wir zu dem Schluss, dass wir uns diese Gebühr gerade noch leisten konnten.

Von Jumla bis zum Rara-See würde es drei, vier Tage dauern, und der Aufbruch dorthin war für uns irgendwie mit einer Art Urlaubsgefühl verbunden. Vielleicht hatte es damit zu tun, dass der See nicht direkt auf unserer Route lag, also nicht Teil unserer selbst gesetzten Aufgabe war. Der Abstecher zum See erlaubte uns, ein paar Tage »blau zu machen«. Es kam uns vor, als führen wir nach Wochen in der üblichen Tretmühle in ein langes, freies Wochenende.

Vom Rara-See könnten wir dann auf ziemlich geradem Weg nach Westen bis zur Grenze bei Baitadi weitertrekken. Wir rechneten die Entfernung grob in Tagen aus. Wenn das Wetter hielt und wir alle fit und gesund blieben, könnten wir in einigen wenigen Wochen Nepal hinter uns lassen! Halleluja!

Am nächsten Morgen brauchten wir fast eine Stunde, um aus Jumla herauszukommen. Die Bezirkshauptstadt war sehr weitläufig angelegt, und nach den Anweisungen, die Jungbu bekommen hatte, mussten wir uns durch ein Labyrinth aus schmalen Straßen und Gässchen schlängeln, bis wir endlich den Weg ins Tal des Jangan Khola fanden. An einer erhöhten Stelle über dem Fluss kamen wir an einem großen Übungscamp der nepalesischen Armee vorbei – dem letzten und bei weitem eindrucksvollsten Gebäude, das diese traurige, schmutzige Stadt zu bieten hatte.

Oberhalb des Tals kamen wir auf eine Hochwiese, von der sich der Dinosaurierrücken des Dori Lekh deutlich abzeichnete. Anstatt das Monster zu erklettern, umrundeten wir es durch Wald und nassen Schnee und kamen schließlich am Hinterteil des wilden Tieres an. Der Abstieg folgte dem Lauf das Jaijala Khola, einem kristallklaren Bergbach, der sich durch einen uralten Kiefernwald in die Tiefe stürzte. Die Nachmittagsstunden vergingen, und uns wurde klar, dass wir es nicht mehr bis zum Sonnenuntergang nach Sinja schaffen würden. Wir entschieden uns für ein Zeltlager auf einer kleinen Lichtung am Fluss.

Wie sich später herausstellte, waren wir nur noch eine Stunde von der Siedlung entfernt, die hoch über dem Zusammenfluss von Jaijala Khola und Lah Gad thronte, den man hier nach dem Dorf Sinja nannte. Der Lah Gad floss von seiner Quelle im Sisne Himal zunächst nach Westen, machte bei Sinja aber einen großen Bogen und verlief dann nach Süden, um dort den Tila zu treffen. Der Tila wiederum floss westlich und mündete in den Karnali, die Hauptwasserscheide Westnepals und einer der großen Himalajaflüsse, die ihre Quelle hoch oben beim heiligen Berg Kailasch hatten.

Das letzte Mal war ich 1985 am Karnali gewesen, und seine Nähe rief viele Erinnerungen in mir wach. Von seinen Ufern, von einem Dorf namens Burang, war ich damals allein zu meinem Trek durch Tibet aufgebrochen; dort hatte meine Liebe zu den Menschen und Landschaften des wilden Himalaja ihren Anfang genommen.

Ich war in die Erinnerungen an Tibet so versunken, dass ich den Abzweig zum Rara-See verpasste. Ich hatte die Karte und sollte die anderen führen, war in Gedanken aber in einer völlig anderen Zeit und ließ das Seitental, in das wir hätten einbiegen müssen, versehentlich links liegen. Als ich endlich meinen Fehler bemerkte, waren wir schon auf halbem Wege auf der alternativen, wenn auch etwas längeren Route und beschlossen, einfach weiterzugehen. Wie sich herausstellte, war es der klügste Fehler meines Lebens.

Nach kurzer Zeit verengte sich das Lah-Gad-Khola-Tal, und wir betraten die spektakulärste Schlucht, die man sich überhaupt vorstellen kann. Der Mittag kroch wie ein Dieb die dunklen Wände der Schlucht hinunter, der Strahl seiner Taschenlampe suchte sämtliche Ritzen und Furchen nach Schätzen ab. Wir waren in eine fest verriegelte Kammer eingedrungen, in der Mutter Natur ihre wertvollsten Kleinode verborgen hielt. Zentimeter für Zentimeter wanderte die Sonne zum Boden der Schlucht, wo sich mit einem plötzlichen Aufblitzen der kostbarste aller Edelsteine offenbarte. Das Wasser des Flusses hatte sich dort aufgestaut und bildete ein durchscheinendes, smaragdgrünes Amulett, umgeben von Diamanten aus glitzerndem Licht. Der Anblick war einfach atemberaubend. Ich versuchte, meine Gefühle in Worte zu fassen, doch irgendwie wurde diesem wunderbaren Ort kein Ausdruck gerecht.

Der Himalaja hatte uns schon viele bewegende Ausblicke und Visionen beschert. Hier in dieser Schlucht des mächtigen Lah Gad spürten wir etwas Seltenes, ja Spirituelles. Wir machten Mittagsrast, und ich hielt mich abseits, um in Ruhe meinen Gedanken und Gefühlen nachhängen zu können. Ich fühlte mich hier mit der Erde auf unerklärliche Weise verbunden, schien nicht mehr auf ihr, sondern in ihr zu leben, tief unter ihrer aufgerissenen, geschundenen Haut. Ich spürte ihre Seele ganz nahe. Es war, als wären wir tatsächlich in das Innerste der Erde eingedrungen und in einer ihrer Herzkammern gefangen, als lauschten wir ihrem Pulsschlag und spürten ihre Lebensenergie.

Hoffnung stieg in mir auf, als mir so deutlich wurde, dass unser Planet am Ende doch nicht im Sterben lag. Wir konnten ihn ausschlachten und ausbrennen, mit seinen Gaben Schindluder treiben, doch niemals würde es uns gelingen, mit unserer Torheit die Erde zu töten. Ihre Seele und ihr Lebenswille waren viel, viel größer, als einer von uns sich das jemals vorstellen könnte.

Ich bin kein religiöser Mensch. Ich habe keinen Gott. Doch hier, am Ufer des Lah Gad, fand ich meinen Glauben wieder.

Etwas tiefer in der Schlucht sahen wir mehrere Wasserfälle, die durch winzige Spalten aus den hohen Felswänden brachen. Dichte Vorhänge aus Moos verbargen kleine Nischen mit hellgrünem Farn.

Wasser tropfte von den Pflanzen wie Honig von einem Löffel, drang durch lauter kleine Risse in die Erde ein. Dann ließ der Weg die Schlucht hinter sich und folgte einer steilen Felsrinne nach Norden, wo er bald auf den Chautha Khola stieß und sich am Hauptquartier des Nationalparks mit dem Hauptweg aus Jumla traf. Wir hatten einen großen Umweg gemacht und wollten doch keinen einzigen Zentimeter missen.

In der letzten Stunde hatte sich das Wetter verschlechtert, und da wir alle fürchterlich froren, hielten wir, nachdem wir unsere Gebühr bezahlt hatten, beim Haus des Rangers an und wärmten unsere Hände an seinem Feuer. An diesem Tag würden wir es nicht mehr über den zweiten Pass schaffen, doch wir beschlossen, trotzdem weiterzugehen und irgendwo in der Nähe des Passes zu zelten. Wir waren süchtig nach dem Anblick der Berge bei Tagesanbruch, immer auf der Suche nach den klassischen Gipfelfotos bei Sonnenaufgang. Und je näher wir dem Bergkamm kamen, desto länger konnten wir am nächsten Morgen in den Schlafsäcken bleiben und trotzdem den berühmten Morgenblick genießen.

Der Pass war nur 3457 Meter hoch, bot aber einen wunderbaren Rundblick über die Karnali-Wasserscheide und die schneebedeckten Gipfel, hinter denen sich Tibet verbarg. Der Weg führte mindestens 1000 Meter steil nach unten durch Wälder aus Himalajazypressen und Kiefern, bis wir die Talsohle des Dhauligar Khola berührten. Dann begann der Aufstieg, von dem wir annahmen, er führte uns zu den Ufern des stillen Rara-Sees.

Es ging immer weiter steil nach oben, bis es uns ganz und gar unmöglich erschien, dass eine so raue, zerklüftete Landschaft eine Wasseransammlung beherbergen könnte, die breiter war als ein Bach und weniger turbulent als ein Wasserfall. Je höher wir stiegen, desto überzeugter waren wir, dass der Rara-See nur ein Mythos war. Vielleicht hatten wir die Karte falsch gelesen, vielleicht stand uns nichts anderes bevor als eine weitere Achterbahnfahrt über Bergkämme und tiefe Täler, die mal wieder nicht auf unserer Karte eingetragen waren.

Langsam wurde die Steigung geringer, und wir fanden uns auf einer Art Hochplateau wieder. Wir traten aus dem Wald heraus auf flaches Grasland und standen auf wundersame Weise am südlichen Ufer des Rara-Sees.

Der ruhige, glatte See hatte eine ovale Form, war etwa fünf Kilometer lang und drei Kilometer breit. In seinem Wasser spiegelte sich das ihn auf drei Seiten völlig einschließende Bergpanorama. Auf der westlichen Seite hatte er einen Abfluss durch eine enge Schlucht, doch der östliche Rand ragte kaum sechs Meter über den Wasserspiegel hinaus. Von dort, wo wir standen, konnte man diesen Rand gar nicht sehen; es sah aus, als würde das Wasser von einer unsichtbaren, fremden Energie gehalten. Dahinter fiel der steinige Grund jäh ab, stürzte sich 1370 Meter tief direkt bis zum Mugu-Fluss. So hoch oben thronend sah der Rara aus wie ein natürliches Kraftwerksreservoir. Doch Gott sei den Muguli gnädig, wenn der See jemals überlaufen oder sein Damm brechen sollte.

Müde und erschöpft zockelten wir am Ufer des Sees entlang und spähten in die Hütten der Trekker auf der gegenüberliegenden Seite. In der Broschüre, die der Ranger uns gegeben hatte, stand, früher habe es am Nordufer des Sees zwei Dörfer gegeben; 1978 beschloss die Leitung des Nationalparks in ihrer unendlichen Weisheit jedoch, alle Dorfbewohner samt ihrer Tiere zu entwurzeln und irgendwo im Terai neu anzusiedeln. Für die Betroffenen muss es eine traumatische Erfahrung gewesen sein, von diesem hoch gelegenen Paradies in die höllisch heiße nepalesische Tiefebene verfrachtet zu werden. Ich bin sehr für den Schutz einzigartiger Ökosysteme, doch hätte man für diese armen Opfer äußerer Umstände sicherlich auch eine bessere Lösung finden können.

Der Rara-See war so ein friedlicher Ort, dass wir beschlossen, uns einen Tag freizunehmen und die schöne Umgebung richtig auszukosten. Eine freie Woche hätte uns allen noch viel besser getan, aber unser Zeitplan war nun einmal eng gefasst, und wir mussten die letzte Etappe zur Westgrenze Nepals hinter uns bringen. Wir verbrachten den Vormittag damit, ein wenig die Gegend zu erkunden, meistens lagen wir jedoch in der Sonne und lasen Bücher, die wir uns von dem Ranger geliehen hatten. Ich skizzierte einiges aus einem Buch über die Pflanzenwelt des Himalaja und notierte ein paar echte Fundstücke aus einem Buch über nepalesische Sprichwörter. Meine Lieblingssprichwörter waren: »Frage nicht nach dem Weg in ein Dorf, in das du gar nicht gehen willst!« und: »Wer auf den Ruf antwortet, muss auch die Tür aufmachen.« Chris amüsierte sich am meisten über: »Wer in den Himmel spuckt, wird nass im Gesicht«; »An einem schlechten Tag geht sogar eine ungeladene Flinte los«; und: »Der Fisch, den man verliert, ist immer der größte.«

Unsere Träger nutzten die freie Zeit, um sich ein paar unerwünschte vereinzelte Haare von Oberlippe und Kinn zu zupfen, wofür sie zwei 52 Paise-Münzen als Pinzette benutzten. Nach ihrem Gelächter zu urteilen, erzählten sie sich dabei auch den einen oder anderen deftigen Witz. Gegen Mittag kamen wir alle wieder in der Hütte zusammen, denn das Wetter schlug um.

Als wir am nächsten Morgen erwachten, trommelte der Regen aufs Dach. Vom Fenster aus sah ich eine dicke Nebelbank auf uns zuschweben. Über dem See blieb sie hängen und färbte das Wasser stahlgrau. Innerhalb von Minuten schneite es dichte Flocken, und die Hänge rund um den Rara-See wurden weiß. Zögernd packten wir unsere Sachen zusammen und stapften in die unwirtliche Kälte hinaus. Der Weg, der bald im Wald verschwand, folgte dem Lauf des Khatyar Khola, der dem Rara-See offenbar als Abfluss diente. Zuerst war er nur ein kleines Rinnsal, doch dann bekam er Verstärkung von anderen Bächen, wurde immer schneller und schnitt sich tief in die Landschaft ein. Höhlen saßen in den kahlen, dunklen Wänden wie Augen, Nasenlöcher und große, gähnende Münder.

Nach etwa drei Stunden verwandelte sich der Schnee in einen harten, peitschenden Regen. So blieb es bis Mitternacht, doch als der nächste Tag dämmerte, strahlte wieder die Sonne. Wir überquerten den grauen Karnali und kletterten hoch über dem Ufer an steilen, über den Fluss hängenden Felsen voran. Die Vegetation war nicht mehr alpin, sondern eher ausgedörrt. Das Tal erinnerte an eine Wüstenlandschaft, und tatsächlich klammerten sich vereinzelte, blühende Kakteen an die Felswände. Das Wetter war nicht das Einzige in diesem Land, das sich ohne jede Vorwarnung innerhalb kürzester Zeit radikal verändern konnte – die Meereshöhe, die Vegetation, die Bodenbeschaffenheit und die Menschen waren ebenso unberechenbar. Man kam sich vor, als wäre man in einem riesigen Kaleidoskop gefangen, das bei jeder noch so kleinen Bewegung sein Muster vollkommen veränderte.

Mit dem Abschied vom Kuma-Khola-Tal begann unsere letzte Etappe in Richtung Westen. Wir zeichneten einen Kalender auf die letzte Seite meines Tagebuchs und kreuzten jeden Tag und jeden Zielort aus, sobald wir ihn mit unseren müden Beinen erwandert hatten. Häufig wurden wir auf dem engen Pfad jedoch durch Gegenverkehr aufgehalten, mussten zur Seite treten und erst einmal tausende von Ziegen und Schafen an uns vorbeilassen. Nachts teilten wir uns die Lagerplätze mit den Besitzern der Tiere – Nachfahren von Tibetern aus Humla, dem Nachbarbezirk des schwer erreichbaren Dolpo.

Winter für Winter verließen diese Familien ihr abgelegenes Bergreich, um auf den Märkten im Süden Salz gegen Reis zu tauschen. Da ihr Land während der gesamten Wintermonate schneebedeckt blieb, nahmen sie ihr Vieh mit und ließen es unterwegs immer wieder weiden. Für die Tiere war es keine Urlaubsreise, denn sie mussten die ganzen Lasten tragen. Viereckige Ranzen aus selbst gesponnener und fest gewebter Wolle wurden mit Waren voll gestopft und wie Satteltaschen über die Rücken der Tiere gelegt. An den Kanten waren sie mit Leder verstärkt, damit das Salz oder die Körner nicht auslaufen oder feucht werden konnten, wenn die Taschen auf den höher gelegenen Bergpässen mit Schnee in Berührung kamen.

Die Reise in den Süden und wieder zurück dauert vier bis fünf Monate, und die Hirten, die jetzt noch gerade rechtzeitig vor dem Einsetzen des Monsuns auf dem Rückweg waren, sahen erschöpft, aber glücklich aus, weil sie ihrer Heimat mit jedem Tag näher kamen. Zweimal am Tag machten sie Halt, um die Tiere weiden zu lassen, Nacht für Nacht schliefen sie unter den Sternen, nur durch ein halbkreisförmiges, aus den Satteltaschen wie zu einer Backsteinmauer aufgeschichtetes Korallenriff geschützt. Regnete es, spannten sie zusätzlich eine dünne Leinwandplane auf. Ihre Tiere waren weder angebunden noch eingepfercht; sie waren viel zu müde, um wegzulaufen. Sie lagen dicht zusammengedrängt in einem großen, glubschäugigen, teilnahmslosen Haufen. Gelegentlich vergaß eines zu atmen, und am nächsten Tag stand Hammeleintopf auf dem Speiseplan.

Die Männer aus Humla waren selbstsichere, gut aussehende Burschen. Sie trieben ihre Herden voran und achteten darauf, dass kein Tier sich verlief oder über die Klippen stürzte. Ihre Frauen wirkten wettergegerbt und ausgezehrt; beim Gehen hingen nuckelnde Babys an ihren schlaffen Brüsten. Manche trugen Halsketten mit alten indischen Münzen, großen Brocken aus Elfenbein und langen Moschushirschzähnen. Sie hielten ein Auge auf das Vieh und das andere auf die Kinder, deren Aufgabe es wiederum war, die neugeborenen Babys und Lämmer zu hüten. Das letzte Glied der täglichen, bunten Karawanenkette bildeten die Großmütter, die, halb tot und halb erblindet, nur mühsam mit dem Rest des Clans Schritt halten konnten. Sie folgten instinktiv dem Geruch der Herde und murmelten beim Vorwärtsschlurfen unablässig mantra vor sich hin.

Wir wanderten durch Kiefernwälder und moosige Rhododendronhaine. Ganze Alleen aus Rosskastanienbäumen glühten von neuem Leben; wie ein riesiger Schwarm frisch aus dem Kokon geschlüpfter, nasser Schmetterlinge hingen die kupferroten Blätter an den Zweigen. Das durch sie hindurch fallende Sonnenlicht besprenkelte den Waldboden mit glitzernden hellen Flecken.

Die Täler bildeten dazu den reizvollen Gegensatz – Felder und Häuser als Teil zeitloser Bilder ländlicher Idylle. Gelbe Weizenfelder wogten wie langhaarige Felle unter den sanften Berührungen des Nachmittagswinds. Alte Männer saßen im Schatten ihrer Veranden und nutzten die Speichen zerbrochener Regenschirme, um sich Socken für den nächsten Winter zu stricken. Ein Mädchen, kaum alt genug, um mit Puppen zu spielen, wiegte seinen winzigen Bruder in einer Wiege aus Sackleinen, ein weiches, rundes Samenkorn in einer groben Schale.

In Gadarigoan hielten wir an und sahen einem Fünfjährigen zu, der mit seinen Spielkameraden zwischen den Reisfeldern hin- und hermarschierte. Ich war neugierig, wollte wissen, was dahinter steckte, folgte ihnen mit meiner Kamera. Als die Kleinen sich in eine Reihe stellten und stolz ihre schmalen Brüste reckten, sah ich die Anstecker an ihren zerlumpten Kleidern, die sie als »Freiwillige der Kommunistischen Partei« zu erkennen gaben.

Am 14. April kamen wir nach Melu Mela, einem kleinen Dorf auf halbem Wege zwischen Karnali und Baitadi am Ufer des Seti-Flusses. Es war der nepalesische Neujahrstag, unsere dritte und letzte Gelegenheit, gute Vorsätze zu fassen. Doch da es nichts gab, was wir aufgeben oder verändern wollten, sahen wir lieber den Einheimischen zu, die die Feierlichkeiten sichtlich genossen.

Aus vielen kleineren Dörfern der Umgebung waren sie nach Melu Mela gekommen, um das Neujahrsfest zu feiern, und wie immer waren es die Frauen, die in der Menge ganz besonders auffielen. Sie trugen bunte lange Röcke, über Kreuz gebundene weiße Togen und mehrfädige Ketten mit gelben, stecknadelkopfgroßen Perlen. Kurze rote Strickjacken schützten sie gegen die abendliche Kühle, und auf ihren Köpfen balancierten sie reich verzierte goldene Scheiben. Sie sammelten sich in Gruppen am Ufer des Seti und sahen den Männern zu, die sich pfeifend, tanzend und trommelnd auf das Aufrichten der großen Kiefernmasten vorbereiteten. Bei diesem Ritual wurden zwei enorme, vollständig entrindete Kiefern unter Einsatz dicker Taue in eine aufrechte Position gebracht. Fielen die Masten oder – noch schlimmer – brachen sie entzwei, galt dies als schlechtes Omen für das kommende Jahr. Zum Glück ließen sich die Kiefern von Melu Mela ohne Probleme aufrichten, und die angespannte Menge stieß einen gemeinsamen Seufzer der Erleichterung aus.

Nach der Zeremonie wurden die Masten in den Dorftempel getragen. Ein Strauß aus Weizenähren hing, mit einem Klumpen Dung befestigt, wie ein Mistelzweig über dem Eingang. Anders als in den meisten Hindutempeln gab es im Innern des Gebäudes keine Bilder. Es sah eher wie eine kleine Scheune aus, in die die Männer des Dorfs jetzt die Enden der Masten schoben, sodass die verzierten Spitzen noch auf die Straße ragten. Plötzlich zuckten Blitze über den Himmel, und Regen trieb die Menschen in ihre Häuser, wo sie tanzend, trinkend und essend den Neujahrsabend verbrachten. Nach dem *Vikram-Samvat*-Kalender (benannt nach dem legendären nordindischen König Vikramaditya) begann für sie das Jahr 2048.

Als wir am nächsten Tag den Seti-Fluss hinuntertrekkten, kamen uns immer wieder Grüppchen von Leuten entgegen, die von anderen Partys in noch entlegeneren Dörfern nach Hause wankten. Mehrere Frauen im vollen Sonntagsstaat machten unter blühenden

Bäumen am Flussufer Rast. Sie sahen aus wie exotische Korallen, die auf dem grauen Steinriff wuchsen und sich von Gelächter und reiner Lebensfreude ernährten. Die Männer kehrten lieber in Teehäusern und dhaba ein, um lautstark über Politik zu diskutieren und den Alkoholgehalt in ihrem Blut wieder aufzufrischen.

Als die Festtagsstimmung nachließ, ging auch unsere Reise durch Westnepal allmählich zu Ende. Wir brauchten nur vier Tage nach Baitadi, und sie waren alle sonnig und völlig sorgenfrei. Von Dandeldura aus schickten wir Dormay und Ang Passang mit dem Bus nach Hause und gingen das letzte Stück bis zur Grenze gemeinsam mit unserem Lieblingsträger Jungbu. Nur wir drei. Wie in den alten Zeiten. Wir hatten eine Schwäche für den Burschen; er hatte uns 2400 Kilometer auf unserer langen, abenteuerlichen Reise begleitet – bis dahin etwa die Hälfte der bereits zurückgelegten Strecke. Er hatte nie gejammert, nie gemeckert, sich kein einziges Mal beschwert. Er war mehr Lohn und ein viel höheres Trinkgeld wert, als wir es ihm geben konnten, aber wir hatten auch so schon kaum genug Reserven, um den Rest unserer Reise zu bestreiten. Vielleicht könnten wir ihn eines Tages zu einem Urlaub in Australien einladen; bis dahin konnten wir ihm nicht viel mehr anbieten als unsere Freundschaft und unsere Dankbarkeit.

Die Royal Nepal Airlines hatte den guten Einfall gehabt, in unmittelbarer Nähe der Grenze eine Start- und Landepiste zu bauen. Und es war kaum zu glauben: Der einmal pro Woche nach Kathmandu gehende Flug war tatsächlich für den nächsten Tag geplant. Wir hatten gerade noch genug Bargeld, um drei Tickets zu kaufen, und gerade noch genug Energie, uns die Gangway hinauf ins Flugzeug zu schleppen.

Chris, Jungbu und ich hatten rund zwei Monate gebraucht, um von Kathmandu nach Baitadi zu trekken. Wir brauchten zweieinhalb Stunden, um die gleiche Strecke zurückzufliegen.

Am Anfang war Kathmandu ein echter Schock, aber wir gewöhnten uns rasch wieder an den Luxus und den städtischen Lebensstil – die späten Abende und die freien Tage, an denen wir nichts weiter zu tun hatten, als über das Leben nach dem Trek nachzudenken. Ob es das überhaupt geben würde? Ob wir uns jemals wieder darin zurechtfinden könnten? Und wie sah es mit dem Nestbau und dem Familienzuwachs aus? Wir wollten alles. Und wir wollten es jetzt. Aber wir hatten auch eine Aufgabe zu erledigen – unser Trek war noch lange nicht zu Ende.

Wie bei allen Erholungspausen bestand der Trick darin, sich gar nicht erst zu sehr an den Luxus oder die Gedanken an die Zukunft zu gewöhnen. Natürlich war es wichtig, sich über die eigenen Wünsche klar zu werden und sich eine Weile lang schönen Tagträumen hinzugeben – man musste nur aufpassen, dass es zu keiner körperlichen oder seelischen Abhängigkeit kam. Wir hatten es schon so weit geschafft und hatten doch noch einen langen Weg vor uns. Es war noch nicht die Zeit für Rührseligkeit und weiche Knie – von Nestbau und Brutinstinkt ganz zu schweigen!

Im Land des Donnerdrachens

Von der geografischen Logik her hätten wir als Nächstes durch West Bengal und Sikkim trekken müssen, aufgrund der komplizierten Einreisebestimmungen der verschiedenen Himalajaländer machte das jedoch keinen Sinn. Die indischen Behörden hatten alle unsere Briefe zum Thema Sikkim geflissentlich ignoriert – mit anderen Worten: Wir hatten noch keine offizielle Einreisegenehmigung für diesen Bundesstaat. West Bengal war für den Tourismus offen, und eine Genehmigung für die motorisierte Erkundung auf den Straßen des Landes war leicht zu beschaffen. Doch jemanden zu finden, der einer zweiköpfigen Expedition die notwendigen zusätzlichen Genehmigungen erteilte, die man brauchte, um sich zu Fuß durch Sikkim fortzubewegen, war ein sehr viel schwierigeres Unterfangen.

Die Indian Mountaineering Foundation meinte, der positive Bescheid für unseren Trek durch Arunachal setze die Genehmigung für Sikkim quasi voraus – wie immer in Indien sei es nur eine Frage der richtigen Reihenfolge. Das legte nahe, Sikkim unmittelbar vor unserer Einreise nach Arunachal zu durchwandern. Der umfangreiche Papierkrieg, der vor dem Besuch beider Staaten geführt werden müsste, ließe sich dann gleichzeitig bei einem Aufenthalt in Neu-Delhi erledigen.

Auch bei näherer Betrachtung hatte diese Lösung ihre Vorzüge. Selbst wenn wir bereits eine offizielle Genehmigung für Sikkim in der Hand hätten, müssten wir uns, um von Kathmandu aus dorthin zu gelangen, auf den Albtraum einer Busfahrt auf dem »Highway Number One« einlassen, der einzigen Fernstraße Nepals. Nach dem erfolgreichen Trek durch West Bengal und Sikkim – eine vergleichsweise geringe Strecke von einigen hundert Kilometern –

würden uns die Bhutaner nicht einfach die Grenze überqueren lassen, die sie mit dem kleinsten indischen Bundesstaat teilten. Wir würden durch Sikkim und ganz Ostnepal mit dem Bus nach Kathmandu zurückkehren müssen, um dann die gleiche Strecke wieder zurückzufliegen und so auf dem vorgeschriebenen Weg ins Königreich Bhutan einzureisen. All das wäre sehr umständlich, und allein schon die Aussicht auf die langen, halsbrecherischen Fahrten wirkte abschreckend. Wenn wir Sikkim dagegen zunächst außen vor ließen und direkt nach Bhutan reisten, würde uns das viel Hin und Her ersparen.

Die Puristin in mir war natürlich mit dieser Lösung nicht ganz zufrieden. Im Hinblick darauf, wie die Expedition bisher gelaufen war, erschien sie mir trotzdem akzeptabel. Wenn wir uns schon dafür entschieden hatten, ein halbes Land sozusagen im Rückwärtsgang zu bereisen, war es sicher auch entschuldbar, wenn wir unseren Trek durch die restlichen Länder nicht ganz in der richtigen geografischen Reihenfolge absolvierten. Hauptsache, wir wanderten tatsächlich den gesamten Himalaja ab – ob von West nach Ost, von hinten nach vorn, von oben oder unten, das alles war zweitrangig. Zur Hölle mit vorgeschriebenen Reihenfolgen und ungeschriebenen Gesetzen! Den Yeti konnte man sowieso vergessen, das allergrößte Ungeheuer im Himalaja war in Wirklichkeit die Bürokratie, und wir hatten verdammt Glück, dass wir überhaupt alle Länder unserer Wahl bereisen konnten.

Vorausgesetzt, wir würden unsere Visa rasch bekommen, könnten wir das abgeschiedene, kleine Königreich Bhutan bereits durchquert haben, wenn dort der Monsun einsetzte. Nach allem, was wir in Zeitungen, Büchern und Broschüren gelesen hatten, begannen die großen, aus dem Golf von Bengalen heraufziehenden Regenfälle dort ungefähr Mitte Juni. Ein indischer Meteorologe (oder Mystiker?) hatte für dieses Jahr ein frühes Einsetzen des Monsuns im

Himalaja und die ersten sintflutartigen Regenfälle in Bhutan für den
5. Juni vorausgesagt. Sollte er Recht behalten, wären Glück und
gutes Timing von entscheidender Bedeutung.

Ausländer durften grundsätzlich nur mit dem Flugzeug nach
Bhutan einreisen; von Kathmandu aus ging jeden Donnerstag und
Samstag ein Linienflug. Da es in der Stadt keine bhutanische Bot-
schaft gab, gingen wir davon aus, dass man uns bei der Ankunft in
Bhutan Visa ausstellen würde. Also spazierten wir eines Tages zum
Flughafen hinunter, um uns direkt am Schalter der bhutanischen
Fluglinie »Druk Air« entsprechende Tickets zu kaufen. Den Brief der
Königlichen Regierung, die unsere Expedition gebilligt hatte, hat-
ten wir natürlich dabei und zeigten ihn bei der Frau am Ticketschal-
ter vor. Trotzdem, sagte sie, könne sie unseren Flug nicht buchen,
bis das Tourismusministerium nicht per Telex die Nummern unserer Visa bestätigt hätte, und das könne mehrere Wochen dauern.

Wir versuchten, ganz ruhig zu bleiben, und fragten, ob es irgendeine Möglichkeit gäbe, den Prozess zu beschleunigen. Wir erklärten, wie wichtig es für uns sei, so schnell wie möglich nach Bhutan
zu kommen, damit wir unsere Expedition vor dem Einsetzen des
Monsuns abschließen könnten. Sie versprach, ihr Bestes zu tun,
und bat uns, sie am nächsten Morgen wieder anzurufen.

Wir taten, wie sie uns geheißen hatte, doch die Behörden in
Thimphu, der Hauptstadt des Königreichs, reagierten nicht auf ihre
Anfragen. Eine Woche lang riefen wir jeden Tag bei ihr an und baten sie inständig, noch ein weiteres Telex zu schicken oder gleich in
Thimphu anzurufen. Schließlich machte sich unsere Beharrlichkeit
bezahlt. Die Telefongebühren kosteten uns zwar ein kleines Vermögen, aber langfristig war es uns diesen Einsatz wert.

Offenbar war Jigme Tshultim, der Mann, der unsere Expedition
ursprünglich gebilligt und die Einladung der Königlichen Regierung von Bhutan ermöglicht hatte, längst nicht mehr Geschäfts-

führer der »Bhutan Tourism Corporation« (BTC). Alle an ihn und die BTC gerichteten Schreiben waren deshalb verloren gegangen, die Behörden hatten unsere Expedition schlichtweg vergessen, und außer dem ersten Schreiben hatten wir nichts in der Hand.

Bhutan gehört nicht zu den Ländern, die man einfach nach Lust und Laune bereist und auf eigene Faust erkundet; es gibt strenge Kontrollen, und jedes Detail der geplanten Reiseroute muss vorher festgelegt sein. Unsere Vorstellungen über die Route waren zu dem Zeitpunkt – um es milde auszudrücken – bruchstückhaft. Und um die ganze Sache noch komplizierter zu machen: Die BTC war nicht mehr für Individualtouristen zuständig, diese Aufgabe sollte von privaten Unternehmen übernommen werden, und die Verantwortung für die erste australische Trans-Himalaja-Expedition musste erst noch an eine dafür geeignete Firma übertragen werden.

Doch obgleich wir nie einen förmlichen Antrag auf Einreise in die zahllosen Sperrgebiete, die von unserem Expeditionsplan berührt wurden, gestellt hatten – und obgleich sich die gesamte Infrastruktur und die grundsätzliche Strategie des Königlichen Tourismusministeriums verändert hatten, seitdem wir die schriftliche Einladung in den Händen hielten, existierte dort oben irgendjemand, der uns wohl gesonnen war, und »die Behörden« (oder wer auch immer dahinter steckte) genehmigten unsere sofortige Einreise.

Die Bestätigung unserer Visa lag also vor. Jetzt die Tickets, bitte. Die Dame am Schalter schlug ihr riesiges Hauptbuch auf und ging die handgeschriebenen Listen durch. Als sie wieder aufschaute, war aus ihren Wangen alle Farbe gewichen. »O, es tut mir Leid. Von jetzt bis Mitte Mai sind wir vollkommen ausgebucht mit indischen Reisegruppen. Der erste Flug, auf den ich Sie buchen kann, geht am 23. Mai.« Chris stieß einen Schrei aus, und ich dachte, ich fiele in Ohnmacht.

Wir ließen unsere Namen auf die Warteliste setzen und hielten Wache neben Kungas Telefon. Wie zwei Kinder, die unter den Qualen des viel zu langsam herannahenden Weihnachtsfests leiden, warteten wir auf das magische Zeichen – und tatsächlich, eines Tages klingelte das Telefon, und es war der Weihnachtsmann! Zwei Passagiere hatten storniert, und wir konnten am 2. Mai nach Bhutan fliegen.

Und so waren wir endlich auf dem Weg ins Paradies, in den »Lotusgarten der Götter«, wie Bhutan von einigen Tibetern genannt wird. Chris dachte tatsächlich, er wäre gestorben und in den Himmel gekommen, sobald er das Flugzeug betrat – die Stewardess, gestand er mir, sei die schönste Frau, die er je in seinem Leben gesehen habe.

In der Landessprache heißt das Königreich Bhutan »Druk Yul«, was so viel heißt wie »Land des Donnerdrachens«. Fast 1000 Jahre lang hat es sich vom Rest der Welt fast vollständig abkapseln können. Erst 1974, nach der Krönung des Königs Jigme Singye Wangchuck, des jüngsten aller 20 noch regierenden Monarchen der Welt, öffnete es zögernd seine geheimnisvollen Pforten. Bis heute ist nur eine begrenzte Anzahl von Touristen zugelassen; die derzeitige Höchstgrenze liegt bei 4000 Personen pro Jahr. (In krassem Gegensatz dazu steht der ehrgeizige Plan für touristische Entwicklung in Nepal, der die Anzahl der jährlichen Besucher von heute 250.000 bis zur Jahrtausendwende auf eine Million erhöhen will.)

Als Einzelperson – oder, wie es im Himalaja so oft heißt: als »unorganisierter Tourist« – nach Bhutan einzureisen war so gut wie unmöglich. Aber wir hatten es immerhin schon einmal bis ins Flugzeug nach Thimphu geschafft und bewiesen mit unserer bloßen Anwesenheit, dass Regeln dazu da sind, gebrochen zu werden. Man musste nur fest genug an die Kraft des Universums glauben, dann ließ sie einen nie im Stich.

Während des Flugs versuchte ich bewusst, mich von allen Erwartungen frei zu machen. Alles, was ich jemals über Bhutan gelesen hatte, war von Plattitüden, Klischees und Superlativen durchsetzt gewesen. Am häufigsten wurde bei den Beschreibungen der schon tausendfach totgeredete Begriff »Shangri-La« bemüht, das mythische Utopia, das »verlorene Paradies«. Das Land, so hieß es, sei »mit atemberaubender landschaftlicher Schönheit, einer verschwenderischen, unverdorbenen Flora und einer nie durch Jagd dezimierten Fauna gesegnet«; seine Architektur sei »imposant«, seine Bevölkerung »liebenswürdig«, seine Religion »exotisch«, seine Kunst »superb«. Und erst der König! Ein gütiger Herrscher mit einer tiefen Seele, von dem Zitate kolportiert wurden wie: »Wonach wir streben, ist das Gleichgewicht von Nationalökonomie und Nationalglückseligkeit.« Etwas in mir wünschte verzweifelt, dass all diese Lobeshymnen sich als wahr erweisen mochten, doch die Zynikerin in mir blieb argwöhnisch. Ungezügelte Vorfreude führt nun einmal unweigerlich zu Enttäuschungen.

Während des gesamten Flugs hatte Chris sein Auge nicht von der Stewardess lassen können, erst als wir in die Wolken eintauchten und zum Landeanflug in das enge Paro-Tal ansetzten, lehnte er sich zu mir herüber, um aus dem winzigen Bullauge zu spähen. Es war am späten Nachmittag und stark bewölkt, doch unter uns bot sich eine Szenerie großer Friedlichkeit und Vollkommenheit.

Ein paar mit Schindeln gedeckte Häuser und Tschorten lagen verstreut im Flusstal; Wald, Wiesen und Felder wechselten einander ab, auf einer vorstehenden Kuppe thronte eine große, weiß gekalkte Festung über dem Tal. Die tief greifende Harmonie zwischen den Menschen, ihrem Land und ihrem Gott sprang sofort ins Auge.

Der Asphalt war der einzige sichtbare Hinweis darauf, dass Paro mit seiner mittelalterlichen Vergangenheit im 20. Jahrhundert angekommen war. Gemeinsam mit den anderen Passagieren drängten wir uns in die winzige Ankunftshalle, die in dem Stil erbaut war, den wir aus prächtigen Bildbänden als traditionelle Architektur des

Landes kannten. Nachdem wir alle Einreiseformalitäten erledigt und ein erstes zweiwöchiges Visa erhalten hatten, holten wir unser Gepäck ab und stiegen in den Minibus, der uns in die Hauptstadt Thimphu bringen sollte. Die Sonne war schon fast untergegangen, doch während der ersten Hälfte der zweistündigen Fahrt konnten wir noch einiges von der herrlichen Umgebung sehen.

Die elegant in die schlafende Landschaft eingebetteten Häuser im Chaletstil hatten es uns besonders angetan. Sie sahen aus wie einem Märchenbuch der Gebrüder Grimm entsprungen. Auf den ersten Blick waren sie den Häusern ähnlich, die wir in Ladakh und Tibet gesehen hatten. Doch die Bhutaner hatten eine Vorliebe für üppige Verzierungen und kunstvolle Details, die selbst die religiöse Architektur anderer Himalajaländer an Pracht bei weitem übertraf. Fensterrahmen und Architrave waren mit reichhaltigen Schnitzereien und farbenfrohen Wolken- und Lotusbildern geschmückt. Viele Fassaden waren schlicht weiß gekalkt; andere bildeten wahre Kunstgalerien. Stilisierte Gemälde von Gottheiten und rituelle Gegenstände, wie sie für den tantrischen Buddhismus typisch waren, füllten mit dunklem Holz abgesetzte Fächer aus. Die Haustür etwa jedes dritten Hauses war von großen Phallussymbolen flankiert; ihre beschnittenen Eicheln hielten eine sonderbare Ehrenwache. Jedes Phalluspaar hatte einen individuellen Charakter; einige sahen niedlich, andere eher komisch aus. Ja, wir sahen sogar ausgesprochen boshafte Phallusköpfe mit schaurigen Augen und bleckenden Reißzähnen. Auf jeden Fall hatten die Darstellungen nichts Subtiles, die meisten waren ganz realistisch mit großen, behaarten Hoden und faltigen Vorhäuten; manche waren mit bunten Bändern verziert, andere in voller Aktion dargestellt, wie sie eine dünne Samenspur auf die Hauswand spritzten.

Die gesamte Architektur, die wir zwischen Paro und Thimphu zu sehen bekamen, war auffallend einheitlich; auf königlichen Erlass hin gab es kein einziges Gebäude, das nicht dem traditionellen Stil entsprach. Wir überquerten die »Brücke der Prophezeiung« über den Thim-Chu-Fluss, und die in einem weitläufigen Tal ausgebreitete Hauptstadt blinkte uns mit ihren Märchenlichtern entgegen. Selbst die Benzinzapfsäule gleich nach dem ersten Kreisverkehr sah wie ein kleiner Tempel aus! In den spärlich beleuchteten Straßen schienen selbst die neuen Gebäude aus Stahl und Beton perfekt an den alten Stil angepasst. Das ganze Land wirkte wie aus dem Ei gepellt.

Es war etwa halb neun, als wir in der Innenstadt ankamen und Chris und ich merkten, dass wir bei aller Aufregung im Grunde todmüde waren. Wir fanden eine preiswerte Unterkunft für 40 Rupien pro Nacht, tranken ein paar Gläschen Bier, um unsere Ankunft zu feiern, und fielen gegen zehn Uhr in unsere Betten.

Am Freitagmorgen stellten wir uns gleich als Erstes den Direktoren von »Etho Metho Tours and Trekking« vor, der Firma, die für unsere Expedition verantwortlich war. Bei dem Namen dachten Chris und ich zuerst an schwarzgebrannten Schnaps als heimliche Einnahmequelle, doch wie sich herausstellte, war »Etho Metho« der bhutanische Name für Rhododendron, und man hielt dies für eine »äußerst hübsche« Bezeichnung für eine Firma.

Nim Gyaltshen, ein sanfter, ernsthafter Mann Mitte 30, stellte uns seinen Kollegen vor, lauter ehemaligen Mitarbeitern des BTC. Wir tranken Tee, diskutierten über unsere Pläne, die beabsichtigte Trekkingroute, und sprachen schließlich auch das Thema der Bezahlung an. Da nun ein privates Unternehmen eingeschaltet war, fürchteten Chris und ich, dass unsere Gebühr sich nicht mehr, wie in dem ersten Einladungsschreiben angekündigt, auf die »tatsächlichen Kosten« beschränken würde. Zum Glück war dies nicht der Fall, und nachdem wir genau beschrieben hatten, was wir brauchten (nur einen Führer, danke), einigten wir uns auf 30 US-Dollar pro

Tag. Nim sagte, er wolle versuchen, diese Summe noch etwas zu drücken, doch angesichts der Tatsache, dass wir mindestens sechs Wochen in Bhutan bleiben wollten, bedeutete sie schon jetzt eine Ersparnis von fast 20.000 Dollar im Vergleich zur sonst üblichen Touristengebühr.

Den Rest des Tages verbrachten wir, unterstützt von Nim, damit, Genehmigungen für die Sperrgebiete zu besorgen und unsere Visa zu verlängern. Normalerweise dauerte so etwas Monate, und die Leute, die dafür zuständig waren, zeigten sich absolut erstaunt, dass wir sie überreden wollten, alles gleich an Ort und Stelle auszuführen. »Eigentlich sollte ich das ja nicht, aber ...«, war ein Satz, den wir an diesem Tag immer wieder hörten.

In Bhutan wurde nichts Wichtiges unternommen, ehe nicht die dafür günstigste Zeit gekommen war. Selbst der König, der mit 18 Jahren im vierten Monat des Holztigerjahrs zur Glück verheißenden Stunde der Schlange den Thron bestiegen hatte, musste bis zu seinem 32. Lebensjahr warten, bis der richtige Tag für die offizielle Hochzeit mit seinen Frauen – vier Schwestern – gekommen war. Diese hatten bis dahin bereits acht Kinder – vier Prinzen und vier Prinzessinnen – zur Welt gebracht. Vor diesem Hintergrund waren Chris und ich sehr erleichtert zu erfahren, dass unsere Expedition mehr oder weniger gleich beginnen konnte: Sonntag, der 5. Mai, so sagte man uns, sei ein ausgezeichneter Tag zum Reisen. Wir konnten es kaum erwarten, endlich wieder loszuziehen; nach der langen Zeit des Müßiggangs durch die Verzögerungen in Kathmandu schrien unsere Körper geradezu nach Ertüchtigung. Wir waren seit Wochen nicht mehr richtig gelaufen!

Jedenfalls hatten wir den Samstag frei, um die Stadt zu erkunden und in den Morgenstunden noch ein paar Amtsgänge zu erledigen. Anders als in den meisten Städten, wo das, was man braucht, häufig nur in den entlegensten Ecken zu finden ist, war die Innenstadt von Thimphu klein, kompakt und gut durchorganisiert. Das höchste Gebäude war vier Stockwerke hoch und der Verkehr so minimal, dass sich Ampeln erübrigten. Ja, es gab so wenige Fahrzeuge im Königreich (die meisten gehörten der Regierung oder vom Ausland geförderten Entwicklungsprojekten), dass die Nummernschilder noch per Hand gepinselt wurden.

Wir gingen erst zur Bank und anschließend zum Postamt. Das Ministerium für Postwesen und Telegrafie der Königlichen Regierung von Bhutan war für seine von Philatelisten auf der ganzen Welt geschätzten Briefmarken bekannt. Viele hatten wunderschöne bhutanische Motive; darüber hinaus aber trug das Ministerium nicht unerheblich zu den Einkünften des Staates bei, indem es eine ganze Bandbreite ungewöhnlicher Briefmarken druckte, die eigentlich nicht zur Kultur des Landes passten, darunter z. B. eine Serie zum 60. Geburtstag von Mickey Mouse und Donald Duck oder eine 3-D-Serie über Menschen auf dem Mond. Chris, der immer noch nach etwas suchte, womit sich ohne große Mühe viel Geld verdienen ließ, hatte sich in den Kopf gesetzt, dass eine Serie mit Yeti-Porträts eines Tages ein Vermögen wert sein könnte, und kaufte gleich drei davon.

Wir bummelten durch die Straßen und sogen wie zwei durstige Schwämme alles auf, was sich unseren Augen bot. Interessant war, dass tatsächlich alle Bewohner Thimphus ihre Nationaltracht trugen, die Männer kimonoartige *go*, die Frauen blaue oder rosa Blusen mit langen *kira*. Die *go* waren hinten ordentlich gefaltet und wurden mit einem gewebten Gürtel bis zu den Knien geschürzt. Die Ärmel hatten breite, weiße, zurückgeschlagene Manschetten, ein hübscher Kontrast zu dem rostroten Stoff der Jacken. Manche Männer trugen Riemensandalen, die meisten aber kniehohe Socken und Schnürschuhe. Die Modebewusstesten stellten makellos saubere Reebok-Sportschuhe zur Schau. Die *kira* der Frauen wurden mit weißen Bändern gebunden und mit aufwändigen Silberbroschen an den Schultern gehalten. Es waren eher formlose Kleidungsstücke, die an die schlichten ärmellosen Tuniken der alten Römerinnen erinnerten, an den bildschönen, rotwangigen Frauen Bhutans jedoch wirkten sie äußerst elegant.

Der Grund für die beispiellose Einheitlichkeit in der Mode war der gleiche wie der für die durchgängig traditionellen Fassaden der Stadt. Im Bewusstsein, wie verletzlich die kulturelle Identität Bhutans durch die Aufhebung der jahrhundertelangen Isolation geworden war, hatte die Nationalversammlung vor kurzem *driglam namha*, den uralten bhutanischen Verhaltenskodex, offiziell wieder eingeführt. Unter anderem schrieb er das Tragen der traditionellen Kleidung vor. Wer ohne Kira angetroffen wurde, musste mit einer Verwarnung oder Geldbuße rechnen. Es war eine diktatorische Anordnung, der sich die Bewohner Thimphus jedoch bereitwillig zu beugen schienen. Ja, sie bezogen sogar großen Stolz daraus. Wahrscheinlich hätten sich ohnehin nur wenige importierte Kleidung leisten können.

Der Statistik zufolge ist Bhutan eines der ärmsten Länder der Welt. Auf dem Human Development Index der Vereinten Nationen, der insgesamt 160 Länder aufführt, belegt es den 144. Platz, noch hinter Äthiopien, ganz knapp vor dem Tschad. Das Bruttosozialprodukt liegt unter 200 Dollar pro Kopf und ist damit noch niedriger als im Nachbarland Bangladesch.

Dennoch hatten wir bis dahin keine der üblichen Anzeichen von Armut gesehen. Keine Bettler, keine Slums, keine offenkundige Hungersnot. Alle lebten in hübschen Häusern in einer Landschaft, die so idyllisch war, das sie fast unwirklich aussah. Es gab keine Überbevölkerung; in dem Land von der Größe der Schweiz lebten nur etwa 600.000 Menschen. Die Bevölkerungsdichte war damit eine der niedrigsten in ganz Asien. Offizielle Nachschlagewerke sprachen von 1,3 Millionen Bhutanern. Doch König Jigme musste kürzlich eingestehen, dass diesen Berechnungen höchst ungenaue Ausgangszahlen zugrunde lagen. 1971 hatte die Regierung die Bevölkerungszahl einfach auf eine Million festgesetzt, um leichter in die Vereinten Nationen aufgenommen zu werden. Bis zur nächsten Volkszählung ist man deshalb auf bloße Schätzungen angewiesen.

Die winzige Hauptstadt Thimphu hatte etwa 25.000 Einwohner und jeder Einzelne, dem wir auf unserem ersten Spaziergang durch die Straßen der Stadt begegneten, strahlte einen inneren Reichtum, ein hohes Selbstwertgefühl und einen tiefen, spirituellen Glauben aus, der das Leben aller Buddhisten im Himalaja so positiv bestimmt. Darin lag der echte Reichtum des Landes, der sich mit finanziellen Maßstäben gar nicht messen ließ.

Jeder, der uns entgegenkam, grüßte freundlich. Das breite, offene Lächeln der Menschen offenbarte jedoch nicht nur fröhliche Zuversicht, sondern auch eine Leidenschaft für das Kauen von Betelnüssen. Münder, Zungen, Gaumen waren von der euphorisierenden, stimulierenden Frucht grellrot gefärbt. Selbst Kinder kauten schon auf den Nüssen herum und wussten genau, wie man sie mit Kalkpulver in die Blätter des Pfefferstrauchs einrollen muss.

König Jigme hatte (zweifellos mit Unterstützung seines Freundes Buddha) die von ihm angestrebte »Nationalglückseligkeit« erreicht. So schien es zumindest.

An einem Zeitungsstand kauften wir eine englischsprachige Ausgabe des *Kuensel* (»Der Erleuchter«), Bhutans zwölfseitiger, auf einem Apple Macintosh erstellter Wochenzeitung, und gingen hinunter zur Schweizer Bäckerei (die von einem gebürtigen Schweizer geführt wird, der inzwischen Bhutaner geworden ist), um Kaffee zu trinken und Zeitung zu lesen.

Viele positive Berichte handelten von König Jigme: Wo er diese Woche gewesen war, was er eröffnet oder eingeweiht, wen er getroffen oder empfangen hatte. Außerdem fanden wir darin ein paar Bruce-Lee-Comics, ein Kreuzworträtsel, einen Furcht erregenden Bericht über die Tollwutepidemie (allein im Vormonat waren in der Hauptstadt 600 Menschen von tollwütigen Hunden gebissen worden) und die traurige Nachricht, dass doch tatsächlich jemand in ein Haus in der Stadt eingebrochen und das Sparschwein des Besitzers gestohlen hatte. So eine Geschichte würde es bei uns zu Hause nie in die Zeitung schaffen; wir haben bei der täglichen Zeitungslektüre ganz andere Verbrechen – Vergewaltigungen, Morde, Raubüberfälle, Unterschlagungen, Betrügereien im großen Stil – zu verdauen. Die Kleinkriminalität, vorher im Königreich völlig unbekannt, nahm in Thimphu zu, im Vergleich zu jeder anderen Hauptstadt der Welt war sie aber noch immer verschwindend gering.

Der Artikel, der mich am stärksten fesselte, berichtete von den Unruhen im Süden des Landes, wo reformfreudige Aktivisten die nationalistische Politik des Königs in Frage stellten. Die hinduistische Minderheit (einer von vier Bhutanern war nepalesischer Herkunft) opponierte gegen die derzeitige Kampagne zur Wahrung der nationalen Identität. Stark inspiriert von dem, was in ihrem Heimatland vor sich ging, forderten sie mehr Demokratie. Als das Thema in den späten 1990er-Jahren zum ersten Mal hochkam, zettelten die »Südbhutaner« (wie der König sie nannte) Aufstände und Demonstrationen an, warfen Bomben, zerstörten Regierungsgebäude und öffentliches Eigentum. Es kamen sogar Menschen ums Leben. Doch der König weigerte sich, von seinem Herrschaftsmantra – »Totale Harmonie, totale Einheit, totale Kooperation« – abzuweichen, und schickte Polizisten und Soldaten, um die Agitatoren auszuschalten. Einer größeren Nation mochte ethnische Vielfalt Farbe und Charakter verleihen, meinte König Jigme, in einem kleinen Land wie Bhutan stelle sie eine Bedrohung der nationalen Sicherheit dar und wirke sich negativ aus.

Es war ein Kampf zwischen den Kulturen; die Bhutaner witterten die Gefahr, im eigenen Land zur Minderheit zu werden; die Nepalesen, die in fünf Bezirken des Südens die Mehrheit stellten und in ihren Reihen mehr als 18.000 illegale Einwanderer hatten, fürchteten eine mögliche Vertreibung. Noch immer kam es gelegentlich zu gewaltsamen Zusammenstößen, wie sie jetzt in *Kuensel* dargestellt wurden, und Chris und ich waren beide froh, dass sich unsere Expedition auf den friedlichen Norden des Landes beschränkte.

Am nördlichen Ende der Hauptstraße stießen wir auf viele enge, kleine Läden. Die meisten waren bereits geschlossen, doch wir sahen uns trotzdem ein wenig in dieser Gegend um, zumal uns die zum Kaffee gereichten Rumkugeln schwer im Magen lagen und wir dringend Bewegung brauchten. Der »Tipsy Tipsy Wine and Beer Shop« war offen und erfreute sich reger Nachfrage, die meiste Kundschaft hatte jedoch der »Fun Video Rental« (in dem es auch Käse und Eis zu kaufen gab). Die spektakulärste Neuerscheinung des Monats wurde vor der Videothek auf einer Tafel angezeigt. Ich musste zweimal hinschauen, bis ich meinen Augen traute. »Get it while it's hot, hot, hot – The Chippendales«, war da allen Ernstes zu lesen. Die männlichen Striptease-Künstler aus Amerika hatten also endlich ein Publikum gefunden – in Bhutan. Und ich hatte gedachte, die vielen Penisse an den Häusern wären bloß Furchtbarkeitssymbole!

Später am Nachmittag besichtigten wir den großen Erinnerungstschorten, den man 1974 im Gedenken an König Jigme Singyes Vater und Vorgänger, König Jigme Dorji Wangchuk, erbaut hatte. (»Mit diesen Namen«, erklärte mir später ein irischer Entwicklungshelfer, »wären Vater und Sohn bei uns als Country-und-Western-Duett reich und berühmt geworden!«) Der Tschorten war eher eine Kapelle als ein Reliquienschrein. Er barg nicht die sterblichen Überreste des »Vaters des modernen Bhutan«, sondern versinnbildlichte dessen Wunsch, eine eindrucksvolle Darstellung vom Geist des Buddhismus zu hinterlassen. Hunderte knallbunter, grotesker Skulpturen drängten sich auf drei Stockwerken zusammen, auf denen die guten Götter die bösen Geister und Feinde der buddhistischen Lehre überwanden.

Am nächsten Morgen um halb sieben wartete Nim mit einem Jeep vor unserem Hotel. Gemeinsam holten wir Sonam, unseren Führer, ab, einen fitten, 38-jährigen Bhutaner, der ebenso gut Nepali wie Dzongkha (die bhutanische Sprache), aber nur sehr wenig Englisch sprach, und fuhren zurück ins schöne Paro-Tal.

Leider konnten wir nicht ganz bis an die westliche Grenze des Landes kommen; die Region galt als politisch so sensibel, dass es selbst Einheimischen nicht erlaubt war, sich der Grenze zu nähern. Stattdessen hatten wir die Genehmigung, parallel zur Grenze von Paro zum Basislager am zweithöchsten Berg von Bhutan, dem 7.314 Meter hohen Jhomolhari, und von dort aus nach Laya zu trekken, einem Dorf im abgelegenen nordwestlichen Winkel des Landes. Anschließend hofften wir quer durch den nördlichen Teil des Bezirks Punakha, dann südlich nach Bumthang und östlich nach Tashi Yangtse weitertrekken zu können.

Während Nim sich in Paro um Pferde bemühte, die unsere Vorräte zum Jhomolhari transportieren konnten, unternahmen Sonam, Chris und ich – sozusagen zum Aufwärmen – eine kleine Wanderung zum berühmten Taktsang *Lhakhang* (Lhakhang ist das bhutanische Wort für Tempel oder Heiligtum). Das »Tigernest« ist eines der meistverehrten und zweifellos auch eines der eindrucksvollsten Pilgerziele im Himalaja. Erbaut wurde es auf dem schmalen Sims einer nackten, schwarzen Felswand 800 Meter über dem Paro-Tal.

Der Name »Tigernest« geht auf eine Legende zurück: Im 8. Jahrhundert soll Guru Rinpoche auf dem Rücken einer Tigerin von Swat (im heutigen Pakistan) an diesen Ort geflogen sein. Guru Rinpoche meditierte drei Monate lang in einer Höhle in Taktsang und bekehrte das Paro-Tal – und damit Bhutan – zum Buddhismus. Wir sahen uns nach einer geflügelten Raubkatze oder wenigstens einem fliegenden Teppich um, doch vergeblich. Mochte der Ort auch noch so magisch sein, solche ausgefallenen Transportmittel gab es dort nicht mehr – jedenfalls nicht für uns. Als gemeine Sterbliche stand uns eine dreistündige, steile Kletterpartie bevor.

Als wir etwa die Hälfte des Wegs hinter uns hatten, kam das Tigernest zum ersten Mal in Sicht. Der Weg führte über einen lichten Felsvorsprung mit einem Wald aus Gebetsfahnen, die an hohen Masten befestigt waren, zu einer kleinen Blockhütte, wo man etwas essen und trinken und den atemberaubenden Ausblick genießen konnte. Es machte überhaupt nichts, dass ich das Heiligtum bereits dutzendfach auf Postkarten und in Büchern gesehen hatte; kein Foto hatte je die einmalige Ausstrahlung des Tempels und seiner spektakulären Umgebung einfangen können. Letztlich ließ sich auf Zelluloid nur Mörtel und Stein, niemals aber die Seele eines Ortes oder seine Wirkung auf die Fantasie einfangen. Taktsang thronte über uns hinter Schleiern aus Tillandsien und Nebelschwaden, ein Bild wie aus einem Märchen, ein magisches, mittelalterliches Luftschloss.

Alles in Bhutan war märchenhaft, das ganze Land war eine Vision aus dem Reich der Kindheit. Und tatsächlich hätte man noch heute ein Märchen über dieses Land schreiben können, ohne dabei von den Tatsachen abweichen zu müssen: »Es war einmal ein geheimnisvolles, verborgenes Land, regiert von einem sanften, schönen König. Sein Name war Jigme Singye Wangchuk, das heißt ›Kostbarer Herrscher über das Drachenvolk‹. Er war verheiratet mit vier bildschönen Schwestern, die mit ihren vier kleinen Prinzen und vier wunderschönen Prinzessinnen in einem prächtigen Palast wohnten ...«

Überall bot sich genug märchenhafte Szenerie zum Ausschmücken der Geschichte: Lebkuchenhäuser und Luftschlösser, sagenumwobene Drachen und Zauberwälder, fliegende Tiger, böse Dämonen und siegreiche Götter. Alles in Bhutan hatte einen romantischen, höchst poetischen Namen; hier gab es nichts Prosaisches wie eine »Brücke« oder gar ein Datum aus nackten Ziffern; hier gab es prophetische Wege und Ausblicke, die mit den Namen von Tieren und Elementen bezeichnet wurden. Selbst die Helden der Nation hatten lyrische Namen wie »Der mit der Stimme eines Löwen« oder »Diamant-Donnerschlag, aus einem See geboren«.

Sonam bestellte Tee und Bier, während Chris und ich den einmaligen Blick auf das »Tigernest« genossen. Als wir uns ausgeruht hatten, kletterten wir weiter. Allerdings durften wir als Ausländer keines der kleinen Gebäude betreten, die zum Tempelkomplex gehörten. Nachdem sich herausgestellt hatte, dass der Tourismus einen blühenden Handel mit gestohlenen religiösen Artefakten auslöste, hatte der König am 1. Januar 1988 beschlossen, nicht nur die Gegenstände selbst, sondern auch die heilige Aura der Gebäude, die sie bargen, besser zu schützen. Er verfügte, dass »Klöster, Tempel, heilige Berge und Gegenstände religiöser Verehrung nicht mehr kommerzialisiert werden dürften«. Damit war allen Nichteinheimischen praktisch verboten, eines der 1200 Klöster, *dzong* (Festungen, Sitz der zivilen und religiösen Macht) und Tempel in Bhutan zu betreten. Allerdings blieb es uns unbenommen, die fantastische Architektur des »Tigernests« zu bewundern, und der Blick, der sich uns von dort bot, war den mühevollen Aufstieg allemal wert.

Einige Stunden später wieder wohlbehalten zurück im Tal, trafen wir Nim in der örtlichen Bogenschießarena. Das Bogenschießen ist der Nationalsport der Bhutaner, der das ganze Jahr über gepflegt wird. Die traditionellen Pfeile und Bögen sind aus einer bestimmten Bambussorte gefertigt. Viele der Schützen beim heutigen Match schienen gegenüber den Traditionalisten aber einen unfairen Vorteil zu haben: Sie benutzten hochmoderne Importe und Pfeile mit vierkantiger Spitze aus Fiberglas. Nim versicherte mir, mögliche Vorteile würden durch die Tatsache ausgeglichen, dass die Spieler nicht einzeln, sondern in zwei Mannschaften mit je elf Schützen gegeneinander antraten und es in beiden Mannschaften gleich viele alte und neue Bögen gab. Vor allem aber wunderte ich mich über den Mut der Männer, die direkt neben der Zielscheibe standen und bei heranfliegenden Pfeilen blitzschnell zur Seite sprangen. Nim erklärte mir, das sei ein wichtiger Teil des Spektakels. Die Männer würden versuchen, die Pfeile der Gegner durch Hohn und Spott abzulenken und die Pfeile der eigenen Mannschaft durch Willensanstrengung ins Schwarze treffen zu lassen. Immer wenn tatsächlich jemand ins Ziel traf, führten seine Mannschaftskameraden einen kleinen Freudentanz auf. Leider ging das Spiel bald nach unserer Ankunft zu Ende. Es war Teil eines Willkommensfests für den neuen Bezirksverwalter, Paro Dzongdag genannt. Nim führte uns durch die Menge, damit wir den Ehrengast kennen lernten. Wie sich herausstellte, war es kein anderer als Jigme Tshultim, der ehemalige Präsident der BTC, der uns nach Bhutan eingeladen hatte.

Jigme trug eine dunkle Brille und ein breites, vom Betelnusskauen grellrotes, an einen chinesischen Drachen erinnerndes Grinsen. Begeistert nahm er meine Hände und sagte: »Ich habe das Gefühl, als würde ich Sie schon mein ganzes Leben lang kennen.« Dann erklärte er, er habe alle meine Bücher, die ich unserem Antrag beigelegt habe, von vorn bis hinten gelesen. Er habe sich den Tibetern schon immer sehr nahe gefühlt, und meine ehrliche Art, nicht nur über mich selbst, sondern auch über Leute wie ihn zu schreiben, gefiele ihm sehr.

»Ich musste Sie in mein Land einladen«, erklärte er, »weil ich wusste, dass Sie über uns viel Gutes schreiben würden. In Indien und Nepal hat Bhutan zurzeit keine gute Presse. Dadurch bekommt die Welt einen völlig falschen Eindruck von uns. Es heißt, unser König sei ein Despot, ein Tyrann. Und unser Volk würde von einer bösen, korrupten Regierung geführt. Das ist nicht wahr. Aber was können wir dagegen tun? Wie können wir uns wehren? Deshalb freue ich mich so, dass Sie da sind. Sie sehen sich überall um und schreiben die Wahrheit. Die gute Wahrheit, nicht wahr?«

Ich versicherte Jigme, ich würde mein Bestes tun. »Auch wenn wir erst vier Tage hier sind«, sagte ich ihm, »sind wir schon rundum begeistert – vom Wetter, von den Menschen, von der Landschaft, von der Kunst. Wenn Sie meinen, ich wäre bei der Beschreibung Tibets ins Schwärmen geraten, werden Sie staunen, wenn Sie meinen Bericht über diese Reise zu lesen bekommen!« Jigme strahlte und klatschte freudig in die Hände. Dann deutete er auf die rechts und links von ihm stehenden Klappstühle. Er wollte, dass wir uns zu ihm setzten und die weiteren Darbietungen von der Ehrentribüne aus verfolgten.

Viele Stadt- und Dorfbewohner aus den entlegeneren Gegenden waren gekommen, um ihren neuen Bezirksverwalter zu ehren. Sie führten Tänze auf und sangen Lieder, und es dauerte nicht lange, bis Chris und ich, von Jigmes freizügigem Umgang mit dem Wodka schon leicht benebelt, in den Kreis hineingezogen und zum Mitmachen gezwungen wurden. Die Menge fand es urkomisch, zwei riesige, unbeholfene Fremde beim alten tibetischen Twostep zu sehen. Sie kreischten vor Lachen und schüttelten ungläubig ihre Köpfe. Ein dicker Geschäftsmann und sein rüpelhafter Freund, der Kehrer im örtlichen *dzong*, scharwenzelten um die Tänzer herum, wackelten mit dem Hintern, schwenkten die Hüften, stolperten übereinander und reizten die Menge noch mehr zum Lachen.

Nach dem Fest erhielten Chris und ich das Hinterzimmer einer kleinen Gaststätte auf der Hauptstraße als Quartier. Sonam vergewisserte sich, dass wir alles hatten, was wir brauchten, dann lief er los, um vor Ladenschluss noch Vorräte für die Reise zu kaufen.

Alles war bestens organisiert, und es kam uns sehr ungewohnt vor, an der Vorbereitung nicht selbst beteiligt zu sein. Unser Trek durch Bhutan bekam bald den Flair einer Urlaubsreise, stärker noch als unser letzter Abstecher in Nepal zum Rara-See. Diesmal konnte selbst Chris entspannen und sein Gepäck abgeben, und ich brauchte mich nicht um das Planen von Routen, das Engagieren von Trägern und das Finden von geeigneten Zeltplätzen zu kümmern. All diese alltäglichen Sorgen wurden von unserem kenntnisreichen, tüchtigen Führer übernommen. Ja, wenn wir keine Lust hatten, brauchten wir nicht einmal zu kochen. Auch das gehöre zu seinen Aufgaben, erklärte uns Sonam. Wenn wir von diesem Angebot Gebrauch machen wollten, wäre er mehr als glücklich. Die Zubereitung bhutanischer Speisen (meist gekochter Reis mit Chili) sei seine persönliche Stärke.

Nim führte uns zum Drukyel Dzong, einer verfallenen Festung am Ende der Straße, wo der Fußweg zum Basislager am Jhomolhari begann. 1647 erbaut, überschaute der Drukyel Dzong früher einen großen Teil des Paro-Tals und schützte es vor Invasionen durch die Tibeter. Dann fiel 1951 eine Butterlampe um und löste ein verheerendes Feuer aus, dem das historische Gebäude fast völlig zum Opfer fiel.

Hinter den verfallenden Mauern erhob sich der schneebedeckte Gipfel des Jhomolhari, der die Grenze zu Tibet markierte. Als wir noch dastanden und den Berg fotografierten, erschien unser erster Pferdeführer mit seinen Tieren, und Nim und Sonam beluden umgehend die beiden Gäule. Wir verabschiedeten uns von Nim und begannen unseren lang ersehnten Trek durch Bhutan.

Wir mussten uns immer wieder zwicken, um uns zu vergewissern, dass das, was wir erlebten, auch Wirklichkeit war. Sobald wir die gepflasterte Straße hinter uns gelassen hatten, schäumte das Tal förmlich über vor Schönheit und Harmonie. Die kristallklaren Wasser des Pa-Chu-Flusses gurgelten und plätscherten durch lichte Kiefernhaine. Die Luft roch geradezu berauschend frisch, und wir verlangsamten unsere Schritte, um uns der Umgebung anzupassen – eine so traumhaft schöne Landschaft schneller als nötig zu durchschreiten wäre nichts weniger als ein Sakrileg gewesen.

Der Pferdeführer teilte nicht nur unsere Ansicht, er erhob sie zu einer wahren Kunstform. Alle halbe Stunde blieb er stehen, um *chang* zu trinken, alle zehn Minuten, um mit einem Freund zu plaudern. Als er allmählich immer betrunkener wurde, dauerten auch seine Pausen länger, und bald waren wir von ihm und unserem Gepäck getrennt. Sonam versicherte uns, das sei kein Problem, und führte uns am ersten von mehreren militärischen Außenposten bei Sharna Zampa vorbei in einen verwunschenen Zauberwald. Die Kiefern und Fichten machten bald Eichen und Ahornbäumen Platz; über uns grünten neue Blätter, unter unseren Füßen raschelte das abgeworfene Laub. Rhododendron schmückte das Ganze mit farbenfrohen Spitzen, und von jedem zweiten Zweig hingen schmale Bärte aus Moos herab. Die einzigen Geräusche kamen vom Fluss und von den Vögeln.

Abends campierten wir an einem idyllischen Flecken am Fluss, doch Chris bekam die ganze Nacht kein Auge zu. Die unbestimmten Schmerzen im Unterbauch, die ihn schon seit einigen Tagen geplagt hatten, wurden zunehmend schlimmer und gegen Morgen krümmte er sich vor Schmerzen. Wir packten alle Sachen zusammen und drückten dem Pferdeführer eine Flasche *chang* in die Hand, um ihn während unserer Abwesenheit bei Laune zu halten. Dann eilten wir zum Armeelager in Sharna Zampa zurück.

Als wir endlich dort ankamen, war Chris den Tränen nahe. Die Angst stand ihm ins Gesicht geschrieben. Als Kind war ihm der

Blinddarm nicht herausgenommen worden. Im Vorfeld der Expedition hatte es den Vorschlag gegeben, eine Operation zu erwägen, doch angesichts seiner damaligen Arbeitsbelastung war er zu dem Schluss gekommen, dies sei eine unnötige Vorsichtsmaßnahme.

Eine kleine Gruppe von Leuten, junge Bhutanerinnen mit kränklichen Babys und ein paar Soldaten mit »Volleyball-Schultern« warteten auf dem Balkon vor dem Sprechzimmer des Lagerarztes. Sonam und ich trugen und zerrten Chris mühsam die Treppe hinauf, und die anderen Patienten, die die Situation erkannten, machten Platz und schoben uns nach vorn.

Ein Dr. Wangchuck (keine Verwandtschaft) untersuchte Chris gründlich und gab dann Entwarnung. Die Schmerzen seien für die gerade grassierende Art von Durchfall symptomatisch. Er gab Chris jede Menge ayurvedische Tränke, dazu eine ordentliche Portion Antibiotika und schlug vor, dass wir den Rest des Tages im Lager verbrachten. Er bat einen Helfer, uns den Weg zum Gästehaus zu zeigen, wies Chris an, sich auszuruhen, und bat mich, ein Auge auf ihn zu halten.

Im Himalaja gesund zu bleiben war so gut wie unmöglich. Natürlich filterten wir unser Wasser, aber manchmal schafften wir es trotz aller Vorsätze nicht, zu einer mit unschuldiger, liebenswürdiger Geste angebotenen Mahlzeit Nein zu sagen oder den Kopf nicht in einen kristallklaren Bergbach zu halten. Woher sollten wir wissen, dass der Mann, der sein Essen mit uns teilen wollte, von Würmern befallen war? Dass 100 Meter bachaufwärts ein Yak ins Wasser geschissen hatte? Oder dass wir, wenn wir nicht beide die richtigen Antibiotika nahmen, sobald bei einem von uns die Krankheit einsetzte, uns immer wieder gegenseitig ansteckten?

Nach wenigen Stunden begannen die Medikamente zu wirken und Chris, der nun einigermaßen überzeugt war, dass sein letztes Stündlein noch nicht geschlagen hatte, schlief erschöpft ein. Um sicher zu gehen, blieb ich an seiner Seite. Am Nachmittag kam Dr. Wangchuck vorbei, um nach Chris zu sehen, und bot an, uns beide durch das Lager und das angrenzende Dorf zu führen. Wir gingen am Videosaal, an der Messe und den Volleyballfeldern vorbei, überquerten den Fluss und betraten den winzigen Dorftempel. Ein paar Butterkerzen auf dem Altar drehten mit ihrer Wärme einen Papierschirm mit Gebeten und brachten die Messingskulpturen und rotgoldenen Malereien auf den Türen zum Leuchten. Der Tempel wurde zwar von keinem Mönch betreut, aber zwei rötlich gelbe Katzen hatten sich wie Yin und Yang auf einem Kissen gegenüber dem Altar zusammengerollt. Auf einem niedrigen Tischchen vor ihnen stand ein Behälter für Räucherwerk in Form eines knurrenden ohrlosen Affen, und ein *kangling*, eine uralte, aus einem menschlichen Schenkelknochen geschnitzte Trompete, mit der bei tantrischen Zeremonien die bösen Geister vertrieben wurden. Mehrere Sprünge in dem Instrument waren mit hellblauem Dichtungsband zugeklebt. Über dem Mönchssitz hingen drei wie zu einem Triptychon angeordnete Thankas. Dr. Wangchuck erklärte uns die Bedeutung der abgebildeten Gottheiten und führte uns nach einem kurzen, stillen Gebet zurück zum Gästehaus.

Am nächsten Morgen war Chris wieder so fit, dass wir weitergehen konnten. Also kehrten wir zu unserem Zeltplatz zurück, sammelten unseren ausnahmsweise einmal nüchternen Pferdeführer ein und trekkten weiter durchs Pa-Chu-Tal, das sich im Laufe des Tages immer mehr in einen Garten Eden verwandelte. Zu beiden Seiten rahmte eine verschwenderische Blumenfülle das milchige Gletscherwasser ein. Der Boden war mit tief magentaroten, pinkfarbenen und hellvioletten Primeln wie mit einem Teppich ausgelegt. Zwergiris und dichte Rhododendronbüsche blühten in jeder erdenklichen Nuance des gesamten Farbspektrums. Überall wuchsen wilde Sträucher mit winzigen gelben, orchideenförmigen

Blumen und blütenschwere Bäume mit dicken, orangefarbenen Glocken, die, wie Sonam uns begeistert demonstrierte, essbar waren. Sie schmeckten leicht nach Zitronen und sehr erfrischend.

Das Tal stieg so sanft an, dass sich der Übergang zwischen den Vegetationszonen fast unmerklich vollzog, bis wir uns plötzlich in der alpinen Zone befanden. Chris gefiel diese Landschaft am besten. Je abgeschiedener, karger und windzerzauster, desto besser. Er wäre von Tibet begeistert gewesen.

Als wir zum Basislager am Jhomolhari kamen, fing es an zu regnen. Die Westseite des Bergs lag größtenteils hinter dunklen Wolken verborgen. Nur durch einige kleine Risse im Wolkenschleier konnten wir die zerfurchte Wange des Gipfels, die von seinen Gletschern hinterlassenen Narben und die nackten, schwarzen Knochen darunter erspähen. Die gefrorenen Wasserfälle waren verwüstet, aufgerissen von den Zähnen eines mythischen Ungeheuers. Fangarme aus weißem Nebel durchzogen die Ruine einer etwas tiefer gelegenen Festung, die wie eine Reihe zackiger Backenzähne in einem hoch aufragenden Steinkiefer saß.

Wir flüchteten uns in eine große, eigens für Reisegruppen und Bergsteiger errichtete Schutzhütte. Es sah nicht so aus, als ob sie oft genutzt würde. Sonam entzündete eine Flamme in der offenen Feuerstelle mitten im größten, kreisrunden Raum. Jetzt, wo das Wetter sich verschlechtert hatte, war es bitterkalt, und bei jedem Blick auf den Jhomolhari überkam mich eine eisige Gänsehaut. Ich hockte am Feuer und rieb die klammen Hände über den Flammen. Diesen Berg würde ich auch für Geld nicht besteigen. Er sah böse und gefährlich aus.

Am nächsten Morgen gegen sieben war der Himmel immer noch trübe und grau. Sonam hatte uns einen Abstecher zum So-Pu-See empfohlen. Im Zickzack kletterten wir den Hang eines von Geröll bedeckten Bergkamms hinauf. Der 6794 Meter hohe Nachbar des

Jhomolhari, der Jichu Drake, trat in den Vordergrund. Mit der Pfeil-
spitze seines Gipfels hatte er die Wolken durchstochen. Darüber
schwebte ein kreisrunder, blauer Fleck. Er hatte den spitzesten Gipfel, den ich je sah.

Der See lag im Herzen des Tals, das von zwei knorrigen, alten
Armen eines Berges gehalten wurde. Gespeist wurde er von einem
fernen Gletscher, der von hier aus nicht zu sehen war. Yaks weideten auf den grünen Weiden an seinem Ufer. Auf der östlichen Seite
hatte eine Yakzüchter-Familie aus Doduk Bitang im Pa-Tal ihre Zelte
für den Sommer aufgebaut. Ihr Anblick trieb mir die Tränen ins Gesicht. Genau die gleichen Zelte hatten die Nomaden gehabt, denen
ich mich in Westtibet angeschlossen hatte.

Die breiten Bahnen aus gewebter Yakwolle hockten wie große,
haarige Spinnen auf ihren spindeldürren Beinen, den über dünne
Holzpflöcke gespannten Zeltschnüren. Die groben, dunkelbraunen
Fasern und das dichte Gewebe ließen das Innere der Zelte sehr düster erscheinen, und es dauerte ein paar Minuten, bis unsere Augen
sich an die Dunkelheit gewöhnt hatten. Dru Ma, die Ältere der beiden Frauen, die dort zu Hause waren, hieß uns kichernd und lächelnd willkommen. Ihr zahnloses Grinsen reichte von einem Ohr
zum anderen. Ihr graues Haar hatte sie in der Mitte gescheitelt und
zu Zöpfen geflochten. Ständig bewegte sie die hölzernen Perlen ihres buddhistischen Rosenkranzes mit den Fingern. Sie winkte uns
an ein kleines, in der Mitte des Zeltes schwelendes Yakdungfeuer,
blies lachend in die Asche und wies Tshering Zangmo, ihre Schwie-
gertochter, an, das Teefass zu holen. Ein Teil des beißenden Rauchs
zog durch den Spalt zwischen zwei gewebten Bahnen über dem
Feuer ab; der Rest setzte sich in unsere Augen.

Trotz ihrer verwandtschaftlichen Beziehung trugen die Frauen
nicht den gleichen Nachnamen. Mit Ausnahme der königlichen
Dorjis und Wangchuks kannten Bhutaner keine Familiennamen. Je-

der hatte zwei Namen, die ihm einige Wochen nach der Geburt von einem Mönch verliehen wurden. Dabei gab es eine beschränkte Auswahl von nur etwa 50 Namen, von denen die meisten mit einer bestimmten religiösen Bedeutung verbunden und zwischen den Geschlechtern vollkommen austauschbar waren. Frauen nahmen auch später nicht den zweiten Namen ihres Mannes an, sondern behielten ihre eigenen Namen, und alle Kinder, die die beiden bekamen, erhielten wiederum völlig verschiedene Namen.

Dru Ma brach ein Stück von einem Teeblock ab und zerkrümelte es in dem rußgeschwärzten Topf auf dem Dreifuß über dem Feuer. Die Vorräte der Familie waren in Wollsäcken und Bündeln fein säuberlich verstaut und bildeten innerhalb des Zelts eine Art niedrige Mauer. Trockenfleisch hing von einer der beiden inneren Stangen, die das Dach wie das eines Zirkuszelts stützten. Während wir noch ums Feuer saßen und darauf warteten, dass der Tee kochte, kam die Sonne heraus, und ihre Strahlen durchschnitten hart wie Klingen den sich kräuselnden Rauch. Winzige Glühwürmchen erschienen zwischen den Kett- und Schussfäden dünner Stellen in den Zeltbahnen. Ich sagte etwas auf Tibetisch, und Dru Ma warf mir einen fragenden Seitenblick zu. Bis jetzt hatte Sonam das Gespräch geführt und unser Nepali in Dzongkha übersetzt. Dru Ma freute sich über meinen Versuch, doch wir hatten beide lange kein Tibetisch mehr gesprochen – eine Tatsache, mit der ich mehr Mühe hatte als sie –, und schließlich kehrten wir zu unserem treuen Führer als Dolmetscher zurück.

Nach einer großen Portion des gehaltvollen Buttertees begannen Chris und ich damit, Dru Ma und Tshering Zangmo in und vor der Sommerresidenz ihrer Familie zu fotografieren. Sehr zum Amüsement aller Beteiligten verschossen wir insgesamt vier Filme und hätten leicht noch mehr knipsen können, doch Sonam deutete auf seine Uhr und meinte, wir sollten weiterziehen. Unser Mann mit den Pferden hatte die direkte Route genommen, und Sonam wollte nicht, dass er einen zu großen Vorsprung bekam – oder sich in unserer Abwesenheit einen zu großen Rausch antrank. Langsam hatten wir den Eindruck gewonnen, dass er gegen Wasser allergisch war: Er trank nur *chang*, verbrauchte etwa einen Liter auf einen Kilometer und musste in jeder Siedlung, durch die wir kamen, neu auftanken. Wir verabschiedeten uns von den Frauen, eilten zum eigentlichen Weg zurück und holten kurz unterhalb des Nilli-La-Passes unseren Mann mit den Pferden ein. Er war gerade damit beschäftigt, aus seiner vorletzten Flasche den Bodensatz mit einem dünnen Bambushalm auszusaugen.

In dieser Gegend existierte überhaupt keine Vegetation, nur die nackte, rosafarbene Haut der Erde, glatt wie Lycra über die üppigen Kurven gespannt. In einem langsamen, beständigen Tempo krochen wir den Pass hinauf, der den Pa Chu vom ersten der beiden Arme des Mo-Chu-Flusses teilte. Der Bergkamm bildete auch die Bezirksgrenze zwischen Paro und Thimphu. Wie die Pappsilhouetten in einem Pop-up-Kinderbuch sprangen plötzlich der Jichu Drake und der 6935 Meter hohe Tshering Me Kang in Sicht, waren aber schon Sekunden später wieder unter einer bleiernen, grauen Wolkenbank verschwunden.

Die nordwestliche Seite des Bergkamms war noch eigentümlicher als die südöstliche. Sandige, fleischfarbene Erde und Muttermale aus dunklem Geröll bedeckten die an ungleichmäßig pigmentierte Haut erinnernde Leeseite des Berges. Nach Futter suchende Herden hatten feine, helle Dehnungsstreifen in die Oberfläche getreten, und der Weg selbst lief wie eine blasse Narbe quer über den Hang. In einer Landschaft ohne Bäume konnte man leicht den Maßstab verlieren, doch dann kamen uns zwei Menschen und fünf Pferde entgegen und rückten die Perspektiven zurecht. Vor der aufragenden Flanke des Berges wirkten sie klein wie Ameisen.

Chris und ich blieben stehen, um die Karawane zu fotografieren, doch Sonam und Punch (unser neuer Spitzname für den Mann mit den Pferden) gingen unbekümmert weiter. Punch war auf dem Pass der Treibstoff ausgegangen. Er stand in Gefahr, nüchtern zu werden, wenn er nicht bald eine neue Tankfüllung bekam. Zum Glück führte der Weg nach Lingshi, dem nächsten größeren Dorf auf unserer Route, die ganze Zeit über bergab, so konnte er einfach in den Leerlauf schalten, ohne den Motor laufen zu lassen.

Auf einem Felsvorsprung wenige Kilometer unterhalb von Nilli La holten wir sie wieder ein. Der Weg gabelte sich dort, und unser zuverlässiger Führer legte gerade letzte Hand an einen riesigen Pfeil an, der uns den richtigen Weg hätte weisen sollen. 15 Zentimeter tief und gut vier Meter lang hatte er ihn mit einem Eispickel aus der Erde gehackt. Sonam machte eben keine halben Sachen.

Unten im Mo-Chu-Tal lief Sonam aufgeregt hin und her und zeigte uns, wo er mit früheren Trekkinggruppen gezeltet hatte. »Hier war Sonams Büro ...«, sagte er und strich zärtlich über die Seite eines kleinen Baums. Dann deutete er auf eine andere Stelle und erklärte: »Hier haben die Leute gegessen ... Reis, Chili ...« Nach und nach ließ er die gesamte Szenerie neu erstehen und stellte pantomimisch sämtliche Teilnehmer einer Gruppe übergewichtiger Amerikaner mit Fußblasen, Rückenschmerzen und Höhenangst dar. Chris und ich konnten uns kaum halten vor Lachen. Sonam war der geborene Schauspieler! Sein Talent war hier draußen in den einsamen Bergen glatt verschwendet. Er gehörte auf eine Bühne, ins Rampenlicht.

Nachdem Punch sich am Abend wieder einmal in den Vollrausch getrunken hatte, erzählte uns Sonam, er selbst habe auch ein kleines Problem mit dem Alkohol. Er beichtete es uns, als wären wir Priester, und schwor, das Teufelszeug nie wieder anzufassen. In seinem Leben habe es bereits zwei Ehen zerstört, jetzt sei es an der Zeit, dem Alkohol abzuschwören und seine dritte Ehe zu einem Erfolg zu machen. Ich fragte ihn, ob er seine derzeitige Frau vermisse, doch er zuckte mit den Schultern und schüttelte seine schwarze Mähne. Nein, Nummer drei sei nicht »erfahren genug«, um ihn glücklich zu machen. Immer wenn Sonam in den Bergen war, kehrte sie zu ihrer Mami zurück. »Wie alt ist sie denn? Fünfzehn?« fragte ich lachend. »Fast …«, erwiderte Sonam.

Am nächsten Morgen verabschiedeten wir uns von Punch. Unser neuer Mann, Dundo Tsherin, erschien in einem gelb-rot gestreiften *go*, Gummistiefeln und einer Pelzkappe mit Ohrenklappen. Er kam drei Stunden zu spät, versprach aber, uns mit seinen beiden Pferden bis zum Laya zu begleiten, der drei Tage und vier hohe Pässe entfernt lag.

Die Tage erwiesen sich als ebenso fantastisch wie die Pässe. Das Wetter besserte sich, und die Sicht auf die sich an der tibetischen Grenze dicht zusammendrängenden Berge war absolut atemberaubend. Am ersten Abend hatten wir in der Nähe von Chebisa das große Glück, eine kleine Herde wilder Blauschafe zu sehen. Ihre dicken, gedrehten Hörner zeichneten sich scharf gegen den Himmel ab, als sie über eine nahe Bergkuppe verschwanden. Ich schnappte mir meine Kamera und lief ihnen nach. Als ich über die Kuppe kam, stand plötzlich ein prächtiger, großer Bock nur wenige Meter von mir entfernt. Ich war noch ganz außer Atem, schaffte es aber trotzdem, ein paar Fotos zu machen, ehe er sich umdrehte und floh. Es war eine eindrucksvolle Begegnung, näher war ich dem »Großwild« im Himalaja noch nie gekommen, und ich war deshalb mit mir überaus zufrieden. Blauschafe galten als äußerst scheue Tiere. Wenn alles gut ging, hatte ich damit ein paar seltene Großaufnahmen im Kasten.

Wir sahen noch einige andere Herden, doch keine ließ uns so nah an sich herankommen wie die in Chebisa. Wir hielten überall Ausschau nach Schneeleoparden und Bären und verwechselten ständig irgendeinen Yak in der Ferne mit dem seltenen, extrem scheuen *takin* (einer Rindergemse, dem Nationaltier von Bhutan).

Vieles an der kargen, einsamen Landschaft zwischen Jhomolhari und Laya – auch die Dörfer und die Menschen – erinnerte mich an Tibet. Das war kein Wunder, wenn man bedenkt, wie nahe wir der Grenze zu Tibet waren. Jedes Seitental lockte mit der Versuchung, den Himalaja illegal zu überqueren und noch einmal zum Dach der Welt vorzudringen. Doch wir blieben brav auf dem Weg und wurden dafür reichlich belohnt. Von unserer letzten Passhöhe, dem 4900 Meter hohen Singe La, konnten wir die gesamte durchwanderte Strecke, den ganzen nordwestlichen Zipfel Bhutans, noch einmal überblicken. Und ein endlich einmal ganz von Wolken freier Jhomolhari krönte die Szenerie.

Wir warfen einen letzten Blick zurück auf seinen jetzt schon fernen Gipfel und wandten uns dann dem scheinbar undurchdringlichen Reich aus Schnee, Eis und Felsen zu, das nun vor uns lag: Lunana, die wohl unzugänglichste, abgelegenste und gottverlassenste Gegend Bhutans. Wenige Ausländer hatten es je geschafft, sie zu durchqueren; mehrere Gruppen hatte man sogar mit Hubschraubern retten müssen. Es war eine extrem gefährliche Route – vor allem, wenn das Wetter so unbeständig war wie in den letzten Wochen.

In Lunana wohnten nur die Härtesten der Harten; bis zu zehn Monate pro Jahr waren sie vom Rest der Welt vollständig abgeschnitten. Schwere Stürme und heftige Schneefälle sorgten dafür, dass die Pässe nach und durch Lunana nur selten offen waren. Nim meinte, wir wären viel zu früh dran, um sie passieren zu können. Sonam dagegen behauptete, der Mangel an Schnee auf den Pässen, die wir bislang überquert hatten, sei ein gutes Zeichen dafür, dass wir es durch Lunana schaffen könnten.

Es gab nur eine Möglichkeit herauszufinden, ob es uns gelingen würde, allen Warnungen zum Trotz unsere Namen der Liste der wenigen hinzuzufügen, die es nach Lunana geschafft hatten. Wir ruhten kurz aus, beluden die Pferde neu und zogen weiter in Richtung Laya, dem nördlichsten Dorf Bhutans und der letzten nennenswerten menschlichen Ansiedlung vor Lunana.

Eine Arche für den Himalaja

Wir stiegen über 1000 Meter ab, um nach Laya zu kommen, trekkten durch eine Reihe breiter, grasbewachsener Täler, durch die sich immer wieder enge Rinnen mit Hemlocktannen und Fichten zogen. Hunderte von Yaks grasten auf den offenen, hügeligen Weiden vor einem von beeindruckenden schneebedeckten Gipfeln beherrschten Hintergrund. Mehrere Stunden lang zogen wir unter dem bedrohlich wirkenden Gangchey-Ta-Massiv entlang. Im Vergleich zum übrigen Himalaja besaß es keine außergewöhnlich hohen Gipfel, wirkte jedoch äußerst wuchtig, und manchmal hatten wir das Gefühl, die eisigen Flanken fast berühren zu können.

Die Berge hier hatten eine ganz besondere Aura, die sie von all den anderen, die wir auf unserem Trek entlang der höchsten Gebirgskette der Welt gesehen hatten, unterschied. Sie besaßen eine Würde und eine heilige Ausstrahlung, die ohne Zweifel von der Tatsache herrührten, dass sie nie von Menschen bestiegen worden waren. Diese Ausstrahlung war keine bloße Einbildung, sondern so greifbar und real wie der Fels und der Schnee, die ihre Form bestimmten. Es war eine große Freude, zu diesen Gipfeln aufzuschauen und zu wissen, dass kein Mensch sie je entweiht hatte. Wie eh und je waren sie alleiniger Wohnsitz der Götter, und ich hoffte insgeheim, dass es für immer so bleiben würde.

Laya lag nicht in einem Tal, wie Chris und ich angenommen hatten, sondern ergoss sich in Kaskaden über einen Berghang hoch über einem Zufluss des zweiten Mo-Chu-Arms, der aus den nördlich gelegenen Gletschern auf dem 7194 Meter hohen Masang Gang entsprang. Der Singe-La-Pass teilte die beiden Mo-Chu-Arme, die sich unterhalb von Gasa vereinigten, um gemeinsam in südlicher

Richtung nach Indien zu fließen und dort die Grenze zwischen den Bundesstaaten West Bengal und Assam zu bilden.

Die Häuser in Laya waren im üblichen Chaletstil erbaut, einige dicht zusammengedrängt, andere frei stehend zwischen den Feldern. Manche waren weiß gekalkt, die meisten hatten unverputzte Steinwände. Die Leisten um Türen und Fenster waren ebenfalls naturbelassen, und alle Dächer waren mit den typischen Holzschindeln gedeckt, die durch flache, wie Haselnussblätter geformte Flusssteine gehalten wurden. Alle Gebäude in Bhutan – seien es kleine oder große Häuser, *dzong*, Tempel oder Schreine – wurden grundsätzlich nie nach einem Plan gebaut, und sowohl die Holzbalken als auch die großen Platten aus Stein wurden ganz ohne Nagel zusammengehalten.

Die Zwischenräume zwischen den leicht geneigten Dächern und den Dachsparren der Häuser in Laya waren nicht geschlossen, wie wir es von den größeren Siedlungen weiter im Süden kannten. Sie waren offen, um die Luft zirkulieren zu lassen, und wurden zum Lagern von Heu und Brennholz genutzt. Geschnitzte Holzpenisse baumelten von den vier Ecken der meisten Dächer. Im Laufe der Zeit kam es mir immer merkwürdiger vor, dass kein einziges der uns bekannten Druckwerke über Bhutan die allgegenwärtigen Phallussymbole erwähnte. Wie jemand, der das Land bereist hatte, ein so offensichtliches Merkmal übersehen und in seinen Artikeln oder Büchern übergehen konnte, war mir völlig schleierhaft. Sie sprangen einem doch geradezu ins Auge! Die Bhutaner hatten ganz gewiss keine verklemmte Einstellung zu ihrer Sexualität, aber vielleicht war das bei den Ausländern anders. Selbst *National Geographic*, die für ihren Männlichkeitswahn berühmte Zeitschrift, ließ die Penisse in ihren Beiträgen über Bhutan ganz und gar unerwähnt.

Nim hatte mir mit ernster Miene erklärt, der Penis sei ein Symbol für die »Vaterschaft der Nation«. Wir waren damals auf dem Weg nach Paro, und ich musste so lachen, dass ich Seitenstechen bekam. »Das ist doch Quatsch, Nim«, hatte ich erwidert. »Ihr Bhutaner seid einfach ein sexbesessenes Völkchen!« Er machte keine Anstrengungen, mir zu widersprechen. Er kicherte nur.

Offiziell galt das Bogenschießen als Nationalsport der Bhutaner, inoffiziell war es das »nächtliche Jagen«, bei dem ein Mann an das Fenster einer Frau klopfte, die er begehrte, und mit ihr in der Dunkelheit verschwand. Über einen eifersüchtigen Ehemann brauchten sich die beiden keine Sorgen zu machen, denn mit großer Wahrscheinlichkeit war er gerade mit gleichen Absichten unterwegs. Es galt weder als unmoralisch noch als ungesund, und die uneheliche Geburt war nicht mit einem Stigma behaftet. In Thimphu hatten einige Regierungsbeamte mir gegenüber offen zugegeben, mit mehreren Frauen zusammen zu sein. Das käme »mit der Position ganz automatisch«, erklärten sie mir, ohne damit irgendein Wortspiel beabsichtigt zu haben. Wenn der König vier Frauen hatte, konnten sich die Laien ebenfalls guten Gewissens vergnügen.

Die an den Dächern baumelnden Penisse gerieten bei uns in Vergessenheit, sobald wir die Frauen von Laya sahen. Nun war es Chris, der um Fassung rang: Sie waren absolut überwältigend.

Von all den schönen Frauen Bhutans waren sie die allerschönsten. Rotwangig, rehäugig, mit langen, pechschwarzen, frei im Wind flatternden Haaren. Die meisten Männer und Frauen in Bhutan hatten ihr Haar kurz geschnitten, in Tibet flocht man es zu festen Zöpfen; die Hindus im Himalaja bevorzugten Knoten, Zöpfe und Bubiköpfe. Die Frauen von Laya dagegen trugen ihr prächtiges Haar offen, auch wenn das bei der Landarbeit sicherlich nicht praktisch war. Aber Schönheit war den Frauen wichtiger, selbst hier, in einer der am höchsten gelegenen, rauesten Gegenden der Erde.

Die langen, aber ziemlich formlosen Röcke der Frauen waren aus handgesponnener Yakhaarwolle gewebt. Die Wolle wurde mit einem aus Kalimpong an der Grenze zwischen West Bengal und Sikkim stammenden Pulver indigo- und ockerfarben gefärbt, zusammengenäht und an der Taille mit einer großen, verzierten Silberbrosche zusammengehalten. Ähnlich kunstvolle, aber deutlich kleinere Nadeln hielten die schwarzen Wolljacken der Frauen zusammen. Am eigenwilligsten jedoch waren die neckischen Hüte, die sie auf den Köpfen trugen. Pergamentartige Bögen aus Birkenrinde steckten zwischen zwei zu einem Trichter geformten Rohrgeflechten. Eine kleine hölzerne Spindel mit Scheibe, einem Kreisel ähnlich, lugte oben aus der Spitze. Mehrere Stränge mit weißen, roten, gelben und blauen Glasperlen, die an den Schmuck der Masai in Ostafrika erinnerten, bildeten eine lose Schlaufe um den Hinterkopf. Diese Hüte waren eher Zierde als praktische Kleidungsstücke, was in dieser rauen Gegend ebenfalls überraschte.

Die verheirateten Frauen trugen Halsketten im tibetischen Stil aus falschen Korallen, *dzi*-Steinen und Türkisen. Einige besaßen echte *dzi* – sehr seltene und daher extrem wertvolle zylindrische schwarze Steine mit dünnen weißen Streifen und runden »Augen«. Sie kommen nur in Tibet vor, und ihre Entstehung harrt noch der wissenschaftlichen Erklärung. Ein *dzi* mit einer bestimmten Anzahl von Augen soll dem Besitzer indessen Wohlstand und Gesundheit bescheren. In Nepal bringen sie zwischen ein- und sechstausend Dollar ein, abhängig vom Zustand und von der jeweiligen Zeichnung.

Wir campierten in der Nähe des Gästehauses von Laya, einer niedrigen, eigens für wandernde Besucher gebauten Hütte. Schelmisch grinsende Kinder, Miniaturausgaben ihrer Mütter und Väter, kamen herbeigelaufen, um zuzusehen, wie wir unsere Zelte aufbauten. Sie hatten ebenso großes Interesse an uns wie wir an ihnen und waren, anders als die Kinder in Nepal, nicht auf Bonbons und Kugelschreiber aus. Zwar waren wir eindeutig nicht die ersten Ausländer, die ihr Dorf besuchten, doch ging von uns offenbar noch ein gewisses Maß an Faszination für sie aus. Ihre natürliche Neugier und Freundlichkeit war echt, aber ich fragte mich, wie lange es wohl noch so bliebe. In der Ferne bemerkte ich eine ältere Frau mit einem Kind, die auf Chris zeigte. Offenbar wollte sie den Jungen dazu anstacheln, bei uns betteln zu gehen.

Der Dorfvorsteher, ein hoch gewachsener Mann mittleren Alters mit kurzem Stoppelschnitt, kam, um sich vorzustellen. Sein Name war Pem Tselwang. Mit einer Flasche *chang* und etwas Trockenfisch, den er uns verkaufen wollte, setzte er sich zu Sonam ans Feuer. Der Fisch war offenbar aus der indischen Tiefebene nach Laya gelangt. Sonam war gerade damit beschäftigt, das Abendessen für sich, Dundo Tshering, Chris und mich vorzubereiten, und meinte, der Fisch würde gut zu seinem Eintopf aus ganzen Chilis und Käse passen. Pem zog eine Waage aus den Falten seines *go*. Sie bestand aus einem geraden, schwarzen Stock mit eingravierten Maßen und einem runden, an einer Schnur befestigten schwarzen Stein als Gegengewicht.

Dann kam der Abend und mit ihm die Gelegenheit, die Bewohner von Laya tanzen zu sehen. Pem entfachte ein großes Lagerfeuer, und eine aus 13 jungen Männern und Frauen aus dem Dorf bestehende Truppe begann, um das Feuer herumzutanzen. Ein offenbar eigens angeheuertes Publikum aus mehreren Dutzend Großmüttern und Kindern kam, um unsere dünn besetzten Ränge zu verstärken. Zweifellos waren sie es gewohnt, vor sehr viel größeren Gruppen ausländischer Trekker aufzutreten, doch die Tatsache, dass wir nur zu zweit waren, hatte keinen Einfluss auf die Länge ihres Programms. Wir bekamen trotzdem die volle, fünfstündige Show aus Volksliedern und Tänzen zu sehen.

Mit fortschreitender Zeit und zunehmendem *chang*-Konsum wurden die Tänze einander immer ähnlicher. Am Ende standen die

Tänzer nur noch im Kreis, hielten sich an den Händen, schwangen vor und zurück und sangen dabei ständig die gleiche, monotone Melodie. Die Platte hatte einen Sprung bekommen, und ich schwöre, ich war die Einzige, die es bemerkte. Sonam war besessen von der Idee, David Fanshaw nachzueifern (einen britischen Komponisten, der dafür berühmt ist, Musik fremder Völker aufzunehmen und in seine Orchesterwerke einzubauen), sprang wie ein Hobbit aufgeregt herum und versuchte, die Melodie mit seinem Sony Walkman aufzunehmen. Die Tänzer waren in Trance. Chris' Augen wirkten so glasig, als hätte man ihn hypnotisiert. Pem war voll wie eine Strandhaubitze und das eigens einbestellte Publikum längst eingeschlafen. Eine groteske Situation.

Dann trat jemand gegen die Musikbox, Sonam hielt eine kurze Rede über den Tourismus und seinen positiven Effekt auf die bhutanische Wirtschaft und überreichte den Tänzern ein Bündel Geldscheine. Alle klatschten und gingen nach Hause. Es war ein Uhr morgens.

Am nächsten Morgen weckte mich das gedämpfte Dröhnen einer tantrischen Trommel. Ich überredete Chris, mit mir zu kommen, und wir wanderten gemeinsam los, um den Trommler zu finden. Die Spur führte zur örtlichen *gompa*. Ein junger Mönch winkte uns herein. Über einem offenen Feuer auf dem Absatz im ersten Stock hockte eine alte Frau mit nur einem Zahn und fettigem, grauem Haar, das wie ein Knäuel aus Seilen um ihre Schultern lag, und rührte in einem großen, schwarzen Kessel mit rotem Reis. In der kleinen, leeren Gebetshalle rechts von der Küche hatten sechs pubertierende Novizen gerade Trommelstunde. Der Älteste von ihnen hielt den Rhythmus, zwei Jungen zu seiner Rechten spielten auf Kupfertrompeten, ein junger Dizzy Gillespie versuchte, seiner Trompetenschnecke einen Laut zu entlocken, der kleinste (und ruhigste) drehte zwei bronzene *dorje* wie Taktstücke in der Hand, und der Junge, der uns hereingewinkt hatte, schlug eine Messingglocke. Ihr Lehrer, ein ernster, wahrscheinlich tauber Mönch etwa Mitte 40, untermalte den Lärm mit willkürlich einsetzenden Soli an den Zimbeln.

Höflich hörten wir ein paar Minuten dem Getöse zu, dann verließen wir die spartanische Gebetshalle und kehrten zu unserem Zelt zurück. Sonam war inzwischen aufgewacht und hatte mit dem Packen begonnen. Dundo machte seine Pferde für die Rückkehr nach Lingshi bereit, und mehrere Dorfkinder waren erschienen, um Chris und mir auf Wiedersehen zu sagen.

Pem hatte seine Zweifel, was die Route nach Lunana anging, erklärte sich aber bereit, uns bis Rodophu zu bringen, einem Hirten-Sommerlager unterhalb des ersten Passes. Mehr wollte er seinen Pferden nicht zumuten, doch er versicherte Sonam, wenn die Pässe offen wären, würde sicher einer der Viehzüchter dort ein paar Yaks satteln und uns ins große Unbekannte begleiten. Es war schon sehr merkwürdig, wie alle plötzlich verstummten, wenn wir auf Lunana zu sprechen kamen – als seien wir auf dem Weg zur Hölle.

Ein halbes Dutzend Kinder übernahm die Aufgabe, Chris und mich bis zum Abzweig des Wegs zu begleiten und uns eine Abkürzung durch die Felder und Weiden rund um ihr Dorf zu zeigen. Sie pflückten wilde Primeln und flochten sie zu Blütenkränzen, die sie uns zum Abschied schenkten.

Wir brauchten nur eine halbe Stunde, um bis zum Mo-Chu-Fluss Nummer zwei hinunterzukommen. Eine aus drei Häusern bestehende kleine Siedlung und ein kleiner Außenposten der Armee lagen am westlichen Ufer nördlich des Zusammenflusses von Laya und Mo Chu. Wir wussten, dass Sonam von dort aus eine Funknachricht verschicken wollte, setzten uns in den Schatten und warteten auf ihn. Eine Stunde verging, ehe er und Pem zu uns stießen. Offenbar war Pem an jedem Haus stehen geblieben, um mit den

Bewohnern zum Abschied einen *ara* (ein Getränk mit 20 Prozent Alkohol, dem nepalesischen *rakshi* ähnlich) oder einen Schluck *chang* zu trinken. Es war erst elf Uhr morgens, und er war schon völlig hinüber. Uns stand ein anstrengender Tag bevor.

Sonam schickte eine Nachricht an Nim in Thimphu, damit er wusste, dass wir nach Lunana aufgebrochen waren. Auf der anderen Seite der geheimnisvollen Bergwildnis, in Thanza, war eine weitere Funkstation. Wenn wir uns nicht innerhalb einer Woche von dort gemeldet hätten, erklärte Sonam nüchtern, würde Nim einen Suchtrupp losschicken.

Das Wetter sah gut aus, und meinem Gefühl nach hatten wir nichts zu befürchten. Unsere Hauptsorge bestand darin, Pem und seine Pferde anzutreiben, damit wir Rodophu noch vor Anbruch des Abends erreichten. Wir schlangen ein frühes Mittagessen aus kaltem rotem Reis mit Kohl herunter, überquerten den Mo Chu zwei und bogen in den wenig ausgetretenen Pfad nach Lunana ein.

Von einem Bergvorsprung aus konnten wir den Mo Chu überblicken. Ehe wir in das kahle Bahilung-Tal weiterwanderten, führte Pem eine kleine Zeremonie durch, um die drei Berggötter Layas gnädig zu stimmen. Mit einem Wacholderzweig verspritzte er eine Tasse seines heiligen Wassers (destillierten Alkohol) in Richtung Jhomolhari, Gangchey Ta und Masang Gang.

Der Weg folgte einer Höhenlinie über dem Bahilung-Fluss. Mächtige Erdrutsche hatten ganze Teile des Bergs weggerissen. Der Weg machte abwechselnd Umwege über den Überhang oder führte direkt über die Bruchstelle. Beides war gleichermaßen gefährlich, zumal die Pferde unweigerlich Steine und Geröll lostraten und damit neue Erschütterungen auslösten, die sich leicht zu größeren Lawinen hätten auswachsen können.

Wir waren deshalb heilfroh, als sich das Tal allmählich öffnete und wir an seinem Ende Rodophu liegen sahen. Die Siedlung bestand aus mehreren unter einem Halbrund aus niedrigen Hügeln und Bergen eingebetteten Zelten und einer Hütte. Wir erreichten sie gerade noch rechtzeitig, ehe es kalt und dunkel wurde. Noch müde von der kurzen Nacht in Laya, bauten Chris und ich unser Zelt auf und legten uns sofort schlafen. Pem und Sonam verschwanden in die Steinhütte, um mit Puba, dem Oberhaupt der Yakzüchter, unser Vorhaben zu besprechen. Chris gesellte sich später zu ihnen und aß mit ihnen zu Abend. Ich war zu müde, sodass Chris mir am nächsten Morgen von ihren Beratungen erzählen musste.

Offenbar meinte Puba, der Weg nach Lunana wäre für mindestens einen weiteren Monat unpassierbar; die gute Nachricht war, dass er, wenn wir dies wollten, mit uns kommen würde, um die Lage zu erkunden. Ein herrlicher Morgen schien darauf hinzudeuten, dass das Wetter auf unserer Seite war. Bei bester Stimmung bauten wir unsere Zelte ab, und Puba ging, um seine leistungsfähigsten Tiere für den Trek auszusuchen. Er blieb eine ganze Weile fort, sodass Chris und ich Gelegenheit hatten, in Ruhe das Lager der Hirten zu fotografieren.

Pe, Pubas jüngste Tochter, war bereit, uns zu zeigen, wo ihre Familie im Sommer zu Hause war. Zwar gehörte ihnen das Land nicht, doch so lange man denken konnte, hatten sie das Nutzrecht zum Weiden ihrer Tiere inne. Die wenigen Bewohner Rodophus waren alle miteinander verwandt und wohnten die vier unwirtlichsten Wintermonate über, wenn die Weiden am Bahilung unter tiefem Schnee begraben lagen, in Laya. Pes ältere Schwester war gerade »in der Stadt«, um Pubas erstes Enkelkind zur Welt zu bringen.

Pe warf die Stoffbahn über dem Eingang des Zeltes zurück, das sie sich mit ihrer Schwester und ihrem Schwager teilte. Kinley Poop, ihre Mutter, eine weitere Schwester, die ebenfalls Pe hieß, und Bewego, ihre Schwägerin, traten mit uns ins Zelt. Keine der Frauen hatte sich je fotografieren lassen. Anfangs scheuten sie sich noch, aber dann wollten sie sich diese aufregende Erfahrung nicht entgehen lassen. Sie kicherten wie Schulmädchen und alberten ausgelassen herum, während Chris und ich unsere Stative aufstellten und unsere Kameras in Position brachten. Bewego kramte eine uralte Schneebrille hervor und überraschte uns mit einer Ray-Charles-Nummer. Kinley Poop verzog ihr Gesicht zu den abenteuerlichsten komödiantischen Grimassen. Pe, die sich offenbar nicht ganz sicher war, wie sie reagieren sollte, ließ sich am Webrahmen der Familie nieder und webte ein wenig an dem indigo- und ockerfarbenen Stoff. Alle Frauen trugen ihre originellen spitzen Hüte, und die Sonne schien durch den Rauchfang hinein. Auf Augenblicke wie diese wartet man als Fotograf oft ein ganzes Leben.

Puba kam mit einigen seiner Yaks zurück, und wir beluden sie für die Reise. Kinley Poop gab uns ein paar Dutzend Würfel getrockneten und auf eine Schnur aufgefädelten Yakkäse mit, und ehe wir uns versahen, waren wir auf dem Weg nach Lunana.

Wir überquerten den Fluss und stiegen auf den gegenüberliegenden Bergkamm. Dahinter erstreckte sich ein mit Schnee gefülltes, von einer wuchtig wirkenden Bergkette eingerahmtes Hochtal. Kaum hatten wir Rodophu außer Blickweite gelassen und kämpften uns langsam den nächsten Pass hinauf, ballten sich dicke Schneewolken über unseren Köpfen zusammen. Es war erstaunlich. Noch nie hatte ich das Wetter sich so schnell und so dramatisch verändern sehen. Nur wenige Sekunden später suchten wir auch schon unter einem großen Felsen vor einer Salve bösartig spitzer Hagelkörner Schutz. Kurz darauf verwandelten sie sich in nasse Schneeflocken, die in dicken, schweren Klumpen zu Boden sanken. Der Himmel verdüsterte sich zu einem hässlichen Grün, und der Boden erzitterte unter dem heftigen Donner.

Wir versuchten, über den Pass zu kommen, doch die Yaks sanken immer wieder in den Schneewehen ein. Über eine Stunde lang mühten wir uns, ohne einen Zentimeter voranzukommen, waren vor allem damit beschäftigt, die armen Tiere immer wieder aus ihrer misslichen Lage zu befreien. Das war kein Schnee, durch den sie einfach hindurchpflügen konnten; er war wie Treibsand oder dicker, nasser Zement.

Yaks sind bekanntlich recht temperamentvolle Tiere, und Pubas Tiere waren keine Ausnahme. Sie grunzten, prusteten und ächzten. Sie freizugraben wurde zu einem schwierigen, gefährlichen Unterfangen. Eine plötzliche Wendung ihrer großen, zotteligen Häupter, und man war so gut wie tot, auf einem ihrer Hörner aufgespießt wie rohes Schaschlik.

Lunana war vorbei, ehe es begonnen hatte. Es wäre nur grausam gewesen, die Yaks weiterzuquälen. Sie waren Pubas beste Zuchttiere, es hätte eine Katastrophe für ihn bedeutet, wenn eines von ihnen gestrauchelt und in den Tod gestürzt wäre. Es hätte ihm einen schlimmeren Schicksalsschlag versetzt, als wenn man ihm selbst den Bauch aufschlitzen würde. Fünf Meter vor dem Kalakachu-La-Pass drehten wir um und traten den Rückweg nach Rodophu an.

Kinley Poop war nicht allzu erstaunt, ihren Mann so schnell wiederzusehen. Sie hatte sogar schon den Tee fertig und schenkte uns sofort ein. Im oberen Bahilung-Tal war kein Schnee gefallen, aber es blies ein beißender Wind, und es war bitterkalt. Puba meinte, auf den Bergen würde es noch mindestens eine Woche schneien, aber er sei gern bereit, uns das Tal hinunter bis zum Außenposten der Armee zu bringen. Von dort aus könnten er und Sonam nach Laya gehen und ein paar Pferde für unseren Trek nach Gasa organisieren. Uns blieb jetzt nur noch die Möglichkeit, Bhutan weiter südlich im Landesinneren zu durchqueren. Ein wenig waren wir schon darüber enttäuscht, zumal ein Teil der Strecke an Straßen entlangführen würde, und begrüßten den neuen Plan ohne große Begeisterung, aber es war die einzige vernünftige Lösung.

Puba wollte so bald wie möglich aufbrechen. Es würde Regen geben, und er wollte es tunlichst noch vorher über die Erdrutsche bis hinunter zum Mo Chu schaffen. Die Strecke, für die Pems Pferde gestern sechs Stunden gebraucht hatten, schafften Pubas Yaks bequem in der Hälfte der Zeit. Noch vor Einbruch der Dunkelheit waren wir bei der Funkstation und schickten unserem Freund Nim beruhigende Morsezeichen.

Kurz nachdem Sonam und Puba nach Laya losgezogen waren, brach das schlechte Wetter über das Mo-Chu-Tal herein. Wo wir uns befanden, fiel Regen, aber die Berge bekamen eine tüchtige Ladung Schnee ab. Selbst Laya war schneebedeckt, und es überraschte uns nicht, dass Sonam bis zur Abenddämmerung noch nicht zurück war.

Am Morgen waren die Sturmwolken wie weggeblasen. Über uns stand ein kornblumenblauer Himmel. Sonam hatte einen neuen Pferdeführer und zwei Ponys aufgetrieben, genau das Gegenteil von Pems lahmen Lasttieren. Um halb acht galoppierten sie ins Militärcamp, um acht waren wir schon gemeinsam unterwegs.

Das Mo-Chu-Tal erwies sich als wahre Bilderbuchlandschaft mit hoch aufragenden Klippen, urwüchsigen Kiefern und lichtdurchschienenen Wasserfällen. Dünne Wolken hingen wie kunstvolle, kalligraphische Pinselstriche am seidenblauen Himmel. Als wir gegen zehn Uhr am Flussufer Rast machten, um Tee zu trinken, wurden wir zum zweiten Mal Zeugen eines atemberaubenden Wetterumschwungs. Die Sonne verschwand, und mit ihr schienen alle Farben aus der Welt um uns zu weichen.

Unsere kleine Karawane schlängelte sich wie ein dünner Faden über die tintenschwarzen Berge auf den grauen Himmel zu. Der Fluss wurde schmaler, und seine vorher noch so üppig bewachsenen Ufer verwandelten sich in kahle Steinplatten. Wir kletterten höher und höher in einen fast unwirklichen, uralten Wald. Riesige

Rhododendronsträucher mit dunklen, wächsernen Blättern, die so lang waren wie meine Unterarme, standen reglos in der Stille. Ihre knorrigen alten Stämme steckten in abgewetzten Wildlederhosen, die Stümpfe ihrer längst verrotteten Zweige in Verbänden aus dickem, olivenfarbenem Moos. Der Wind hatte sich völlig gelegt. Es war, als hielten die Bäume bei unserem Vorübergehen den Atem an.

Plötzlich erscholl dumpfer Donner aus der Kehle des Tals, und uns hüllte dichter Nebel ein. Am Pale-La-Pass öffnete sich der Himmel, dicke, bleischwere Tropfen sackten herunter und trafen zischend auf den Boden. Im Tal unter uns tobte ein Sturm, nur der Wald schützte uns wie ein Schild gegen seine wütenden Hiebe. Nach diesen Vorboten zu urteilen, kam der Monsun schneller und heftiger als erwartet.

Die unheilschwangere Düsternis hellte sich so rasch auf, wie sie gekommen war. Unterhalb der Wolkengrenze stießen wir auf ein liebliches, immergrünes Tal. Die Vegetation war frisch, kraftvoll und lebendig, ein krasser Gegensatz zu den greisen Rhododendronsträuchern, die uns trotzig ihre abgelebten Stümpfe entgegengestreckt hatten. Neue, limonengrüne Ahornblätter flirteten mit der Sonne, pfauenschweifartige Farne wogten im Wind, ein leuchtend roter Fasan krähte nach seinem Weibchen, und selbst die Erde roch weich und reif.

Die Luft summte zur Melodie der Vögel. Weit vor dem Pferdeführer, der wiederum Puba hieß, und den Ponys schritten Chris, Sonam und ich rasch, aber leise, weil immer nach Wild Ausschau haltend, durch den Wald. Durch eine Lücke zwischen den Bäumen sahen wir plötzlich Gasa Dzong, die Festung, in der die weltliche und religiöse Macht der Region residierte. Das imposante Gebäude stand auf einem Berghang direkt über dem Zusammenfluss der beiden Mo-Chu-Flüsse. Nach Südosten ausgerichtet, bot sich von dort ein ungehinderter Rundblick über das ganze Land. Eine der Außenwände schloss sich in einem eleganten Bogen um einen offenen Innenhof. Häuser und Türme waren im Stil tibetischer Klöster und Festungen erbaut, nur die Dächer waren hier nicht flach, sondern schräg und auf die unnachahmliche bhutanische Weise mit Schindeln gedeckt. Kang Bum – der Große Berg – riegelte das Ende des westlich vom *dzong* liegenden Tals ab, auch wenn sein schneebedeckter Gipfel derzeit unter Wolken begraben lag.

Etwa eine Dreiviertelstunde später erreichten wir den Ort Gasa und brachen erschöpft, aber erleichtert auf einem grasbewachsenen Streifen vor einer Reihe vergleichsweise trister einstöckiger Häuser zusammen. Puba und die Ponys kamen etwa ein halbe Stunde später an, und wir schafften es gerade noch, die Zelte aufzustellen und die Schlafsäcke auszurollen, ehe es dunkel wurde.

Aufgrund des königlichen Erlasses durften wir das Innere des *dzongs* am nächsten Morgen nicht betreten. Man ließ uns jedoch in den mit Steinplatten ausgelegten Innenhof, wo wir die prachtvolle Architektur noch einmal aus nächster Nähe bewundern konnten. Ich bezweifelte ernsthaft, dass das Innere – mit Ausnahme der Gebetshalle vielleicht – für uns sehr interessant gewesen wäre. Wahrscheinlich hätten wir ohnehin nicht mehr zu sehen bekommen als ein paar Aktenschränke, große Schreibtische, alte Schreibmaschinen und jede Menge Staub ...

Es war ein herrlicher Tag, und der Blick vom *dzong* aus war wunderschön. Wir konnten sogar Puba sehen, der sich entschieden hatte, uns weiter bis nach Punakha zu begleiten, und schon vorausgegangen war.

Sonam zeigte uns eine Abkürzung, die direkt vom *dzong* aus ins Tal hinunter und nach Gasa Tsachu führte, den heißen Quellen. Zwei alte Männer badeten in einem der offenen Becken, ihre stacheligen weißen Köpfe hüpften auf dem Wasser wie Bojen auf und ab. Eine fünfköpfige Familie hielt das zweite kochend heiße Becken besetzt, und Chris und ich sprangen ohne große Umschweife in das dritte. Es war sogar überdacht und hatte zwei abschließbare Kabinen. Sonam erklärte uns, sie seien für den König von Bhutan bestimmt, der immer, wenn er nach Gasa kam, die heißen Quellen besuchte.

Das Bad war himmlisch, obschon die Luft sehr heiß war. Es kam nicht oft vor, dass wir die Gelegenheit hatten, uns völlig auszuziehen, und ein heißes Bad war ein ebenso seltener Luxus. Zu unserem Entsetzen waren unsere nackten Körper schrecklich abgemagert und außerdem zu Heimstätten ganzer Kolonien fetter grauer Zecken geworden. Bei mir hingen die Blutsauger vor allem an den Brüsten (oder dem, was von ihnen noch übrig war), Chris hatte mehrere dort, wo sich früher sein Bauch befunden hatte. Wir zogen uns gegenseitig die erbsengroßen Parasiten heraus, wobei wir sie vorsichtig drehten, damit die Köpfe nicht in der Haut stecken blieben. Sie platzten mit einem lauten Knall zwischen unseren Fingern.

Die erfrischende Wirkung des Bades war rasch aufgebraucht. Innerhalb weniger Minuten waren wir wieder in Schweiß gebadet. Der Weg wand sich durch einen dampfenden, üppigen Wald, der anders aussah als jeder andere, den wir im Himalaja gesehen hatten – dicht und tropisch, fast wie ein Regenwald. Wilde Würgefeigen begruben alles andere unter sich, wanden sich wie Boas selbst um die Stämme riesiger Nadelbäume. Bunte Orchideenblüten blitzten zwischen den Zweigen, junge Ahornblätter zwinkerten kokett wie Augenlider, und die Luft vibrierte vom schrillen Gesang der Zikaden. Von überallher kam Wasser ins Tal gelaufen, plätscherte durch tiefe, farnüberwucherte Rinnen oder rauschte über hoch aufragende Felsen und formte sie zu sinnlichen Henry-Moore-Kurven.

Zwischen Gasa und Tashithang gab es in der dichten Vegetation nur eine Lichtung, und dort trafen wir auf Puba und die Lastponys. Der Weg durch den Wald war feucht, und die Gummistiefel des armen Puba waren löchrig wie ein Sieb. Als wir Tashithang gerade noch rechtzeitig vor der Abenddämmerung erreichten, humpelte er fürchterlich. Bei jedem Schritt zuckte er zusammen und konnte nicht sagen, welcher Fuß mehr schmerzte, der linke oder der rechte. Es hatte angefangen zu regnen, doch zum Glück gab es im Dorf ein Gästehaus, sodass wir unsere Zelte nicht im strömenden Regen aufstellen mussten. Wie dankbar wir dafür waren, merkten wir erst, als sich innerhalb von Minuten nach dem Einsetzen der ersten Tropfen jedes Fleckchen unbebauter Erde in einen tiefen Morast aus schwarzem Schlamm verwandelt hatte.

Sonam fragte mich, ob ich mir nicht einmal Pubas Füße anschauen wollte. Vielleicht fiele mir etwas ein, um seine Schmerzen zu lindern. Ich packte unsere Reiseapotheke aus, setzte meine Kopftaschenlampe auf und machte mich bereit, bei Puba Doktorin zu spielen – Leichenbeschauerin war wohl zutreffender.

Nie zuvor in meinem Leben hatte ich solche Füße gesehen. Ich schwöre, sie waren vom Knöchel abwärts abgestorben. Als ich die jämmerlichen Überreste seiner Gummistiefel abgezogen hatte, warf mich der Gestank fast um. Er hatte die Stiefel ohne Socken getragen, und seine Füße waren vom Wasser aufgequollen, marmorweiß und mit gelblich-grünem Eiter überzogen. Nur mit Mühe konnte ich den Brechreiz unterdrücken. Puba hatte sich außerdem offenbar noch nie im Leben die Zehennägel geschnitten, jedenfalls waren sie hart wie Stein und über seine Zehen gerollt wie dicke Bärenklauen. Als Erstes gab ich ihm ein Stück Seife. Dreimal schickte ich ihn auf den Balkon und brachte ihm aus der Küche Töpfe mit warmem Wasser. Am Ende waren seine Füße zwar noch immer nicht sauber, aber wenigstens so weit desinfiziert, dass man sie berühren konnte.

Vor allem war jetzt einfacher zu sehen, wo die Blasen waren, die er sich an diesem Tag gelaufen hatte – eine an jedem Zeh und zwei an jedem Spann. Ich verband sie einzeln und gab Puba ein Paar Socken, um alles trocken und an Ort und Stelle zu halten. Am Morgen lieh ihm Chris seine Goretex-Stiefel, damit kein eindringendes Wasser meine einfachen, aber wirkungsvollen Maßnahmen zerstören konnte. Der Ausdruck auf Pubas Gesicht, als er die ersten vorsichtigen Schritte tat, ließ auf eine Wunderheilung schließen.

Von Tashithang bis Punakha folgte der Weg einer schmalen Fahrspur, die allerdings nicht mehr genutzt werden konnte, weil sie durch mehrere kleinere Erdrutsche und liegen gebliebene Lkws blockiert war. Wir kamen gut voran, und das Tal des Mo Chu, dessen vorher klares Wasser nach dem sintflutartigen Gewitter am frühen Morgen ganz schlammig war, wurde allmählich breiter.

Unsere Ankunft gegen Mittag in Punakha fiel wieder mit einem bösen Gewitter zusammen. Als der Himmel seine Schleusen öffnete, flohen wir in ein Restaurant. Ein paar internationale Helfer saßen dort beim Mittagessen und winkten uns an ihren Tisch. Im Vergleich zu ihren blutjungen Kollegen vom American Peace Corps in Nepal – die verächtlich riefen: »O, guck mal, Gloria, Touristen!«, wenn man sie zufällig auf »ihrer« heiligen Scholle störte – wirkten die Vertreter des britischen Voluntary Service Overseas sehr viel reifer. Sie hatten eine realistischere Wahrnehmung von sich und der Rolle, die sie im Königreich spielten, und behandelten uns nicht mit offener Verachtung – im Gegenteil, sie luden uns zum Abendessen ein.

Julie, eine junge, aufgeschlossene Irin, wohnte im umgebauten Lagerraum eines großen Hauses, das einem einheimischen Geschäftsmann gehörte – nicht gerade der ideale Platz für eine Dinnerparty. Sie fragte deshalb Bart, einen hoch gewachsenen, zurückhaltenden niederländischen Forstwissenschaftler, der im gleichen Haus eine abgeschlossene kleine Wohnung gemietet hatte, ob wir seine Küche benutzen könnten. Am Ende kochte Bart für uns alle und zauberte zwei der besten Pizzen, die wir je auf dieser Seite des Äquators gegessen hatten. Seine Küche sah aus wie die Geräteabteilung eines Haushaltswarengeschäfts und erfüllte mich mit plötzlicher Sehnsucht nach festen Wurzeln, einem echten Zuhause mit Gasherd, Edelstahlspüle und eigener Nudelmaschine (die hatte ich mir schon immer gewünscht).

Ich fühlte mich unendlich wohl an diesem Abend. Chris und ich hatten gerade zwei der besten Trekkingwochen hinter uns, und uns bot sich die Gelegenheit, dies stilvoll zu feiern. Hätte mir jemand am Morgen erzählt, wir würden abends in Punakha auf Ikea-Möbeln sitzen, italienisches Essen genießen und in bester HiFi-Qualität Klassik-CDs hören, hätte ich ihn bloß ausgelacht.

Auf dem Rückweg zu unserer Bleibe verliefen Chris und ich uns hoffnungslos in der Dunkelheit. Wir wollten gerade aufgeben und uns auf einem Feld zum Schlafen legen, als wir auf die Seitenstraße stolperten, nach der wir so lange gesucht hatten. Jetzt war es auch kein Problem mehr, unsere Herberge zu finden. Ich schaute noch zu Sonam und Puba hinein, die im Nebenraum schnarchten. Voller Genugtuung sah ich am Fußende von Pubas Bett ein Paar brandneue schwarze Gummistiefel. Chris hatte ihm zusätzlich zu dem vereinbarten Lohn das Geld für neue Schuhe gegeben.

Ich wusste, dass Sonam von einem öffentlichen Fernsprecher in Punakha aus mit Nim telefoniert hatte, erkannte diesen aber trotzdem nicht, als er mir am nächsten Morgen auf der Straße entgegenkam. Er war völlig kahl rasiert. Wir frühstückten zusammen und besprachen den bisherigen und zukünftigen Verlauf unserer Reise. Nim war bereit, ein paar Sachen, die wir nicht mehr brauchten, und alle unsere belichteten Filme mit nach Thimphu zu nehmen. Das Wetter war schlechter geworden. Manch einer meinte sogar, der Monsun hätte – fast drei Wochen zu früh – schon angefangen.

Anstatt einen freien Tag einzulegen, beschlossen wir, über einen unbenutzten Feldweg auf der anderen Seite des Sankosh-Flusses die 17 Kilometer nach Wangdi zu laufen. Nim fuhr mit Sonam und unseren Sachen auf der neuen Straße voraus, um unsere Unterkunft und Pferde für die nächste Etappe unseres Treks zu organisieren. Es existierte eine Asphaltstraße von Wangdi nach Tongsa, die wir jedoch tunlichst meiden wollten. Durch die Schwarzen Berge führte eine alternative Route, die nur für die letzten 50 Kilometer Schotterstraße bedeutete.

Ehe Chris und ich aufbrachen, gingen wir noch zum riesigen *dzong* auf der Landzunge direkt am Zusammenfluss von Mo Chu und Pho Chu. 3000 Jahre lang, bis in die frühen 1950er-Jahre, hatte Punakha als Winterhauptstadt von Bhutan gedient; 1907 war Ugyen Wangchuck, der erste König von Bhutan, hier gekrönt worden. Mit seinen 21 Tempeln, unzähligen Verwaltungsgebäuden, Mönchszellen und Versammlungshallen war der Punakha Dzong heute die zivile Verwaltungszentrale für den größten der 19 Bezirke Bhutans und – was vielleicht noch viel wichtiger war – diente noch immer als Winterwohnsitz des Je Khenpo und seiner Mönche. Als oberster Abt der *Drukpa*-Schule (Teil der Kagyupa-Sekte, eine der drei wichtigsten Schulen des tantrischen Buddhismus und »offizielle« religiöse Schule in Bhutan) war der Je Khenpo die wichtigste religiöse Autorität im Land.

Wir brauchten bloß zweieinhalb Stunden, um nach Wangdi zu laufen. Verglichen mit dem, was wir in den letzten zwei Wochen gesehen hatten, war die Strecke langweilig. Obgleich die Straßen in Wangdi voller Sonntagsspaziergänger waren, fanden wir Sonam auf Anhieb. Er hatte für uns ein Zimmer in der Nähe des größten Basars gemietet, aber noch keinen Pferdeführer oder Träger gefunden, der bereit gewesen wäre, uns durch die Schwarzen Berge nach Tongsa zu begleiten.

Niemand verstand, warum wir unbedingt auf dem »alten Weg« nach Tongsa gehen wollten, wo es doch eine so wunderbare, neue Straße und jede Menge Busse gab. Als es Abend wurde und wir immer noch keinen Helfer hatten, fanden wir uns mit der Tatsache ab, unsere Sachen selbst tragen zu müssen, bis wir auf dem Weg ein paar hilfsbereite und für den Zuverdienst dankbare Dorfbewohner auftreiben könnten.

Am nächsten Morgen um halb elf, als wir schon mehrere Stunden eines besonders anstrengenden Aufstiegs hinter uns hatten, wären wir bereit gewesen, jedem, der uns half, nicht nur eine Hand voll *ngultrum* (an den Wert der indischen Rupie gekoppelte bhutanische Währung), sondern auch das Lösegeld eines Königs zu bezahlen. Ich stand kurz vorm Kollaps, als ich ein kleines Bauernhaus erspähte und Sonam bat, hineinzugehen und um Hilfe zu flehen. »Biete ihnen alles an, Sonam!«, rief ich ihm nach. »Alles, was sie wollen!« Es war unerträglich heiß, und ich war es nicht mehr gewohnt, mit Gepäck zu wandern.

Nach einer halben Stunde kehrte Sonam mit zwei kräftigen jungen Burschen zurück. Sie schulterten die beiden schwersten Gepäckstücke, während Chris und ich den Rest unter uns aufteilten. Die Jungen erklärten sich bereit, uns durch das Tal von Khotakha ins Herz der Schwarzen Berge zu begleiten.

Khotakha war wunderschön, doppelt so tief wie das Tal, aus dem wir gekommen waren, viermal so breit und hundertmal malerischer. Auf den grünen, sanft geschwungenen Weiden standen Pferde, Kühe und traditionelle Bauernhäuser, und die Luft roch würzig nach Kiefernnadeln. Sonam führte uns zu einem kleinen Wohnhaus am Ende des Tals, das einem Freund seiner Familie gehörte. Es war ein einfaches, einstöckiges Haus mit einer Küche, einem Gebetsraum, einem Lagerraum und zwei unmöblierten Zimmern, in denen die Matratzen und das Bettzeug ordentlich an der

Wand aufgestapelt waren. Der einzige Wandschmuck bestand aus dem Kalender des Kartoffelbauernverbands für das Jahr 1989. Einige der Kultgegenstände auf dem Altar stellten Erbstücke dar, die Gebetsmühle jedoch war aus einer indischen Bierdose hergestellt.

Sonam gelang es, einen Pferdeführer zu finden, der bereit war, uns bis Gogona in einem weiteren Hochtal auf dem Weg nach Tongsa zu begleiten. Wir hatten erst die Hälfte der Strecke bis zum Kloster Gangtey hinter uns, unserem nächsten Halt. Wir verließen Khotakha noch vor der Morgendämmerung, damit wir genug Zeit hatten, um nach Ersatzponys oder Trägern zu suchen. Sonam erzählte uns, spontane Treks durch die Schwarzen Berge seien immer schwierig. Wenn wir früher gewusst hätten, dass wir uns für diese Strecke entscheiden würden, hätte Nim zuverlässige Träger von außerhalb für uns engagieren können.

Der Pferdeführer aus Khotakha war um halb sechs schon auf und davon. Wir schlugen ein zügiges Tempo an, holten ihn aber bis Gogona nicht wieder ein. Seine Pferde müssen gedopt gewesen sein.

Der Bergkamm, der die beiden Täler trennte, war dicht mit Koniferen, Wacholder, Lorbeer und Rhododendron bewachsen. Der hundeartige Ruf des extrem scheuen, einzelgängerischen bellenden Hirsches hallte durch die Stille. Wir pirschten uns vorsichtig an und schätzten uns glücklich, von ihm wenigstens einen flüchtigen Blick erhascht zu haben.

Gegen neun Uhr hatten wir den 3400 Meter hohen Pass überquert und Gogona erreicht, gingen aber vormittags nicht weiter. Wir vertrieben uns die Zeit in der örtlichen Gompa, ruhten uns bei Sonnenschein im Schatten unzähliger Masten mit Gebetsfahnen aus und kauerten uns nach einem plötzlichen Wetterumschwung an ein wärmendes Küchenfeuer. Den Rest des Tages regnete es, und als wir das auf einem Hügel im Phobji-Tal gelegene Kloster Gangtey erreichten, waren wir nass bis auf die Haut und völlig durchgefroren.

Doch das Kloster Gangtey, das älteste in Bhutan, war so faszinierend, dass wir unsere Pein rasch vergaßen. Fünf Tempel standen auf einem riesigen, gepflasterten, in geheimnisvolle Nebelschwaden gehüllten Hof. Der Eingang zum Kloster führte durch einen üppig bemalten Gang in der dicken Außenmauer. Auch die Unterkünfte der Mönche waren rund um den Innenhof in diese Mauer eingelassen.

Ein junger Mönch namens Chimi Kinley sah uns im Eingang stehen und den Regen abschütteln. Er kam zu uns, um sich vorzustellen. In tadellosem Englisch lud er uns ein, den Abend über im Kloster zu bleiben, und führte uns in den Gästeraum. Wir machten es uns auf einem Stapel Kissen bequem, während Chimi in die Küche ging und für uns etwas zu essen und trinken organisierte.

Bei einer Riesenkanne Tee und einem Teller voll altbackener *khabse*-Kekse erzählte uns Chimi von sich und seiner Verbindung zur Gompa. Ursprünglich Finanzbuchhalter, hatte er die Aussicht auf weltlichen Reichtum gegen das Mönchsgewand getauscht. Sein Gelübde hatte er hier in Gangtey abgelegt, studierte den Buddhismus aber in der bhutanischen Gompa in Bodhnath bei Kathmandu in Nepal. Zurzeit war er auf Urlaub und teilte seinen Tag zwischen Verwandten, Freunden und der »Kirche« auf. Er hatte gehofft, hier auf den Gangtey Rinpoche zu treffen, seinen persönlichen Guru; doch der hoch verehrte Mann, eine Reinkarnation des Gangtey Tulku, hatte sich vorübergehend in Klausur begeben. Nichts Besonderes, versicherte uns Chimi Kinley – der Abt des Klosters wollte bloß drei Jahre, drei Monate und drei Tage lang in völliger Abgeschiedenheit verbringen. Danach, mutmaßte Chimi, würde er sicherlich die Kunst des freien Schwebens durch Meditation beherrschen. Chris war entsetzt, allerdings nicht über die Behauptung, dass ein Mensch aus eigener Kraft schweben kann – als alter Marc-Chagall-Fan hatte er kein Problem damit, dies als

Möglichkeit zuzulassen –, sondern über die Vorstellung, dass jemand sich für so lange Zeit vom Rest der Welt abschotten kann, ohne dabei völlig verrückt zu werden. »Wenn ich drei Stunden, drei Minuten und drei Sekunden in völliger Abgeschiedenheit verbringen müsste«, sagte er zu Chimi, »würde ich nicht bloß schweben, sondern sämtliche Wände hochgehen!«

Nach etwa einer Stunde hörte es auf zu regnen, und kurze Zeit später strömte sogar Sonnenlicht in den Hof der Gompa. Es war ein wirklich imposantes Bauwerk, das nicht nur durch sein Alter, sondern auch durch seine faszinierende Architektur bestach. Grimmige Wasserspeier wachten an jeder Ecke der dicken, weißen Wände; trotz ihrer abweisenden Blicke sehnte ich mich danach, das heilige Gemäuer zu betreten. Natürlich war das für uns Ausländer ausgeschlossen. Ich respektierte die Vorschrift und hoffte dennoch auf eine Chance, sie – ein einziges Mal wenigstens – zu übertreten, ehe wir das Königreich wieder verlassen mussten.

Die Chance bot sich vier Tage später, als wir uns durch Nebel und Nieselregen Jakar näherten, der Verwaltungszentrale des Bezirks Bumthang. Drei Tage lang waren wir den Qualen des Asphalts ausgeliefert gewesen, hatten 120 Kilometer auf der Hauptstraße von Gangtey nach Tongsa und darüber hinaus nach Gyatsa zugebracht. Das Wetter war im besten Fall enttäuschend und im schlimmsten Fall grauenhaft gewesen. Für die langfristige Voraussage war keine große Erfahrung nötig: Selbst ein Blinder hätte erkannt, dass der Monsun sich unaufhaltsam näherte – dieser Regen war anhaltender, intensiver und nasser als alles, was wir bisher auf unserer Reise erlebt hatten. Wir fragten uns, ob wir unsere Zeit nicht besser nutzen und eine Arche für den Himalaja bauen sollten.

Die Erlösung vom Knochen stauchenden Asphalt kam schließlich in Form einer »Abkürzung«, die sich erst durch die Felder von Gyatsa wand, um dann den Berg zu erklimmen, der das üppiggrüne Bett des Chumley Chu vom breiteren Tal mit der Stadt Jakar trennte. Hätten wir durch Lunana trekken können, wären wir an dieser Stelle aus der Wildnis aufgetaucht und dem schönen Choekhor-Tal direkt in den Schoß gefallen.

Am frühen Morgen verließen wir Gyatsa. Chris und ich waren allein, denn Sonam hatte von einem Lkw-Fahrer eine Mitfahrgelegenheit nach Jakar angeboten bekommen. Der Fahrer war auch bereit gewesen, unsere gesamte Habe mitzunehmen, sodass Chris und ich gänzlich unbelastet losziehen konnten. Etwa auf der halben Höhe des Berges, bei ungefähr 3600 Metern, trafen wir auf das 1352 gegründete, von hohen Kiefern umgebene Kloster Tharpaling. Nebel umwaberte das alte Gemäuer, ließ es märchenhaft und unwirklich erscheinen. Ein prachtvoller, in allen Regenbogenfarben schillernder Königsglanzfasan schreckte auf, als wir den Hof der Gompa betraten und – von der nach draußen dringenden Musik magisch angezogen – auf die große Halle zuschritten. Vor der offenen Tür blieben wir stehen und lauschten dem seltsam melodischen Gesang. Er klang zauberhaft, fast hypnotisierend. Und dann geschah das Wunderbare: Wir wurden hereingewinkt. Chris und ich zogen unsere Schuhe aus und betraten leise die Gebetshalle.

Im ganzen Land wurden derzeit besondere Gedenkzeremonien abgehalten. Die Mönche beteten für die Seele des kürzlich ermordeten Rajiv Gandhi – und zweifellos auch für die Seele ganz Indiens. Wir hatten die Nachricht von dem Attentat zwei Tage zuvor in einem Kurzwellenradio gehört und waren schockiert gewesen.

Unzählige Butterlampen brannten nicht nur auf dem Altar, sondern ringsherum auf kleinen Borden an allen Wänden. Das von ihnen ausgehende Licht war ätherisch – nicht hell, aber intensiv und ohne jede Wärme. Der stechende Geruch war vertraut und dadurch angenehm. Mindestens 80 Mönche saßen in der Mitte der Halle und wiegten sich im Rhythmus ihrer Mantras.

Die Zeremonie wurde von einem Gast-Rinpoche aus Thimphu geleitet, der zur Rechten des obersten Lama von Tharpaling auf einem mit safranfarbener Seide ausgekleideten Thron saß. In einer Hand hielt er das Ende eines Seils – eine symbolische Nabelschnur zu dem sich hinter dem wogenden Meer aus kahl geschorenen Mönchshäuptern erhebenden Altar.

Chris und ich blieben über eine Stunde, konnten uns nicht losreißen von dem melodiösen und doch melancholischen Gesang. Plötzlich drang Zugluft in die Halle, und ein kalter Schauer lief mir über den Rücken. Die Kerzen flackerten und brachten die an die Wände gemalten Gottheiten und makaberen Figuren zum Tanzen. Der Baldachin aus Brokat, Seidenbannern und Thangkas an den Balken über uns wogte dreimal hin und her, dann kam er wieder zur Ruhe.

Jede noch so kleine Regung in der Halle war mir bewusst; meine Sinne waren klar und aufs Äußerste geschärft. Ich hörte jeden Ton und jede einzelne Stimme, jedes Rascheln eines Gewands, jedes Knistern von Pergament. Mit der Präzision eines Chirurgen konnte ich jede Duftschwade im Raum in ihre Einzelheiten zerlegen, jede Bewegung von Licht und Schatten wie mit 1000 Augenpaaren erkennen. Weder vorher noch seitdem habe ich jedes Detail um mich herum so deutlich wahrgenommen; es war ein unglaubliches Gefühl der Klarheit und des tiefen Wohlbehagens. Die Aura dieses Klosters war tatsächlich heilig, und wenn ich der König von Bhutan wäre, würde ich sie ebenfalls vor fremden Einflüssen schützen. Ich war überwältigt von Dankbarkeit und einem schlechten Gewissen.

Die Zeremonie ging zu Ende, und die Mönche schoben sich gemeinsam zum Ausgang. Der oberste Lama, der unser Anwesenheit zuvor mit einem leichten, aber deutlich sichtbaren Kopfnicken zur Kenntnis genommen hatte, lud uns zum Tee ein. Wir sprachen eine Weile mit ihm – hauptsächlich über Rajivs Tod und dessen mögliche Auswirkungen auf Bhutan –, dann verabschiedeten wir uns und machten uns wieder auf unseren Weg. Bhutan habe, so sagte er uns, einen wichtigen Verbündeten, sein König aber einen guten Freund verloren.

Draußen hatte es aufgehört zu regnen, doch der Weg über den Berg nach Jakar war so dicht bewachsen, dass wir trotzdem nass wurden, wenn auch nur von der Hüfte abwärts. Uns einen Weg durch die feuchte Vegetation bahnend, stiegen wir ab ins Choekhor-Tal. Kurz hinter dem *dzong* trafen wir eine temperamentvolle Vorschullehrerin namens Wendy. Sie trug einen *kira* und eine türkisblaue Satinjacke. Hätte sie uns nicht auf Englisch gegrüßt, hätten wir sie für eine bhutanische Schönheit gehalten. Doch ihr Akzent verriet sofort ihre Herkunft: Sie stammte aus Neuseeland, dem Land der langen weißen Wolke, nicht aus dem Reich des legendären Donnerdrachens.

Trotz – oder vielleicht gerade wegen – unserer wilden, ungewaschenen Erscheinung lud Wendy uns sofort zu sich nach Hause ein. Wäre ich nicht völlig durchnässt gewesen, hätte ich sie auf der Stelle umarmt. Wir ließen uns den Weg erklären und holten unsere Sachen.

Wir trafen Sonam unten in dem Hotel, in dem normalerweise die Touristengruppen absteigen, erzählten ihm von Wendys Einladung und fragten ihn, ob er mitkommen wolle. Er entschuldigte sich höflich und sagte, er habe Freunde in der Stadt, die er gern besuchen würde, also verabredeten wir uns locker für den nächsten Tag auf dem Basar. Wir beschlossen spontan, uns einen freien Tag zu nehmen. Erstens hatten wir ihn nach der langen Strecke auf der Straße verdient, zweitens war uns plötzlich klar geworden, dass es unser Jahrestag war: Genau vor einem Jahr hatten wir Australien für dieses verrückte Abenteuer im Himalaja verlassen!

Wendys Haus war das hübscheste weit und breit. Gebaut und möbliert hatte es das »Schweizer Projekt«, eine Musterfarm auf der anderen Seite des Flusses, in der nach Schweizer Art Käse, aber auch Apfel- und Pfirsichschnaps, Apfelwein, Apfelsaft und Honig hergestellt wurde. Aus allen Stühlen in Wendys urigem Chalet waren kleine Herzen ausgeschnitten und vom großen Fenster im Wohnzimmer aus blickte man über das gesamte Märchental.

Wir verbrachten einen wunderbaren Abend mit Wendy, lachten und sprachen über Bhutan. Sie borgte uns frische Kleider, während unsere draußen in einer Wanne einweichten, und zum ersten Mal seit mindestens einem Monat fühlte ich mich wirklich rundum sauber. Chris und ich waren von den Anstrengungen der letzten Tage erschöpft und gingen früh ins Bett. Wendy wollte noch aufbleiben, »um ein bisschen zu backen«. Als wir am nächsten Morgen herunterkamen, bog sich der Esstisch vor lauter Köstlichkeiten. »Überraschung!«, rief sie aus der Küche. »Alles Gute zum Jahrestag eurer Expedition!« Sie kam aus der Küche getanzt und streckte uns einen riesigen Schokoladenkuchen mit Zuckerguss entgegen.

Auf dem Tisch standen frische Blumen und eine Glückwunschkarte, auf der sie uns dazu gratulierte, ein Jahr lang auf der Straße überlebt zu haben. Auf dem Tisch fanden sich zwei Laibe Brot, Käse und ein Glas mit selbst gekochter Marmelade aus wilden Erdbeeren aus dem Choekhor-Tal. Der Tee war heiß, und der Kaffee dampfte. Wendys Wangen glühten, und ein breites Lächeln lag auf ihrem Engelsgesicht. Nie zuvor hatte ich einen Menschen gesehen, der so viel Genugtuung daraus bezog, anderen eine Freude zu machen. Und seit meiner Zeit als Schülerin, als meine Mutter uns alle mit ihren kalorienreichen Kuchen zum Nachmittagstee verwöhnte, hatte ich keinen so reich gedeckten Tisch mehr gesehen.

Wir verbrachten den Tag mit Ausruhen und einem Einkaufsbummel auf dem Basar. Dort trafen wir uns mit Sonam, der bereits Pferde für die letzte, einwöchige Etappe unseres Treks durch Bhutan besorgt hatte. Ein Teil von mir freute sich über die Aussicht, bald nach Hause zu kommen, ein anderer aber sehnte sich danach, für immer im Königreich zu bleiben. Es hätte dort noch so viel zu erkunden gegeben.

Dann waren wir wieder unterwegs, kämpften gegen den Regen und die Blutegel, die hohe Luftfeuchtigkeit und die Erschöpfung an und durchquerten in nur einer Woche die Bezirke Bumthang, Lhuntshi und Tashigang. Mit unseren Gedanken waren wir schon halb zu Hause, denn wir hatten uns endlich durchgerungen, im Anschluss an unseren Trek durch Bhutan nach Australien zurückzukehren und die durch den Monsun erzwungene Pause dort zu verbringen. Annähernd 12.000 Dias warteten darauf, gerahmt, katalogisiert, nummeriert und beschriftet zu werden. Unsere Literaturagentin und der Verleger drängten auf eine Besprechung, um den Erscheinungstermin unseres Buches festzulegen und die Verhandlungen über den Verkauf der Auslandsrechte in Angriff zu nehmen. Neue Filme mussten gekauft, zusätzliche Lebensmittel beschafft und diverse Ausrüstungsgegenstände ergänzt werden. Und dann erwartete uns noch eine andere Kleinigkeit: unsere längst überfällige Steuererklärung – das Finanzamt hatte schon zweimal geschrieben und mit einer Strafe von 10.000 Dollar gedroht.

Abgesehen von all diesen Aufgaben gab es noch aus anderen Gründen sofortigen Handlungsbedarf. Der Trek durch Arunachal Pradesh würde der härteste unserer gesamten Reise werden, und unsere ausgezehrten, ausgelaugten, von unzähligen Krankheiten heimgesuchten Körper brauchten dringend Pflege und Aufmerksamkeit. Wenn wir im Himalaja blieben, würden wir womöglich niemals die Kraft finden, die wir benötigten, um uns der letzten Herausforderung zu stellen.

Am Montag, den 3. Juni, erreichten wir Tashi Yantse – das Ende unseres Treks durch Bhutan. Es war ein herrlicher Tag – der schönste seit Wochen –, und der Blick vom letzten Pass aus entschädigte uns für alles, was wir durch Nebel und Regen verpasst hatten. Wir schauten zurück über das gesamte Königreich Bhutan. Durch unser Teleobjektiv konnten wir sogar die großen, weißen Berge von Lunana sehen und fotografieren.

Eine ganze Weile lang saßen wir auf der Passhöhe, jeder in seine Gedanken vertieft. Immer wieder war unsere Reise – nicht nur durch Bhutan, sondern durch den gesamten Himalaja – von solchen Glücksmomenten erfüllt gewesen. Wir waren 5500 Kilometer zu Fuß gegangen – und jeden Meter davon entweder auf oder ab. Wir hatten seit einer Ewigkeit keinen flachen Boden mehr unter den Füßen gespürt. Wir waren beide reif für eine Pause, und für diese Pause gab es keinen besseren Ort als Australien.

Shangri-La zu verlassen fällt weniger schwer, wenn man das Paradies zum Reiseziel hat.

Wo sind die Kopfjäger?

In etwas mehr als zwei Monaten hatten wir alles geschafft, was wir zu Hause erledigen wollten – und sogar noch mehr. Chris legte 15 seiner verlorenen 30 Kilo wieder zu und wurde die seltenen blaugrünen Algen los, die er in seinem Darm mit sich herumgeschleppt hatte. Ich nahm etwa acht Kilo zu (darunter fünf überflüssige) und bekämpfte erfolgreich meine Würmer; leider kehrten aber meine Amöben zurück. Nachdem sie gegen die herkömmliche Behandlung resistent geworden waren, besiedelten sie nun hartnäckig meine Gedärme. Sie wurden zu regelrechten Persönlichkeiten wie die Comicfiguren von Gary Larson, hielten in meinem armen Bauch Amöbenkongresse und -rodeos ab. Die peinlichen Geräusche und Gerüche, die sie dabei produzierten, nahmen kein Ende.

Wir sortierten und katalogisierten unsere Diaberge, trafen uns mit Freunden und Verwandten und verbrachten eine Woche mit Sandy und Mark in Narooma an der Südküste von New South Wales. Ihr Leid war mit dem Verlust ihrer Tochter Lucy nicht zu Ende gegangen. Die Geschichte hatte sich wiederholt. Mark hatte seinen Vater, seine Arbeit und – am grausamsten von allem – seinen ungeborenen Sohn verloren. Im achten Schwangerschaftsmonat hatte der männliche Zwilling in Sandys Bauch einfach aufgehört zu atmen. Die Ärzte konnten den Grund nicht erklären, doch um das andere Kind – ein Mädchen – zu retten, hatten sie beide durch einen Kaiserschnitt herausholen müssen. Dieses Jahr als schlimmstes ihres Lebens zu bezeichnen wäre die Untertreibung des Jahrhunderts gewesen.

Es war unmöglich, sie über den Verlust des kleinen Oscar hinwegzutrösten. Ihr Schmerz war unsagbar groß. Wir konnten nichts anderes tun, als uns mit ihnen über ihre wunderbare Tochter zu freuen: Mia Sorrel Jenny. Es fiel schwer, mit der Welt im Unreinen zu sein, wenn man etwas so Kostbares und Unschuldiges in den Armen hielt. Ich war sehr gerührt, als ich hörte, dass sie meinen Namen trug, und wir alle hofften, dass sie dadurch auch mein katzenartiges Talent zum Überleben geerbt hatte. Das erste Schlaflied, das ich Mia gemeinsam mit Sandy sang, war John Travoltas Hit »Staying Alive« aus Saturday Night Fever.

Auf dem Weg nach Narooma gingen Chris und ich auf Häusersuche. Wir hatten auf unserer Trekkingtour so oft darüber gesprochen, dass wir nicht daran zweifelten, unser Traumhaus zu finden – ein maßgeschneidertes Abbild unserer gemeinsamen Visionen. Uns war klar, dass wir nicht viel Zeit hatten, es zu finden, einen guten Preis auszuhandeln und den Einzug zu bewerkstelligen, aber im Gegensatz zu allen anderen, die wir in unsere Pläne eingeweiht hatten, waren wir fest davon überzeugt, dass es uns gelingen würde. Halb im Spaß sagte ich zu Chris, dass wir das erste Haus kaufen würden, das wir uns ansehen würden – und genauso kam es.

Obwohl ich eine überzeugte Anhängerin der Vorstellung bin, dass man sich durch Kreativität und Fantasie eine eigene Wirklichkeit schaffen kann, war ich sprachlos, als wir dem ganz zufällig ausgewählten Makler schilderten, was wir wollten, und er uns versicherte, genau das Richtige für uns zu haben. Das Angebot sei erst vorige Woche hereingekommen. Das Haus sei noch nicht ganz fertig, aber der Bauunternehmer sei erpicht, es so schnell wie möglich zu verkaufen, und ein unterschriebener Kaufvertrag würde ihn zu einer raschen Fertigstellung zwingen.

Als Chris und ich das Haus sahen, war es uns fast unheimlich. Wir hatten immer von einem Holzhaus mit Blick aufs Wasser geträumt. Auf dieses Haus traf beides zu! Wir hatten uns unbehandeltes Holz vorgestellt, hohe, freiliegende Deckenbalken, viel Glas,

Holzfußböden und ein großes Schlafzimmer unter dem Dach. Dieses Haus hatte alles! Alles andere, worüber wir gesprochen hatten – Sonnenkollektoren, Whirlpool, Einbauschränke und so weiter –, war uns nicht ganz so wichtig gewesen, aber auch das hatte das Haus! Es war, als hätten wir dem Architekten unsere Konstruktionspläne gegeben. Chris und ich rannten durch das halb fertige Haus, lachten und schrien, umarmten uns und sprangen begeistert in den Zimmern auf und ab.

In genau 16 Tagen bekamen wir das Darlehen von der Bank, unterschrieben alle Papiere und zogen um. Alles ging glatt, und der Ärger, von dem so viele Hauskäufer erzählen, blieb uns vollkommen erspart. Das Haus gehörte uns. Alle unsere Möbel und anderen Habseligkeiten fügten sich wie Teile eines Puzzles in die verschiedenen Zimmer. Zwei Tage und eine Nacht verbrachten wir in unserem neuen Zuhause, dann kehrten wir nach Sydney zurück, um die Vorbereitungen für den letzten Teil unserer Expedition voranzutreiben.

Die letzte Woche in Australien war so hektisch, dass wir kaum Zeit zum Luftholen fanden. War der Hauskauf traumhaft einfach gewesen, erwiesen sich die Verhandlungen über unsere Reise durch Sikkim und Arunachal Pradesh als so zäh und zeitraubend wie eh und je. Alle Versuche, mit der Indian Mountaineering Foundation in Kontakt zu treten, blieben fruchtlos, und auch unsere Bemühungen um einigermaßen zuverlässiges Kartenmaterial scheiterten kläglich. Wir waren drauf und dran, in eine unbekannte Wildnis aufzubrechen, über die offenbar nur eine Erkenntnis gesichert war: Es gab dort noch immer Kopfjäger.

Mangelnde Informationen und Karten waren nicht das schlimmste Problem, mit dem wir zu kämpfen hatten. In der Woche des Hauskaufs waren mehrere Sponsoren abgesprungen, und die Ausgaben für unsere Expedition hatten sich verdoppelt. Angesichts der schlechten wirtschaftlichen Lage wussten wir nicht, wie wir die

Finanzierung bewerkstelligen sollten. Kurzfristig hatten wir von einem guten Freund eine Spende über 2500 australische Dollar bekommen, und auch Hi-Tec, unser Wanderstiefelsponsor, hatte uns 3000 Dollar gegeben. Das deckte gerade die Kosten für unsere Flüge, Filme und Versicherungen. Wir waren unsagbar dankbar für die Hilfe, brauchten aber noch mehr. Sollte unsere Expedition nach all den Widerständen, die Chris und ich bisher in jeder Hinsicht überwunden hatten, am Geldmangel scheitern? Nicht auszudenken!

Buchstäblich im letzten Augenblick erhielten wir einen Anruf von John Zubrzyckis Mitarbeiter, Mr. Das. Die australische Regierung hatte sich entschlossen, unsere Expedition zu retten. Das australische Außenministerium hatte 5000 Dollar bewilligt, das Geld lag in Neu-Delhi für uns bereit. Mit ein paar neuen grauen Haaren, aber einem entspannten Lächeln auf den Lippen stiegen wir am nächsten Tag in das Flugzeug nach Neu-Delhi.

Unsere Rückkehr auf den indischen Subkontinent wurde schon bei der nächtlichen Landung von einem prasselnden Regenguss begleitet. Der Monsun hatte während unserer Abwesenheit nicht nachgelassen, sondern sich im Gegenteil so weit verstärkt, dass in der Hauptstadt fast keine Telefonverbindungen mehr funktionierten. Anstatt Vereinbarungen per Telefon treffen zu können, mussten wir nun mühsam überall persönlich die Runde machen.

Die Indian Mountaineering Foundation hatte hinsichtlich unserer Einreisegenehmigungen für Sikkim und Arunachal Pradesh nichts unternommen. Tag für Tag speiste man uns mit fadenscheinigen Ausreden ab. Am Ende pfiffen Chris und ich auf diese Organisation – oder besser: Desorganisation – und flogen einfach ohne die Genehmigungen und nötigen Papiere nach West Bengal. Alles, was wir zu bieten hatten, waren zwei ganz gewöhnliche Touristenvisa – und zwei außergewöhnliche Dickschädel. Wir mussten sehr viel reden und hier und da die Vorschriften zurechtbiegen, um die zuständigen Personen von unserer Trekkingtour durch den winzigen Bundesstaat zu überzeugen, aber am Ende hatten wir es geschafft.

Es sollten die schlimmsten zwei Wochen werden, die wir beide je erlebt hatten. Der Fußmarsch von der nepalesischen Grenze nach Darjeeling war äußerst beschwerlich, und in Sikkim war nur eine einzige Route möglich: die Straße. Von Anfang an war uns dieser etwa 200 Kilometer lange Abschnitt unserer Reise ein Dorn im Auge gewesen, aber es half alles nichts, der Vollständigkeit halber mussten wir ihn absolvieren. Es regnete unaufhörlich, und die Sichtweite betrug kaum einmal mehr als zwei Meter. Die Erde war vom Regen so aufgeweicht, dass es überall zu Erdrutschen gekommen war. Selbst Teile der berühmten Schmalspurbahn, die seit über 100 Jahren im Zickzack durch die Teeplantagen West Bengals führte, brachen buchstäblich vor unseren Augen zusammen. Die meisten Straßen waren für den Verkehr gesperrt, sodass es, selbst wenn wir hätten schummeln wollen – und ich muss zugeben, die Versuchung war da –, gar nicht möglich gewesen wäre.

Überraschenderweise waren Muskeln und Geist trotz der Pause in Australien noch erstaunlich fit. Nur mit dem deprimierenden Wetter kamen wir nicht zurecht, und an manchen Tagen hielt uns nur der Gedanke aufrecht, dass uns jeder Schritt dem Ende unserer Expedition und damit unserem kleinen Haus in New South Wales näher brachte.

Als es endlich überstanden war, kehrten wir nach Neu-Delhi zurück und stiegen trotzig in den bürokratischen Ring zur zweiten Runde: Arunachal Pradesh. In der Zwischenzeit hatte sich nichts verändert. Unsere Briefe, Erinnerungsschreiben und dringlichen Bitten lagen noch immer dort, wo wir sie 16 Tage zuvor bei der Indian Mountaineering Foundation zurückgelassen hatten. Ich begann mich zu fragen, ob in Arunachal überhaupt irgendjemand davon wusste, dass wir kommen würden.

Zum Glück hatte John Zubrzycki ein gutes Netzwerk von Kontakten. Dazu gehörten auch Mamang Dai, die Tochter des obersten Verwaltungsbeamten von Arunachal, und ein junger Journalist namens Dibang, dessen Onkel zufällig der Innenminister des Bundesstaates war. Wir trafen uns sowohl mit Mamang als auch mit Dibang, und beide meinten, es sei dringend erforderlich, ihre Verwandten über unsere bevorstehende Ankunft zu informieren. Danach fühlte ich mich schon sehr viel wohler, und wir buchten unsere Flüge nach Guwahati in Assam, unserem Tor nach Arunachal Pradesh.

Ursprünglich hatten wir es nicht vorgehabt, doch schien es uns nun doch angebracht, als Erstes die genannten Amtsträger in der Hauptstadt Itanagar aufzusuchen. Wie sich später herausstellte, wäre die ganze Expedition geplatzt, wenn wir diese Höflichkeitsbesuche nicht absolviert hätten. Wir werden John, Mamang und Dibang für ihre unschätzbare Hilfe ewig dankbar sein.

Als unser Verbindungsmann Utpal (»Nennt mich Paul!«) Hazarika in Neu-Delhi ankam, hörten wir mit großer Freude, dass auch er schon viel unternommen und einige Räder in Bewegung gesetzt hatte. Ohne sein vorausschauendes Engagement wären wir nie über den Flughafen von Guwahati hinausgekommen!

Die Indian Mountaineering Foundation hatte vor, uns mit einer ganz normalen Standard-Einreisegenehmigung auszustatten. Aus ihrer Sicht schien dies für unser Vorhaben völlig auszureichen. Pauls eigene Recherchen hatten jedoch etwas ganz anderes ergeben: Um überhaupt bis zur Grenze nach Arunachal gelangen zu können, müssten wir fünf verschiedene Genehmigungen vorweisen: (a) zum Verlassen des Flugzeugs in Guwahati, (b) zum Verlassen des Flughafen in Guwahati, (c) zum Übernachten in der Stadt, (d) zur Weiterreise an die Grenze von Arunachal und (e) zum Verlassen des Bundesstaats zu einem vorher festgelegten Zeitpunkt. Nur unter dieser Voraussetzung wäre der indischen Legende des bürokratischen Overkills Genüge getan.

Zum Glück hatte Paul in unserem Namen bereits alle maßgeblichen Behörden kontaktiert und eine Reihe von Terminen vereinbart, die wir nach unserer Ankunft in Guwahati wahrnehmen und so den nötigen Papierkram persönlich erledigen konnten. Der Stapel von Briefen, den Paul uns zeigte, machte deutlich, dass die Vorbereitungen alles andere als einfach gewesen waren. Hinzu kam noch das Sicherheitsproblem.

Chris und ich hatten nicht einen Moment lang darüber nachgedacht, doch Paul hielt es für zwingend erforderlich, angesichts der derzeitigen unruhigen politischen Lage in Assam die eine oder andere Maßnahme für unsere Sicherheit zu treffen. Nachdem die United Liberation Front of Assam (ULFA) ihre Aktivitäten in jüngster Zeit verstärkt hatte, war die Situation in Guwahati äußerst angespannt. Der in knappen Worten formulierte Ruf nach voller Autonomie hatte sofort ein Blutbad nach sich gezogen, und die jüngste Serie von Entführungen machte Chris und mich zu möglichen Opfern. Allein die internationale Aufmerksamkeit, die unsere Gefangennahme mit sich bringen würde! Um uns vor den Aufständischen zu schützen, hatte Paul eine Polizeiwache für unser Hotelzimmer in Guwahati und eine bewaffnete Eskorte für unsere Reise nach Itanagar organisiert.

Es blieben uns noch vier Tage vor der geplanten Abreise. Genau ein Monat war seit unserer Rückkehr nach Indien vergangen, und unglaublicherweise regnete es immer noch. Die Nachrichten aus Arunachal deuteten darauf hin, dass der Regen noch mindestens einen Monat anhalten würde. Da es, unserem bisherigen Reisetempo nach zu urteilen, durchaus einen Monat dauern konnte, bis wir überhaupt beim Ausgangspunkt unseres Treks durch Arunachal ankommen würden, gab dies Anlass zur Hoffnung. Im günstigsten Fall, so rechneten wir uns aus, könnten wir Anfang Oktober an der Grenze zwischen Bhutan und Arunachal sein. Der Monsun hatte also noch reichlich Zeit, sich endlich auszuregnen!

Gemeinsam mit Paul machten wir uns daran, den genauen Reiseplan für die Unterlagen der Indian Mountaineering Foundation zusammenzustellen. In letzter Minute hatte diese Behörde sich nämlich dafür entschieden, unsere Ausweispapiere erst dann auszustellen, wenn wir eine detaillierte Reiseroute mit allen Übernachtungspunkten vorgelegt hatten. Dies sei bei allen Expeditionen in bereits bekannte Gebiete so, deshalb könne man bei uns keine Ausnahme machen, auch wenn alle Beteiligten wussten, dass ein solcher Plan in unserem Fall der reinste Witz sein musste. Von keinem indischen Bundesstaat gab es wirklich zuverlässiges Kartenmaterial, was Arunachal betraf, konnte man froh sein, überhaupt irgendeine grobe Skizze zu bekommen. Alles, was auch nur im Entferntesten topographisch war, wurde sofort für geheim erklärt und hinter Schloss und Riegel gehalten. Allein solches Material Fremden zu zeigen, galt als Bedrohung der nationalen Sicherheit.

Das Beste, was wir schließlich ergattern konnten, war eine ziemlich grobkörnige, bunte Karte aller nordöstlichen Bundesstaaten. Arunachal war grün unterlegt und mit ungefähr hundert Ortsnamen, einem halben Dutzend Flüssen, einigen braunen Fußwegen und einer roten Fahrstraße verziert. Es war beruhigend, dass die Behörden in Neu-Delhi solches Zutrauen in unsere Fähigkeiten hatten – sie sahen offenbar nichts Ungewöhnliches darin, uns mit kaum mehr als einem Atlas und einem Kompass auf eine Trekkingtour quer durch eines der wildesten und unzugänglichsten Gebiete der Erde zu schicken.

Eine erfolgreiche Faustregel in Indien lautet: Wenn du gegen jemanden nicht ankommst, lass dich auf sein Spielchen ein. Wir waren es leid, uns mit den Behörden herumzustreiten, und sie hatten sicherlich auch genug von meinen frustrierten Wutausbrüchen. Ehe sie ihre Einwilligung zu unserem Unternehmen ganz zurückzogen, mussten wir es eben darauf ankommen lassen. Also setzten Chris, Paul und ich uns an Johns Kaffeetisch und malten eine fantasievolle rosa Linie in die Karte, indem wir einfach die einzelnen Dörfer miteinander verbanden. Dabei kamen wir uns vor wie Kinder, die nummerierte Punkte in einem Malbuch nachzeichnen. Die Karte hatte keinen Maßstab, und es gab auch sonst keinerlei Hinweise auf die Entfernungen, trotzdem versahen wir jeden Punkt auf der Linie mit einem Datum – und schon war unser fiktiver Reiseplan fertig. Die Indian Mountaineering Foundation erhielt ihre lächerliche Liste, und – Simsalabim! – wir bekamen unsere ebenso lächerlichen Genehmigungspapiere.

An diesem Abend gab der australische Botschafter eine Cocktailparty. Anfangs schien es so, als würde sie zu unseren Ehren abgehalten, dann kreuzten immer mehr berühmte Bergsteiger auf, vor allem Sir Edmund Hillary und Junko Tabei, die erste Frau, die den Mount Everest bestiegen hatte. Hillary war in Neu-Delhi, um bei einer internationalen Konferenz über den Einfluss von Tourismus und Bergsteigerei auf die Umwelt im Himalaja den Vorsitz zu führen, und die meisten anderen bekannten Gesichter in der Menge waren gekommen, um vor der jährlichen Zusammenkunft zu sprechen.

Ein gemeinsames Team von Kletterern aus der indischen und australischen Armee erntete ebenfalls viel Anerkennung. Seine Pläne waren Ehrfurcht gebietend. »Um 6 Uhr morgens wird die Expedition nach Gangotri aufbrechen. Ihr Ziel ist es, den Mount Kedar und den Mount Shivling zu vermessen. Der Aufstieg wird pünktlich um ... Uhr beginnen.« Kein einziges Detail war übersehen worden, alle kartografischen Angaben sowie die geschätzte Ankunftszeit für jede einzelne Etappe wurden präzise angegeben. Die Karte der Gegend, der ihr »Sturmangriff« galt, bedeckte in der Lounge der Botschaft die Länge einer ganzen Wand.

Als ich an der Reihe war, zu den Versammelten zu sprechen, stürzte ich noch schnell zwei Gläser Gin herunter und gab einen bewusst vagen Bericht von unserer Expedition, wobei ich den Trek durch Arunachal nur als eine Art nachträglichen Einfall erwähnte. Um bloß keine Fragen beantworten zu müssen, verdrückte ich mich anschließend in der Menge. Hätte einer der Anwesenden von unserer Verbinde-die-Pünktchen-Karte Wind bekommen, wären wir nicht nur zum Gespött Neu-Delhis, sondern der gesamten Trekkerszene geworden.

Wir waren sehr erleichtert, als wir die Stadt am nächsten Morgen hinter uns lassen und nach Guwahati fliegen konnten. Während die Beamten unsere Reisedokumente und Genehmigungsschreiben überprüften, mussten wir anderthalb Stunden im Flughafenterminal warten. Paul nahm es gelassen hin, rauchte eine Zigarette nach der anderen und telefonierte mit dem örtlichen Polizeipräsidenten, um unsere Ankunft und die weiteren Reisepläne zu bestätigen. Ein Auto voller bewaffneter Black Berets – Indiens Antwort auf die Keystone Cops – holte uns ab und brachte uns zur ersten von mehreren »Besprechungen« in ihrem Hauptquartier.

Auf den ersten Blick wirkte Guwahati ebenso harmlos wie jede andere indische Stadt und der ganze Wirbel um unsere Sicherheit etwas theatralisch. Es fiel uns schwer, die mögliche Gefahr wirklich ernst zu nehmen und das angestrengte Bemühen um unsere Sicherheit als Ausdruck echter Sorge zu werten. Während wir auf den Polizeipräsidenten warteten, tranken wir Tee mit seinem rundlichen Assistenten und hinterfragten offen die Notwendigkeit von Leibwächtern und Gewehren.

»Die ULFA wird vor nichts zurückschrecken, um ihre Ziele zu erreichen«, erwiderte er uns. »Keiner von uns ist hier noch sicher.«

Einen Monat später sollte uns der traurige Wahrheitsgehalt seiner Worte bewusst werden; er selbst wurde zum Opfer eines Anschlags, wurde von Unabhängigkeitskämpfern in einem Restaurant mitten in Guwahati niedergeschossen.

Der Polizeipräsident war ein umgänglicher Mann aus Kalkutta mit einer Schwäche für Abenteurer. Mittlerweile erfülle sein Leben zwar nur noch den Zweck, »in diesem Bürostuhl eine Delle zu hinterlassen«, in seiner Jugend aber sei er selbst »dem Ruf der Wildnis gefolgt«. Etwa eine Stunde lang monologisierte er über seine vergangenen Heldentaten. Zum Schluss sagte er, er unterstütze unsere Expedition von ganzem Herzen und wolle unbedingt, dass wir so lange überlebten, bis wir sie erfolgreich zu Ende gebracht hätten. Deshalb würde er persönlich dafür sorgen, dass wir zwei Autos, zwei Fahrer und einen Begleittrupp von fünf mit Pistolen und Maschinengewehren bewaffneten Polizisten bekämen.

Seine Leute brachten uns zum stattlichen Hotel Bellevue mit Blick über den Brahmaputra, postierten sich an unserer Zimmertür, in der Hotelhalle und am Eingang zum Hotel. Sie empfahlen uns, das Gebäude nicht zu verlassen – und wenn, dann nur unter dem vollen Schutz ihrer gesamten Truppe.

Nachdem er sich vergewissert hatte, dass wir gut untergebracht waren, ging Paul an seine eigenen Vorbereitungen für die Expedition. Guwahati war seine Heimatstadt, und er konnte sich dort frei bewegen, wenn auch auf eigene Gefahr. Er sagte, er komme am Abend wieder und hole uns zu einer Einkaufstour ab, damit wir unsere Vorräte aufstocken könnten. Chris und ich versuchten in der Zwischenzeit, uns etwas auszuruhen. Vor unserer Abreise aus Neu-Delhi hatte es nur wenige Momente der Ruhe gegeben, und unter den gegebenen Umständen blieb uns auch gar nichts anderes übrig.

Mit Paul als Verbindungsmann hatten wir riesiges Glück. Er war ausgesprochen tüchtig, umsichtig und unkompliziert. Es war leicht, sich mit ihm zu verständigen. Anders als viele andere war er nicht daran interessiert, in unserem Team die Führungsrolle zu übernehmen; er wollte lediglich anerkannt und als gleichberechtigtes Mitglied der Gruppe behandelt werden. Er hatte sich seiner Aufgabe, die er freiwillig übernommen hatte, vollkommen verschrieben und war tatsächlich bereit, alles in seiner Macht Stehende zu tun, um unsere Expedition zum Erfolg zu führen. Am Ende war er von der Aussicht, das Verbotene Land zu betreten, ebenso begeistert wie wir. Auch für einen jungen Inder aus Assam war dies eine beispiellose Chance.

Wie versprochen kam er abends wieder, und zusammen mit unseren Leibwächtern gingen wir zum örtlichen Basar hinunter, um Reis, *dal*, den Linsenbrei aus gelben oder schwarzen Linsen, Gemüse und Brennstoff zu kaufen. Der Versuch der Militärs, möglichst nicht aufzufallen, war zum Scheitern verurteilt – selbst im Schutz der Dunkelheit zogen wir weit mehr Aufmerksamkeit auf uns als umherreisende Politiker oder Popstars. Aber die Mitglieder unserer Eskorte eigneten sich wunderbar als Unterhändler und Tütenträger. Sie gaben schon ein kurioses Bild ab, wie sie unter vorgehaltener Waffe mit Knoblauch- und Zwiebelhändlern feilschten! Schon auf dem Schlachtfeld wäre die Wirkung ihrer Maschinengewehre verheerend gewesen, hier auf dem Marktplatz war ihre Macht tödlich. Wir trafen auf keinerlei Widerstand. Manche Waren bekamen wir sogar umsonst!

Nach dem Einkaufen nahm uns Paul mit zu sich nach Hause, um uns seinen Eltern vorzustellen. Uns war sofort klar, woher er nicht nur sein gutes Aussehen, sondern auch sein liebenswürdiges Wesen und sein Temperament hatte. Seine Mutter war einfach reizend! Ihre für Assam typischen Gesichtszüge wirkten eher thailändisch als indisch, und sie war höchstens 1,20 Meter groß. Neben Chris zu stehen muss für sie eine äußerst seltsame Erfahrung gewesen sein;

sie schaute mit ihren großen runden Augen an ihm hoch und staunte ungläubig, dass ein Mensch so groß sein kann!

Auch eine halbe Stunde später bei der Einreisebehörde von Arunachal sorgten unsere Körpermaße für einige Verwirrung. Der zuständige Beamte in khakifarbener Uniform summte fröhlich vor sich hin. Er hatte noch nie Reisedokumente für Ausländer ausgestellt und hatte auch jetzt, beim allerersten Mal, keine Eile. Er kontrollierte jedes Blatt Papier, jeden Ausweis und jedes Genehmigungsschreiben so gründlich, als suche er nach geheimen Codes oder versteckten Wasserzeichen. Schließlich kam er zu dem Schluss, alle unsere Papiere müssten gefälscht sein.

Er lehnte sich in seinem Stuhl zurück, ließ die Fingerknöchel knacken und bleckte die vom Betelnusskauen schwarzblau verfärbten Zähne. »Sie sagen, Sie sind Australier – entspricht das der Wahrheit?«, fragte er, als wäre er Sherlock Holmes und hätte gerade eine höchst wichtige Schlussfolgerung gezogen. Chris und ich nickten. »Das kann nicht stimmen.« Ich wollte sofort in Verteidigungsstellung gehen, doch Sherlock Holmes schnitt mir das Wort ab. »Australier sind sehr fette Menschen, ist das wahr?« Er grub sich noch etwas tiefer in sein Sitzpolster ein und stocherte mit dem Fingernagel in seinem Zahnfleisch. Plötzlich schnellte er wie eine Katze vor und sagte vorwurfsvoll: »Sie können gar nicht die sein, die Sie zu sein vorgeben. Sie sind nicht fett genug!« Er brüllte vor Lachen, dann gab er uns die Papiere zurück. Der Mistkerl hatte mich doch tatsächlich reingelegt, wenigstens für ein paar Minuten!

Am nächsten Morgen verließen wir Guwahati in Richtung Itanagar. Kaum lag die Stadt hinter uns, kam unser klappriger, alter Ambassador quietschend zum Stehen. Eines der Hinterräder war weggeflogen! Es rollte in eine gerade auf den Bus wartende Menge am Straßenrand und warf die Menschen durcheinander wie »Alle Neune« beim Kegeln. Unsere Polizeieskorte umstellte sofort den

Wagen, wohl auch, um mögliche Ansprüche von Verletzten abzuwehren, während der Fahrer das Rad wieder an die richtige Stelle hämmerte. Wäre uns das Gleiche in Amerika passiert, wären wir um Millionensummen verklagt worden, im Land der »kleinen Unannehmlichkeiten« kostete uns dieser Unfall nur ein Päckchen Verbandszeug, 20 Rupien und eine Verspätung von einer halben Stunde.

Abgesehen von den riesigen Teeplantagen und den alle 20 Kilometer postierten Militärkontrollen erinnerte mich Assam an Thailand. Die hohe Luftfeuchtigkeit, der süße Duft nach Jasmin, die hellgrünen Reisfelder, die Bambushütten und Kokosnusspalmen – schwer zu glauben, dass wir tatsächlich in Indien waren. Kein Wunder, dass die ULFA für eine Abspaltung plädierte – die wirtschaftliche Unabhängigkeit würde diesem Fleckchen Erde großen Wohlstand bescheren. Assam war nicht nur das größte Teeanbaugebiet des Landes, es lieferte auch 60 Prozent des gesamten indischen Rohöls.

Es war spät am Nachmittag, als wir endlich die Grenze zu Arunachal erreichten. Es schüttete wie aus Kübeln, und der wachhabende Soldat hatte keine Lust, aus seinem Wachhäuschen zu kommen und unsere Papiere zu kontrollieren. Paul drückte unseren Ausweis gegen die getönte Windschutzscheibe, und der Kerl winkte uns einfach durch. Das war alles! Nach allem, was wir bis dahin durchgemacht hatten, waren wir davon ausgegangen, die letzte Hürde wäre die schwierigste – eine groß angelegte Durchsuchung mit bis zu 24-stündiger Wartezeit. Chris, Paul und ich schauten uns ungläubig an und brachen in Gelächter aus. Am Ende war es schwieriger, durch ein Drehkreuz im Supermarkt zu kommen, als nach Arunachal einzureisen! Um das Maß voll zu machen, sahen wir auf der anderen Seite der Grenze ein riesiges Schild: »Die Tourismusbehörde von Arunachal heißt Sie willkommen!« Einen verrückteren Widerspruch hatte ich noch nie gesehen. Wir waren die ersten wirklichen »Touristen« (und keine Diplomaten oder Ethnologen), die diese Grenze je überschritten hatten, und doch sah das Schild so aus, als hinge es dort schon seit Jahren.

Itanagar lag nicht weit von der südlichen Grenze, doch es war schon pechschwarze Nacht, als wir die Hauptstadt erreichten. Mehrere Erdrutsche hatten die Fahrt zu einem Hindernisrennen werden lassen, aber unser alter Ambassador wurde auch damit fertig. Wenn wir im Schlamm stecken blieben, legte das Straßenräumkommando einfach die Schaufeln beiseite, umringte unser Auto und hob es heraus.

Wir fragten gleich nach dem Haus des Innenministers, Mr. Dengu. Er erwartete uns und hatte bereits Vorkehrungen für unsere Unterbringung getroffen. Da er nichts über unsere finanzielle Lage wusste, hatte uns der freundliche Dibang ein Zimmer im Donyi-Polo-Ashok-Hotel gebucht, dem ersten und einzigen Fünf-Sterne-Hotel Arunachals. Die Existenz dieses Hotels war ebenso verwirrend und unpassend wie das Willkommensschild der Tourismusbehörde an der Grenze. Unsere Polizeieskorte aus Guwahati begleitete uns bis zum Hoteleingang, salutierte und verabschiedete sich. Ihre Mission war beendet. Sie war nicht länger für unsere Sicherheit zuständig und konnte in ihrer Wachsamkeit nun endlich nachlassen. Ein halbes Dutzend Hotelpagen in schwarz-weißen Anzügen kam wie Pinguine aus dem Hotel gewatschelt, um uns beim Gepäck zu helfen. Wie ein Papagei mit Altersdemenz wiederholte Chris ständig die gleiche Frage: »Wo sind die Kopfjäger? Wo sind die Kopfjäger? Wir sind angeschmiert!« Tatsächlich war Arunachal bisher nicht ganz das, was wir erwartet hatten.

Wir waren die ersten Ausländer, die in dem Hotel abstiegen, und danach zu urteilen, wie das Personal um uns herumflatterte, womöglich die ersten Gäste überhaupt. Und als wir uns dann noch nebenbei nach den Zimmerpreisen erkundigten, waren wir vermutlich auch die Ersten, die in der Empfangshalle beinahe einem Herzinfarkt erlagen. Die Fünf-Sterne-Kategorie war mit einem Fünf-Sterne-Preisschild verbunden. Wir entschuldigten uns für die Umstände, die wir allen bereitet hatten, und fragten nach einer günstigeren Unterkunft. Der Geschäftsführer war zutiefst bestürzt, dass wir nicht bleiben wollten, und bot uns an, den Preis zu senken, nur damit seine Leute die etwas zweifelhafte Ehre hätten, sich um unser Wohlbefinden zu kümmern. So schnell und erfolgreich ist außerhalb eines Monty-Python-Films wohl selten gefeilscht worden. Innerhalb kürzester Zeit hatten wir ihn von 3500 auf 200 Rupien pro Nacht heruntergehandelt.

Während eines Treffens am nächsten Morgen bei Mr. Dengu löste sich das Rätsel des Willkommensschilds und des Fünf-Sterne-Hotels. Als Arunachal Pradesh (früher »North East Frontier Agency«) 1987 den Status eines selbstständigen Bundesstaats erhielt, hatte die Zentralregierung ihm einfach die dafür übliche Verwaltungsstruktur übergestülpt. Obgleich für Ausländer auch weiterhin strikte Einreisebeschränkungen galten, brauchte Arunachal, genau wie alle anderen Bundesstaaten Indiens, eine Tourismusbehörde. Und zum ersten Mal seit ihrer Einführung hatte diese nun tatsächlich etwas zu tun, das in ihr Ressort fiel!

Sein Innenministerium, erklärte uns Mr. Dengu, läge wegen der Tourismusfrage mit der indischen Zentralregierung in einem ständigen Streit. Der Bundesstaat begrüßte die Möglichkeiten, die der Tourismus für die wirtschaftliche Entwicklung bot, die Zentralregierung hielt aber noch an der althergebrachten Politik fest. Gleichwohl wurde die Entwicklung wichtiger touristischer Einrichtungen vorangetrieben. Das Donyi-Polo-Ashok-Hotel gehörte zu den ersten Projekten dieser Art, und obgleich es bisher eher einem Geisterhotel ohne Gäste glich, glaubten Mr. Dengu und seine Kollegen fest daran, dass ihm große Zeiten bevorstanden.

Aus der Konstellation bezog das Hotel also seine Existenzberechtigung. In den folgenden Wochen sollten wir weitere Variationen dieser von Grund auf widersprüchlichen Politik zu sehen bekommen. Es konnte nur als bürokratische Farce bezeichnet werden, wenn die Regierung Schulen ohne Schüler betrieb, Krankenhäuser errichtete, ohne sie mit Medikamenten auszustatten, Straßen baute, obgleich die Menschen sich gar keine Transportmittel leisten konnten, und sogar ein Ministerium für Viehzucht unterhielt, obwohl die Menschen keinerlei Nutztiere besaßen. Gegenüber den Bedürfnissen der Menschen war die indische Verwaltung ebenso inflexibel wie gleichgültig. In Arunachal gab es mehr Angestellte im öffentlichen Dienst als Kopfjäger, und die Gefahr, die von ihnen für die traditionelle Gesellschaft ausging, war viel, viel größer.

Wir sprachen über unsere Pläne, und Mr. Dengu erklärte sich bereit, einen Termin zur Karteneinsicht zu organisieren, damit wir beurteilen konnten, ob unsere geplante Route überhaupt machbar war. Endlich zeigte einmal jemand Vernunft statt Verfolgungswahn! Mr. Dengu lachte, als ich etwas in dieser Richtung äußerte. Dann klingelte das Telefon. Matin Dai, Mamangs Vater, erwartete uns im Regierungssitz. »Wenn Ihnen irgendjemand bei Ihrem Vorhaben helfen kann«, versicherte uns Mr. Dengu, »dann sicherlich er. Ich kann Ihnen bloß Einsicht in die Karten verschaffen, er aber kann für die gesamte Expedition wahre Wunder bewirken.«

Der oberste Verwaltungsbeamte von Arunachal Pradesh war klein und rund, hatte ein wildes Haarbüschel auf dem Kopf und schielende Augen. Er lächelte herzlich und hieß uns in seinem Büro, in seinem Land und nicht zuletzt in seinem Herzen willkommen. Er war überrascht, aber auch begeistert, dass zwei junge Ausländer den Papierkrieg gegen die Bürokratie gewonnen hatten und nach Arunachal gekommen waren – und er war entzückt, dass wir seine wunderhübsche Tochter in Neu-Delhi kannten.

Innerhalb einer Stunde war Mr. Dai in unsere Pläne und Wünsche eingeweiht, und wir hatten sein Wort, dass er sich um alles kümmern würde. Die heruntergekommenen Trekker von einst waren zu hoch geehrten Staatsgästen geworden. Rote Teppiche waren in diesen Gegenden der Welt zwar unbekannt, doch brachte man uns aufrichtige Gastfreundschaft entgegen. Ein Vorteil des Systems lag in der zuverlässigen Befehlskette; wenn Matin Dai eine Weisung an seine Untergebenen erließ, konnte man sicher sein, dass sie Wort für Wort befolgt wurde.

Sein Sekretariat informierte sofort alle Bezirkskommissare und Polizeichefs der Orte, durch die wir auf unserer Route kommen würden, und forderte sie auf, uns jede erdenkliche Hilfe und Unterstützung zuteil werden zu lassen. Insbesondere wurden die Beamten angewiesen, uns nicht nur Träger, sondern auch einen Führer oder »politischen Dolmetscher« zur Seite zu stellen, der für unsere sichere Reise durch einen bestimmten Bezirk verantwortlich war.

Mr. Dai sagte, es gebe so viele Verwaltungsposten in Arunachal, dass wir etwa alle zwei bis vier Tage auf einen stoßen müssten. Jeder Posten sei mit einem Funkgerät ausgestattet, sodass dem nächsten Posten unsere bevorstehende Ankunft angekündigt werden könnte. Auf diese Weise könnten bereits im Voraus beim örtlichen Accredited Labour Corps (ALC) Träger angefordert und unnötige Verzögerungen vermieden werden. Wenn alles so glatt ging, wie Mr. Dai es uns verhieß, konnten wir einem problemfreien Abenteuer entgegensehen – dem wildesten, aber am besten organisierten Abschnitt der ganzen Expedition! Wir mussten uns ständig daran erinnern, dass wir noch immer in Indien waren, um unsere Hoffnung und Euphorie zu zügeln.

Um zum Ausgangspunkt unseres Treks zu kommen, mussten wir zuerst nach Assam zurück. Es gab westlich von Itanagar keine Straßen quer durchs Land, die einzige Straße verlief weiter südlich entlang der Grenze. Wir wollten an einem Ort namens Bhalukpong wieder nach Arunachal einreisen und von dort bis zur Grenze nach Bhutan bei Tawang fahren. Der Innenminister bot uns dafür seinen Wagen an und verpflichtete einen weiteren Trupp der Keystone Cops, uns zu begleiten.

Es dauerte einen ganzen Tag, nach Bhalukpong zu kommen, und zwei weitere, um nach Tawang zu gelangen, obwohl es von Itanagar nicht einmal 500 Kilometer entfernt lag. Die Straße erwies sich als ein nicht ganz so enger, schlecht befestigter Bergpfad, und unser Tempo wurde durch zahlreiche Erdrutsche zusätzlich gedrosselt. Immer wieder fragte man sich, wo indische Bauingenieure eigentlich ihre Abschlüsse herbekamen. Überall sonst auf der Welt hätte man dieses Terrain schlichtweg unbebaut gelassen.

Das Ergebnis war die Mühe und Kosten offensichtlich kaum wert. Einzig und allein die Staatsbeamten zogen aus diesen Straßen Nutzen. Es war pure Heuchelei, wenn indische Regierungsvertreter behaupteten, die »modernen Bergstraßen« dienten irgendjemandem außer ihnen selbst. Die große Mehrzahl der mit Lkws in das Gebiet gebrachten Güter waren für die an entlegenen Orten stationierten Staatsbeamten, Soldaten, Paramilitärs und Polizisten gedacht. Insgesamt umfasste dieser Kreis etwa 250.000 Personen – ein Drittel der gesamten Einwohner von Arunachal Pradesh. Ob die einheimische Bevölkerung etwas von ihrer Anwesenheit hatte, stellte eine durchaus umstrittene Frage dar.

Durch den tief liegenden Dschungel und mittelhohe Berge gelangten wir in eine große Stadt namens Bomdilla, wo wir auch übernachteten. Sie wurde von tibetischen Flüchtlingen und den tibeto-mongolischen Monpa bewohnt, das einzige Volk in Arunachal, das den Buddhismus praktizierte. Die Monpa konnte man von verwandten Völkern leicht anhand ihres Kopfschmucks unterscheiden – viele der älteren Männer und Frauen trugen charakteristische schwarze Mützen aus gefilzter Yakwolle. Statt einer Krempe hatten diese Mützen abstehende Spinnenbeine, die das Regenwasser vom Gesicht ableiten sollten.

Es überraschte uns nicht, dass hier so viele Tibeter lebten. Der Pilgerpfad zwischen Lhasa und Tawang, der Stadt mit einer der ältesten Gompa in Asien und zugleich die Geburtsstadt des sechsten Dalai Lama, war sehr beliebt. Nach dem missglückten Aufstand von 1959 gegen die Chinesen wurde er zu einem wichtigen Fluchtkorridor für alle, die sich entschlossen hatten, ihren gewalttätigen Unterdrückern auf immer zu entfliehen. Auch Tenzin Gyatso, der 14. und jetzige Dalai Lama, war auf dieser Route ins Exil geflüchtet.

Tatsächlich trafen Chris und ich auf dem Basar von Bomdilla eine Frau, deren Ehemann Seiner Heiligkeit bei dessen historischer Flucht nach Indien als Leibwächter gedient hatte. Ihr Name war Namje Droma, und bei Tee und *chura* (getrockneten und zerdrückten Maiskörnern, einer beliebten Knabberei im westlichen Arunachal) ließ sie uns an vielen herzzerreißenden Erinnerungen teilhaben. Ihr Ehemann war verstorben, doch nicht, ohne Anerkennung zu finden. Ein kleines, ihm gewidmetes Krankenhaus war von ihrem Sohn, einem Architekten, entworfen und mit Geldern aus Frankreich erbaut worden, wo eine ihrer Töchter lebte. Aus Dankbarkeit für Kunga Samtens Dienste hatte der Dalai Lama dessen Kindern die beste Ausbildung angedeihen lassen, und tatsächlich hatten alle es zu etwas gebracht. Besonders stolz war Namje Droma darauf, dass ihre beiden Mädchen Ausländer geheiratet hatten. Der einzige Wermutstropfen bestand darin, dass ihre Töchter nun keine indischen Pässe mehr besaßen und ihre Mutter deshalb nicht in Bomdilla besuchen konnten.

Namje zeigte uns ein Album mit Fotos von ihrer erst kurze Zeit zurückliegenden Reise zu ihrer jüngsten Tochter, die in Neuseeland lebte. Es waren schöne, fröhliche Schnappschüsse, am meisten faszinierte uns aber die alte Schwarz-Weiß-Aufnahme, die in ihrem Wohnzimmer hing. Sie war offensichtlich 1959 aufgenommen worden und zeigte den Dalai Lama, umgeben von seinen Wächtern und Pferden – das letzte Porträt des Gottkönigs in Tibet, seinem irdischen Paradies.

Als ich Namje erzählte, dass ich einige Zeit in Tibet gewesen war, den Dalai Lama getroffen und sogar den heiligen Berg Kailash umwandert hatte, war sie sichtlich bewegt. Sie berührte Stirn und Herz und dankte mir ein ums andere Mal, weil ich diese Reise unternommen hatte, zu der kaum einer ihrer Landsleute in der Lage war. Ihre Reaktion machte mich so traurig, dass ich nicht wusste, was ich sagen sollte. Ich umarmte sie und bat sie, die Hoffnung nicht aufzugeben. Es war überaus ungerecht, dass ich als Touristin etwas hatte tun können, von dem jeder Exiltibeter sein Leben lang meist vergeblich träumt.

Als wir Bomdilla am nächsten Morgen verließen, gab uns Namje Droma vier Kilo frisch gemahlenes Tsampa mit. Sie umarmte mich herzlich, und ihre Augen strahlten. Plötzlich änderte sich ihr Gesichtsausdruck, und sie dämpfte ihre Stimme. Es gab noch etwas, was sie uns sagen wollte. Obgleich ihre Flucht aus Tibet schrecklich gewesen war, hatten doch sie und ihre beiden ältesten Kinder, zu der Zeit noch Babys, zumindest überlebt. Tausende anderer Familien waren auf der Flucht verhungert oder erfroren. Hunderttausende waren in den Folgejahren an Krankheiten und Gebrechen gestorben, die mit dem völlig anderen Klima und den ungewohnten Lebensumständen im Exil zusammenhingen. 40 Jahre Besetzung durch die Chinesen hatten schätzungsweise eine Million Tibeter das Leben gekostet.

Namje Droma beugte sich vor und steckte den Kopf durch unser offenes Autofenster. Auf Hindi sagte sie zu Paul: »Die vier Brüder meines Mannes sind nie aus Lhasa herausgekommen. Ihr Schicksal war schon während des Aufstands besiegelt. Sie wurden bei dem Versuch getötet, unsere geliebte Stadt vor den plündernden Roten Garden zu schützen.«

Die stoische Flüchtlingsfrau stand auf der Straße, den Tränen nahe. Wir fuhren schweigend an. Unsere Blicke trafen sich, und unsere Herzen waren schwer von all den unbeantworteten Fragen. Wann würde die Welt diese große Ungerechtigkeit jemals wieder gutmachen? Wann würde Tibet frei sein?

Die Straße, die uns die letzten 180 Kilometer bis nach Tawang brachte, war die zweithöchste in Indien und führte im Zickzack zum 4500 Meter hohen Sela-Pass. Sie war so kurvig, dass der Tachometer kaum eine Geschwindigkeit anzeigte und wir den ganzen Tag brauchten, um den Rand des Grenzbezirks zu erreichen. Es dämmerte schon, als wir in der Stadt ankamen, nach der man den Bezirk benannt hatte, aber wir waren zu erschöpft, um zu feiern. Irgendwie ist das Reisen auf den Straßen in diesem Teil der Welt immer anstrengender als das Trekken.

Wir verbrachten die Nacht in der örtlichen Herberge für reisende Regierungsangestellte. Wie wir erfuhren, hatte Arunachal nicht nur überdurchschnittlich viele Staatsbeamte, sondern auch eine riesige Menge der für diese Leute reservierten, vom Public Works Department (PWD) betreuten Unterkünfte. Praktisch stand in jedem Dorf ein Bungalow für durchreisende Beamte – selbst in den Dörfern, die abseits der Straße lagen –, wobei ihre Ausstattung der abgeschiedenen Lage entsprach.

Am nächsten Morgen besuchte uns der für Information und Öffentlichkeitsarbeit im Bezirk Tawang zuständige Beamte. Matin Dais Verwaltungsapparat schien zu funktionieren – und zwar weit effektiver, als wir uns das je hätten vorstellen können. Sein Mann vor Ort war bereits damit beschäftigt, Träger für uns zu organisieren. Währenddessen würde »Tshering Lomden, zu Ihren Diensten« uns auf eine Tour durch Tawang mitnehmen. Man hatte für uns ein »volles, abwechslungsreiches Programm« organisiert; scheinbar war das für Ehrengäste unerlässlich, und wir fügten uns bereitwillig in unser Schicksal.

Enttäuschenderweise sah Tawang wie jede andere indische Grenzstadt aus – eine staubige Straße mit Kramläden, ein paar verstreute, schlecht gebaute Regierungsgebäude und eine bunt gescheckte Mischung aus Häusern und Hütten. Die Gompa stand außerhalb der modernen Siedlung, aber wir kamen zwei Wochen zu spät, um sie in Bestform zu sehen. Das 350 Jahre alte Gebäude war teilweise abgerissen. Angeblich sollte es »renoviert« werden, im Grunde lief es aber wohl doch eher auf einen Neubau hinaus. Der gestampfte Erdmörtel, die hölzernen Säulen und die uralten Deckenbalken wurden durch wunderschönen Beton ersetzt. Die Art und Weise, wie man das Wort »Beton« in Indien aussprach, ließ darauf schließen, dass es in der Wertschätzung gleich nach Gold kam. Schließlich ist es ja auch ein ästhetisch höchst ansprechendes Material, oder?

Tshering Lomden redete und redete und führte uns dabei über die Trümmerhaufen zu den vorübergehenden Aufbewahrungsräumen für die wertvollen – und glücklicherweise unbeschädigten – Reliquien der Gompa. Es war ihm peinlich, zuzugeben, dass man von dem Ende dieser wichtigen historischen Stätte keine Fotos oder Videoaufnahmen gemacht hatte, aber er war sehr stolz auf das neue, »verbesserte« Gebäude, das nun im Entstehen begriffen war. Das waren offenbar alle; selbst der Rinpoche rannte mit aufgeplusterter Brust umher und knipste den Fortgang der Bauarbeiten mit seiner brandneuen Kamera.

Die einheimische Bevölkerung arbeitete Seite an Seite mit den Mönchen am Neubau ihres Klosters. Auf dieser Baustelle sah man keine Schutzhelme oder -anzüge, nur Mönchsgewänder und Spinnenmützen. Offenbar gab es keine Konstruktionspläne – trotzdem wusste offensichtlich jeder, was er tat.

Bis die neue Versammlungshalle fertig war, führten die Mönche ihre Gottesdienste in einem Saal durch, der einmal die Schule für junge Novizen gewesen war. Im Rahmen unserer »kulturellen Akklimatisation« lud man uns ein, am nächsten Tag daran teilzunehmen. Der Höhepunkt unserer Besichtigungstour in Tawang war ebenfalls für den zweiten Tag vorgesehen: ein Besuch an der örtlichen High School. Es war das erste Mal, dass die Schule internationalen Besuch bekam, und der Schulleiter, 22 Lehrer und 370 Schüler empfingen uns wie Superstars. Man legte uns weiße *kata* um und führte uns zu Stühlen, die um einen mit Blumen und Räucherstäbchen geschmückten Tisch am Kopfende der Schulhalle aufgestellt waren. Die Schüler sangen traditionelle Monpa-Lieder, und Chris, Paul und ich hielten improvisierte Reden über unsere Reise und beantworteten Fragen, die allen auf den Lippen brannten: »Wie ist das Klima in Australien?« und »Warum können Australier so gut Hockey spielen?« Ein Kind fragte, ob wir nicht etwas auf Australisch sagen könnten, und weigerte sich zu glauben, dass unsere Muttersprache Englisch war. Die Schüler bettelten förmlich um eine Vorführung, also besannen wir uns auf den typischen, »strine« genannten Aussie-Slang und begannen eine schnelle Unterhaltung über Fast Food, Klasseweiber, Kängurus, Surfen, Saufen und Holden Cars. Die Schüler belohnten uns mit stehenden Ovationen. Sie waren voller Ehrfurcht. Ich weiß nicht, wie sie unsere ohne Begleitung vorgetragenen Lieder Waltzing Mathilda und Advance Australia Fair fanden, aber der Titelsong der Beverly Hillbillies (kein australisches Lied, ich weiß, aber das einzige Lied, dessen Text Chris und ich vollständig auswendig konnten) brachte sie völlig aus dem Häuschen.

Die Kinder waren großartig, und in ihren Augen sah ich – zum ersten Mal – Hoffnung für das arme, alte Indien aufkeimen. In ihren

Händen lag die Saat für die Zukunft, und ich hatte das klare Gefühl, wie sie aufgehen würde. Zum ersten Mal empfand ich Indien doch nicht als hoffnungslosen Fall.

Am ersten Oktober war unsere Expedition – wie geplant – fertig zum Abmarsch. Es war warm und sonnig, und wir starteten früh am Morgen zu unserer vier Tage dauernden Trekkingtour bis nach Mago, einem entlegenen Monpa-Dorf und militärischen Außenposten, 16 Kilometer südlich der tibetischen Grenze.

Es war himmlisch, endlich wieder zu Fuß unterwegs zu sein, und tatsächlich schien es, als hätten wir dem Monsun den Rücken gekehrt. Wir kletterten höher und höher in die Berge, durch Landschaften und Dörfer, die dem östlichen Teil Bhutans angenehm ähnelten – sogar die Steinhäuser und die von den Deckenbalken herabhängenden Phallussymbole sahen wir hier.

Endlich hatten wir eine Erklärung für die Ursprünge des Phalluskults im Himalaja gefunden! Nach einer Überlieferung der Monpa hatte die oberste Nonne einer Gompa einst in ihrem Glauben absolute Vollkommenheit erlangt. Buddha schenkte ihr einen Phallus mit »magischen Kräften«, den sie in einem kleinen Kästchen aufbewahrte. »Wann immer sie sexuelles Verlangen verspürte, öffnete sie das Kästchen, und der Phallus kam heraus und drang in sie ein, um sie vollständig zu befriedigen. Danach zog er sich zurück und legte sich wieder in das Kästchen.«

Sie nahm das Kästchen mit dem Phallus überallhin mit, doch eines Nachts, auf dem Weg zu einer besonderen *puja* in einem abgelegenen Dorf, »verspürte sie das Bedürfnis nach dem Phallus« und bemerkte, dass sie ihn vergessen hatte. Sofort beauftragte sie eine junge Nonne, eine Jungfrau, das Kästchen aus ihrem Zimmer zu holen. Natürlich schärfte sie dem Mädchen ein, das Kästchen nicht zu öffnen. Doch Neugier überwältigte die junge Nonne, und sie missachtete den Befehl. »Der Phallus sprang heraus, drang in das jungfräuliche Mädchen ein und ließ erst wieder von ihr ab, als die Nonne tief geseufzt hatte.«

Bis zum heutigen Tage (man frage mich bitte nicht, warum), »wird ein Symbol für den Phallus mit dem ersten Deckenbalken eines jeden neuen Monpa-Hauses angebracht. Er gilt als glücksbringend, und kein Haus kann ohne ihn gebaut werden.« (So beschreibt es 1982 Neeru Nanda in Tawang – The Land of Mon Vikas).

Der direkte Weg am Fluss entlang war versperrt, weil heftige Regenfälle die Brücken weggespült hatten, daher folgten wir einem kleineren Pfad in dicht bewaldete Schluchten und auf wilde alpine Gebirgsausläufer. Der letzte Teil der Strecke nach Mago war der schönste, und die Menschen, die dort lebten, waren bei weitem die interessantesten, denen wir bislang begegnet waren. Sie waren Monpa, aber ihre Kleidung unterschied sie deutlich von den anderen Gruppen. Die älteren Frauen trugen Ketten aus dickem Bernstein, die aber nicht um den Hals getragen wurden, sondern am Schläfenhaar befestigt waren und bis zur Taille herunterhingen. Ihre Yakwollmützen in Melonenform hatten unzählige spindeldürre, gekrümmte Spinnenbeine. Die wadenlangen Wollröcke der Frauen waren schwarz oder kastanienbraun gefärbt, an der Taille zusammengerafft und mit riesigen Silber- und Messingbroschen zusammengehalten, wie wir das auch schon in Laya gesehen hatten. Kniehohe Stiefel mit Sohlen aus Filz oder Yakhaut, Gummistiefel und Strickjacken oder Wollmäntel vervollständigten die außergewöhnliche Aufmachung.

Das Dorf bestand aus einer oberen und einer unteren Hälfte, die Häuser waren wie die einfacheren Landhäuser in Bhutan aus Stein erbaut. Eine Familie aus dem Oberdorf lud uns ein, die Nacht über dort zu bleiben, doch wegen der Nähe zur McMahon-Linie (wie man die chinesisch-indische Grenze nannte) mussten wir der Anweisung der Regierung Folge leisten und an einem der paramilitärischen Außenposten übernachten. Widerstrebend schlugen wir die Gastfreundschaft der Monpa aus.

Die 890 Kilometer lange Grenze zwischen Arunachal und Tibet war 1914 von Großbritannien vorgeschlagen, von China aber nie anerkannt worden, weil Tibet ein Teil Chinas und daher, wie die Chinesen behaupteten, gar nicht berechtigt gewesen war, ein solches Abkommen zu unterzeichnen. 1962, nach einem vorübergehenden Einmarsch chinesischer Truppen in die Täler von Tawang und Mag, schickten die indische Armee und Geheimpolizei drei Divisionen in das Gebiet und richteten an Schlüsselpositionen entlang der Grenze mehrere Außenposten ein, um ähnliche Übergriffe in der Zukunft zu verhindern. Zwar hatte es nur diesen einzigen Angriff gegeben, weil China jedoch auch weiterhin den indischen Anspruch auf Arunachal Pradesh nicht anerkennen wollte, blieben die Posten bestehen. Erst jetzt, nachdem sie 30 Jahre lang fast nichts zu tun gehabt hatten, überprüften die indischen Behörden die Situation und waren bereit, die Anzahl der Däumchen drehenden Soldaten in der Region zu reduzieren.

Als wir den entlegenen Außenposten der Assam Rifles, einer dem Innenministerium unterstehenden paramilitärischen Organisation, eine halbe Stunde nördlich von Mago erreichten, hatten die Männer gerade ihr tägliches Volleyballspiel beendet. Ihr Hauptmann hieß uns herzlich willkommen, brachte ein paar Stühle und eine Flasche Brandy herbei und forderte uns mit einer Bewegung seines stattlichen Kinns auf, uns zu ihm zu setzen. Doch schon bald nach den ersten einleitenden Worten und Gemeinplätzen nahm die Unterhaltung, wie vorauszusehen, eine unschöne Wendung.

Der Hauptmann setzte zu einer Tirade über die Einfalt, Unfähigkeit und Ungepflegtheit der einheimischen Bevölkerung an und bombardierte mich mit zweideutigen Kommentaren und lüsternen Blicken. Wie so viele seinesgleichen war der Hauptmann schlimmer als ein Hund, der es auf eine läufige Hündin abgesehen hat. Ich dachte schon, dieser Widerling würde jeden Moment mit der Hand an meinem Bein hochkriechen, und da die Situation eine gewisse Diplomatie erforderte, hätte ich mich nicht in der Lage gesehen, ihn einfach wegzustoßen. Chris und Paul hätten dem Kerl am liebsten eine runtergehauen, aber es stand in seiner Macht, unsere Expedition sofort zum Stoppen zu bringen, und daher versuchten wir ruhig zu bleiben und uns, so gut es ging, taub zu stellen. Ich wusste gar nicht, dass ich eine solche Selbstbeherrschung besaß! Ich biss mir so fest auf die Zunge, dass es schmerzte.

Da sie den Westen hauptsächlich aus amerikanischen Kinofilmen kannten, glaubten viele indische Männer, alle ausländischen Frauen wären ohne moralische und ethische Grundsätze. Sie sahen uns als willige Opfer mit einem großen »Fick mich« auf der Stirn und das Einzige, worüber sie lang und breit diskutieren wollten, war Sex: »Mit wem treibst du es? Wie oft? Willst du mit mir ins Bett gehen?« Nichts war ihnen heilig, keine Frage zu privat.

In ihrer Sprache ist unser Wort »love« nur ein Synonym für sexuelle Lust, die Heiligkeit der Ehe, die auf dieser Liebe aufbaut, wird gar nicht anerkannt. Es ist ihnen egal, ob neben der Frau ein Ehemann sitzt, ihre Hände greifen automatisch, fast unbewusst, nach ihren Hoden. Diese Handbewegung gilt offenbar als ebenso gesellschaftsfähig wie ein Händedruck, und Offiziere, die sich auf ihre Position etwas einbildeten, gehörten zu den schlimmsten. Die lange Zeit der erzwungenen Isolation brachte offenbar ihre unangenehmsten Seiten zum Vorschein. Der Hauptmann in Mago hatte doch glatt die Nerven, mich zu fragen, ob ich am nächsten Morgen mit ihm und seinen Soldaten nackt in den heißen Quellen des Ortes schwimmen gehen würde!

Kaum angekommen, sannen wir auch schon auf Abschied, aber das Schicksal zwang uns, 36 lange Stunden mit dem lüsternen

Hauptmann und seinen geifernden Soldaten zu verbringen. Es gab keine Träger des Accredited Labour Corps (ALC) und keinen Beamten, der uns bei diesem Problem hätte helfen können, der einzige Ausweg bestand deshalb darin, es mit Geld zu versuchen. Paul und Chris setzten sich mit dem Dorfvorsteher zu einem langen Palaver zusammen, und nach sechsstündigen Verhandlungen erklärte sich ein örtlicher Halsabschneider für 210 Rupien pro Tag dazu bereit, uns über den 4725 Meter hohen Tse-La-Pass bis zu einem Ort namens Lagum im Bezirk West Kameng zu begleiten.

Mit Pferden, die unser Gepäck trugen, brauchten wir für die Strecke vier Tage. Am ersten Tag überquerten wir einen Bergrücken, gingen durch einen prächtigen Fichtenwald in einem rostfarbenen Tal und kamen schließlich auf eine weite, hoch gelegene Grasebene, die durch die sanften Schleifen eines Bergbachs in Inseln zerteilt wurde. Es war windig und bitterkalt, dennoch saßen wir vor dem Essen eine Stunde lang einfach nur da und hörten dem Geklingel der Yakglocken und der Musik des Baches zu.

Am nächsten Tag gingen wir weiter über die Ebene, an Wacholderbüschen und wilden Blumen vorbei, über die Geröllhalden hinauf zum Tse-La-Pass. Vereinzelte Wolken zogen über den Himmel, aber Kangto, der mit 7089 Metern höchste Berg Arunachals, war am nördlichen Horizont klar zu sehen. Nomaden trieben ihre Yakherden zu noch höheren, noch entlegeneren Weiden, und der Pfad über den Pass war so verstopft, dass wir nur im Schneckentempo vorankamen.

Der Blick von oben war atemberaubend – aber nicht in Richtung Tibet, wie wir es uns vorgestellt hatten, sondern über die weite Landschaft des Passes selbst. Die sanften Hügelwellen waren wie Kupfer poliert, drei saphirblaue Seen füllten die zwischen ihnen liegenden Krater. Einen Moment lag alles klar vor uns, dann kamen Wolken heran und küssten sanft wie Engelsatem die Oberfläche der

Seen, die wie gespannte Trommelfelle dalagen. Die Bewölkung nahm zu, und in Sekunden war die Sichtweite gleich null.

Die Pferde trotteten schon auf der anderen Seite hinunter, und wenn wir uns nicht hoffnungslos verirren wollten, mussten wir Anschluss halten. Auf zwei Beinen war das gar nicht so einfach, und wir fielen und stolperten, stießen uns an den moosigen Felsen die Zehen und sanken in den vom schmelzenden Schnee aufgeweichten, schlammigen Boden. Noch während des Abstiegs fing es an zu regnen, daher hielten wir an, als wir die erste Sommersiedlung der Yakhirten erreichten, und suchten in einer Steinhütte Schutz.

Mit der Morgendämmerung kam der Frost. In den Bergen stand eindeutig ein Wechsel der Jahreszeiten bevor, bald würde der Schnee kommen und sie von der Außenwelt gänzlich abschneiden. Die Spanne zwischen Monsun und Winter war hier kürzer als irgendwo sonst im Himalaja, doch unser Zeitplan war in dieser Hinsicht perfekt, und wir kamen ohne Probleme voran. Ob dies weiter südlich und östlich in den niedriger gelegenen, tropischen Dschungeln von Arunachal auch so wäre, blieb abzuwarten, aber wir waren einigermaßen zuversichtlich, dass der nasseste Landstrich der Erde unsere Gegenwart wohlwollend erduldete.

Die Strecke an diesem Tag war extrem felsig und führte zu einer weiteren atemberaubenden Herbstszenerie. Licht tünchte die Spitzen der Silbertannen, Tautropfen glitzerten auf den wächsernen Rhododendronblättern. Spritzer von Zinnober, Gelb und Ocker verwandelten das Tal in eine wahre Malerpalette, und die Luft war frisch und voller köstlicher Düfte. Gegen elf Uhr kamen die Wolken zurück, und wir kletterten – wieder einmal – durch einen vorgeschichtlichen Wald, in dem das Wasser von Moos und herunterhängenden Flechten tropfte. Ohne die plötzlichen Nebelschleier wäre dieser Ort nicht vollkommen gewesen; sie hüllten uns in kalte, geheimnisvolle Stille.

Den Rest des Tages folgten wir dem Bergrücken und errichteten unser Lager in einer kleinen Mulde, die einmal einen entlegenen Außenposten der Armee beherbergt haben musste. Die Ruinen der in kreisrunden Terrassen angelegten, verlassenen Steinbunker und Hütten sahen aus wie die Reste einer uralten Zivilisation; mit etwas Fantasie ließ sich ihr militärischer Ursprung völlig vergessen.

Passend zu diesem Wunschbild erschien uns der nächste Morgen wie der Anbeginn der Zeit. Staunend blickten wir von unserer archäologischen Stätte auf einen Ozean sonnenbeschienener Wolken herab – ein stilles, verführerisches Meer der blassrosafarbenen, von silbernen und goldenen Streifen durchzogenen Stille. Wir waren auf einer Insel und trieben über den Himmel bis zum Rand der Welt. Ich blieb reglos sitzen, doch war der innere Drang zu springen nie so groß wie jetzt – ich würde nicht fallen, sondern fliegen.

Schließlich machten wir uns auf den Weg und folgten den Pferden durch Tunnel mit moosbedeckten Blättern, von hohen Bäumen überwölbte Alleen. Wir kamen uns vor wie in einer wunderschönen, von der Natur geschaffenen Kathedrale, heilig und erhaben. Kein Tempel der Menschheit hätte sie übertrumpfen und mich mit einem tieferen Gefühl des spirituellen Friedens erfüllen können.

Irgendwann überschritten wir eine unsichtbare Grenze und betraten das Reich von Arunachals ewigem Monsun. Der Wald wurde zu einem dicht verflochtenen Dschungel, der Pfad bestand aus knietiefem, schwarzem Schlamm. Die ganze Herrlichkeit des Tages knickte unter der sich stets erneuernden Wucht des Regens zusammen.

Ich sah das Gewirr von Ranken und außerirdisch anmutenden Pflanzen, sah die Blutegel, die sich durch den Stoff meiner Hose fraßen, die lange Machete, mit der Chris den Weg freischlug. Mir wurde klar, dass wir endlich angekommen waren. Das, meine Damen und Herren, war das Land unserer Träume – Arunachal, wie wir es uns vorgestellt hatten, lag vor uns: das Land des edlen Wilden.

In the Jungle, the Mighty Jungle

In Wirklichkeit bildete der Bezirk West Kameng eine Art Übergang vom Siedlungsgebiet der buddhistischen Minderheit und den von Anhängern verschiedener Naturreligionen bewohnten anderen Teilen Arunachals; jedenfalls trafen wir dort sowohl auf Monpa als auch auf Angehörige der Miji. Und was den »edlen Wilden« betrifft – da haben wir uns wohl kurz etwas mitreißen lassen.

Die Sozialwissenschaftler der indischen Regierung hielten ihn ohnehin bloß für einen Mythos. Um den von ihr gewollten und leider unumkehrbaren Prozess der »Detribalisierung« zu rechtfertigen, behauptete die Regierung, man dürfe die einheimische Bevölkerung Arunachals in deren eigenem Interesse nicht sich selbst überlassen – sie habe nicht genug zu essen, werde von Krankheiten geplagt und habe eine extrem niedrige Lebenserwartung. Krieg, Menschenraub und ein grausames Strafenregister überschatteten ihr Leben. Ja, sie seien nicht einmal frei: Schwächere Völker müssten stärkeren Tribut bezahlen, die Sklaverei sei weit verbreitet, und durch die Konflikte zwischen den Dörfern sei die Bewegungsfreiheit des Einzelnen erheblich eingeschränkt. Nur dank der Güte und Großzügigkeit der indischen Regierung kämen sie in den Genuss solcher Errungenschaften wie Recht und Ordnung, industrielle Entwicklung, medizinische Versorgung und Schulbildung. Die vormals barbarischen, unterentwickelten und auch sonst in jeder Hinsicht bedauernswerten Völker seien dadurch endlich »aus der Dunkelheit ins Licht getreten«, seien keine Wilden mehr ... und auch nicht mehr edel.

Man brauchte nicht allzu tief in den Dschungel einzudringen oder in der Geschichte zu forschen, um zu begreifen, dass eine pauschale »Assimilation« (wie man es beschönigend nennt) mehr Probleme schafft als löst. In mancher Hinsicht, z. B. auf dem Gebiet der Landwirtschaft, hatten die Bemühungen, Arunachal in die ökonomische und politische Gesamtstruktur Indiens einzubinden, zweifellos positive Auswirkungen. Gleichzeitig waren die Menschen jedoch sozial und emotional deutlich verarmt.

Durch ihre Maßnahmen und die sie begleitenden öffentlichen Äußerungen hatte die indische Regierung der Bevölkerung Arunachals einen Minderwertigkeitskomplex eingeflößt, der nicht nur die alte Lebensweise der Völker (»tribes«), sondern zugleich auch jede Zukunftshoffnung zerstörte. Das Wort »tribe« wurde nicht mehr mit Stolz, Treue, Zugehörigkeit und Mut gleichgesetzt; es war jetzt nur noch die Bezeichnung für eine bestimmte »Kaste«. In Indien führte das dazu, dass alle, auf die diese Bezeichnung zutraf, automatisch auf der alleruntersten Stufe einer erbarmungslosen, menschenverachtenden sozialen Rangordnung landeten.

In den folgenden Wochen kamen wir von den entlegeneren und daher noch ursprünglicheren Gebieten mehr und mehr in die Regionen, die von der Regierung bereits in ihrem Sinne umgekrempelt worden waren, und die Begegnung mit einer ihrer kulturellen Wurzeln beraubten Generation machte uns immer wieder traurig. Während die Älteren hartnäckig an den Resten ihrer vergangenen Kultur festhielten, waren die Jungen orientierungslos. Sie waren zwischen zwei Welten gefangen und in keiner von beiden richtig zu Hause.

Jedes Nachdenken über diese Veränderungen brachte mich in ein Dilemma. Ich begriff die humanitären Ideale und politischen Notwendigkeiten, die bei der Eingliederung und Entwicklung Arunachals eine Rolle spielten. Mir war auch klar, dass das bloße Konservieren der alten tribalen Kultur zum Wohle der Wissenschaft oder des Tourismus keine Lösung darstellte. Aber es müsste doch einen Weg geben, die Angehörigen der einzelnen Völker in das große Ganze einzubinden, ohne sie ihrer gesamten Identität zu berauben. Irgendwie müsste sich das Beste beider Welten doch zusammenführen lassen. Warum konnte man nicht auf den Vorstellungen der jeweiligen Völker aufbauen, anstatt sie völlig außer Kraft zu setzen? Die Hilfe behutsam anpassen, anstatt sie unbesehen von außen überzustülpen?

Die Schlimmste an unserer Reise durch Arunachal war, die tägliche Realität einer zum Aussterben verdammten Lebensweise mit ansehen zu müssen. Das Alte wurde rücksichtslos vom Neuen verdrängt. Wir waren die ersten, aber leider wohl auch die letzten Touristen, die viele der traditionellen Bräuche zu sehen bekamen. Wir fotografierten im Hospiz einer sterbenden Kultur.

Um uns nicht völlig herunterziehen zu lassen, konzentrierten wir uns auf das, was von den zum Untergang bestimmten Ritualen, Zeremonien und Bräuchen der einzelnen Volksgruppen noch übrig geblieben war. In einigen Dörfern und Städten war das kaum möglich, in den letzten Monpa-Siedlungen in West Kameng dagegen recht einfach. Als wir uns erfolgreich durch den Dschungel geschlagen hatten und schließlich Lagum erreichten, hätten unsere Gedanken dem hoffnungslosen Fortschrittsdilemma kaum ferner sein können. Sie richteten sich einzig und allein auf die Frage, wann wir uns endlich umziehen könnten. Wir waren durchnässt bis auf die Knochen.

Tenzing, ein 20 Jahre alter Mönch in Lagum, lud uns in seine kleine, spartanisch ausgestattete Gompa ein, die zwischen dickem Schlamm und ein paar armseligen Stein- und Bambushütten auf einer winzigen Lichtung lag.

»Wenn es in Lagum einmal nicht regnet«, erklärte er Paul in assamischer Sprache, »dann schneit es. Hier gibt es immer Wolken und Nebel. Ich kann mich nicht daran erinnern, wann ich das letzte Mal die Sonne scheinen gesehen habe.«

Die Pferde aus Mago waren völlig erschöpft, sodass wir eine Hand voll Dörfler engagieren mussten, die uns beim Transport unseres Gepäcks helfen konnten. Leider wollten sie uns nur bis Guntung begleiten, eine Siedlung, die kaum vier Stunden entfernt lag. Doppelt so lange dauerte es, mit ihnen über ihren Lohn zu feilschen.

Als es am nächsten Morgen losgehen sollte, stellte ich entsetzt fest, dass die für uns ausgewählten Träger entweder unter zehn oder weit über 50 waren – und alles Frauen. Wir weigerten uns aus Prinzip, Kinder als Träger einzustellen, und schlugen vor, die großen Gepäckstücke selbst zu tragen, während der Rest gleichmäßig auf die älteren Frauen verteilt werden konnte. Schließlich gesellte sich Tenzing, der seine Mönchskutte gegen einen alten Trainingsanzug und eine Kappe eingetauscht hatte, ebenfalls dazu, um, wie er sagte, »nach dem Rechten zu sehen«.

Es war vermutlich ein seltsamer Anblick, wie wir mit vier alten, barfüßigen Damen und einem Mönch in Zivil durch den Dschungel stapften. Sie waren ausnahmslos süchtige Schnüffler, die alle zehn Minuten anhalten mussten, um eine ordentliche Prise einer scheußlich riechenden Mixtur in ihre schon völlig abstumpften Nasenlöcher zu stopfen. Ich probierte etwas davon, nieste es aber sofort wieder aus – es stank nach den abscheulichsten Körpersekreten und brannte wie Chili auf der Schleimhaut.

Am Fuß des Berges tauchten wir aus dem Nebel auf und konnten endlich wieder mehr als ein paar Meter sehen. Das Tal war von niedrigen Wolken verhangen, aus denen es zur Abwechslung einmal nicht regnete, vom dichten Unterholz des Dschungels wurden wir trotzdem nass. Unschuldig aussehende Pflanzen klatschten uns ihre Blätter ins Gesicht, wenn wir sie arglos beiseite schoben. Wir verfingen uns in Ranken mit hartnäckigen Widerhaken, die wie Stolperdrähte über den Weg gespannt waren oder wie Jagdnetze darüber hingen. Würgefeigen strangulierten wehrlose Bäume, und

Schlingpflanzen bildeten auf beiden Seiten des überwucherten Pfads undurchdringliche Wände. Manchmal war der Dschungel so dicht, dass man das Gefühl hatte, durch eine unbeleuchtete Höhle zu gehen.

An zwei kleineren Dörfern auf gerodeten und urbar gemachten Lichtungen vorbei stiegen wir nach Guntung auf. Auf ihren wie Patchworkdecken rund um das Dorf ausgelegten Feldern ernteten die Dorfbewohner Mais und hingen die von ihren Hüllen befreiten Kolben zum Trocknen auf Bambusstangen. Rote Chilischoten warteten, auf den Dächern ausgebreitet, auf die Sonne. Ein halbes Dutzend Ziegen fraß sich durch das Gras rund um einen zerfallenen Tschorten. Tenzing führte uns zu Augja, dem *gaon bura* (Dorfältesten), und seiner Frau, Tshering Pema. In diesem Teil der Welt gehörte es zum guten Ton, dem Dorfältesten seine Aufwartung zu machen; um voranzukommen, war es außerdem zwingend notwendig. War niemand vom offiziellen Accredited Labour Corps (ALC) zur Stelle, war der *gaon bura* für die Vermittlung von Hilfskräften die richtige Anlaufstelle.

Augja war Anfang 40, groß und hatte ein sanftes, rundes, jungenhaftes Gesicht. Leider, erklärte er uns, könne er uns keine neuen Träger vermitteln, ehe nicht alle Dorfbewohner von ihren Feldern zurückgekehrt seien. Wir waren enttäuscht, aber Augja bat uns, nachsichtig zu sein und uns ein wenig auszuruhen. Sein Heim und sein Herd stünden uns offen. Seine vier Kinder machten uns Platz am Feuer, und seine Frau bereitete für uns alle etwas zu essen zu. Über die Selbstverständlichkeit und natürliche Gelassenheit, mit der Tibeter und mit ihnen verwandte Völker Fremde in ihrem Leben willkommen hießen, konnte ich immer wieder nur staunen.

Tshering Pema machte Tee für die Frauen und den Mönch aus Lagum. Nachdem sie gegangen waren, half ich unserer Gastgeberin und ihren Töchtern, *chura* zuzubereiten, indem ich in einem schwarzen Wok über dem Feuer getrocknete Maiskörner sanft hin und her rührte. Sie gingen nicht auf, wurden durch die Hitze jedoch weicher und konnten dadurch leichter zerstampft werden. Die Mädchen schütteten sie draußen in einen riesigen Mörser und zerdrückten sie mit Stößeln. Wir spülten unsere Portion mit einem widerlich süßlichen Tee hinunter. Es schmeckte ein bisschen wie mit Ruß gewürzter Kies, aber wenn man Hunger hat, isst man alles.

Als wir uns anschließend an einem deftigen Eintopf aus Maismehl, Reis und getrocknetem Yakfleisch stärkten, vertraute uns Augja an, dass 1942, als sein Großvater der *gaon bura* eines Dorfes namens Pangma war, schon einmal ein Fremder in diese Gegend gekommen sei. Das Bleichgesicht sei ein britischer Soldat der Assam Rifles gewesen, der vom Süden heraufgekommen war, um auf den Pässen, über die wir gerade West Kameng erreicht hatten, seltene Wildblumen zu sammeln. Der Besuch des Hobbybotanikers war zu einem Teil der Monpa-Überlieferungen geworden, und Augjas Kinder lauschten der wundersamen Geschichte schweigend und mit großen Augen. Ich hätte alles darum gegeben, das Gesagte Wort für Wort zu verstehen, und natürlich fragte ich mich, ob Chris, Paul und ich auf gleiche Weise in die Geschichte dieses Volks eingehen würden.

Am Abend kamen sechs junge Mädchen aus dem Dorf zu Augjas Haus, um uns kennen zu lernen und uns zu unterhalten. Sie waren unglaublich schüchtern, und es bedurfte großer Überredungskünste, um sie aus dem schattigen Eingangsbereich in die Nähe des glühenden Feuers zu locken. Die erröteten Gesichter zum Boden geneigt, kamen sie endlich näher und ließen sich auf der anderen Seite des Feuers nieder. Sie hatten uns fermentierten Reis und Mais mitgebracht und brauchten nun eine halbe Stunde dafür, *apong*, Arunachals leicht berauschendes Gerstenbier, für uns zu brauen. Augja erklärte uns, es sei ein alter Brauch, Gäste mit *apong* zu bewirten, vor allem, wenn sie von weit her kamen. Von den Gästen wiederum wurde erwartet, dass sie das Getränk bis auf den letzten Tropfen ausschlürften, sodass wir am Ende unweigerlich betrunken waren.

Als wir schon so benebelt waren, dass wir es kaum merkten, tanzten die Mädchen für uns zu einem mit Lederriemen geschlagenen Takt. Tshering Pema führte den Singsang an und begleitete ihn mit der für die Monpa typischen Handtrommel. Schließlich erwiderten wir ihre Vorführung mit ein paar Liedern aus unserem üblichen Repertoire, Fernseh-Erkennungsmelodien und australischen Evergreens – am besten gefiel ihnen The Addams Family.

Anstelle von Trägern hatte Augja einen geschwätzigen Pferdebesitzer für uns aufgetrieben, der uns bis Bhot begleiten sollte. Bhot lag an der Nebenstraße von Bomdilla nach Nafra und hatte eine Verwaltungsstation, der einer von Matin Dais getreuen Kommissaren vorstand. Der Pferdebesitzer erschien am nächsten Morgen um sechs Uhr mit seinen Tieren, wir schälten uns widerstrebend aus unseren Schlafsäcken und machten uns schwankend auf den Weg. Noch nie hatte ich jemanden so viel reden gehört wie diesen Pferdeführer. Mir tat Paul Leid – wegen unserer begrenzten Sprachkenntnisse musste er den größten Teil des Redeschwalls über sich ergehen lassen.

Wir stiegen in ein weiteres Tal hinab, dessen Name uns mangels Karte leider unbekannt blieb. Sobald wir in tiefere Lagen kamen, besserte sich das Wetter, und wir legten ein paar Schichten durchgeschwitzter Kleidung ab. Die Vegetation wechselte zwischen tropischem Dschungel, Feldern mit mannshohem Adlerfarn und wildem Marihuana. Dann kamen wir in gemischte Eichen- und Kiefernwälder. Der Saft der Kiefern wurde in alten *ghee*-Kanistern gesammelt und an Farb- und Klebstoffhersteller in den südlichen Bundesstaaten verkauft. Wir bedauerten die Träger, die sechs volle

10-Liter-Kanister über den hohen Bergkamm bis Bhot schleppen mussten. Bei der Hitze war die Strecke auch schon ohne Lasten mörderisch.

Nafra war nur ungefähr zehn Kilometer von Bhot entfernt, wir erreichten es schon gegen acht Uhr am nächsten Morgen und hatten uns dadurch einen freien Tag verdient. Es war eine recht große Stadt mit umfangreichem Basar und einem Gästehaus des PWD. Zu unserem Entzücken war dort das beste Zimmer für uns reserviert. Der *chawkidar* war vom zuständigen Bezirkskommissar nach dem Eintreffen des entsprechenden Briefes von oberster Stelle sofort in Alarmbereitschaft versetzt worden und hatte den Raum vor unserem Besuch frisch streichen lassen.

Ich öffnete die Tür zu unserem Zimmer und schrie begeistert auf. Die Betten waren mit sauberen weißen Laken bezogen, auf dem Tisch stand eine Vase mit einem Blumenstrauß, und – jawohl! – es gab fließend heißes Wasser im Bad! Zwar waren seit unserem letzten ausgiebigen Bad erst zwölf Tage vergangen, doch auf dem Weg durch den Dschungel hatte sich so viel Dreck und Schweiß angesammelt, dass uns dieser Luxus höchst willkommen war.

Aber der Bezirkskommissar und der *chawkidar* waren nicht die Einzigen, die unsere Ankunft erwartet hatten. Die ganze Stadt hatte mit angehaltenem Atem dem Erscheinen der Bleichgesichter entgegengesehen. Es sprach sich herum wie ein Lauffeuer, und schon fünf Minuten später hatte sich vor dem Eingang des Gästehauses eine etwa 100-köpfige Menschenmenge versammelt. Jammu Miji, ein rundlicher Mann mit lockigem Haar in weiten, weißen Hosen führte ein kleines Willkommenskomitee in unser Zimmer. Er war in Nafra für die Öffentlichkeitsarbeit zuständig – der Tshering Lomden der Miji. Zu unserer Unterhaltung, sagte er, habe er ein kleines Kulturprogramm organisiert, das um halb sieben Uhr abends im Gemeindezentrum von Nafra beginnen würde. »Ob Sie wohl in der

Zwischenzeit so freundlich sein und die Menschen draußen begrüßen könnten? Sie sind so gespannt darauf, Sie endlich zu sehen.« Und wir hatten gedacht, wir könnten uns einen ganzen Tag lang mit einem guten Buch zurückziehen und ausruhen! Sollte es jemals Zweifel daran gegeben haben, ob der Zuschuss der australischen Regierung zu unserer Expedition gut angelegt war, wurde er an Ort und Stelle zerstreut. Wir waren Botschafter nicht nur Australiens, sondern der gesamten westlichen Welt.

Paul und der Kommissar verbrachten den Vormittag damit, frische Pferde und Führer für den nächsten Abschnitt unserer Reise zu organisieren, und für Chris und mich begann ein achtstündiger Arbeitstag, an dem wir unzählige Hände schüttelten, für Fotos posierten, Babys küssten und mit den Leuten redeten. Die meisten Einwohner von Nafra hatten ihre traditionelle Tracht gegen westliche Kleidung eingetauscht; nur die Frauen trugen noch ihre alten Sarongs, dazu allerdings maschinell hergestellte Strickjacken und maßgeschneiderte Blusen.

Mit den jungen Erwachsenen sprachen wir ausführlich über Australien und Musik. Sie trugen Designer-Jeans und Bruce-Lee-T-Shirts und wollten uns unbedingt zeigen, wie modern sie waren. Sie wollten nicht, dass wir sie, wenn sie später für die Tanzvorführung ihre Miji-Kostüme anzogen, für unterentwickelte Dschungelbewohner hielten.

Die traditionelle Tracht der Miji war wunderschön, und als wir am Abend etwas in dieser Richtung äußerten, zeigten die jungen Leute plötzlich doch wieder Stolz auf ihre Herkunft. Sie waren keine zweitklassigen Kopien ihrer indischen Brüder und Schwestern mehr, sondern lebende Kunstwerke mit einer königlichen Aura. Die Mädchen trugen den herrlichsten Silberhaarschmuck – breite Kettenbänder mit großen, leicht konischen Scheiben. Jedes Amulett war in der Mitte mit Korallen oder Türkisen verziert und mit kon-

zentrischen Kreisen wie mit einem Sonnenrad umgeben. Im reizvollen Gegensatz zu ihren schlichten, weißen Hängekleidern standen Halsketten aus Halbedelsteinen, silberne Amulettkästchen und
rote, hüftlange, mit farbenfrohen Mustern bestickte Jacken. Die
Männer trugen lange, einfache, weiße Hemden, schwarze Wolljacken mit silbernen Borten (die am Hals und unter den Armen befestigt waren), Käppis aus Bambus, weiße Kniestrümpfe ohne Fuß-
teile, die über den Waden von Bambusbändern gehalten wurden,
und lange, gelbe Halsketten aus Glasperlen.

Jammu Miji strahlte über das ganze Gesicht, als er die Vorführungen leitete. Das harte Neonlicht ließ seine Wangen, nicht jedoch
sein Herz erblassen. »Dieses Lied«, sagte er uns zuliebe auf Englisch, »bedeutet, dass wir Sie lieben, und Sie, verehrte Gäste, die Sie
von so weit her gekommen sind – Sie lieben uns.« Die Menge
schäumte über vor Begeisterung. Die Miji-Mädchen tanzten. Die
ganze Stadt war versammelt, um das bedeutungsvolle Erscheinen
der Fremden zu feiern, und es herrschte ausgelassene Karnevals-
stimmung. Die Kinder erhielten Ballons und Süßigkeiten, den alten
Damen wurde der Staub von den Brillengläsern geputzt, und sämtliche Teenager hatten sich mit Autogrammalben bewaffnet.

»Dieser Tanz«, strahlte Jammu Miji, »bedeutet, dass wir Ihnen
nichts anderes schenken können als unsere Herzen – unsere Liebe
und Zuneigung. Wir lieben Sie soooo sehr, von hier nach da.« Er erklärte den Massen, wir seien über den Ozean gekommen – zu Fuß!
Den Leuten gefiel das so sehr, dass sie mit den Füßen auf den Bret-
terboden trommelten. Keiner von ihnen hatte je das Meer gesehen,
und wahrscheinlich glaubten sie auch, Chris hätte mich den ganzen
Weg bis Nafra hergetragen.

Neben den traditionellen Liedern und Tänzen der Miji fanden
Soloauftritte statt, die Szenen aus populären Hindu-Kinofilmen
nachstellten, und natürlich gaben wir unser mittlerweile unver-

meidliches »Waltzing Mathilda« zum Besten. Die Leute brachten Chris außerdem dazu, auf die Bühne zu kommen und mit einer Gruppe von Schulmädchen herumzutollen, während ich mit einem jungen Gecken einen ziemlich unverhohlenen Liebestanz zu absolvieren hatte. Eine ältere Frau lachte darüber so sehr, dass der Klappstuhl unter ihr zusammenbrach und sie fast komplett verschluckte.

Die gesamte Show dauerte anderthalb Stunden und wurde – sehr zu Jammu Mijis Freude – von allen als überwältigender Erfolg empfunden. Wir dankten den Darstellern und Organisatoren und gingen ins Gästehaus zurück, um uns ein gewaltiges Festmahl und eine gehörige Portion Schlaf zu gönnen. Nach allem, was wir gehört hatten, war die nächste, vier Tage dauernde Wanderung nach Bameng im Bezirk East Kameng eine anstrengende Sache, und die Bewohner von Nafra räumten uns bei der Frage, ob wir es schaffen würden, nur eine 50-prozentige Chance ein.

Weil die Strecke als so schwierig galt, war der Bezirkskommissar wohl ein wenig übers Ziel hinausgeschossen, als er unsere Begleitung bis Janasing, einem Dorf auf halbem Weg nach Bameng, zusammenstellte. Außer fünf Trägern und vier Pferden bestand unser Gefolge aus einem rundlichen Dolmetscher, einem Führer und einem Miji aus Janasing, der zufällig gerade seine Verwandten in Nafra besucht hatte. Der Dolmetscher trug ein khakifarbenes Hemd, eine dazu passende Hose, lila Nagellack, eine unechte Goldarmbanduhr und eine riesige, reich verzierte Gürtelschnalle. Ihm machte der Ausritt sichtlich Spaß, und er suchte sich auch gleich das stämmigste Reittier aus. Der Führer war persönlich für unsere sichere Reise bis nach Bameng verantwortlich, überließ die Rolle des Pfadfinders jedoch dem mit Schlapphut, Kampfjacke und traditionellen Hosen bekleideten Mann aus Janasing. Dass er sich uns angeschlossen hatte, war ein Geschenk des Himmels, da keiner der anderen je Anlass gehabt hatte, sich in die Berge östlich von Nafra hinauszuwagen, und daher die angeblich so schreckliche Strecke nicht aus eigener Anschauung kannte.

Der Mann aus Janasing hatte außerdem den Auftrag, für die gesamte Truppe eine angemessene Unterkunft zu finden und, falls nötig, für unsere Weiterreise neue Träger zu organisieren. Per Funk war bereits der Kommissar in Bameng angewiesen worden, uns Träger des ALC bis Janasing entgegenzuschicken. Zum Schluss wurden noch Botschaften an den Innenminister und den obersten Verwaltungsbeamten in Itanagar versandt, um ihnen mitzuteilen, dass wir sicher in Nafra angekommen und zu unserem nächsten Ziel aufgebrochen waren. Im Gegenzug würden sie dann wiederum die verschiedenen paramilitärischen und geheimpolizeilichen Verbände über unseren Aufenthaltsort informieren. Für uns bedeutete diese Art zu reisen eine ganz neue Erfahrung. Im Hintergrund lauerte ein Verwaltungsapparat, der offenbar ebenso verwuchert und verwoben war wie der Dschungel, durch den wir gekommen waren. Und bei jedem einzelnen Schritt wurden wir vom Großen Bruder überwacht.

Der erste Tag war verhältnismäßig einfach, nur der Dolmetscher and die Pferde machten einen Umweg, der sie – mitsamt dem gesamten Proviant – um drei Stunden zurückwarf. Als sie unser Lager bei Anbruch der Dunkelheit endlich erreichten, waren wir alle fast wahnsinnig vor Hunger. Es hatte den ganzen Nachmittag ununterbrochen geregnet, und sie boten ein recht klägliches Bild.

Tag zwei war katastrophal. Es regnete wie aus Kübeln, und der Dschungel zeigte sich so, wie ich mir immer den Kokoda Trail vorgestellt hatte – nur noch schlimmer. Wir überwanden Gefängnismauern aus dichtem Bambus, schlugen uns den Weg durch verfilzte Netze aus Schlingpflanzen frei, stolperten im Unterholz über versteckte Wurzeln und stapften meilenweit durch dicken Schlamm. Mehrmals zogen wir die Füße aus dem Sumpf und stellten fest, dass

unsere Wanderstiefel im Schlamm stecken geblieben waren. Den –
hier allerdings recht kleinen – Blutegeln konnte man unmöglich
entgehen. Bei einer Rast entfernten wir jeweils fast fünfzig Stück.

Trotz des Regens war es eine aufregende Erfahrung, durch den
Dschungel zu wandern, und als wir schließlich auf die durch Brand-
rodung freigelegten Felder rund um Janasing hinaustraten, fühlten
wir uns, als hätten wir einen lang ersehnten Gipfel bestiegen – körperlich erschöpft, aber innerlich zufrieden.

Die Pferde kamen noch langsamer voran als wir und tauchten erst
lange nach dem Dunkelwerden auf. Das Reitpferd war gestürzt und
hatte seine Hinterbeine verletzt; bei dem Sturz war der arme Dolmetscher ins Wasser gefallen. Dabei war nicht nur seine nachgemachte Rolex auf einen Stein geschlagen und kaputtgegangen, er
hatte auch den Rest des Wegs bis nach Janasing zu Fuß gehen müssen. Übergewichtig und untrainiert, wie er war, hätte es mich nicht
überrascht, wenn er einfach umgekehrt wäre. Doch er erwies sich
als erstaunlich widerstandsfähig, und nachdem wir ihn mit reichlich *apong* wieder belebt hatten, berichtete er nicht ohne Humor
von seinen Abenteuern.

Der Führer hatte für uns alle Unterkünfte organisiert. Chris, Paul
und ich kamen bei einer Familie unter, die uns an die Clampetts aus
der TV-Serie »Beverly Hillbillies« erinnerte. Ihre gedeckte Bambus-
hütte war auf Stelzen gebaut, die Großmutter saß in einem großen,
stabilen Schaukelstuhl auf dem überdachten Balkon. Ihr winziges,
zerfurchtes Gesicht war von einer durchgehend tätowierten Linie
durchzogen, die vom Haaransatz über Stirn, Nase, und Lippen bis
zum Kinn verlief. Ihre geteilten Ohrläppchen hingen wie eine
Schlaufe aus Seil auf ihre Schultern. Unzählige Armreifen aus Messing und Silber, die vermutlich schwerer wogen als ihr gesamtes
Körpergewicht, klimperten, als sie ihre Arme hob und die Handflächen zum Willkommensgruß zusammenlegte. An der Wand hinter

ihr hingen etwa 20 riesige *mithun*-Schädel (von einheimischen, halbdomestizierten Bullen mit riesigen Hörnern) als Jagdtrophäen und Zeichen des Wohlstands der Familie. Die langen Hörner dienten als Haken für Seile, Säcke, Beutel, Webstuhlteile und zahllose andere, nicht näher identifizierbare Gegenstände. Wie uns unser Dolmetscher erklärte, galten die *mithun* vielen Völkern in Arunachal als äußerst wertvolle Tiere. Man hielt sie, um sie im Warentausch, bei Heiratsverhandlungen und als Sühnezahlungen für Verbrechen einzusetzen. Zu bestimmten festlichen Anlässen wurden sie getötet und mit feierlichen Ritualen den Göttern zum Opfer gebracht.

Dann trat Elly May – eine außergewöhnlich schöne Frau – in die offene Tür. Sie war von Kopf bis Fuß in die traditionelle Tracht der Miji gekleidet. In ihren riesigen reifenförmigen Ohrringen hätten zwei Wellensittiche Platz gefunden. In Gummistiefeln und einer vergilbten, bis zu den Oberschenkeln reichenden Baumwolltoga sprang ihr Bruder Jethro grinsend auf den Balkon. Hinter ihm trat Jed heraus. Er trug einen schlittenförmigen Regenmantel aus Bambusrohr und rauchte eine kleine Silberpfeife.

Das Haus der Familie war in einen kleinen und einen großen Raum aufgeteilt. Im großen Raum gab es drei separate Kochstellen. Sie wurden von einem Herd gespeist, der allein die Hälfte der gesamten Fläche einnahm. An einer Wand war ein Korridor für die Aufbewahrung von Essensvorräten und Gerätschaften abgeteilt.

Wir legten unsere Schlafsäcke auf die eigens für uns in dem kleineren Raum aufgebauten schmalen Betten aus Bambusrohr. Als sich meine Augen an das dämmrige Licht der Kerze gewöhnt hatten, entdeckte ich, dass ich unter einem Baldachin aus getrockneten Eingeweiden, Hundeschädeln, Rattenknochen und Geweihsprossen lag, die in staubigen, von Spinnweben überzogenen Bündeln von der Decke hingen. Ich holte meine Taschenlampe heraus, um zu sehen, ob Spinnen darin wohnten. Zwar hatte ich bei weitem nicht so viel Angst vor Spinnen wie mein Mann, aber die Vorstellung, dass mir im Schlaf etwas Großes, Haariges mit acht Beinen über das Gesicht krabbelte, war auch mir alles andere als angenehm.

Ehe wir ins Bett gingen, wurden wir zu einer weiteren Runde *apong*, Tanz und Gesang in den verräucherten Hauptraum gebeten. Elly May und zwei ihrer Freundinnen sangen Lieder ihrer Vorfahren, und zwei Stunden lang vergaßen wir völlig, dass wir aus dem 20. Jahrhundert hierher gekommen waren. Jeder Schritt durch den Dschungel führte uns um Jahre in die Vergangenheit zurück – fort von den alles erstickenden Händen der Bürokratie hin zu den ganz natürlichen, offenen Armen der Menschen, die hier in ihren Gemeinschaften lebten.

Am nächsten Morgen regnete es immer noch, und ich fragte den *gaon bura* beiläufig, wie viele Tage der Regen schon andauerte. »Sechs Monate ungefähr – vielleicht eine Woche mehr, vielleicht eine Woche weniger«, war seine Antwort, die mir zuerst ganz plausibel erschien. Als derselbe Mann aber später behauptete, er sei »ungefähr 130 Jahre alt«, begann ich, an der Genauigkeit seiner Angaben zu zweifeln. Grinsend meinte er, dass sein Dorf, das jetzt schon bis zu den Knien – und an manchen Stellen bis zu den Oberschenkeln – im Schlamm steckte, eines Tages ganz versinken oder vom Berg heruntergespült werden könnte.

Vier Männer aus Janasing begleiteten uns, als wir am nächsten Morgen weiterzogen, doch schon nach einer Stunde kamen uns die von Bameng angeforderten Träger entgegen und übernahmen das Gepäck. Sie sahen tatsächlich wie edle Wilde aus, am erstaunlichsten aber war, wie sie plötzlich aus dem Dschungel vor uns aufgetaucht waren. Sie gehörten zum Volk der Bangni und klickten mit ihren Zungen wie die Buschleute in der Kalahari, als sie überrascht feststellten, dass eine der drei Fremden, denen sie helfen sollten, doch tatsächlich eine Frau war!

Sie trugen ihre Haare nach vorn gekämmt, geflochten und über der Stirn auf Stäbchen oder Metallnadeln zu glänzend schwarzen Haarknoten gewickelt. Von der Rückseite ihrer aufwändigen Haartracht hingen Adlerfedern herab. Ihr Hauptkleidungsstück bestand aus einem einfachen, handgewebten Tuch, das sie lose um ihre Körper geschlungen und an den Schultern zusammengeknotet hatten. Zwei der Männer trugen Halsketten aus aufgefädelten Glasperlen, und alle hatten riesige Schwerter in Bambus- oder Bärenfellschäften dabei, die mit kleinen, weißen Kaurimuscheln und Unterkiefern von Tigern oder wilden Hunden verziert waren. Über die Schultern trugen sie dünne Taschen aus gewebten Bambusfasern. Schwarze Fasern von den Baumstümpfen der Dschungelpalmen waren wie grobes Haar gekämmt und so an den Außenseiten ihrer Taschen angebracht, dass sie sich in prachtvolle Regencapes verwandeln ließen. An ihren Beinen trugen die Männer nichts außer Schlamm und Blut, was das Leben für die Blutegel in East Kameng sehr einfach machte. An den bloßen Beinen der Bangni saßen so viele dieser Blutsauger, dass ich erst dachte, sie hätten wadenhohe Stiefel an.

Am Ende des Tages verließen wir den Dschungel und kamen über zwei Bambus-Hängebrücken in das teilweise gerodete Tal von Leyak. Chris, Paul und ich waren mit Striemen, Stichen, Kratzern, Schrammen und blutenden Blasen bedeckt – Andenken an eine der schwierigsten Etappen, die wir auf unserer langen Reise bewältigt hatten. Wir hatten keine Energie mehr, uns ein Abendessen zu kochen, gingen schließlich ohne Essen ins Bett.

Die Bangni beruhigten uns und sagten, der Weg von Leyak nach Bameng sei längst nicht so hart wie der von Janasing nach Leyak, da er häufig von Einheimischen genutzt würde. Zwischen Miji und Bangni hatte es nie viel Kontakt gegeben, daher würde der von der Regierung künstlich geschaffene Weg vor allem während des Monsuns fast gar nicht benutzt.

In Arunachal gab es von alters her kaum Verbindungen von West nach Ost. Die Pfade der einheimischen Völker führten, an die Landschaft angepasst, von Nord nach Süd. Mehr als in jeder anderen Himalajaregion war die Topografie in Arunachal klar gegliedert: Höhenzüge und Täler wechselten sich gleichmäßig ab. Die Berge lagen da wie die ausgestreckten Finger einer Hand, und jede Fingerspitze zeigte genau nach Süden. Diese Bergfinger marschierten die Menschen einfach hinauf und hinunter und siedelten überall da, wo sich ein geeignetes Fleckchen fand. Die Berge des Himalaja waren hier niedriger, das Terrain jedoch steiler, als wir es bisher gewohnt waren. Quer durchs Land zu trekken war bestenfalls masochistisch, schlimmstenfalls selbstmörderisch. Die Einheimischen unternahmen solche Streifzüge daher nur, wenn die Zeiten schlecht und Übergriffe auf ihre Nachbarn notwendig waren.

Der letzte der vier Tage auf unserem Weg nach Bameng dämmerte klar herauf, und wir brachen früh auf, um der Hitze zu entgehen. Frühstücksfeuer brannten in den Feuerstellen des Dorfs, und der Rauch bildete über jedem der mit getrockneten Bananenblättern gedeckten Dächer einen kleinen Heiligenschein. Schließlich kamen wir ins Tal des Pachuk-Flusses mit seinem Flickenteppich aus terrassierten Mais- und Getreidefeldern. Der Dschungel war an beiden Seiten des Flusses mit dichten Wäldern aus wilden Bananen und Sagopalmen gesäumt. Kaum zu glauben, dass wir noch immer im Himalaja waren; so stellte ich mir eher das Hochland von Borneo oder Neuguinea vor.

Wir zogen von Dorf zu Dorf, von einer Lichtung zur anderen, und hielten gelegentlich an, um ein paar Fotos zu machen. Die Bangni nutzten alles, was ihnen die Natur bot, für ihre Nahrungsvorräte oder als Baumaterial. In und um ihre Häuser war alles aus Bambusblättern oder -rohr gemacht; von den geflochtenen Wänden und Bodenmatten bis zu Bechern, Wasserbehältern, Beuteln, Feuerzangen,

Ornamenten, Seilen, Tellern, Pfeifen, Pfeilen und Bogen. Frauen worfelten Getreide, während die Männer wilde Bambuswurzeln für den Wintervorrat in Scheiben schnitten und anschließend einlegten oder trockneten.

Ebenfalls aus Bambusmaterial hergestellte animistische Altäre standen an den Ein- und Ausgängen der Dörfer und vor etlichen Häusern. Sie wurden errichtet, um böse Geister und Krankheiten fern zu halten, und waren mit dem Blut von Opfertieren bespritzt. Vor einer kleinen Siedlung stand ein riesiger, aus Bambus geflochtener Hund Wache und bleckte seine hölzernen Zähne.

Jetzt, wo die Sonne schien, war es drückend heiß, doch der schmale Pfad durch den Dschungel war gut zu erkennen. Nur einmal setzte ich einen Fuß ein wenig zu weit nach rechts und machte einen Purzelbaum von einer Klippe herunter.

Es ging alles so schnell, dass ich noch nicht einmal Zeit hatte, aufzuschreien. In der einen Sekunde lief ich noch unbekümmert voran, in der nächsten war ich schon in der Tiefe versunken. Es war der hinter mir kommende Chris, der vor Schreck laut aufschrie. Zum Glück dämpfte der dichte Dschungel die Wucht meines Sturzes, doch fiel ich immerhin 15 Meter in die Tiefe und riss alles mit, was sich mir in den Weg stellte. Leider handelte es sich bei der Pflanze, die mich schließlich auffing, um ein wild wucherndes Dornengestrüpp.

Abgesehen von den brennenden Striemen im Gesicht und an den Armen und einer riesigen Beule, die auf meinem Schienbein anschwoll, war ich unverletzt. Ich brauchte ungefähr eine halbe Stunde, um mich aus dem Dornbusch zu befreien, und weil das Gelände viel zu steil war, um auf geradem Weg zurück zum Pfad hinaufzuklettern, musste ich mir einen Weg parallel zur Klippe freischlagen, bis ich auf eine Rinne traf, der ich nach oben folgen konnte. Mir war sofort klar, dass ich großes Glück gehabt hatte, so glimpflich davongekommen zu sein, aber es dauerte weitere drei Tage, ehe ich begriff, dass ich hätte tot sein können. Paul, der etwa eine halbe Stunde hinter Chris und mir durch das Dorf Domdilla kam, sah eine junge Frau vor einem tollwütigen Hund fliehen, stolpern und in einen ähnlichen Abgrund stürzen. Er half ihrem Mann, sie zu bergen, aber sie hatte eine schwere Gehirnerschütterung, und das Blut, das aus ihren Ohren strömte, ließ auf innere Kopfverletzungen schließen. Sie hatte keine Überlebenschance.

Der letzte Abschnitt des Wegs nach Bameng verlief fast senkrecht einen mindestens tausend Meter hohen, kaum bewachsenen Bergkamm hinauf. Es hatte 40 Grad, uns war übel, und wir fühlten uns fiebrig. Die Bangni-Träger hielten an, wo immer es möglich war, sich einen Augenblick lang hinzusetzen, ohne den Berg herunterzurollen, und wischten mit ihren Schwertern den Schweiß von Gesichtern, Armen und Beinen.

Bameng lag nach Norden hin auf einem Gebirgsausläufer ausgebreitet. Mindestens drei Viertel der Häuser waren Verwaltungsgebäude mit Betonwänden und Wellblechdächern. Der Stellvertreter des dort zuständigen Kommissars hatte einen seiner Männer ausgesandt, um uns auf dem Pfad entgegenzugehen. Er grüßte militärisch, und Chris und ich hatten Mühe, uns das Lachen zu verkneifen. Mit ernster Miene führte er uns zum Haus seines Chefs.

Der Stellvertretende Kommissar, Niyken Lollen, und seine Frau stammten nicht aus dem indischen Mutterland wie alle anderen leitenden Beamten, die wir bislang kennen gelernt hatten. Sie waren Adi, Mitglieder des größten Volks von Arunachal. Wir verbrachten eine Stunde lang plaudernd und lachend mit Niyken und anderen Honoratioren des Dorfes, dann führten sie uns durch den Ort zum PWD-Bungalow.

Unser Besuch fiel mit dem dreitägigen, in ganz Indien gefeierten Durga-Puja-Fest zusammen, und die Hindus im Dorf (allesamt

Staatsbedienstete aus Indien) führten eine *puja* und ein Konzert zur Ehren der legendären zehnarmigen Himalajagöttin auf, die in zehn Richtungen gleichzeitig gegen die Dämonen des Bösen gekämpft hatte. In der Mitte des Ortes hatte man aus Wellblech und alten Bettlaken ein behelfsmäßiges Theater mit Schrein aufgebaut, vor dem sich mindestens 500 Menschen – Einheimische ebenso wie Regierungsangestellte – versammelt hatten. Wir bekamen Plätze in der ersten Reihe, und die örtlichen Paparazzi schossen mehr Fotos von uns als von dem Geschehen auf der Bühne.

Als das »Kulturprogramm« zu Ende war, lud Niyken uns in sein Haus zu einer Dinnerparty ein, die so feuchtfröhlich verlief, dass wir das Programm für den nächsten Tag absagen mussten. Alle um uns herum hatten Urlaub, und da wir nicht länger dem Wetter oder der Uhr hinterherjagen mussten, entschlossen wir uns, es ihnen gleichzutun. Wir verbrachten den Tag tanzend, singend, essend und trinkend bei Niyken, doch um halb sieben am nächsten Morgen rief uns der Trekkingpfad wieder und wollte von einem Nein als Antwort nichts hören.

Wir stiegen hinab in das Tal des Kameng-Flusses und trafen auf die unbefestigte Straße, die Seppa, die Hauptstadt des Bezirks, mit Chyangtajo verband, dem letzten Außenposten der indischen Verwaltung in East Kameng. Nach so vielen Tagesmärschen durch den unwegsamen Dschungel war es eigentlich recht angenehm, wenn auch wenig ereignisreich, auf der offenen Straße entlangzuwandern, zumal hier kein einziges Auto fuhr, vor dem wir uns hätten in Acht nehmen müssen, nur gelegentlich tauchte ein tollwütiger Hund auf, der nach einem Opfer ausspähte.

Es war die sprichwörtliche Ruhe vor dem Sturm, denn der dreitägige Marsch von Chyangtajo nach Nyapin, dem nächsten offiziellen Checkpoint unserer Reise im Bezirk Lower Subansiri, war zweifellos der härteste, den wir jemals durchlitten hatten. Das Gebiet war so wild und unberührt, dass wir, nur drei Stunden von Chyangtajo, einer Stadt mit Stromversorgung und mehr Regierungsbeamten als Einheimischen, auf eine kleine Gruppe von Shulung trafen, die sich noch als Jäger und Sammler ernährten. Zwar probierten auch sie den Brandrodungsfeldbau, doch mindestens 80 Prozent ihrer Nahrung stammte direkt aus dem Dschungel.

Da wir bis Pashang, dem nächsten Dorf, noch weitere zehn Stunden unterwegs sein würden, bestanden unsere Träger darauf, an Ort und Stelle Rast zu machen, und führten uns zum Haus des *gaon bura*. Es lebten nur etwa fünf Familien in der Siedlung, die, als wir ankamen, völlig verlassen schien. Kein einziger Shulung war zu sehen. Die Träger ließen sich davon jedoch nicht abschrecken, richteten sich häuslich im Haus des Dorfältesten ein und benutzten seinen Wetzstein und das aus Knochen hergestellte Nadelsortiment. Den Rest des Tages verbrachten sie auf seiner Veranda, reparierten ihre geflochtenen Taschen und schärften die Klingen ihrer Allzweckwaffen.

Die Frauen und Kinder des Dorfs waren unterwegs, um das Sagomark aus der wilden Rambung-Palme zu gewinnen, und kehrten gegen drei Uhr mit ihrer Ausbeute zurück. Die Männer hatten den Tag im Dschungel verbracht, wo sie mit ihren selbst gemachten Pfeilen und Bögen Affen verfolgt hatten. Sie kamen gegen vier Uhr zurück, niedergeschlagen und mit leeren Händen. Der *gaon bura* lebte merklich auf, als er sah, dass er Gäste hatte, zückte sein Schwert und kam wild fuchtelnd auf uns zugelaufen, als wollte er eigens für uns einen gefährlichen Kopfjäger mimen. Humor hatten sie, die Einwohner von Arunachal, das musste man ihnen lassen.

Der *gaon bura* wickelte einen schmutzigen Baumwolllappen von seinem Schienbein und schob mir seinen Unterschenkel hin. Vor zehn Tagen, sagte er, sei er versehentlich ausgerutscht und habe sich mit seinem Messer geschnitten. Die Wunde sei noch immer äußerst schmerzhaft, und da gerade kein Schamane verfügbar sei, fragte er, ob ich sie mir vielleicht einmal ansehen könne. Er ließ mir kaum eine andere Wahl, obgleich mir beim bloßen Anblick übel wurde. Die Schnittwunde war ungefähr acht Zentimeter lang, drei Zentimeter breit, ging tief bis auf den Knochen und war mit Eiter gefüllt. Rote Spuren zogen sich bis auf seine Oberschenkel. Er hatte eine Zellgewebsentzündung – eine Form der Blutvergiftung.

Chris und ich säuberten und verbanden die Wunde unter der Bedingung, dass uns der *gaon bura* versprach, am nächsten Tag nach Chyangtajo und von da aus weiter nach Seppa ins Krankenhaus zu gehen. Wir versuchten ihm klar zu machen, dass Eile vonnöten sei, weil er sonst sein gesamtes Bein, vermutlich sogar sein Leben verlieren würde. Paul übersetzte für uns, und wir gaben dem Mann ein paar starke Antibiotika und einen Brief für das Krankenhaus mit, in dem wir den Ärzten genau schilderten, was wir unternommen hatten. Es war nicht viel, aber alles, was wir tun konnten.

Am nächsten Tag kamen wir selbst dem Tod gefährlich nahe. Nach sechs Stunden im Dschungel, der so dicht war, dass wir glaubten, die Sonne wäre an diesem Tag gar nicht aufgegangen, gelangten wir auf eine kleine Lichtung auf der Spitze eines Bergkamms. Ich ging vor Paul und Chris und blieb plötzlich wie versteinert stehen, vom schlimmsten Schmerz durchzuckt, den ich je in meinem Leben gespürt hatte. Ich fing laut an zu schreien: Ich war direkt in einen Schwarm wilder Hornissen getreten.

Ehe Chris überhaupt begriffen hatte, was passiert war, war er schon an meiner Seite und versuchte, mich aus der Gefahrenzone zu ziehen. Paul schrie uns beide an, wir sollten wegrennen – aber vor was? Und wohin? Es ging alles so schnell, dass mir außer den höllischen Schmerzen alles unwirklich erschien.

Ich konnte nichts mehr sehen, hatte vier Stiche am rechten Auge, und mein geschwollenes Gesicht brannte wie Feuer. Insgesamt hatte ich zwölf Stiche und Chris fünf Stiche abbekommen. Mehr als drei Stiche galten als tödlich. Meine Kehle schnürte sich zu, und ich dachte, ich würde wahnsinnig. Ich brauchte einen Schuss Adrenalin oder wenigstens schnell wirkende Antihistamine, und ich brauchte sie auf der Stelle. Aber die Träger mit dem Gepäck, in dem sich auch unsere Erste-Hilfe-Tasche befand, waren uns vorausgegangen.

Paul wies unseren Führer an, so schnell wie möglich zu den Trägern aufzuschließen und ihnen zu sagen, dass sie auf uns warten sollten. Dann hievte er Chris und mich auf die Beine und stieß mich vorwärts. Der Pfad war nirgendwo breit genug, um nebeneinander zu gehen, deshalb nahmen mich die beiden zwischen sich, der eine schob und der andere zog, während ich, der Ohnmacht nahe, halb blind durch den Dschungel wankte. Der arme Chris war den Tränen nahe; er hatte nicht nur mit seinen eigenen Schmerzen fertig zu werden, er fürchtete auch, ich würde jeden Augenblick aufgeben und umkippen. Ich rang nach Luft und begann zu würgen.

Anderthalb Stunden vergingen, bis wir die Träger erreichten. Ich brach zusammen, und Chris und Paul rissen die Rucksäcke auf, um nach den Medikamenten zu suchen. Ich schluckte sie mit Spucke herunter – wir hatten keinerlei Wasser –, lehnte mich zurück und wartete, dass die Wirkung einsetzte. Hätte ich eine Pistole gehabt, hätte ich sie womöglich gegen mich selbst gerichtet. Die Schmerzen – vor allem in den Augen – waren unerträglich. Irgendein unsichtbarer böser Dämon hatte ein Messer hineingebohrt und hörte nicht auf, es genüsslich hin und her zu drehen.

Etwa eine halbe Stunde später konnte ich etwas besser atmen. Unser Führer hatte die Gepäckträger direkt am Rande des Dschungels beim Beginn der Felder von Pashang eingeholt. Jetzt, wo die Krise vorüber war, gab es keinen Zwang zur Eile mehr, und in dem Moment, als wir das Dorf erreichten, fühlte ich mich schon sehr viel besser. Die Schmerzen waren zwar selbst nach einem halben Dutzend Panadol kaum zurückgegangen, aber die Gewissheit, dass ich nicht sterben würde, wirkte auf uns alle wie ein Wunderelixier. Als es Abend wurde, waren meine Schmerzensschreie zu einem leisen Wimmern verebbt.

Die Schmerzen dauerten 16 Stunden an, und während ich ihnen ausgeliefert und von großer Angst vor dem Erblinden gebeutelt war, organisierten Chris und Paul alles für unsere Weiterreise nach Nyapin. Wir waren jetzt im Nishi-Gebiet, und weiter als Pashang wollten die Träger aus Chyangtajo nicht gehen.

Unsere Expedition neigte sich dem Ende zu, wurde aber eindeutig immer gefährlicher. Kaum hatten wir den Angriff der Hornissen überstanden, mussten wir auch schon eine weitere lebensbedrohliche Situation meistern. Diesmal gerieten wir in die Gewalt von Mördern und Dieben.

Von Nyapin stiegen wir zu einem Dorf namens Sangram auf und trafen dort wieder auf eine unbefestigte Straße. Statt Träger zu engagieren, sicherte Paul einen Platz auf der Ladefläche eines Lkw für sich und unser Gepäck, und Chris und ich begannen mit der 50 Kilometer langen Wanderung nach Pallin. Wir kamen gut voran und erreichten die Stadt in genau neun Stunden.

Am nächsten Tag kam wie vereinbart ein Jeep vom Bezirkshauptquartier in Hapoli, um uns zu einem Drei-Tage-Urlaub in das zauberhafte Tal des Apa-Tani-Volks abzuholen. Wir waren Gäste von Naresh Kumar, dem neu ernannten Bezirkskommissar von Lower Subansiri, und seine Gastfreundschaft war wirklich absolut überwältigend.

Drei Tage lang beschäftigten wir uns von morgens bis abends mit kaum etwas anderem als mit Essen und Schlafen, rafften uns nur gelegentlich zu einem Stadtbummel auf, um ein bisschen in Bewegung zu bleiben.

Am 29. Oktober fuhren wir zurück nach Pallin, um unseren Trek fortzusetzen. Es war ein Dienstag, kein Freitag, und trotzdem sollte es ein schwarzer Tag für uns werden.

Etwa um sieben Uhr, nach dem Abendessen im PWD-Bungalow, ging ich über den Balkon zurück zu unserem Zimmer. Es war pechschwarz, kein elektrisches Licht brannte, kein Mond schien, und meine Taschenlampe hatte ich bei Chris und Paul zurückgelassen. Der *chawkidar* war bei mir und hielt den einzigen Schlüsselbund für das Haus und einen gerade verloschenen Kerzenstummel in der Hand. Ich hörte Geflüster, und als wir das Ende der Veranda erreichten, sah ich, dass die Tür zu unserem Zimmer von vier gesichtslosen Männern blockiert war. Ihr Atem stank nach Alkohol.

Der *chawkidar* schloss die Tür auf, und die Männer versuchten, ihn wegzustoßen und mir ins Zimmer zu folgen. Sie schikanierten mich in gebrochenem Englisch und drohten, mir etwas anzutun, wenn ich sie nicht hereinließe. Ich verriegelte die Tür, und sie schlugen sofort wild darauf ein.

Chris und Paul hatten das Essen noch mit einer Zigarette beschlossen und kamen gerade in dem Moment an die Tür, als die Angreifer sie aufbrechen wollten. Paul versuchte, mit ihnen zu reden, während Chris zur Küche lief, um Hilfe zu holen, wobei er von einem brutalen Faustschlag getroffen wurde. »Bitte, Sorrel, gib ihnen Geld, sonst …«, war das Letzte, was ich von draußen hörte. Ich fing an zu schreien.

Niemand kam uns zu Hilfe, also nahm Chris einen brennenden Holzscheit aus dem Feuer in der Küche und rannte damit auf das Zimmer los. Um die Männer zu vertreiben, schlug er mit dem Holzscheit auf das Geländer. Paul war verschwunden. Es stand einer gegen vier. Ich flehte Chris durch die verriegelte Tür an, niemanden zu verletzen, weil ich befürchtete, dass es die Situation nur noch verschlimmern würde. Aber ehrlich gesagt, sie konnte kaum noch schlimmer werden. Durch ein geschicktes Manöver gelang es Chris, rückwärts ins Zimmer zu kommen und das brennende Holzscheit wegzuwerfen, während ich gleichzeitig die Tür zuschlug. Dann brach die Hölle los.

Jetzt blieb es nicht mehr bei leeren Drohungen. Die Männer riefen, sie würden uns töten, wenn wir ihnen nicht 5000 Rupien und Gewehre gäben. Sie drehten total durch. Die Tür splitterte aus den Angeln. Der obere Riegel flog in den Raum, und ich war vor Angst völlig hysterisch. Chris schrie mir zu, ich sollte unsere Brieftaschen schnappen und zur Hintertür des Zimmers laufen. Zufällig war sie nicht verschlossen. Hilflos flohen wir hinaus in die Dunkelheit.

Jemand ergriff meine Hand. Ich konnte nicht sehen, wer es war, und mein Herz pochte so wild, dass ich nicht schreien konnte. »Kommen Sie mit«, sagte eine ruhige Stimme. »Schnell!« Chris und ich klammerten uns aneinander, und die Stimme trieb uns in die Nacht. Sie gehörte dem örtlichen Tierarzt, der uns in ein weiter entferntes Haus zog. Er sagte, er sei gerade auf dem Weg zum PWD-Bungalow gewesen, um uns zu besuchen, als der Überfall losging. Er habe gehofft, dass wir geistesgegenwärtig genug seien, aus der hinteren Tür zu fliehen, und hätte dort auf uns gewartet, um uns in Sicherheit zu bringen. Zum Glück war Chris Herr seiner grauen Zellen geblieben, während ich mich in ein kreischendes Etwas verwandelt hatte.

Der Tierarzt übergab uns der Obhut seiner beiden Schwestern und ging dann los, um die am anderen Ende von Pallin stationierte Central Reserve Police Force zu alarmieren. Eine Stunde später kam er mit fünf bewaffneten Polizisten und Paul zurück, der vergeblich von Tür zu Tür gerannt war, um Hilfe zu holen. Die Leute hatten sich aber in nichts hineinziehen lassen wollen.

Pauls Nase blutete, und er war ziemlich wacklig auf den Beinen. Chris hatte sich die Hände verletzt. In der Panik hatte ich sie ihm versehentlich eingeklemmt, und jetzt, da seine Angst nachließ, setzte der Schmerz ein. Die Polizisten versuchten, uns zu trösten, räumten aber auch ein, dass sie nicht viel unternehmen könnten. Sie schlugen vor, mit uns zurück zum Bungalow zu gehen, um festzustellen, was gestohlen worden war.

Die Angreifer waren längst verschwunden – mit jedem noch so kleinen Teil unserer Kameraausrüstung. Ich brach weinend zusammen. Diese Ausrüstung war mein Leben.

Wir verbrachten eine schlaflose Nacht im Gebäude der Central Reserve Police Force; bis zum Morgen konnte wegen des Diebstahls nichts unternommen werden. Erst dann konnten sich die Beamten über Funk nach Hapoli wenden und richtige Polizisten aus Pallin anfordern, die den Vorfall untersuchen würden.

Um 9 Uhr morgens gingen wir zum Bungalow, um unsere restlichen Sachen zu holen, und starben fast vor Schreck, als wir einen der Angreifer, den wir eindeutig wieder erkannten, mit unserem Kamerabeutel in der Auffahrt stehen sahen. Der Beutel war leer, als Beweis aber sicher belastend genug, um eine sofortige Festnahme zu rechtfertigen. Das sagte ich jedenfalls den Beamten von der Central Reserve Police Force, doch sie beharrten darauf, dass sie ohne Befehle aus Pallin nicht reagieren könnten. Wieder einmal hatten wir das Ungeheuer namens Bürokratie am falschen Ende erwischt und mussten ein für allemal feststellen, dass es kein Gehirn im Schädel hatte.

Der Dieb war an den Tatort zurückgekehrt, weil er darauf spekulierte, der Vergeltung zu entgehen, wenn er dabei half, das gestohlene Eigentum, mit dem seine Freunde verschwunden waren, zurückzugewinnen. Während wir auf die Ankunft der Kriminalbeamten aus Hapoli warteten, wurde tatsächlich der größte Teil unserer Ausrüstung zurückgebracht, wenn auch in einem traurigen Zustand. Ein Objektiv war zerbrochen, mehrere Filter waren zerkratzt, die Filme in den Kameras ruiniert, alles war verschmutzt und mit Fingerabdrücken übersät.

Gegen Nachmittag kam endlich die richtige Polizei, und wir mussten zurück ins Gebäude der Central Reserve Police Force, um unter Eid unsere Aussagen zu wiederholen. Naresh Kumar kam persönlich, um dafür zu sorgen, dass die Schuldigen festgenommen wurden, und er lud uns ein, während seiner Abwesenheit in seinem Haus zu wohnen.

Leider durften wir nicht nach Pallin zurückkehren und unseren Trek fortsetzen – ja, bis nicht alle vier Täter gefasst und verurteilt waren, durften wir noch nicht einmal Hapoli verlassen. Bald ging das Gerücht um, einer der Männer – ein Lehrer – habe bereits ein Gerichtsverfahren wegen Mordes zu erwarten. Nun würde die Schlinge um seinen Hals sich endgültig zuziehen.

Erst gegen zehn Uhr abends kamen wir in das Haus des Bezirkskommissars zurück. Wir waren körperlich und psychisch völlig erschöpft und schliefen bis zum nächsten Vormittag. Das Innenministerium von Arunachal Pradesh und das australische Hochkommissariat in Neu-Delhi meldeten sich telefonisch. Sie wollten sich vergewissern, dass wir wohlauf waren, und die Regierung des Bundesstaats gab der Hoffnung Ausdruck, dass der Zwischenfall bei uns keinen falschen Eindruck von der Bevölkerung des Landes hinterlassen möge. Wir sagten, wir wüssten sehr gut, dass einem so etwas überall, auch in unserem eigenen Land, passieren könne. Wir empfänden auch weiterhin nichts als Respekt und Zuneigung für die Einwohner von Arunachal – sie selbst seien es höchstens, die den Respekt für sich verloren hätten. Gern hätte ich gesagt, dass der Vorfall wohl weniger ein Spiegelbild der wahren Natur der Einheimischen war als ein Ergebnis der gegen die traditionelle Gesellschaft gerichteten Politik der Regierung. Wenn junge Menschen wurzellos und zwischen zwei Welten gefangen sind, rebellieren sie unwillkürlich – kulturell gegen die eine, politisch gegen die andere. Leider waren Chris und ich zwischen diese Fronten geraten.

Gerade Pallin war offenbar für seine Gesetzlosigkeit verschrien – ein Problem, das die Regierung nur auf den Alkohol zurückführte. Dabei übersah sie die Tatsache, dass starkes Trinken überall auf der Welt bloß ein Ausdruck von Unzufriedenheit und ein wesentliches Merkmal jener Entwurzelung ist, welche die Regierung selbst vorantrieb. Die jungen Leute von Pallin waren nicht die Ersten, die ihre Unzufriedenheit im Alkohol zu ertränken versuchten; und sie würden auch nicht die Letzten sein. Der Alkoholismus mit all seinen gesundheitlichen und sozialen Problemen war in vielen der von der Regierung »unter Kontrolle« gebrachten Dörfern Arunachals auf dem Vormarsch.

Der für die Öffentlichkeitsarbeit des Bezirks zuständige Beamte half uns, die Zeit zu vertreiben, indem er uns in verschiedene Dörfer der Apa Tani fuhr. Von allen Völkern Arunachals waren sie am wenigsten überrascht, uns zu sehen, da sie immer wieder mit dem bedeutenden österreichischen Ethnologen Christoph von Fürer-Haimendorf Kontakt gehabt hatten, dem Pionier der Erforschung der Himalajavölker.

Das 1500 Meter hoch gelegene Tal der Apa Tani unterschied sich von allen anderen Landschaften, die wir bisher in Arunachal gesehen hatten. Es wirkte eher wie ein breites, für intensiven Ackerbau genutztes Hochplateau. Nach Fürer-Haimendorfs Ansicht sprach vieles dafür, dass es früher einmal von einem See angefüllt gewesen war. Von den umliegenden Bergen heruntergewaschener Schlamm sorgte für einen äußerst fruchtbaren Boden. Die Apa Tani hatten daher über den sehr viel unsichereren Wanderfeldbau (wie er von den meisten hiesigen Völkern betrieben wurde und auch heute noch betrieben wird) hinaus eine stabile Ackerbaulandwirtschaft entwickeln können.

Die Apa Tani waren ausgesprochen schön, vor allem die Frauen, was sie immer wieder zu Opfern des Frauenraubs zwischen den einzelnen Völkern gemacht hatte. Um die benachbarten Nishi vom Frauenraub abzuhalten, erzählte unser Führer, hätten die Apa-Tani-Männer ihre Frauen entstellt, ihre Gesichter tätowiert und ihnen große, geschwärzte Bambuspfropfen in die Nasenflügel gestopft, sodass sie aussahen wie Schweineschnauzen. Diese Zeiten seien vorbei, bei vielen Frauen über 30 seien die Spuren dieser Vergangenheit aber noch bis heute zu sehen. Ich fragte eine Gruppe älterer Damen, wie sie ihren »Schmuck« empfanden, und sie antworteten mir, dass sie wegen ihres Äußeren nicht wagten, ihr Tal zu verlassen. Einige hätten es versucht und seien in andere Gebiete Indiens gereist. Von der Reaktion der Menschen, die sich nach ihnen umgedreht und sie ausgelacht hätten, seien sie aber so beschämt gewesen, dass sie von nun an lieber zu Hause blieben.

In einem Dorf konnten wir sehen, wie ein typisches Apa-Tani-Haus gebaut wird. Waren alle Materialien beschafft, brauchten die Dorfbewohner nur ein, zwei Tage, um es aufzustellen. Die ganze Gemeinschaft packte mit an; die Frauen sorgten dafür, dass die Versorgung mit *apong* nie ausging, und die Männer hämmerten die aus Bambus vorgefertigten Teile zusammen. Anders als bei vielen anderen Völkern in Arunachal standen die Häuser der Apa Tani in ordentlichen Reihen dicht beieinander. Die älteren Häuser verband ein eingekerbter Baumstamm oder eine hölzerne Leiter mit der Straße, zu den neueren führten Betonstufen hinauf.

In jedem Dorf stand eine Art Podium, auf dem sich die Männer trafen, um Angelegenheiten von allgemeinem Belang zu besprechen und Zeremonien durchzuführen. Auch der Dorfschamane vollzog hier seine Riten und Opferhandlungen. Da wir Interesse zeigten, einen solchen Priester kennen zu lernen, ging unser Führer mit uns in das Haus von Habung Jarjo Tabin.

Er sah eigentlich ziemlich normal aus, was uns ein wenig überraschte. Wahrscheinlich hatten wir einen runzligen alten Mann mit wildem, verfilztem Haar und knielangem Bart erwartet. Habung dagegen war Anfang 40 und glatt rasiert. Sein Kinn war tätowiert und sein Haar über der Stirn zu einem Knoten zusammengebunden, aber seine Kleidung – ein einfaches Hemd und eine Hose – hatte nichts Bemerkenswertes. Nur der älteste Mann im Dorf trug noch den traditionellen Lendenschurz der Apa Tani.

Habung wirkte so gutmütig wie die Geister, die er regelmäßig besänftigte. Er zeigte uns seine zeremonielle Ausrüstung, die er trug, wenn er bestimmte Riten durchführte – einen handgewebten Haarschmuck, einen Mantel, der mit einem Riemen aus Kaurimuscheln zusammengehalten wurde, und eine Halskette aus speziellen Steinen. Er sagte, er könne »Zeichen und Omen« aus Eigelb lesen und aus Hühnerlebern weissagen. Unser Führer lachte verlegen. »Wir Apa Tani sind äußerlich ganz modern – innerlich glauben wir aber immer noch an unsere Kultur. Selbst die am besten ausgebildeten Ärzte hier im Tal führen noch Zeremonien zu Ehren von Sonne und Mond durch. Komisch, nicht? Wir können unsere Kleidung ändern, die Gedanken in unserem Kopf – aber unsere Seelen verändern sich nie.«

Am 1. November kehrten Naresh und die Polizisten mit drei der vier Übeltäter im Schlepptau nach Hapoli zurück. Der vierte Mann, der vermeintliche Mörder, hatte während der Fahrt leider fliehen können, sodass wir unsere Reise entlang der asphaltierten Straße mit einem bewaffneten Bewacher fortsetzen mussten. Man konnte nie wissen, was der Schuft vorhatte und ob er vielleicht nach uns suchte, um sich zu rächen.

Es erschien wenig sinnvoll, dass Paul sich mit uns auf der Straße quälte, also schickten wir ihn mit einem Großteil unseres Gepäcks im Bus voraus nach Daporijio, der Hauptstadt des Bezirks Upper

Subansiri. Wir legten in fünf Tagen 190 Kilometer zurück. Die Nächte verbrachten wir in PWD-Bungalows oder den Langhäusern verschiedener *gaon bura* der Dörfer auf unserem Weg.

Alle Dorfvorsteher hatten mehrere Frauen, was als Zeichen von Prestige und Wohlstand galt. Bei den meisten Völkern hier galten Frauen als Besitz des Mannes. Sie wurden mit *mithun* gekauft und an die Söhne oder Brüder des rechtmäßigen »Eigentümers« weitervererbt. Wann immer ein Mann eine neue Frau erwarb, fügte er seinem Haus für sie und ihre Kinder einen neuen Anbau hinzu. Das Zusammenleben auf so engem Raum führte zu Rivalitäten, aber auch zu einem gewissen Zusammenhalt in der erweiterten Großfamilie. Nie werde ich den riesigen Gedenkstein aus Beton vergessen, auf dem in Englisch über einen Verstorbenen stand, er habe »drei Söhne, zwei Frauen, vier Schwestern, acht Brüder, drei Mütter und einen Vater hinterlassen«.

In Daporijio machten wir einen Tag Pause. Außer im Apa-Tani-Tal versammelten sich überall Menschenmengen von 200 und mehr Personen, um uns zu begrüßen. Manchmal war es durchaus irritierend, ständig angestarrt zu werden, vor allem, wenn wir von der Tagestour so müde waren, dass wir uns am liebsten nur noch ins Bett verkrochen hätten.

Unsere Expedition hatte jetzt schon so lange gedauert, dass wir in vieler Hinsicht erschöpft waren. Ein kleines Stück mussten wir uns aber noch weiter vorankämpfen. Jetzt, wo das Ende in Sicht kam und alles, woran wir noch denken konnten, unser Zuhause war, zog sich jeder Tag und jeder Kilometer unendlich in die Länge.

Von Daporijio wanderten wir nach Along, der letzten Bezirkshauptstadt auf unserer Liste. Wir kamen durch eine Reihe von Geisterdörfern – die Einwohner waren erst drei Monate zuvor von einem rätselhaften Fieber hinweggerafft worden. Überall sahen wir Opferaltäre und Gräber. Sie waren mit Skeletten von Flughunden und Ratten geschmückt, deren Geister die Verstorbenen in das unterirdische Reich der Toten geleiten sollten. In einem ans Stromnetz angeschlossenen Dorf beleuchtete sogar eine 40-Watt-Birne den Weg in die Unterwelt.

Der Countdown lief. Am Montag, den 11. November, erreichten wir Along in West Siang. Vorausgesetzt, wir konnten mit einer russischen Antonow-Turboprop-Maschine aus dem Grenzgebiet ausfliegen, war unsere Reise in einer Woche zu Ende. Falls nicht, müssten wir uns von der Vorstellung verabschieden, Weihnachten in Australien zu verbringen. Die einzige andere Alternative bestünde darin, von Arunachal nach Assam zu wandern, und das würde länger als zwei Wochen dauern – eine Möglichkeit, die in Betracht zu ziehen wir uns schlichtweg weigerten.

Das fragliche Flugzeug wurde von der Armee eingesetzt, um Vorräte für die in den nördlichen Regionen des Bezirks stationierten Regierungsbeamten und paramilitärischen Einheiten zu transportieren. Es startete in Tuting, einem Dorf, das nur etwa einen Tagesmarsch südlich unseres vorgesehenen Zielorts Gelling lag. Unsere Empfehlungsschreiben und unser Status als Staatsgäste würden uns, so hofften wir, zwei Plätze in dem Flugzeug sichern.

»Es hängt von den Göttern ab, Madam, nicht von den Piloten«, erklärte uns der Bezirkskommissar in Along. »Die Maschine fliegt nur, wenn das Wetter es erlaubt. Es kommt ganz darauf an, ob Sie Glück haben.«

»Es wird fliegen«, entgegnete ich. »Es ist nicht nur eine Frage des Glücks. Es ist eine Frage des Schicksals.« Von Tag zu Tag näherte ich mich mehr der indischen Sprechweise an – vom positiven Denken ganz zu schweigen!

Vor der Abreise aus Along machten wir den Fehler, ins örtliche Bezirkskrankenhaus zu gehen. Nichts in meinem Leben hat mich mehr deprimiert als der Besuch dieses Krankenhauses.

Auf der Veranda lagen Menschen und starben an zerebraler Malaria – im Innern des Krankenhauses gab es nicht genug Betten. In den Krankensälen – zwei schmutzigen Höhlen, eine für Männer, eine für Frauen – teilten sich zwei und gar drei Patienten schmale, gusseiserne Betten. Der Gestank war unerträglich, das Leid überall spürbar. Hilflose Familien drängten sich um ihre sich in Schmerzen windenden Verwandten. Eine Frau versuchte, ihrem bewusstlosen Sohn ein Stück von dem Traubenzucker, das sie von ihrem letzten Geld gekauft hatte, in den Mund zu stopfen. Ich musste mich abwenden. Der Ausdruck in ihren Augen zerriss mir das Herz. Ein anderer Mann, dünn wie ein Streichholz, stand am Bett seiner Frau und rang vor Verzweiflung die Hände. Für die Vitamine, die er an Stelle von Medikamenten für sie gekauft hatte, hatte er seine letzten Ersparnisse hergegeben. Seit einer Woche hatte er nichts gegessen, und seiner hohläugigen Frau ging es nach der »Behandlung« nicht besser.

Hände strecken sich uns entgegen. Gesichter erflehten ein Wunder. Das Geschrei eines verlassenen Babys mischte sich mit dem Rasseln uralter Lungen. Das Schweigen dazwischen aber war schlimmer als alle schrecklichen Geräusche zusammen. Es war die Hölle auf Erden.

Die Ärzte konnten ihre jahrelange Ausbildung nicht nutzen. Das Einzige, was ihnen zur Verfügung stand, waren Mittel zur Untersuchung von Blut-, Stuhl- und Urinproben. Sie hatten keine Röntgenapparate, nichts. Noch nicht einmal Medikamente oder auch nur Oral Rehydration Salts (ORS), ein Produkt, das von der Weltgesundheitsorganisation zur Behandlung von Durchfallpatienten verteilt wird. Seit zwei Jahren hatte das Krankenhaus keine Lieferung an solchen einfachen, lebensrettenden Mitteln mehr erhalten.

Die Ärzte spielten Badminton, die Schwestern beteten. Und die indische Regierung nannte dies Fortschritt? Sie gab Millionen von

Dollar aus, um Straßen zu bauen und nutzlose Regierungsabteilungen aufrechtzuerhalten, moderne Kommunikationssysteme einschließlich TV-Kabel in alle Teile des Landes zu bringen. Die Regierung brüstete sich damit, nicht weniger als acht solcher Bezirkskrankenhäuser gebaut zu haben, und führte eine lange Liste anderer medizinischer Einrichtungen und Apotheken in Arunachal an. Auf dem Papier sah das gut aus – und Papier war auch vermutlich alles, was diese Bürokraten je zu Gesicht bekamen. Nach den offiziellen Angaben schienen die Menschen in Arunachal besser versorgt zu sein als die meisten Hindus. In Wirklichkeit jedoch war dies in keiner Weise der Fall. Sie konnten hier nicht einmal in Würde sterben.

Mein Zorn und meine Empörung über dieses System ließen sich nicht leicht beiseite schieben, doch ich war entschlossen, die letzte Woche unserer Expedition zu genießen, den Höhepunkt und Abschluss unserer langen Reise gebührend zu feiern. Es war eine große Herausforderung gewesen. Ein Abenteuer. Ein Traum.

Von Along bis zum Grenzposten in Gelling führte der Weg genau nach Norden durch üppigen, dampfenden Dschungel. Auf diesem Weg durchlebten wir in Gedanken noch einmal alle Etappen unserer Reise – alle Pässe, die wir erklommen, alle Gletscher, die wir bestiegen, alle Schneestürme, die wir ausgehalten, und alle wilden Flüsse und Wasserläufe, die wir überquert hatten. Wir erinnerten uns an die Sonnenaufgänge und die Sonnenuntergänge, die kalten Nächte und glühend heißen Tage, an den Hunger, den Durst und … den Regen. Wir sprachen über Pakistan, Indien, Nepal, Bhutan, Sikkim und Arunachal. Wir sprachen über uns – Chris und mich, uns beide, die wir nun auf immer miteinander verbunden waren. Verbunden durch gemeinsame Erfahrungen, Probleme und Sorgen, Trauer und Freude. Wir waren erfüllt von Liebe – für das Leben und füreinander.

Und wir sprachen über die Menschen, die uns begegnet waren, nicht nur über treue Gefährten wie Kunga und John, deren Freundschaft wir immer in Ehren halten würden, sondern auch all jene, die unser Leben nur kurz berührten und dennoch einen unauslöschlichen Eindruck hinterließen. Der von Liebe erfüllte Dr. Sanduk Ruit, der den Menschen das Augenlicht schenkte; die von Licht erfüllte lächelnde Frau, die uns neue Hoffnung gab. Es gab tausende von ihnen – und sie alle hatten uns Musik für die Welt mitgegeben.

Am 17. November erblickten wir den Namche Barwa – das Ende des Großen Himalaja. Es war morgens um 20 Minuten vor neun, eineinhalb Jahre und fast 6500 Kilometer von dem Beginn unserer Reise am Nanga Parbat in Pakistan entfernt. In prachtvoller Einsamkeit stand er am Horizont – unser Leitstern, unser Gral.

Wir brauchten noch drei weitere Tage, um Gelling zu erreichen, das letzte Dorf vor der Grenze nach Tibet. Näher konnten wir dem letzten Gipfel des Himalaja nicht kommen. Die Armee stand schon bereit, uns zu empfangen. Die Soldaten hatten unsere Ankunft mit dem Fernglas beobachtet, jeden unserer Schritte überwacht. Sie wollten sichergehen, dass wir unser Versprechen nicht brachen und die heilige Grenze doch noch überschritten.

Und so waren wir angelangt – am Ende unserer langen Reise. Keine Blaskapelle, keine überwältigenden Gefühle des Stolzes erwarteten uns, nur die Vögel und die Berge ... und der unaufhörlich fallende Regen.

Mit dem Hauptmann der in Gelling stationierten Truppen hockten wir in einer Hütte, tranken Scotch und sangen Harry-Belafonte-Lieder. Wir redeten, und er klimperte auf seiner Gitarre, summte ein Wiegenlied für unsere müden, schmerzenden Glieder. Auch er hatte uns ein Lied mitzugeben:

Day-O, Day-ay-ay-O
Daylight come, and we wanna go home.

Anhang

Detailkarten zu den einzelnen
durchwanderten Ländern

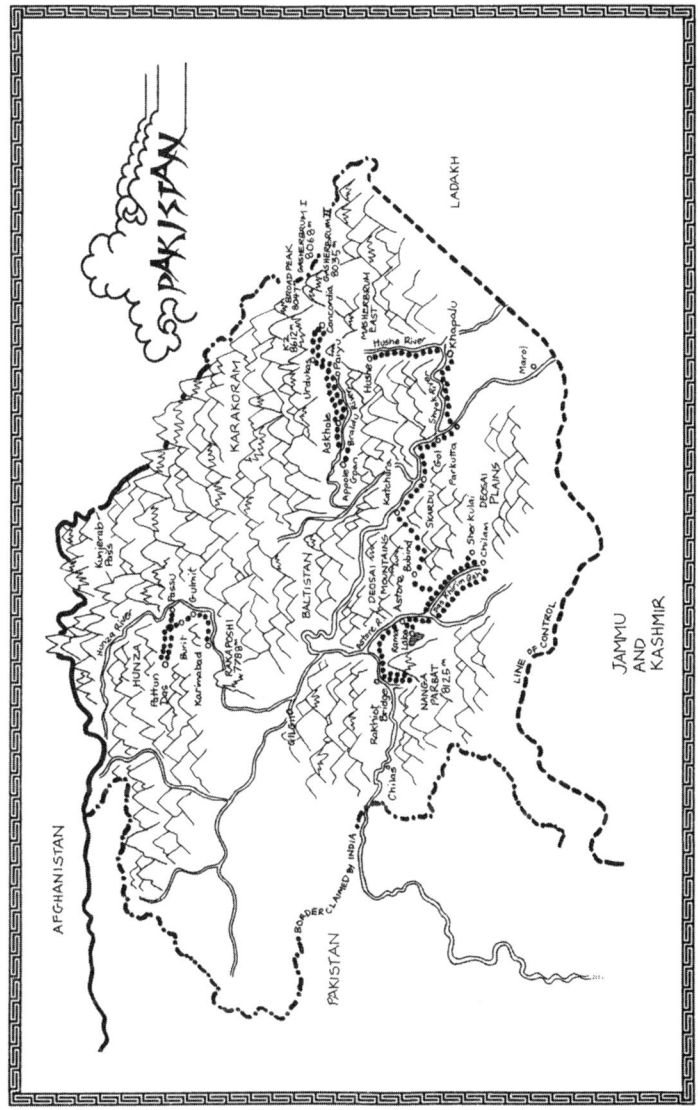

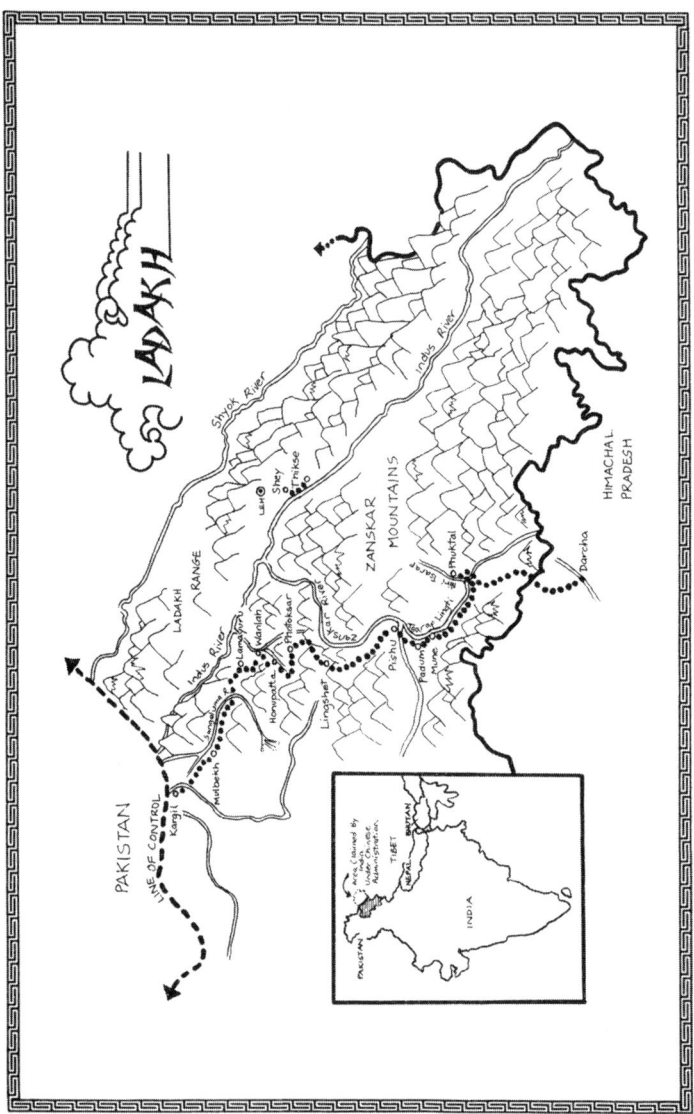

LADAKH

Shyok River

LADAKH RANGE

Indus River

Leh
Shey
Thikse

ZANSKAR MOUNTAINS

Indus River

HIMACHAL PRADESH

Darcha

Lamayuru
Wanla
Phutakshar

Zanskar River

Tsarap River

Markha

Kharnak

Mune
Padum
Pishu

Homupata
Lingshed

Karsha
Zangla

Mulbekh
Kargil

LINE OF CONTROL

PAKISTAN

Area Claimed by India but
Under Chinese Administration.

PAKISTAN
INDIA
TIBET
NEPAL
BHUTAN

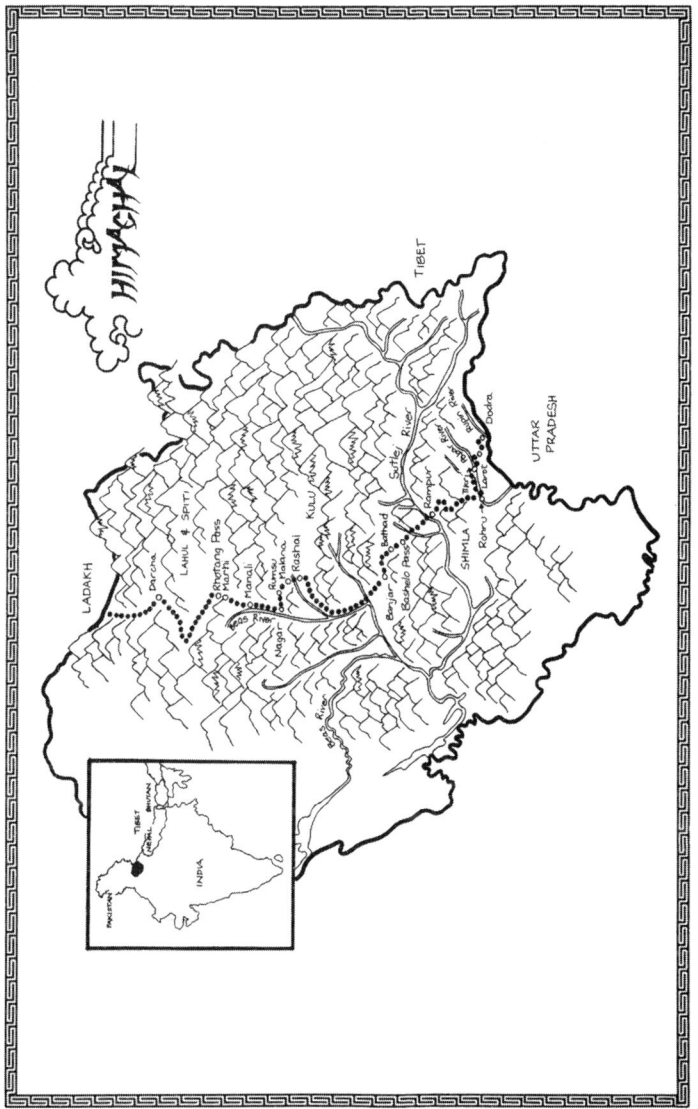

453

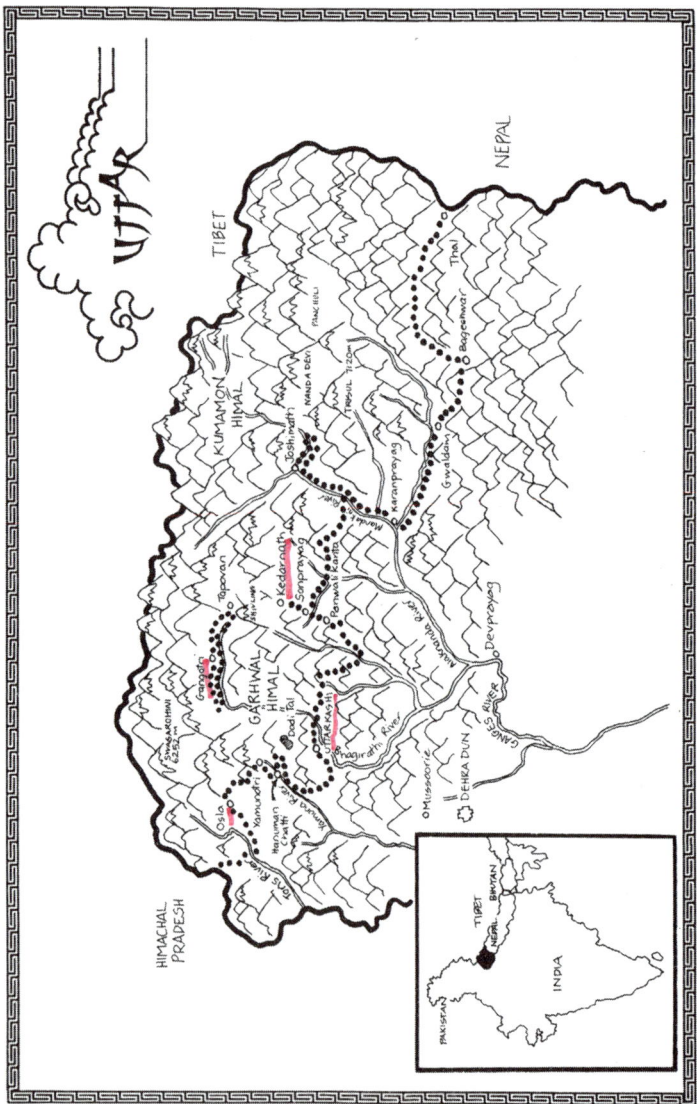

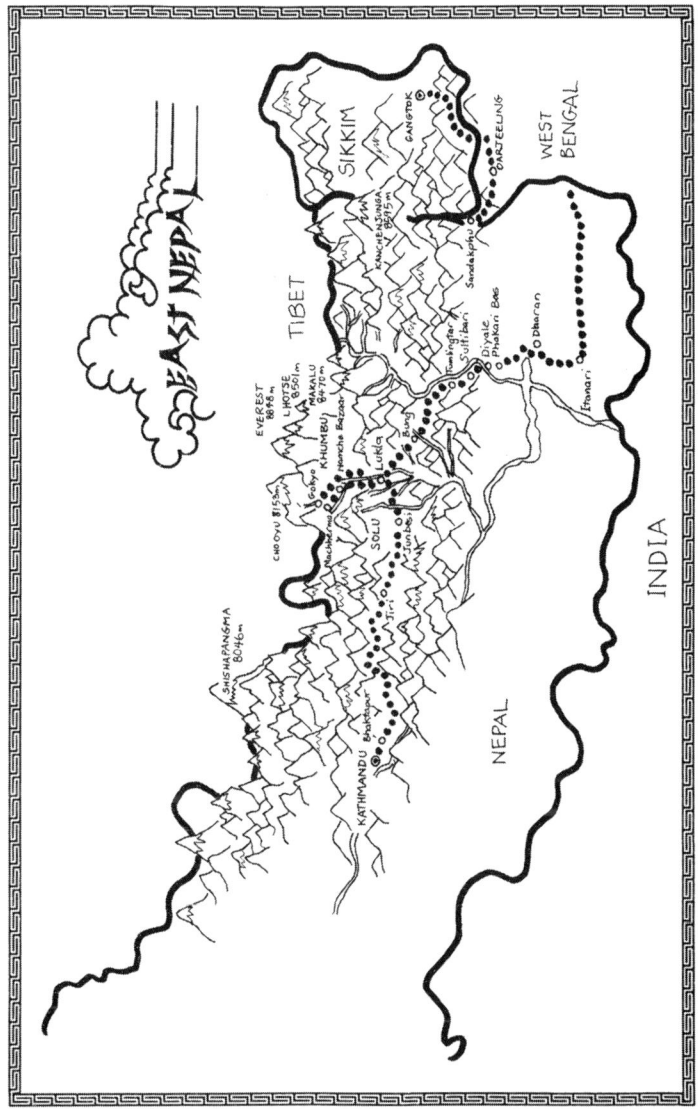

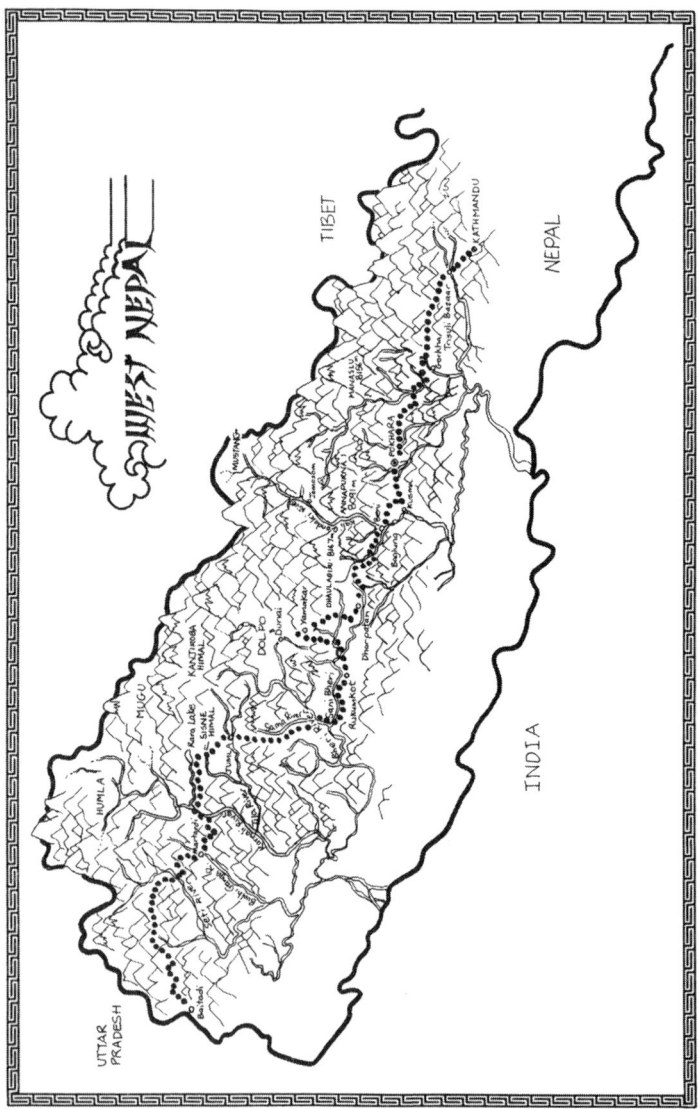

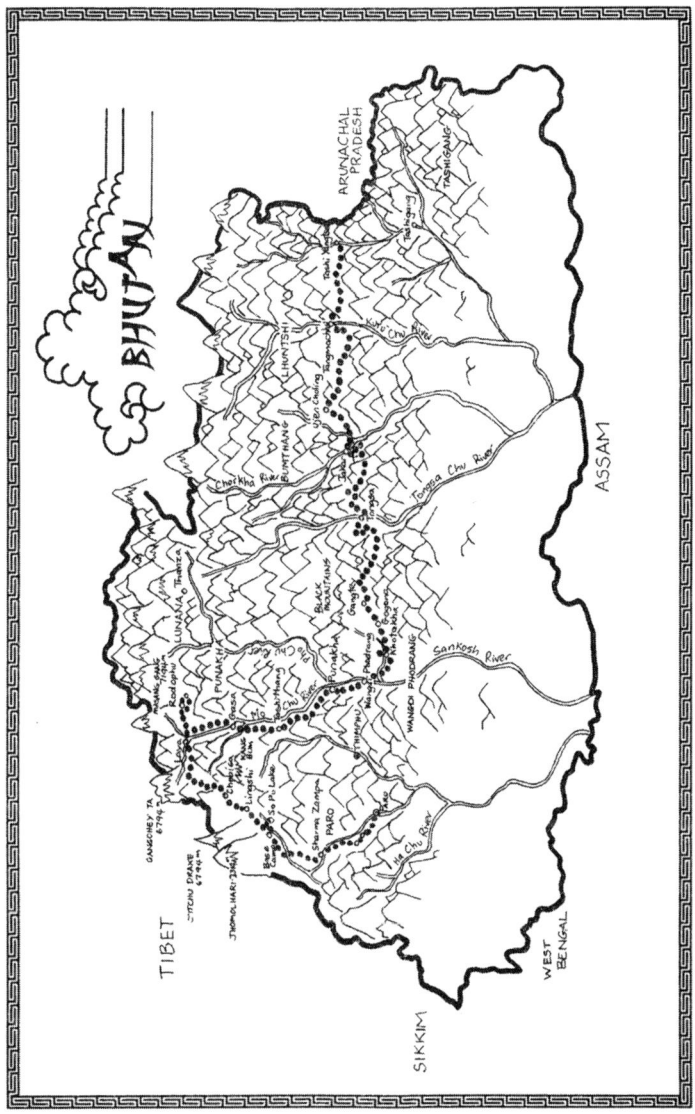

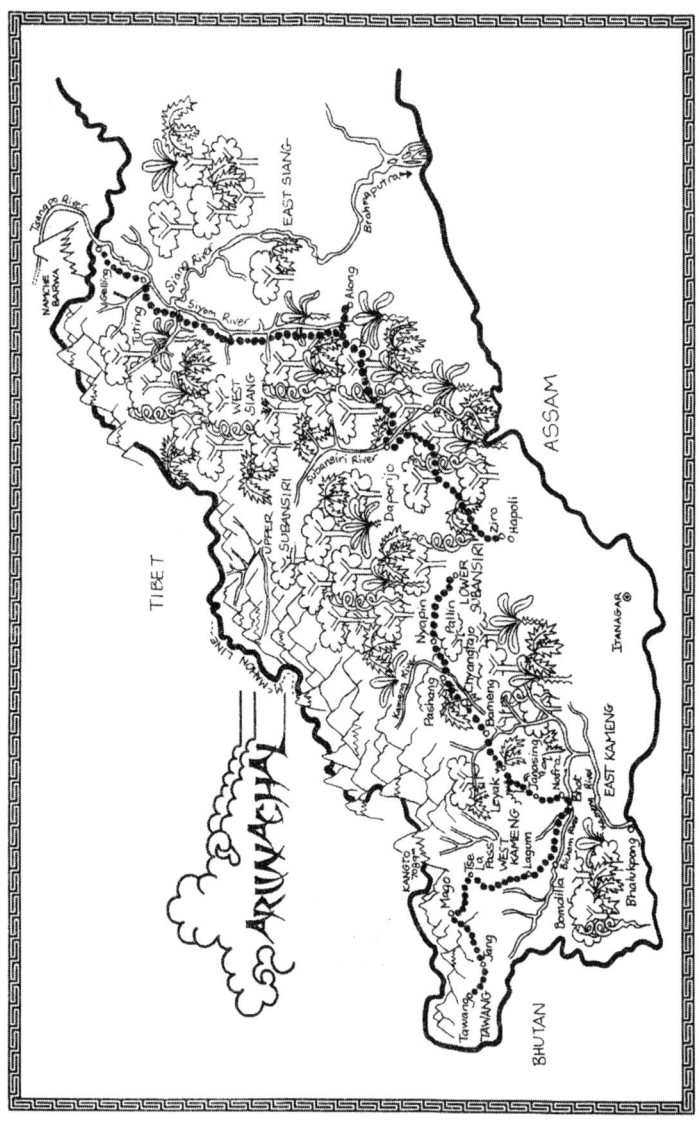

Dank

Expeditionen lassen sich nicht von einem Tag auf den anderen realisieren, sie setzen eine lange Entwicklungsphase voraus. Chris und ich sind all jenen Personen, Organisationen und Gesellschaften zu großem Dank verpflichtet, die uns halfen, unsere Expedition zu einem Erfolg werden zu lassen.

An erster Stelle bedanken wir uns bei dem damaligen Premierminister von Australien, R. J. Hawke. Ohne seine Schirmherrschaft wäre die Expedition nie über die Reißbrettphase hinausgekommen. Wir danken auch dem australischen Außenministerium und dessen Mitarbeitern in allen Ländern, die wir bereist haben – vor allem den Botschaftern G. Price in Pakistan und Les Douglas in Nepal sowie Hochkommissar David Evans in Neu-Delhi.

Im Laufe unserer Expedition mussten wir uns immer wieder mit der Bürokratie auseinander setzen. Die dabei entstandenen Papierberge waren oft Furcht einflößender als die Gipfel des Himalaja. Wir danken den folgenden Personen, die uns halfen, sie dennoch zu bezwingen: in Pakistan Nazir Sabir und Shah Jehan; in Indien Shiva Das, Captain Kohli und seinen Mitarbeitern von der Indian Mountaineering Foundation; in Arunachal Chief Secretary Matin Dai und Home Secretary Matin Dengu; in Bhutan der Bhutan Tourism Corporation, Jigme Tshultim, Nim Gyaltshen, dem gesamten Personal von Etho Metho Tours and Trekking sowie Mr. Leki Dorji von der bhutanischen Botschaft in Neu-Delhi.

Ohne Sponsoren wäre unser Traum nie Wirklichkeit geworden. Wir danken ihnen nicht nur für ihr Geld, ihre Artikel und die Zeit, die sie uns widmeten, sondern auch für ihre Freundschaft und den Glauben, den sie in uns setzten. Unser Dank geht an: Peter Joseph,

Christine Maher und Mitarbeiter, Ian Inns und Trevor Holman von Hi-Tec, Scott Pollard und Alan Spendlove von Macpac Wilderness Equipment, John Boyd, Denise Dalton und Andrew Montague von Thai Airways, George Alder und Bob Pattie von Olympus und R. Gunz Photographic, Robin Trueman und Ian Club von Apple Computer Australia, Ron Wood von Claris, A Sen Gupta und M. Ditisheim von Revue Thommen, Ian Day von Cerebos, David Morrison von OPSM und Bolles, Eric Dean von Sun Valley True Fruits, Hanimex Australia, Kim Nicholson von Continental, Steve und Marg Staszewski von Torre Mountaincraft, Michael Malgo und Hans Muller vom Samuelson Film Service, Phil Renouf von Waterscience Agencies, Pat Clear von Wellcome Australia, Meta Rawlings von Roche, Jonathan Bays von Eveready, Sue Ashe von Wilderness First Aid Consultants.

Zahllose andere Menschen haben uns auf verschiedene Weise geholfen. Besonders bedanken möchten wir uns bei: Oenon und Basil-das-wandelnde-Lexikon Wilby, Selwa Anthony, Chris Walker, Mick Reid, Julian Malnic, allen Mitarbeitern von Pan Macmillan, James Davies, Jungbu Sherpa, Sonam, Utpal-Nennt mich-Paul Hazarika, Ganesh Pandey, Dr. Ruit, Martin Spencer, Rex Shore, Naresh und Anita Kumar sowie Tony und Karen Welsh.

Last but not least ein herzliches Dankeschön an Kunga Sherpa und John Zubrzycki für all die Liebe, Geduld und Ermutigung, die sie uns während der gesamten Expedition gewährt haben. Ohne ihre unendliche Gastfreundschaft und Unterstützung wäre unsere Expedition (und unsere Ehe!) abgrundtief gescheitert. Ihr seid die Größten!